宗教概念の彼方へ＊目次

凡　例

一、本書は「読者が、宗教現象を旧来とは異なった視座からとらえるための羅針盤となるような書籍を提供する」という編集意図のもと、磯前順一・山本達也の両名が、一九八九年以降に発表された外国語文献を精選し、編者による日本語論文と併せて、一書として編んだものである。

一、ほとんどの論文は基本的に全訳であるが、煩瑣な文献表などは割愛した。抄訳論文はジャック・デリダ「信仰と知——理性のみの境界における「宗教」の二源泉」、金成禮「歴史的暴力の記憶」（原題は「死者の嘆き」）である。

一、各論文の邦題は、その文意に即したうえで、若干の変更を加えた場合がある。原題は巻末の欧文目次に掲載してある。参考にされたい。

一、原文において強調を表すイタリックは適宜そのままで、あるいは傍点を用いて示した。

宗教概念の彼方へ

序論　宗教研究の突破口
——ポストモダニズム・ポストコロニアル批評・ポスト世俗主義

磯前順一
山本達也

日本宗教学の停滞

一九〇〇年の姉崎正治『宗教学概論』、一九三九年の宇野円空『宗教学』、一九六一年の岸本英夫『宗教学』。東京大学の宗教学は日本の宗教学にとって古典的ともいえる体系的な概説書を、約三十年おきに刊行してきた。東大のみならず、日本宗教学全体の始祖にあたる姉崎の著作は、ドイツのロマン主義的な影響のもとに、宗教概念の定義をおこなったものとして、宗教を神の実在をめぐる議論から決別させ、無限なるものへの人間の意識のあらわれであると同時に、その社会的分節化の産物として規定した。オーストリアの宗教民族学の影響を受けた宇野は、人間の畏怖の感情を強調する一方で、行などの身体実践を重視した宗教の定義を試みた。そして、岸本は宗教学を解釈学的な人文学からアメリカ流の社会科学として客観化を図り、宗教を世俗化させることで文化の一部として規定するにいたった(1)。

岸本が『宗教学』を刊行した一九六一年は、京都大学の宗教哲学者、西谷啓治が『宗教とは何か』を出版した年でもある。岸本は東大の宗教学を「記述的な学問」、京大の宗教哲学を「規範的な学問」として対照的な関係のもとに捉えた。岸本によれば、東大の宗教学は始祖の姉崎以来、宗教を無限なるものへの志向性として、人間の心理的な働きの客観的な現れとして把握してきたことになる。一方で、宗教哲学は宗教を人間の営みに還元することなく、あるべき宗教の姿として主観的な記述に終始してきたことになる。おそらく、そこには宗教体験を、あくまで人間の意識の産物として捉えるか、それとも人間の意識には還元しきれない余白のようなものと意識との往還関係として捉えるかといった、宗教学と宗教哲学の本質的な相違が示されている。

ちなみに、京都学派の宗教論としては、その開祖である西田幾多郎による『善の研究』(一九一〇年)が想起されるが、西田はあくまで哲学の営みの一部として宗教を論じたにとどまる。宗教哲学という独自の分野を京都学派において確立したのは西谷だと理解すべきである。そして、今日、広義の宗教学という術語がもちいられるときには、狭義の宗教学である東大系の宗教心理学を基盤としたものと、信仰を人間の意識に還元しきることのない京大系の宗教哲学の双方をふくむものが想定されるにいたっている。その共通性を支えるのが、キリスト教や仏教や神道といった違いを超えて、宗教という概念がひとつの固有のまとまりをもつ均質なものであり、それが社会・経済的な変動要因に基本的には左右されることのない純粋性をもったものであるという信念であった。

このように見たとき、日本における広義の宗教学は、一九〇〇年の姉崎『宗教学概論』にはじまり、一九三九年の宇野『宗教学』を挟んで、一九六一年の岸本『宗教学』および西谷『宗教とは何か』まで、徐々に宗教という言葉の意味を拡大しながら、体系的な概説書を刊行してきたことが分かる。しかし、一九八五年に刊行された上田閑照・柳川啓一編『宗教学のすすめ』が京大の宗教哲学と東大の宗教学に属する両教授による編纂でありながらも、その二つの立場を十分に関係づけたものになりえなかったように、一九六一年の岸本『宗教学』および西谷『宗教とは何か』以降、現在にいたるまで、宗教学の包括的な概説書というものは刊行されないままにきている。

このような宗教学の概説書の未刊行という事態は、戦後の日本社会における宗教学の地位の低下という事態と密接につながっている。姉崎と宇野の著作がともに戦前に執筆されたものであり、岸本にせよ西谷にせよ戦前に研究者としての地位を確立していたことを考えれば、京都学派をふくめ、宗教学という学問が戦前の社会と緊密に結びついたものであることがうかがえる。姉崎が『宗教学概論』を発表した明治三十年代は、大日本帝国憲法によって信教の自由が明言される一方で、国家神道体制が社会に定着した時期であり、国家と宗教の関係が大いに論じられた。また、宇野が『宗教学』を刊行した一九三〇年代は日本がアジア・太平洋戦争に突入した時期であり、大東亜共栄圏の諸地域の文化的統合をめぐって宗教民族学や宗教社会学が大きな脚光を浴びた時期であった。姉崎が国家の宗教政策と、宇野が東南アジアの植民地政策と密接な関係を有していたことはよく知られている。

そして、一九四〇年および一九四一年には座談会「近代の超克」と「世界的立場と日本」が開かれ、西谷をはじめとする京都学派の哲学者が「世界史の哲学」を唱え、西洋近代の克服と、日本哲学および宗教による大東亜共栄圏の支配を訴えた。[2] 一方の岸本は、むしろ敗戦直後の合衆国占領軍最高司令官総司令部（GHQ）への協力を通して、戦前の国家神道の解体および戦後の宗教政策を方向づけた人物として知られる。しかし、国家神道が解体されると同時に、それまで宗教学のもっていた日本の社会体制への批判力や、逆に国家政策に対する影響力も失われ、宗教学は政治的な動きから切り離された内省的な学問へと変容していったといえる。もちろん、それとともに宗教学は自分の過去がもつ政治への介入の事実も忘却し、他国の宗教学の政治性はしばしば議論の俎上に上げるものの、自国の学問、とくに自学閥の政治性についてはまったくと言ってよいほど口をつぐんできた。

何よりも、宗教という概念が西洋世界にたいする日本の開国とともに移入された外来のものである以上、宗教概念の輸入と並行するように構築されていった国家神道体制が崩壊すると、宗教学の扱う宗教概念もまた日本の社会には必要のない余剰物となっていった。それ以降の宗教学が東大においても京大においても、日本社会から大きく注目を浴びることなく過ごしてきたことも、その点において当然のことといえる。岸本の後継者の一人である東大の柳川啓一が、一九七二年の論文「異説　宗教学序説」において、宗教学という学問がもはや体系性や固有性を保ちがたいものとして破産を宣言したことは、このような宗教学の政治・社会的領域からの退潮を示す象徴的な出来事であった。ここにおいて、宗教をめぐる研究は、「宗教学（religious studies）」という宗教概念の純粋性を唱えるものの独占物ではなくなり、人類学や歴史学あるいは社会学や地域研究などによる宗教をめぐる複合的な研究領域といえる「宗教研究（study of religion）」として再認識されるようになったのである。二〇〇三年から二〇〇四年にかけて刊行された『岩波講座宗教　全十巻』が、東大宗教学科の教授である島薗進を中心にして企画されたものでありながらも、題名の示すとおり、宗教学という看板を掲げることなく、さまざまな人文学・社会科学の研究者による論文集として編纂されたことは、柳川以降の宗教研究の動向を如実に物語っている。

であるとすれば、一九六一年の岸本『宗教学』および西谷『宗教とは何か』を継承する新たな概説書は、宗教学概論ではなく、宗教研究概論として名づけられ、企画されるべきものと考えられる。しかし、その一方で『岩波講座宗教』の多様な内容が示すように、宗教学に代わる宗教研究の内容は、その学際性ゆえにあまりにも多端であり、今日の社会状況のもとで宗教をどのように論じればよいのかといった方向を打ち出すことができなくなっている。それは、宗教研究のもつ学際性（inter-disciplinary）が既成の学問分野の境界線を脱臼させる異種混淆性（hybridity）をもたらすにはいたらず、むしろ各学問分野の構成原理の並立を前提とする文化多元主義的な同質性（multiculturlistic homogeniety）の次元にとどまっているためである。

そこでは宗教を独立した主題として取りだそうとする意識が低下し、依然として宗教学の伝統的な自己意識の純粋性に求める動きが存在する一方で、その反動からか無自覚に歴史学や社会学の模倣をして社会制度論に還元しようとする動きが、相互の関係づけもないままに呉越同舟している。このような宗教をめぐる研究を取り巻く散漫な状況が、新たな宗教研究の概説書を日本の諸学問が作り出すことのできなくなっている原因のひとつにあることは明らかである。本来は、宗教概念の同一性と各学問分野の構成原理が重ね合わされることで、学際性としてではなく、新たな異種混淆的な理解へと宗教をめぐる研究は再編されていかなければならなかったのである。

そのなかで、一九九〇年代後半以降を支える宗教をめぐる研究の理論的関心は、宗教概念およびそれを彫琢してきた宗教学の歴史的系譜を近代日本の政治的文脈のなかに位置づけることへと向けられていった。宗教研究の体系的な再構築作業の前に、まずみずからの歴史がどのようなものであったのか、たんに従来のような学説の変遷史ではなく、近代の日本社会の成立と変遷を世界史的な視点から理解するために、そして何よりもオウム真理教事件以降に急務となった宗教学者の社会的役割を吟味しなおすために、研究者は自分の学問の中核をなす「宗教概念」そのものの歴史的反省を強いられるようになる。それはイスラーム革命や九・一一テロによってイスラームを意識せざるをえなくなった西洋の宗教研究がプロテスタント中心主義的な宗教概念の自明性を批判的に検討しはじめた動向と連なるものであった。二〇〇〇年代になってまとめられた、磯前順一『近代日本の宗教言説とその系譜――宗教・国家・神道』（二〇〇三年）および林淳・磯前順一編「特集　近代日本と宗教学――学知のナラトロジー」（『季刊日本思想史』七二、二〇〇八年）が、その動向を集約的に示している。これらの動きを宗教概念論と呼ぶことができよう。

宗教概念論は「固有なるもの」「純粋なるもの」としての宗教概念を脱臼させ、客観・中立背的立場を唱える宗教学のアイデンティティを根幹から揺るがすものであった。それまで刊行されてきた宗教学の概説書が宗教という概念を前提として、あるいはその概念を日本社会のなかに定着させるために書かれてきたのにたいして、宗教概念論がその概念の有効性を疑うがゆえに、この議論の登場によって従来の宗教概念を前提として概説書を著す試みがことごとく破綻していったのも故のないことではない。

ここにおいて、日本の宗教学は二つの相反する反応を示すことになる。一つはみずからの学問の歴史的制約を引き受けたうえで、宗教学および宗教を脱臼させて複合的な領域である宗教研究に開いていこうとするもの。もう一つは、宗教学および宗教の普遍性や純粋性をいかに固持していくかという方向に分かれていくことになる(3)。前者はときとして社会還元主義的な様相を帯び、宗教が社会に占める独自の役割あるいは宗教のもつ救済的な側面を見失わせ、宗教研究を社会学や歴史学一般となんら変わらないものに還元してしまう危険性を有する。後者は、宗教概念そのものは歴史的産物であるが、それを批判する宗教学者の反省的意識こそが純粋で超越的なものであるという、真理の病に宗教学者をふたたび陥らせてしまうことになる。ここにおいて、日本の宗教学および宗教研究は決定的に停滞するにいたってしまう。

北米宗教学の動向

一方で、北米大陸を中心とした英語圏の動きに目を向けると、日本の宗教学の低調な動きに反して、一九九〇年代末から二〇〇〇年代後半の十年間で宗教学の入門書が目に付いた主要なものだけでも四冊も刊行されている。まず、一九九八年にはマーク・C・テイラー編『宗教学のためのクリティカル・ターム（*Critical Terms for Religious Studies*）』、二〇〇〇年にはウィリー・ブラウン／ラッセル・マッカチオン編『宗教研究のガイド（*Guide to the Study of Religion*）』、二〇〇五年にはジョン・ヒンネル編『ラトリッヂ版コンパニオン宗教研究（*The Routledge Companion to the Study of Religion*）』、そして二〇〇六年にはロバート・シーガル編『ブラックウェル版コンパニオン宗教研究（*The Blackwell Companion to the Study of Religion*）』が刊行されている[4]。そのうち三冊は、宗教学ではなく、宗教研究と銘打たれているが、いずれも基本的に宗教学者からの寄稿論文で構成されているものであり、その題名どおりに受け取るよりは、もはや北米や英語圏の宗教学者がみずからを宗教学者として特定するよりも宗教研究者として定位したい欲求の表れと見るべきであろう[5]。

この四冊の本のなかでも重要なのが、アメリカ人の神学者であるテイラーが編者を務めた『宗教学のためのクリティカル・ターム』、および二人のカナダ人宗教学者であるブラウンとマッカチオンが編纂した『宗教研究のガイド』である。両者ともに、宗教概念論に関する論文が大きな比重を占める点で、いわゆるポストモダン的な立場を前面に押し出した入門書として、それが肯定的であれ否定的な意味であれ、一定の評価を英語圏では得ている。しかし、その宗教概念論の扱い方には、これらの論文がそれぞれの本の全体的な立場を代表するものとは言い切れないものの、微妙な違いがふくまれている。

『宗教学のためのクリティカル・ターム』に収められた、ジョナサン・Z・スミスの「宗教、諸宗教、宗教的」論文は、宗教概念が研究者のナラティヴによって作り出されたとする点で、宗教概念の客観性を明快に否定する。その意味でスミスは宗教概念の本質主義的理解を否定するポストモダン的な言説論の立場をとると見られがちであるが、そこから彼がフーコーのように主体の構築論や権力の規律＝訓練論に議論を展開することはない。また、宗教概念の客観性は否定するものの、それは歴史的文脈のなかに宗教概念をおいて捉えることを勧めるためであり、はっきりとキリスト教中心主義的なイデオロギーは批判したうえで、宗教概念を自省的にもちいようとする。(6)

一方、『宗教研究のガイド』の巻頭論文にあたるウィリー・ブラウンの「宗教」は、宗教をデリダ的な「亡霊」として捉え、スミスと同様に宗教概念の本質論的定義に決別したうえで、その意味の決定不能性を議論の中軸に据える。しかし、それから彼は宗教を神学的な意味合いをもたない人間の言説として捉えるにとどまり、デリダの宗教論のように概念を脱構築することで得られる肯定的な意味――例えば汲みつくすことのできない意味産出の場としてのコーラなど――までは論じてはいない。

そもそも、スミス論文を収めた『宗教学のためのクリティカル・ターム』は、編者のマーク・C・テイラーがデリダの影響のもとに脱構築的な神概念を再構築しようとしているが、(7)全体としてはスミス論文に代表されるように、宗教概念をはじめとする、宗教学でもちいられる諸概念の歴史的制約性を指摘するにとどまっている。一方で、ブラウン論文を収めた『宗教研究のガイド』は、共編者のラッセル・マッカチオンの立場に典型的に見られるように、宗教概念のもつキリスト教中心主義の批判から、その概念そのものを放棄すべきであるといった全否定的な立場をとるものも少なくない。

両書は同じ北米大陸の研究者を中心として構成されているため、一部に重複した著者の名前も見られるが、基本的には『宗教学のためのクリティカル・ターム』がアメリカ宗教学会（American Academy of Religion）の主要な研究者の力を終結したものとして、『宗教研究のガイド』が北米宗教学会（North American Association for the Study of Religion）に密接な関係をもつ研究者から構成されていると見られている。いうまでもなく、アメリカ宗教学会は元来神学をふくむ北米宗教学最大の研究組織であり、北米宗教学会はそれにたいする批判意識から発足したものである。

北米宗教学会は、その中心拠点であったアメリカ合衆国のヴァーモント大学宗教学科が一九八〇年代にミシェル・フーコーを招聘したことに代表されるように、[8] フーコーの権力論あるいはカルチュラル・スタディーズの文化的イデオロギー批判を武器にして、宗教概念のもつキリスト教中心主義や、客観性を唱える宗教学のもつ認識論的な暴力性を指摘してきた。その批判は苛烈をきわめ、宗教概念に代えて文化という言葉をもちいるべきであるなどの主張に及び、北米の大学における宗教学科・講座廃止の動きへと少なからぬ影響を及ぼしてきた。むろん、宗教学者の存立基盤を突き崩しかねないかれらの主張は、おおくの宗教学者の反発を招くことになる。そこで、ポストモダン的な本質主義批判は時代の潮流からみて無視できないものの、より穏当なかたちで、たんなる宗教概念および宗教学否定に終わらないかたちで受け止めようとしたのが、アメリカ宗教学会の宗教学者たちであった。

しかし、日本の一部の宗教学者が喧伝するように両者は今でも完全な対立関係にあると捉えるべきではなく、アメリカ宗教学会のなかで宗教学と神学との分離の動きが起きたり、その会員が北米宗教学会の中心ポストを占めるなど、むしろ相補的な関係へと変化してきたと考えるべきであろう。[9] 事実、相対立するように見える『宗教学のためのクリティカル・ターム』と『宗教研究のガイド』であるが、ジョナサン・Z・スミスと増澤知子は双方に執筆しており、そこからの両者がけっして排他的関係にあるのではないことが確認される。

ちなみに、上記の四冊の入門書のうち、唯一日本語として訳出されたのが『宗教学のためのクリティカル・ターム』であって、北米では並び称される『宗教研究のガイド』ではなかった。そのことは、日本の宗教学もまた宗教概念の全面的な否定ではなく、どのように宗教概念批判を肯定的に読み解いていこうとするかという関心が強かったように見える。合衆国においては、『宗教学のためのクリティカル・ターム』と『宗教研究のガイド』が相補的な働きをなすことで、一方で宗教概念を解体させながら、それを批判的に再生させるという、まさに肯定的な脱構築の作業をある程度推し進めえた。それにたいし、『宗教学のためのクリティカル・ターム』のみを輸入した日本の宗教学は自己否定の契機を欠き、はじめから宗教概念の純粋性を温存させようとする傾向にあった。そして、英語版の原題とはまったく異なる『宗教学必須用語22』という日本語の題名が明示するように、「クリティカル・ターム」という言葉を脱落させたこの翻訳は、その訳文の理解も含めて、宗教研究における「批判理論（critical theory）」と向き合うことの意味が、北米大陸ほどには痛切な問題としては受け止められていなかったことを指し示している。(10)

この批判理論——本論の文脈でいえば宗教研究にたいする批判的意識のもち方——が、一体何を意味するものかということについては、日本のみならず、じつのところ北米さらには英国をふくむ英語圏でも時間の流れとともに変動している。以下、『宗教学のためのクリティカル・ターム』と『宗教研究のガイド』という二冊の本に加え、その後、商業出版社が企画した『ラトリッヂ版コンパニオン宗教研究』と『ブラックウェル版コンパニオン宗教研究』も加えて、この十五年間の、宗教研究における批判理論の意味の変化、すなわち宗教研究にたいする研究視座の変遷を読み取ってみたい。その分析的読解の作業は、近年の英語圏における宗教学の動向を具体的に知ることを可能にしてくれると同時に、その限界をも明らかにしてくれることであろう。

まずなによりも、これら一九九〇年代後半にはじまる一連の宗教研究の入門書の刊行において画期をなす出来事であったのは、プロテスタンティズム的な宗教概念の批判であった。それを如実に示す論文が、先に示した『宗教学のためのクリティカル・ターム』のスミス論文「宗教、諸宗教、宗教的」、および『宗教研究のガイド』のブラウン論文「宗教」の存在であった。それは、『宗教学のためのクリティカル・ターム』の序論において、テイラーが「しかし、もし宗教がこうした本質的な実体を有していないとしたら、どうだろうか。宗教が普遍的な現象でないとするとしたら、どうなるのだろうか」と述べている通りである。このような宗教概念の客観的普遍性を疑う両書の立場は、宗教概念論のみならず、ともに宗教体験論に関する論文も、『宗教学のためのクリティカル・ターム』ではロバート・シャーフの「体験」、『宗教研究のガイド』ではティモシー・フィッツジェラルドの「体験」として収めていることからもうかがえる。

宗教体験論は、一九七〇年代後半からのスティーヴン・カッツらの批判を画期となすものである。ルードヴィヒ・ウィトゲンシュタインの言語ゲームを理論的立脚点にするこの議論は、ドイツのプロテスタント神学者であったフリードリッヒ・シュライエルマッハーの唱えるような絶対的なものへの帰依感情を、文化や歴史的な制約を超えた普遍的体験として据えることはできないとする立場にたつ。宗教体験はプロテスタンティズム的な文脈では、自己の内面を絶対的な神的存在への唯一の回路として強調するために、宗教概念の中核をなすものとみなされてきたため、それにたいする歴史主義的批判は宗教概念論の先駆けとして、プロテスタンティズム的な宗教概念の普遍性を突き崩すことに成功したのであった。

シャーフの論文は、その体験の歴史的性格を、キリスト教的な宗教概念を取り込んで形成された鈴木大拙の禅体験を批判することで暴きだし、そのような宗教体験が東洋と西洋をともに含みこむ文化横断的な共通要素にはなりえないことを指摘している。また、フィッジェラルドは、パウル・ティリヒの「究極的関心」という概念を批判的に引き合いに出すことで、もしそこから神学的な一神教的性格を脱色することができるのであれば、宗教体験は日常世界とそれが制度化される宗教組織との往還関係のなかで今いちど有意義なものになりうるであろうと指摘している。

しかし、いずれにせよ、シャーフが「この［体験の］概念が宗教的な言説のなかでどう機能しているか――ウィトゲンシュタインが言うところの「言語ゲーム」——に、注意を促そうとした」と述べているように、宗教体験は超歴史的な普遍的性格ではなく、それが分節化されるところの歴史的文脈における機能へと、学問的議論の関心が移行したことは明らかである。そして、宗教体験論および宗教概念論ともに、このような超越的な主張をもつ宗教的教説の歴史的性格を看破することで——あるいは宗教概念論においてはさらにその宗教的な、あるいは学問的な言説が社会制度や大学制度と結びつくことでイデオロギー的な正当化の機能を果たしていると暴露することで——、それらは宗教的言説の本質主義的な性格を批判したとしてポストモダニズム的な議論の最先端を行くと、宗教学の内部ではみなされている。そして、近年ではそれにたいするさらなる批判も宗教学の内部から提起されるにいたっている。これらの議論についても後で簡単に紹介することにしたいが、ここでは歴史主義的なイデオロギー暴露がポストモダン的な議論であるという北米および英語圏における理解そのものが、それを肯定するにしろ否定するにしろ、批判理論の浅薄な理解にとどまることを指摘しておきたい。

そして、『宗教学のためのクリティカル・ターム』と『宗教研究のガイド』の内容の違いについては、宗教概念および宗教学をどのように批判するのかという戦略の違いだけでなく、『宗教研究のガイド』のみが、デイヴィッド・チデスターの論文「植民地」を通して、植民地支配と宗教学の関係、さらにはポストコロニアルの問題にまで若干ふれていることがあげられる。一九六〇年代にフランスで起こったジャック・デリダやミシェル・フーコーらのポストモダン思想につづいて、一九八〇年代にはエドワード・サイードやガヤトリ・チャクラヴォルティ・スピヴァク、ホミ・バーバらのポストコロニアル批評が英語圏で大きな脚光を浴びるにいたるが、宗教学もまたポストコロニアル批評にたいするひとつの応答をここで試みようとしていたのである。

チデスターは合衆国のカルフォルニア大学サンタバーバラ校出身の白人であるが、ケープタウン大学に職を得て、南アフリカに住みながら、北米の宗教学との関わりを維持している研究者である。チデスターはフーコーの議論を踏まえつつ、植民地における知と権力の関係を問う。そして、西洋の宗教学の歴史とは、啓蒙主義の歴史であると同時に、植民地主義の歴史であり、西洋のメトロポリタン都市を文明の中心地に準《なぞら》える一方で、非西洋の植民地を野蛮の周辺地として扱ってきたのだと批判する。そこには研究材料は植民地から、それを解釈する理論的枠組みはメトロポリタン都市からという、二項対立が存在しており、メトロポリタンの西洋人たちは植民地の原住民たちを、宗教を有しているかいないかという学問的判断を、原住民たちの人権を認めるか否かという議論と結びつけ、宗教が存在しないと主張することでかれらから土地を簒奪してきたのだと指摘している。

チデスターの議論はあくまでも植民地時代に限定されるものであり、ポストコロニアル批評のように、植民地支配から解放された後も続くアイデンティティの混乱、すなわち純粋性を喪失した異種混淆なアイデンティティをめぐる議論にはならない。また、植民地者と被植民者の政治的立場の圧倒的な格差がつねに問われるためか、異種混淆なアイデンティティに訴えることで、植民地者と被植民者の二項対立を転覆するといったポストコロニアル批評の戦略はもちいられない。ここには、ポストモダン思想の受容と同様に、北米の宗教学においてポストコロニアル批評の理解もまた浸透しがたいことが見てとれる。やはり、それは北米の宗教学がおもに植民地の支配者であった白人たちによって担われ、その支配を被ってきた植民地の被支配者の流れを汲む者たちによって本格的に推進されたものではないという問題がかかわっていると思われる。

スピヴァクは、ポストコロニアル批評は非西洋世界の土着的知識人によってではなく、西洋、とくに英語圏のコスモポリタン都市に住むディアスポラ知識人によってその議論が展開されてきたとしている(13)。しかし、それは英語文学の領域にとどまる現象であり、宗教学においては非西洋世界の土着的知識人とコスモポリタン・ディアスポラとの表象をめぐるヘゲモニーが問題化される以前に、コスモポリタン・ディアスポラさえ発話をする機会を獲得しえていないと言えよう。それは、ひとりチデスターのみの問題ではなく、後にふれる『ラトリッヂ版コンパニオン宗教研究』に収録された「オリエンタリズムと宗教研究」の筆者リチャード・キングもまた英国の白人であるというように、宗教学におけるポストコロニアル批評のもつ一般的な限界を現在のところ示していると言えよう。

そして、二〇〇〇年代後半に入ると、英国人であるジョン・ヒンネルによる編著『ラトリッヂ版コンパニオン宗教研究』(二〇〇六年)、英国の大学に勤めるアメリカ人のロバート・シーガルが編纂した『ブラックウェル版コンパニオン宗教研究』(二〇〇九年)が相次いで商業出版を中心とする企画として刊行される。ともに編者だけでなく、執筆者にもこれまでになく英国の大学教員が含まれ、それまでの北米大陸を中心とする企画から、英国を含む英語圏へと拡大されている。両書に共通する変化は、旧来的な叙述形式への復帰、そしてポストモダン思想への反発である。

例えば、『宗教学のためのクリティカル・ターム』では、先に挙げた「宗教、諸宗教、宗教的」や「体験」に加え、「身体」や「信念」、「文化」あるいは「記述」といった宗教研究を分析するために人文・社会科学に共通する普遍的な術語の項目が二十二にわたって立てられた。さらに、『宗教研究のガイド』では、「定義」や「分類」、「比較」、さらには「解釈」といった項目が立てられ、宗教研究における「記述」や「説明」をめぐる認識行為が主題化されていた。しかし、『ラトリッヂ版コンパニオン宗教研究』と『ブラックウェル版コンパニオン宗教研究』では、「宗教研究への鍵となるアプローチ」として「宗教人類学」「宗教社会学」「宗教心理学」「宗教現象学」「比較宗教」「宗教哲学」「神学」といった旧来的な宗教学を構成する下位分野の叙述が復活している。

そこに共通するのは、いずれも西洋中心主義的な宗教研究のあり方を拒絶すべきであることを唱えているものの、そのために「宗教」という概念そのものを問題化しなければならない、という視点が抜け落ちていることである。とくに、『ラトリッヂ版コンパニオン宗教研究』では、「なぜ諸宗教を研究するのか」（ジョン・ヒンネル）、「歴史的視点から見た宗教研究」（エリック・シャープ）、「宗教の諸理論」（ロバート・シーガル）、「宗教学」（ドナルド・ウィーベ）といった、著名な英語圏の研究者によって、宗教学を含む宗教研究を研究する動機が理論的かつ歴史的に反省されていることになっているが、そこにはむしろポストモダン的な立場から宗教学を批判的に検討する立場が明確に退けられている。

振り返って見るならば、すでに極端にポストモダニスト的立場をとるとされる『宗教研究のガイド』にも、社会科学理論の客観性を謳うルーサー・マーティン論文に見られるように、同様の反ポストモダン的な立場を含み込んでいた。つまり、一九九〇年代に北米宗教学にポストモダン思想が流入してきた段階から、それに賛同する立場と同時に、もっとも支持的立場をとってきたと言われる北米宗教学会も含めて、ポストモダン思想にたいする反発というものが北米さらにはアングロ・サクソンの英語圏全体に存在していたのである。日本では、かれらをポストモダニストの宗教学者として一括してきたが、かれらがポストモダン思想をどのようなものとして理解してきたのか、その支持と反発の行為の背後にひそむかれらの理解のあり方次第が、先に指摘したポストコロニアル批評の限界の問題点とともに、感情的な反発を超えて、批判的な検討に処されなければならないのだ。

その点で興味深いのは、北米のポストモダン思想理解を推進する神学者テイラーによる『宗教学のためのクリティカル・ターム』をのぞくと、その他の三冊がいずれも「ポストモダニズム」あるいは「ポストモダニティ」という項目を立てていることである。それぞれの本がどのような立場をとるにせよ、かれらが二〇〇〇年以降はポストモダン思想にたいする一定の立場表明をしなければならない状況に英語圏では追い込まれている。以下、本稿ではこれらの諸項目を参考にしながら、北米およびアングロ・サクソンの英語圏の宗教学におけるポストモダン思想の理解のあり方というものを批判的に俯瞰しておきたい。そこからは、とくに北米におけるポストモダン理解の独自のかたちというものが見えてくるであろう。そして、かれらをポストモダニストだとして批判するにしろ、逆に支持するにしろ、宗教学に移入されたその理解の独自性を明確に把握しておかないかぎり、その支持も批判も意味を有さないことが明らかにされるはずである。

一般にポストモダン思想とは、ジャック・デリダとミシェル・フーコーに端を発し、ジル・ドゥルーズ、ジャン＝リュック・ナンシー、さらにはジョルジョ・アガンベンの思想に深く影響されている立場を指すものと言えよう。それは近代啓蒙主義が自明の立場としてきた、理性的な認識主体による認識対象の客観的かつ本質主義的な把握への根本的な懐疑というものが前提とされている。(14) ポストコロニアル批評にしろ、例えば、スピヴァクとバーバはデリダ後期の肯定的な脱構築論の影響下のもとでマルクスやフランツ・ファノンを読み解くことで、みずからの思想を紡ぎ出してきた。そして、サイードにせよ、フーコーの権力＝規律論をマルクス主義の立場から読み直したものといえる。あるいは、後述するポスト世俗主義を唱えるタラル・アサドもまた、ポストコロニアルの議論を批判的に捉え返すと同時に、後期フーコーの自己のテクノロジー論を理論的支柱に置いていることは明らかである。(15)

それにたいして、まず英語圏の宗教学が念頭におくのは、『グラマトロジー』(一九六七年)を中心とする前期デリダの脱構築論、および『監獄の誕生』(一九七五年)を中心とする中期フーコーの権力＝規律論までにほぼ限定されている。それは、リチャード・キングをはじめとする宗教学者のポストコロニアル批評の理解が、前期サイードの『オリエンタリズム』(一九七八年)による、西洋人による表象の暴力性を指摘することにとどまり、後期サイードの『文化と帝国主義』(一九九四年)における、本来性を欠如した異種混淆的なアイデンティティをとおした支配・被支配者間の上下関係の転覆行為に理解が及ばないこととほぼ並行する見解といえる(16)。

『ラトリッヂ版コンパニオン宗教研究』と『ブラックウェル版コンパニオン宗教研究』のいくつかの論文に共通してみられるのは、「宗教学」を「神学」「ポストモダニズム」「社会科学」と併置する捉え方である。まず、宗教学はキリスト教という特定宗教の信仰を自明とする立場からは分離した比較宗教的な立場をとるが、それでも「宗教の固有性（*sui generis* religion）」という価値観をその中核に据える点で、疑似神学的あるいはプロテスタント中心主義的な立場から脱却していないとする。そこには、ラッセル・マッカチオンやティモシー・フィッジェラルド、さらにはその戦略はかなり異なるがタラル・アサドらの宗教概念あるいは宗教学批判をいずれも踏まえたものになっている(17)。

しかし、そのような宗教の本質主義的な批判をおこなう立場から、あらゆる概念に本質は存在しない、客観的に記述可能な立場そのものが存在しないとする「ポストモダニズム」的な議論を展開することにたいしては、強い拒否反応を示す。そこでかれらがポストモダン的な宗教学の典型的著作として批判の対象に狙いを定めるのが、『宗教学のためのクリティカル・ターム』と『宗教研究のガイド』である。そして、そのような相対主義的なポストモダンの立場に代わる学問としてかれらが選択するのが、人類学や社会学を典型とする「社会科学（social science）」である。ロバート・シーガルやドナルド・ウィーベがそのような立場をもっとも前面に押し出す研究者である。かれらにとってはポストモダンとは差異の戯れにすぎず、それは社会科学のもつ経験主義に基づく客観性によって克服されなければならないものだとされる(18)。

しかし、かれらの称賛する社会科学の客観性そのものが、今日となっては、社会科学をよく知らない宗教学者による理想化にすぎない。社会科学もまたポストモダン的な影響のもとにその中立的な自然科学的モデルは崩壊し、人類学でも社会学においても研究者の記述行為が研究対象の性質を行為遂行的に描き出す主観的な解釈の域を出ないことは、もはや日本でも承知のとおりである[19]。そこでは、ポストコロニアル批評が問題とするような、「サバルタンは語れない」とする表象の不可能性をめぐる問題が、それまで学問の客観性を支えるとされてきた表象行為の根底に潜んでいることが明らかにされている。シーガルは宗教学が「宗教至上主義者(religionist)」の学問である域を出ないのにたいして、社会科学は本来的に「世俗の学問」であるとする。しかし、このような世俗的な中立性にたいする信念こそ、まさにプロテスタンティズムから派生したものであると、皮肉なことに、タラル・アサドらポスト世俗主義の立場から批判を浴びるところなのである[20]。

たしかに、ポストモダン的な思考が本質主義的なロゴス中心主義を批判することは確かである。そのような理解のもとにシーガルは、増澤知子『夢の時を求めて』をデリダの、マッカチオン『宗教を作り出す』をフーコーの、それぞれ宗教学版の著作に準《なぞら》えて激しく批判する[21]。しかし、当の増澤はエリアーデらの宗教史の起源回帰的な志向性を、語りえないものを語っているとして歴史主義的な立場から批判するにとどまっている。そして、マッカチオンもまたエリアーデら宗教学者の言説が知の暴力的な権力作用に結びついていることを暴きだしているにすぎない。

デリダの脱構築の議論についていえば、差異と同一性は反復されるものであり、起源というものはけっして実体化できないものであると同時に、差異化運動を生みだす動因として志向せずにはいられない不在の根源なのである。ゆえに、増澤が、あるいは増澤を批判する反ポストモダニストたちが言うような、ポストモダニズムは根源の不在を否定し、断片化された差異を称揚する歴史主義とはまったく異なる。デリダが『法の力』でおこなったように、現前しない正義によって現前する法がたえまなく脱構築されていくように、あるいは『マルクスの亡霊』で同一性の欲求が亡霊のごとく憑依された欲求として反復されていくとされたように、差異化の運動は根源という同一性への欲求を媒介とせずには現れえないのである。

そして、マッカチオンに準えられるフーコーについても、フーコーは国家のように上から下に降りる一方通行的な権力について語っているのではない。権力とは支配される者もまたそれを望む真理への欲求であり、下から上の方向へとしても働きえる。さまざまなベクトルへと働く力は、抑圧的な思惟を生みだすだけでなく、それにたいする抵抗を生みだす。権力とは主体を生みだす力なのだ。晩年のフーコーが『主体の解釈学』で述べるように、主体形成とはけっして否定的なものにとどまるものではなく、権力の行使にたいして批判的な構築のあり方も示唆するものなのである。その意味でマッカチオンは宗教学という学問の支配的な抑圧性を指摘するにとどまり、それを超えていく新たな主体構築のあり方を提示することができない。マッカチオンの興味は、あくまで制度や社会体制が宗教学や宗教概念を形成したことを明示することに限定されているのだ。このようなマッカチオンの議論の進めかたは、近年になるにつれてさらに先鋭化し、ともすれば宗教概念批判から宗教概念そのものの放棄へといたった、という印象を与えかねないようなものとなっている。それはフーコーというよりも、マルクス主義の影響を受けたカルチュラル・スタディーズの通俗版とでも呼ぶべきものなのである。

マッカチオンほどの強い批判ではないが、先に挙げたジョナサン・Z・スミスにしろ、宗教という概念が学者によって作られた言説であることは指摘するものの、そこから主体構築と規律＝訓練をめぐる権力のせめぎ合いに議論が及ぶことはない。そのように考えたときに、比較宗教学者のエリック・シャープが困惑しながらも指摘したように、北米の宗教学にとってポストモダニズムもまたポストコロニアル批評と同様に明確な定義づけがないままに、支持者も批判者もともに曖昧な理解のもとでもちいられてきた言葉であった(22)。おそらく、かれらがポストモダニズムという言葉から漠然といだくイメージは、決定不能性に曝された断片化された差異の戯れ、あるいは近代的な理性の拒絶といったところであるのだろう[23]。

このような同一性の契機を欠いた理解は、合衆国の英文学者フレドリック・ジェームソンが展開するポストモダニズム批判と符合するところでもある。その背後には、英国の宗教学者であるコリン・キャンベルが指摘するように、ヨーロッパの「悲観的な」ポストモダン理解とは異なる、おそらくは、それにたいする反発を含めて、合衆国特有の差異を称揚する「楽天的な」ポストモダニズム理解というものが存在すると考えるべきであろう[24]。そこから、シーガルやウィーベたちのポストモダン批判も生じるのだ。アジア・太平洋戦争の敗北以来、日本は知識社会も含めて合衆国の強い影響下に置かれてきたわけだが、この合衆国を経由したポストモダン理解にたいして、否定するにしても支持するにしても、日本の宗教研究者は十分に批判的な距離を取らなければなるまい。

そして、このような北米における不十分なポストモダニズム理解を深化させる宗教研究のアンソロジーが、二〇〇八年に合衆国在住のオランダ人神学者であるヘント・デ・ヴリースによって『宗教――概念を超えて（*Religion: Beyond a Concept*）』として刊行された[25]。入門書あるいは概説書と呼ぶにはあまりにも専門的な論文を集めたこのアンソロジーは、ジャック・デリダやジャン゠リュック・ナンシー、さらにはイスラームの人類学者であるタラル・アサドの論文までを含む、ポストモダニズムおよびポスト世俗主義の本格的な議論を揃えたものとして高い評価を得ている。もはや、それは宗教学あるいは神学といった狭い枠のもとで宗教を議論することの不可能性を示す象徴的な一冊といえる。副題にある「概念を超えて」とは、デリダの脱構築が示すような概念自体の自己脱臼的な働きを示すものであり、それ自体は妥当な名前といえる。しかし、このような自己脱臼が宗教のみに特権的なものであり、それゆえに宗教は他の社会的要素になり代わって唯一の普遍的な概念として機能しえるという誤解を与えるとするならば、すでにタラル・アサドが懸念を示しているように新しい西洋的な普遍主義の復活として警戒を要することになろう[26]。そのような普遍性の幻想を与えるがゆえに、この書物が「宗教の回帰」現象を代表する著作として、通俗的なポストモダン思想に疲弊した北米の宗教学者に大いなる期待を与えていることも他ならぬ事実なのである[27]。

さて、第二に新たに加えられた視点として挙げることができるのは、『ラトリッヂ版コンパニオン宗教研究』（二〇〇六年）で、リチャード・キングの「オリエンタリズムと宗教研究」とシャーン・マクラーリンの「移民、ディアスポラ、トランスナショナリズム——グローバル化時代の宗教と文化の変容」といったポストコロニアル研究に関する論文の存在である。宗教学におけるポストコロニアル研究のもつ問題点はすでに指摘した通りであり、サバルタンと土着エリート、さらにはコスモポリタン・ディアスポラの関係における格差をどのように異種混淆的なアイデンティティやナラティヴのもつ両義的な力を通して転覆していくかなど、今後の研究が待たれるところである。併載されているマイケル・バーンズの論文「宗教多元主義（religious pluralism）」では、いまだジョン・ヒックの多元主義が議論の参照点としてとりあげられている。しかし、各宗教伝統を均質なものとして捉えたうえでその対話を試みる多文化主義（multiculturalism）と、そのような均質なアイデンティティのあり方を異種混淆性に訴えることで根源的に脱臼させようとするポストコロニアル批評が、宗教研究においてどのように交差させられていくのか、今後の議論の行方が留意されるところである。その点において、宗教学におけるポストコロニアル批評の理解は、まだ始まったばかりといえる。

このようなポストコロニアル批評の咀嚼という点では、現在展開されている東アジアにおける宗教概念の流用過程を西洋化および植民地主義の展開と結びつけて議論する研究は、大いに注目されるであろう[28]。例えば、同じ東アジアにおいて西洋から移入された宗教概念は、中国と朝鮮半島、そして日本で同時発生的に起きたものではない。まず日本で「宗教」という漢語がレリジョンの翻訳語として成立し、日本を媒介として中国と朝鮮半島に普及していった。中国と朝鮮半島は西洋世界による植民地化と向き合わざるをえなかったのが、それだけでなく日本という西洋の代理人とも格闘しなければならない入れ子状況に置かれていたのである。そして、日本もまた西洋にたいしてはアジアであるが、東アジアにたいしては西洋の代理人として、二重の性格をもって振る舞っていくことになる。

そのなかで、宗教概念に連動して、仏教や神道というアジア土着の由来をもつ諸概念が成立していき、西洋的な〈宗教と世俗〉の二項対立を建前としてもちいつつ、一方で西洋にたいする抵抗の根拠として、他方で日本帝国への同化の根拠として、諸宗教の概念は政治的文脈のなかで意味づけられていったのである。一九三九年に刊行された『宗教学』をはじめとする宗教民族学者、宇野円空の一連の著作はまさにそのような大東亜共栄圏を日本が構築していく過程において支配論理として生みだされていった歴史的史料でもあるのだ(29)。さらに、そこにプロテスタンティズム流入以前の、近世初期におけるイエズス会の活動を加えるならば、カトリシズムとプロテスタンティズムが層を織り成していった東アジア宣教の力動的な様相がより複雑に読み取られていくことであろう(30)。

さらに南アジアに目を転じるならば、すでに英語文学の領域ではゴウリ・ヴィシュワナータンが植民地インドと宗主国英国のあいだを横断する信仰者の往来をとりあげている。ヴィシュワナータンは、ウィリアム・ジェームスのプロテスタンティズム的な改宗論に異議を呈することで、宗教を社会的な批評行為として読み解くことに成功をおさめ、高い評価を得ている(31)。サイードは社会的な異議申し立てとして批評行為は世俗の領域において達成されると主張したわけだが、ヴィシュワナータンによってそれが公共領域の宗教行為のもつ潜在能力として読み直され、西洋的な世俗主義の批判として大きな可能性をもつにいたったと言えよう。はたしてポストコロニアル批評の唱える異種混淆性のアイデンティティ形成が宗教行為とどのように結びついていくのか。宗教学という狭い枠組みを取り払ったときに、ポストコロニアル批評、さらには次に述べるポスト世俗主義の立場からの新たな研究の視野が開かれていく予感は強い。

そして、第三に加えられた特徴として『ラトリッヂ版コンパニオン宗教研究』および『ブラックウェル版コンパニオン宗教研究』における、ジュディス・フォックスとスティーヴ・ブルースによる「世俗化（secularization）」の議論がある。宗教をめぐる世俗化の議論は一九六〇年代にブライアン・ウィルソンやトーマス・ルックマンらヨーロッパを中心とする宗教社会学者によって牽引されていったが、その後のイラク革命や九・一一テロによってイスラーム原理主義の問題が前面に押し出されることで、今日では過去のものとなった印象がある。しかし、一九九〇年代に入って発表された「公共宗教（public religion）」をめぐるカトリック圏であるスペインの宗教社会学者であるホセ・カサノヴァの議論によって、宗教をもっぱら私的領域に限定する理解がプロテスタンティズムに由来する局地的なものであり、宗教と公共領域の関係は世界規模でみれば今もなお衰えることなく続いていると考えられるようになった[32]。

『ブラックウェル版コンパニオン宗教研究』は、このあたり宗教復興の動きに機敏に対応したものになっており、マーク・ユルゲンスマイヤー「ナショナリズムと宗教」およびヘンリー・マンソン「原理主義」といった論文も収録してある。とくに、ユルゲンスマイヤーのものは西洋世界で成立した世俗的ナショナリズムにたいして、グローバル状況が生みだす宗教的ナショナリズムに着目しており、タラル・アサドらによる「世俗主義（secularism）」批判——ポスト世俗主義と呼ばれる——を視野に収めたものになっている。ポスト世俗主義は、カサノヴァの公共宗教論に後続する議論であり、それまでのプロテスタンティズムやカトリックといったキリスト教世界の内部からの議論に比して、イスラーム世界と中世キリスト教を踏まえた近代西洋の啓蒙主義的な世俗主義にたいする批判をおこなった点で、これまでにない斬新な議論であった[33]。

しかも、アサドのポスト世俗主義は単純な宗教復興論ではなく、むしろ宗教が私的領域に限定されていくことで、公共領域の世俗化が完成していくといった〈宗教・世俗〉の共犯関係的な二分法を、すなわち世俗を批判すると同時にそこで成立した宗教概念自体をも批判している点が、旧来的な世俗化の議論とは異なるところである。ここにいたって、一九六〇年代にはじまった世俗化の議論は、ポスト世俗主義として西洋の啓蒙主義的な宗教概念そのものを脱臼させる議論へと変貌を遂げていった。ただし、アサドがマッカチオンら宗教学者の宗教概念論と一線を画しているのは、たんに宗教概念のプロテスタンティズム中心主義や宗教学の政治性を指摘するに終始するのではない点にある。

むしろ、アサドはそのようなプロテスタンティズム的な宗教言説を超えて、どのように私たちが自分たちの主体やエージェンシーを構築していくかといった点に議論の最終的な目的を有している。その点で、後期フーコーの自己のテクノロジーの流れを汲む議論をビリーフとプラクティス――概念化された意識と身体実践と言い換えることもできる――の複合体としての主体構築の観点から展開しているところがもっとも注目されるべきである。[34]ここにおいて、宗教学の宗教概念論は、キャサリン・ベルらによって展開されてきた身体実践としての「儀礼論」と接合されて、主体構築の議論として位置づけなおされていく必要がある。その点からみれば、宗教概念論の先駆をなす宗教体験論もまた、たんに歴史主義的な言語ゲーム論としてではなく、身体と意識の交差する領域へ開かれていく主体再編の場として宗教体験を位置づけなおす積極的な議論に読み替えられていく必要があるのだ。

このような後期フーコーの議論と呼応しながら、主体再編の可能性をもったポスト世俗主義の議論はいまだここに紹介した四冊の入門書には含まれていない。しかし、近刊が予定される『ケンブリッジ版コンパニオン宗教研究』には、アサドの論文「宗教とビリーフ、そして政治を考える」が収録される予定である。ここにおいて、英語圏の宗教研究の入門書は、ようやくポスト世俗主義を含むものとして編纂されることが可能になろう。むろん、アサドがユダヤ系のサウジアラビア人として、彼もまたポストコロニアル空間が生みだしたメトロポリタン・ディアスポラの一人であることは忘れてはならない。ディアスポラの人類学者である彼の声を包摂したとき、もはや宗教学は固有なものとしてのプロテスタント的な宗教概念を保持しえなくなり、その概説書もまた宗教学から宗教をめぐる研究へと変容を遂げていくのである。

ただし、すでにアサドやカサノヴァの議論はヘント・デ・ヴリースが編纂したアンソロジー『政治諸神学——ポスト世俗世界の公共宗教（*Political Theologies: Public Religions in a Post-Secular World*）』[35]（二〇〇六年）および『宗教——概念を超えて』（二〇〇八年）には含まれており、この二冊の論集がイスラームを意識したうえでのユダヤ・キリスト教の流れを汲む西洋的な宗教概念およびその世俗主義的な世界の再編をもくろんだ企画として登場していることは注目に値する。そもそもヴリース自身がオランダ出身の神学者として英語圏の影響を相対化できる立場にあり、すでに述べたようにその論集の内容も、宗教学者というよりは、ポストモダンの哲学者や神学者、ポスト世俗主義の人類学者や社会学者といった多岐にわたる、文字どおり宗教研究と呼ぶにふさわしい構成を取っていることも、もはや宗教学や神学が旧来のままでは宗教に関する積極的な議論を展開しえない状況であることを如実に物語っているのである。

日本宗教研究の再編

以上、一九九八年から二〇〇八年の、十年余りにわたる北米を中心とする英語圏の宗教学の入門書の動向をたどってきた。そこには、宗教概念論にはじまり、ポストモダニズム、ポストコロニアリズム、そしてポスト世俗主義へと、議論の主題が変遷してきたことが確認された。北米の宗教学が、これらの人文学や社会科学の議論を咀嚼することに熱心であったこと、そして今日のグローバル言語である英語で書かれていることもあり、何よりも世界の宗教研究の先端をいく立場にあったことは確かである。北米、とくにアメリカ合衆国の大学には世界各地から研究者と学生が集まり、かれらがその地において、あるいは故国にもどることで、宗教研究における議論に強い影響力を与えてきた。とくに、第二次世界大戦以降、合衆国の政治・文化的傘下におかれた、日本をはじめとする東アジア諸国ではその影響力はきわめて強いものがあると言えるだろう。

その点において、日本における入門的な概説書の不在を補うために、英語圏の入門書を中心に翻訳したアンソロジーを編むことはきわめて有意義な企画といえる。しかし、同時に本論では、北米の宗教学を中心とした理論的咀嚼がかならずしも十分でないことも明らかにしてきたはずである。その意味で、今日本で宗教研究の入門的なアンソロジーを理論的に一定水準に達したかたちで編むためには、宗教学の入門書にとどまらない、広汎な宗教研究の領域における諸論文も含むかたちで編集作業をおこなわなければならないであろう。それが、本書が理論的枠組みを、宗教概念論からポストモダニズム、ポストコロニアリズム、そしてポスト世俗主義へという北米宗教学の展開を宗教学から借用しつつも、収録した論文を宗教学のものに限定しなかった理由である。

日本の宗教学についての結論を先に言ってしまえば、それは、かろうじて宗教概念論の議論を受容したものの、その背景にあるポストモダニズムやポストコロニアリズムの議論を北米同様にきちんと咀嚼することはできなかった。まず、日本の宗教学におけるポストモダンの理解は、宗教体験論の議論を摂取するさいにウィトゲンシュタインの言語ゲーム論として受け止められた。しかし、そこから議論はあらゆる体験は言語的に規定されるという歴史主義的理解に閉塞していったために、その歴史的規定性から逃れることができなくなる。つまり、言語に規定された宗教体験もまた身体という物質性をもったものとして分節化されたものであり、その限りにおいて言語に回収され切ることのない余白をはらむことが理解できなくなってしまったのである。[36] 宗教体験という無限なるものとの同一化の記述を批判すると同時に、その同一化への志向性がいかなる人間にとっても否定しがたい欲求であることを認識できなくなってしまい、そのような志向性自体の誤謬を否定できる宗教学者こそが純粋な反省意識にたどり着けるのだという、止みがたい真理欲求に憑依されてしまったのである。

そこでは、本論で問題としたような、デリダ的なポストモダンのもつ同一性と差異の反復作用のうちの、同一性への欲求を人間の普遍的欲求として、むしろ差異性を生みだす積極的な契機として受け止めることができなかった。そして、フーコーのような身体化された言説のもつ物質性（materiality）の問題を、言語では規定できない余白として他者に開かれた社会性の次元のもとに理解することもできなかったのである。言い添えるならば、このような純粋意識への止みがたい欲求は、宗教体験論のみならず、宗教概念論の論者にも起こりうることである。みずからの批判的言説がどのようなかたちで社会的な宗教言説に介入するのか、みずからの同一性欲求を批判的に受け止めたうえで、自分の発話のあり方を社会的位相のなかで明らかにしていくことが求められるであろう。差異化作用はつねに同一化欲求の裏返しにほかならず、その反復運動は批判的な言説に係わる研究者も免れえない歴史的規定力として働いていることをしっかりと認識していかなければならない。

次に、日本の宗教学におけるポストコロニアル批評の理解については、その発話主体であるディアスポラの知識人にたいする理解が一面的に偏ってしまった。ポストモダン的な装いを纏ってきた宗教体験論と同様に、流行の西洋思想のひとつとして遠ざけてしまう傾向が強いのである。そこには、ポストコロニアル批評が、ポストモダン的な西洋の発話形態を有するものであるというだけでなく、旧植民地国のエリートによる、その西洋的な言説形態を横領することで、今もって続く旧宗主国と旧植民地との経済・文化的な社会格差の告発の試みであることが、かれらと日本人が同じ非西洋側に属するものであるにもかかわらず、見逃されてしまっている[37]。そのようなポストコロニアル状況にたいする感覚の鈍さというものは、日本の宗教学者を、安易に西洋に一体化させるポストモダニスト的な振る舞いか、その反動として非西洋側の一員に分類させてしまう土着主義者的な振る舞いのいずれかの、二分法的な思考に走らせてしまう。

この二分法的な思考こそが、ポストコロニアル批評がもっとも批判するところであり、植民者にしても被植民者にしても、もはや西洋か非西洋の側かといった二項対立では収まらない異種混淆性を帯びた存在に他ならないということを、日本の宗教研究者もまたみずからが属する社会の今日的状況として深く認識していかなければなるまい。それは、日本の研究者がポストコロニアル批評家の多くが属する植民地社会とは異なって、帝国を作った側の末裔であり、被害者の立場にたってポストコロニアル状況を認識することが困難を極めるという立場性が関係していると思われる。たしかに、日本は一方で非西洋国として西洋近代化に巻き込まれた犠牲者でもあるが、同時に非西洋諸国にたいしては、西洋の代理人たる帝国の支配者としてみずからの立場を築いてきた歴史を認める必要があるのだ。しかし、酒井直樹が指摘するように、日本社会は戦後の合衆国の占領政策との抱合関係によって、みずからの帝国の歴史を忘却する傾向にあり、宗主国であったという観点からポストコロニアル批評を読み直すという試みはきわめて容易ならざるものとなっている[38]。

ただし、だからといって、自分たちの位置を加害者と被害者という二分法のいずれかに置くということに終始してしまってはならない。韓国人にたいする「良心的」日本の知識人といったとき、私たちはそのような思考法に基づいて謝罪する日本人の姿が容易に想起されると同時に、それにたいする反発も日本人のなかから生じるわけだが、最終的にはそのような二項対立を歴史が生みだした重い過去として引き受けつつも、そこから一歩踏み込んでたがいの異種混淆性をアイデンティティの共通項として認識することで、たがいに積極的に踏み込んで干渉し合うような対話の場を切り開いていくところまで辿り着かなければならない[39]。

さて、このようなポストコロニアル批評の理解しがたさというものは、日本の宗教学に限られたことではないが、ことに宗教学という学問が一九二〇年代に移入されたマルクス主義という唯物論を拒否することで独自の言説を成立させてきたことと密接な関係をもつと言えよう。ポストコロニアル批評はマルクス主義と接合したことで、ポストモダニズムに社会矛盾や社会格差の問題を持ち込んだわけだが、日本ではそういった社会的身体性の次元へと関心を向けることが、唯物論を拒否して観念論的に宗教を論じる傾向が強いがゆえに困難になってきた。やはり、ここでもポストモダンの受容と同様に、観念のもつ物質性といった問題性が見落とされてしまっているのである[40]。

最後の問題として、日本の宗教学におけるポスト世俗主義の受容の問題がある。ポストモダニズムおよびポストコロニアル批評に比べて、一見すると、宗教学ではポスト世俗主義は抵抗なく受け入れられているような印象がある[41]。それは、ポスト世俗主義の議論が、一方で啓蒙主義的な世俗主義を批判する言説として登場してきたため、一九七〇年代にトーマス・ルックマンらの世俗化議論の影響を受けてきた日本の宗教学者たちに、宗教復興を称揚する言説として受け止められたためである。そこでは、現代社会はいまだ十分には世俗化を成し遂げることのできない、宗教的なものが根強く支配する世界であるという素朴な「宗教の回帰」言説が支配的となっている。それは、日本社会の西洋化を否定したがる土着主義者の言説に好都合なだけでなく、西洋的な宗教概念との同一化を図る宗教学のポストモダニストの言説にも、宗教という、かつての普遍的な価値観の再興を謳う点で、適応可能なものとなっている。

かれらが、西洋的な宗教概念を称揚するにせよ、非西洋的な宗教概念を主張するにせよ、そこで利害が一致するのは、宗教という言葉が普遍的概念としてふたたび脚光を浴びえるものだという信念を共有しているからである。かれらにとっては、宗教概念は依然として、かつて北米の宗教学を代表した宗教学者のミルチャ・エリアーデと同様に、人間の本質をなす普遍的なものとして存在し続けなければならないものなのである。このような立場からすれば、タラル・アサドのポスト世俗主義も、アラン・バディウのポストモダニズムも、あるいはゴウリ・ヴィシュワナータンのポストコロニアリズムも、すべて宗教的なものへの回帰を謳うものとして、自己の宗教主義的な立場(religionist)を肯定する読み方へと還元されていくことになる。しかし、アサドが自分は宗教の超歴史的定義を断念するものであると明言するように、ポスト世俗主義は、世俗や理性に代わって宗教を素朴に肯定するものではなく、むしろその世俗と宗教という二項対立の共犯性を、世俗とともに宗教という概念そのものを脱臼させることで克服していくことを目論むものなのである。

ポスト世俗主義の言説のもとにおいてこそ、近代の世俗主義社会のもとで私的領域として成立した宗教概念は否定的に脱構築されていかなければならない。日本社会についてもまた、それが西洋啓蒙主義とは異なる宗教的社会だというような単純な反理性的言説によって理解されてはならず、むしろ〈宗教＝私的領域〉と〈世俗＝公的領域〉に分かつプロテスタンティズム的な二分法そのものが成立不能なものとして脱臼されていく場として受け止められていく必要がある。日本のポスト世俗主義者は、宗教が私的領域のみならず公的領域にまで浸透しているとするが、世俗との二分法のもとに生まれた宗教という概念で日本の社会をすべて理解し尽くそうとするその願望は、やはり止みがたい人間の普遍化欲求として批判的に捉え返されていくべきであろう。

かつて宗教学は、その成立時期に、現実の宗教集団を個別宗教へ偏ったものとしてその宗教理解の非客観性を問題化してきた。しかし、宗教学の内外から宗教概念論が登場して以降、今度はみずからの言表行為も、ステレオタイプ化された宗教至上主義者（religionist）の言説として相対化されるにいたった。何にも増して、みずからの言表行為が歴史的制約を被った言説に他ならないという事実が受け止められないときに、ポスト世俗主義は素朴な宗教復興の言説として誤認され、宗教学者によってみずからの言説の普遍化を肯定する切り札として万雷の拍手とともに迎えられてしまうのだ(42)。そこに、かつて宗教体験論がポストモダニズムを誤って咀嚼したときのように、純粋性や普遍主義の欲求にポスト世俗主義の論者が憑依されてしまう危険性が生じる。

おそらく、宗教概念の普遍性や純粋性を信奉しないという意味で、複数の研究領域からなる宗教研究者はその病に侵されることなく、宗教を研究することが可能であろう。しかし、その一方で、宗教研究者が宗教学者の抱える病を嘲笑し、みずからが客観的であると信じるとき、あるいはみずからは宗教的な超越性欲求とは無縁な存在であると考えるとき、今度は自分たちが宗教という同一化欲求の存在を認め損ない、一方的な差異化の戯れに落ち込んでいく社会還元主義へと宗教研究を矮小化させていくことになろう。これからの宗教研究は、宗教概念の固有性を差異化させつつも、その同一性への志向性が作り出す対話の場を、他者の眼差しへとみずからを曝す交渉の場として捉え直していくことが必要なのである。そうすることで、差異と同一性の反復過程、あるいは観念と物質性のはざまにわれわれは身を置くことができるようになる。

そこに、宗教概念の固有性を信ずる宗教学と、それを社会的要素に還元しようとする宗教研究といった二項対立を脱臼させていく可能性もまた孕まれている。そのうえで、みずからの言表行為を宗教学と名乗ろうが、宗教研究と名乗ろうが、それはどちらでもよいことである。なぜならば、そのとき口にする言葉はすでに脱臼させられてしまい、当初の真正さや純粋さは失われているからである。

本書の構成

以下、本書の構成を説明しておきたい。まず、これまで述べたて来たように、本書は宗教学と宗教研究の止揚を意図するものである。一方で、宗教学の内側からその言説の突破を図る論者の論文を収録するとともに、他方で、宗教学に拘泥することなく宗教の意味や役割を論じる論者の著作を収めた。前者にラッセル・マッカチオン、増澤知子、デイヴィッド・チデスター、キャサリン・ベル、後者にジャック・デリダ（哲学）、ホミ・バーバ（文学評論）、ジュディス・バトラー（ジェンダー研究）、マーク・ユルゲンスマイヤー、ホセ・カサノヴァ（以上、社会学）、金成禮、タラル・アサド（以上、人類学）の論文がある。これらは、主に本論で紹介した二〇〇〇年以降に刊行された宗教研究の入門書から収録し、その不足を補うものとして、マッカチオン、金、デリダ、バーバの諸論文をおもに一九九〇年代に書かれたもののなかから収めた。さらに、そこに新たに書き下ろした磯前と山本によるこの序論、さらに二〇〇〇年代に執筆された磯前論文を、編者の立場を明確に示すものとして加えることにした。

全体は四部構成に分けられ、「「宗教」という概念を超えて考える」「「自己」のテクノロジーとしての宗教」「「宗教」から見た植民地と暴力」「「ポスト世俗主義」を生きるために」から構成される。「第一部「宗教」という概念を超えて考える」では、宗教概念論の先駆的役割を果たしたマッカチオン「「宗教」カテゴリーをめぐる近年の議論——その批判的俯瞰」、宗教史における起源の問題を分析した増澤「宗教的起源への志向性」、そしてグローバル状況下で一神教の可能性を脱構築的に語りなおすデリダ「信仰と知——理性のみの境界における「宗教」の二源泉」を収録した。「第二部　「自己」のテクノロジーとしての宗教」では、後期フーコーの主体構築論から原始宗教を読み直した磯前「主体交渉術としての宗教――縄文社会の宗教研究によせて」、身体論につながる儀礼論の研究史を言遂行論の観点から整理したベル「儀礼と身体」、ベンヤミンとアレントの議論を交差させつつ、日常における宗教体験の意味を説いたバーバ「宗教体験と日常性」を収めた。「第三部　「宗教」から見た植民地と暴力」では、植民地における宗教学および宗教概念の政治性を論じたチデスター「植民地主義と宗教」、ベンヤミンの暴力論の読み直しを、デリダの議論を交えて語りながら、今日のユダヤ教の問題を語るバトラー「暴力と宗教――ベンヤミンの「暴力批判論」における批評、脅迫そして神聖なる生」、政治過程において抑圧された者たちの抵抗の声が漏れ聞こえる場としてシャーマニズムを捉えた金成禮「歴史的暴力の記憶」を収めた。そして、「第四部　「ポスト世俗主義」を生きるために」には、今日の原理主義の動きを西洋の世俗的なナショナリズムの限界と結びつけて論じたユルゲンスマイヤー「ナショナリズムと宗教」、カトリックや非キリスト教世界の伝統から世俗化論を批判的に読み直すカサノヴァ「公共宗教を論じなおす」、世俗主義を超えた宗教論を新たなデモクラシーの可能性と接合させたアサド「世俗主義を超えて」が収められている。そして、結論として、改宗を異議申し立ての行為として捉えることで宗教的批評の可能性を模索するヴィシュワナータンのインタビュー「異議申し立てとしての宗教研究」を付した。その聞き手は磯前が務めており、序論と同様に、やはり編者の問題設定を明確に示すものにもなっている。

なお、本書の姉妹編として、二〇〇四年に刊行した磯前／タラル・アサド編『宗教を語りなおす――近代的カテゴリーの再考』がある。とくに、そのなかに収録した、タラル・アサド「古典再読――W・C・スミス『宗教の意味と目的』」は本書第一部への、ムクンド・スブラマニアン「情動と憑依された身体――津軽と下北半島の民間信仰について」は本書第二部への、スチュアート・ホール「ジャマイカの宗教イデオロギーと社会運動」は第三部への補論としての役割を、それぞれ果たしている。併せて読まれることを勧めたい。

そして、これらの論文によって、宗教学から、さらには宗教研究へと宗教をめぐる議論の深まりを読者は確認することができるであろう。日本の宗教学において、入門書的な概説書が機能しなくなってから約半世紀が過ぎたが、本書の編纂によって、宗教学と宗教研究の敷居を越境するかたちで、宗教概念論および宗教体験論以降に展開されていったポストモダニズム、ポストコロニアル批評、そしてポスト世俗主義の理解がより生産的に咀嚼されていくことを願っている。もしその試みが幾何《いくばく》なりとも成功しているとすれば、本書は一九九〇年代後半以降に現れた北米および英語圏の宗教学の入門書の抱える限界を超えて、宗教を研究する者が——自分がどのような研究分野や研究対象に係わるものであれ——、どのような問題を考慮して研究をおこなわなければならないのか、その議論の方向と枠組みとを体系的に明示した最初のものとなろう。

おそらく、一九六〇年代以降に宗教学が陥った停滞は、日本における宗教概念の意義の失効のみならず、それを克服するための理論的な論者の数が圧倒的に不足していたことにも由来する。一部の者のみが学問の全体方向を決めるような理論的な方向づけに従事し、その他の大勢の者はそのような全体的な方向づけとはかかわりなく、個別の研究作業にいそしむといった二分法が成立してしまったのは、ひとり宗教学だけが陥った問題状況ではあるまい。そのことは、一部の者が学問の動向を決める覇権的なあり方を意味するだけでなく、一般の研究者のほうもそのような理論には批判的な関心をもたず、むしろ学界で支配的な理論を通俗化させることでみずからを定位させようとする、知の共犯関係が働いていることを示してもいるのだ。そのような理論を研究する者と個別研究に専念する者との共犯関係によって、学会や学閥が維持され、研究者の社会的位置までが決定されていくことは、研究職に係わる仕事で生計を得ているものであれば、だれもが多少なりとも意識することであろう。

しかし、理論というものは、個別研究を無視した抽象的な枠組みを意味するものではない。それは、個別の経験論的な研究との往還関係のなかで、具体的な研究に基づきながらも、それを批判的に捉え返す審問の場として存在するものである。(43) そうであるならば、宗教におけるビリーフとプラクティスが呼応した関係にあるように、理論と実証研究は互いを捉え返す介入的関係を保持していかなければなるまい。そのように考えたときに、理論への関心の放棄、さらには体系的な概説書を叙述する試みの放棄は、宗教学ならびに宗教研究をもっぱら学会や学閥によって維持される制度へ固定化させる動きへと連なるものである。むしろ、逆に個々の研究者はみずからの個別研究の領域を通して、理論的なるものを日常へと受肉化させ、そこから改めて批判的契機としてその抽象化の機能を回復させなければならない。(44) すべての研究者がそのような心構えで自分の属する研究の日常に介入するとき、宗教をめぐる研究は体系的かつしなやかな流動性を獲得して蘇生していくことになろう。

ようするに、私たちが何のために宗教を研究しているのか、その根本的な動機が問われ続けてきたのである。それは宗教を研究する者の地位を特権化するものであってはならず、日常生活における他者の存在に向かって開かれてゆくものでなければならない。そのときに、宗教学や宗教概念が普遍的なものであるか否かといった議論そのものが——言い換えるならば、人間の存在の本質を宗教と名づけようとする欲求自体が——、タラル・アサドが言うように、もはや意味をなさないのである。

註

(1) 以下、本論の宗教学の歴史については、磯前順一『近代日本の宗教言説とその系譜——宗教・国家・神道』(岩波書店　二〇〇三年)、同「〈日本の宗教学〉再考——学説史から学問史へ」および全京秀「「宗教人類学」と「宗教民族学」の成立過程――赤松智城の学史的意義についての比較検討」川瀬貴也訳（『季刊日本思想史』七二、二〇〇八年）に依拠するものである。

（2）京都学派の世界史の哲学と帝国主義の関係については、酒井直樹・磯前順一編『「近代の超克」と京都学派――近代性・帝国・普遍性』（以文社、二〇一〇年）に収録された、酒井・磯前・金哲論文を参考のこと。

（3）前者の例として近代日本の仏教研究、後者の例として宗教体験論の流れを汲む研究がある。文献としては、林淳・大谷栄一編「特集　近代仏教」（『季刊日本思想史』七五、二〇〇九年）、および深澤英隆『啓蒙と霊性――近代宗教言説の生成と変容』（岩波書店、二〇〇六年）。

（4）Mark C. Taylor, ed., *Critical Terms for Religious Studies*, Chicago and London: The University of Chicago Press, 1998. Willi Braun & Russell McCutcheon, eds., *Guide to the Study of Religion* , London and New York: Casseell, 2000. John Hinnells, ed., *The Routledge Companion to the Study of Religion*, London and New York: Routledge, 2005. Robert Segal, ed., *The Blackwell Companion to the Study of Religion*, Oxford and New York: Blackwell Publishing, 2006.

（5）このあたりの推移を示す論文として、Jun'ichi Isomae, "Study of Religion under Postcolonial Situations," in *The Council of the Societies for the Study of Religion Bulletin*, 35/ 4, 2006.

（6）スミスの立場をよく示す著作として、Jonathan Z. Smith, *Imagining Religion: From Babylon to Jonestown*, Chicago and London: The University of Chicago Press, 1982. Jonathan Z. Smith, *Relating Religion: Essays in the Study of Religion*, Chicago and London: The University of Chicago Press, 2004.

（7）その立場を端的に示した作品として、Mark C. Taylor, *After God*, Chicago and London: The University of Chicago Press, 2007.

（8）その成果が、ミシェル・フーコー他『自己のテクノロジー――フーコー・セミナーの記録』一九八八年（田村俶・雲和子訳、岩波書店、一九九〇年）。

（9）北米の宗教諸学会の動向については、Donald Wiebe, "Religious Studies," in Hinnells, ed., *The Routledge Companion to the Study of Religion*.

（10）マーク・C・テイラー編『宗教学のためのクリティカル・ターム』一九九八年（奥山倫明監訳『宗教学必須用語22』刀水書房、二〇〇八年）。この日本訳は行き届いた配慮のもとに平易な訳文として作られているが、宗教概念が学問的な作為性によってもたらされたことを指摘するスミス論文の肝心の末尾は、残念ながらその趣旨が読み取りにくいものになっている（同書、二八七—二八八頁）。

（11）マーク・C・テイラー「序論」（『宗教学のためのクリティカル・ターム』一一頁、磯前一部改変）。

（12）ロバート・シャーフ「体験」（『宗教学のためのクリティカル・ターム』四〇九頁）。

（13）ガヤトリ・チャクラヴォルティ・スピヴァク『ポストコロニアル理性批判——消え去りゆく現在の歴史のために』一九九九年（上村忠男・本橋哲也訳、月曜社、二〇〇三年）。

（14）筆者らのポストモダニズム理解については、磯前順一「外部性とは何か——日本のポストモダン　柄谷行人から酒井直樹へ」（『閾の思考』月曜社、二〇一一年）。

（15）筆者らのポストコロニアル理解については、磯前順一「ポストコロニアルという言説——ホミ・バーバ　その可能性と限界」（註〈14〉前掲書）。

（16）Richard King, "Orientalism and the Study of Religions," in Hinnells, *The Routledge Companion to the Study of Religion*.

（17）Timothy Fitzgerald, *The Ideology of Religious Studies*, New York and Oxford: Oxford University Press, 2000. Russell T. McCutcheon, *Manufacturing Religion: The Discourse on Sui Generis Religion and the Politics of Nostalgia*, Oxford: Oxford University Press, 1997. タラル・アサド『宗教の系譜——キリスト教とイスラムにおける権力の根拠と規律』一九九三年（中村圭志訳、岩波書店、二〇〇四年）。

なお、同じ宗教概念論に携わる者でも、その学問的背景が異なることもあって、マッカチオンとフィッジェラルドを宗教否定者として退け、アサドを宗教至上主義者（religionist）として称賛する解釈が日本の宗教学の一部には存在する。しかし、アサド自身が言明するように、彼は宗教概念の全否定にも興味はないが、超歴史的な普遍的概念として復活させることにも関心はないのである。では、筆者の立場から見て、アサドとマッカチオンらの違いがどこにあるかについては本序論のなかで後述する。

(18) Donald Wiebe, "Religious Studies" and Robert Segal, "Theories of Religion," in Hinnells, *The Routledge Companion to the Study of Religion*.

(19) ジェームス・クリフォード／ジョージ・マーカス編『文化を書く』一九八六年（春日直樹他訳、紀伊国屋書店、一九九六年）。

(20) タラル・アサド『世俗の形成——キリスト教、イスラム、近代』二〇〇三年（中村圭志訳、みすず書房、二〇〇六年）。シーガルの議論は他に、Robert Segal, *Religion and the Social Sciences: Essays on the Confrontation*, Atlanta: Scholar Press, 1989.

(21) 増澤知子『夢の時を求めて——宗教の起源の探究』一九九三年（中村圭志訳、玉川大学出版部、一九九九年）、McCutcheon, *Manufacturing Religion*.

(22) Eric Sharpe, "The Study of Religion in Historical Perspective," in Hinnells, *The Routledge Companion to the Study of Religion*, p. 39.

(23) Paul Heelas, "Postmodernism," in Hinnells, *The Routledge Companion to the Study of Religion*. Johannes Wolfart, "Postmodernism," in Willi Braun & Russell McCutcheon, *Guide to the Study of Religion*.

(24) Colin Campbell, "Modernity and Postmodernity," in Segal, *The Blackwell Companion to the Study of Religion*, p. 315.

(25) Hent de Vries, ed., *Religion: Beyond a Concept*, New York: Fordham University Press, 2008.

(26) Talal Asad, "Response," in David Scott and Charles Hirschkind eds., *Powers of the Secular Modern: Talal Asad and His Interlocutors*, Stanford and California: Stanford University Press, 2006, p. 230–232.

(27) Tomoko Masuzawa et al., "A Quarter Century of Interrogating Religion: From *Imagining Religion* (1982) to *Religion: Beyond a Concept* (2008)," in NAASR Panel at the 2008 Annual Meeting of the Society of Biblical Literature.

(28) Cho Sungtaek, "The Formation of Modern Buddhist Scholarship: The Case of Bak Jong-hong and Kim Dong-hwa," in *Korea Journal Spring* 2005. Vincent Goossaert, "The Concept of Religion in China and the West," in *Diogenes* 52–1, 2005. Jun'ichi Isomae, *The Genealogy of Religious Discourse in Modern Japan: Religion, State and Shinto*, Leiden, Boston & Köln:

Brill, forthcoming.

(29) 全前掲註（1）論文、全京秀『韓国人類学の百年』一九九九年（岡田浩樹・陳大哲訳、風響社、二〇〇四年）。

(30) George Elison, *Deus Destroyed: The Image of Christianity of early Modern Japan*, Harvard University Asia Center, 1973. Liam Matthew Brockey, *Journey to the East: The Jesuit Mission to China, 1579–1724*, Belknap Press of Harvard University Press, 2007.

(31) Gauri Viswanathan, *Outside the Fold: Conversion, Modernity, and Belief*, Princeton: Princeton University, 1998.（第二章のみ、三原芳秋訳「否認の原理」〈『みすず』五七六―五七八頁、二〇〇九年〉、として日本語訳あり）。

(32) ホセ・カサノヴァ『近代世界の公共宗教』一九九四年（津城寛文訳、玉川大学出版部、一九九七年）。

(33) 筆者らのポストコロニアル理解については、磯前順一「他者と共に在ること――ディアスポラの知識人　タラル・アサド」（前掲註〈14〉所収）。

(34) アサド『宗教の系譜』、同『自爆テロ』二〇〇七年（苅田真司訳、青土社、二〇〇八年）。

(35) Hent de Vries and Lawrence Sullivan eds., *Political Theologies: Public Religions in a Post-Secular World*, New York: Fordham University Press, 2006.

(36) 磯前順一「歴史と宗教を語りなおすために――言説・ネイション・余白」（『喪失とノスタルジア――近代日本の余白へ』みすず書房、二〇〇七年）。

(37) ポストコロニアル批評のそのような性質を示すものとして、次の著作がある。ガヤトリ・チャクラヴォルティ・スピヴァク『サバルタンは語ることができるか』一九八八年（上村忠男訳、みすず書房、一九九八年）。

(38) 酒井直樹『日本／映像／米国――共感の共同体と帝国的国民主義』（青土社、二〇〇七年）。そのような帝国日本の歴史を踏まえた試みとして、酒井直樹「「日本人であること」――多民族国家における国民的主体の構築の問題と田辺元の「種の論理」」（『思想』八八二、一九九七年）、磯前順一「モダニティ・帝国・普遍性――「近代の超克」と京都学派」（前掲註〈14〉所収）。

(39) 윤해동「식민지 인식의『식민지의 회색지대』역사비평사」2003 년（尹海東『植民地のグレーゾーン』〈歴史批

評社、二〇〇三年〉、その部分的な日本語訳として、同「植民地認識の「グレーゾーン」——日帝下の「公共性」と規律権力」〈藤井たけし訳『現代思想』三〇—六、二〇〇二年〉)、磯前順一「帝国の記憶を生きる——ポストコロニアル批評と植民地朝鮮」(前掲註〈14〉所収)。

(40) 宗教という観念のもつ物質性の問題については、すでにタラル・アサドがバフチンの議論を引きながら言及している。David Scott, "The Trouble of Thinking: An Interview with Talal Asad", in Scott and Hirschkind, *Powers of the Secular Modern*, p. 243-304.

(41) このような日本におけるポスト世俗主義の積極的な理解として、島薗進による一連の国家神道論がある。代表的な著作として、島薗進『国家神道と日本人』(岩波新書、二〇一〇年)。

(42) そのような宗教学の態度を端的に示すものとして、土屋博「書評論文『岩波講座宗教』——宗教論の曲り角」(『宗教研究』八〇—一、二〇〇六年)。

(43) 本論で言う批判(critique)とは、フーコーが言うように、「主体がみずからに、権力の効果という観点から真理について問う権利と、真理のディスクールという観点から権力について問う権利を与える運動に他ならない……批判は一言でいえば、真理の政治学とでも呼べるゲームにおいて、本質的に主体が服従から離脱する機能をはたす」ものである。(ミシェル・フーコー「批判とは何か——批判と啓蒙」一九七八年〈同『私は花火師です』中山元訳、ちくま文庫、二〇〇八年、八一頁〉)。この批判をめぐる議論については、下記の文献での、タラル・アサドとジュディス・バトラーの応答を参考とした。Talal Asad, Judith Butler and et.al., *Is Critique Secular? Blasphemy, Injury, and Free Speech*, Berkeley, Los Angeles and London: University California Press, 2009.

(44) 今日的な知のあり方については、磯前順一「変貌する知識人——身体的知について」(前掲註〈14〉所収)。

第一部　「宗教」という概念を超えて考える

「宗教」カテゴリーをめぐる近年の議論

——その批判的俯瞰

ラッセル・マッカチオン

筆者紹介

一九六一年カナダ生れ。トロント大学 Ph.D. アラバマ大学教授（宗教学）。英国のティモシー・フィッジェラルドと並ぶ、宗教概念論および宗教学批判の論者。シカゴ大学のミルチャ・エリアーデによってとなえられた人間の本質としての宗教という宗教学の本質をなす見方に、学問の政治性を問題視するカルチュラル・スタディーズの立場から根本的な批判を加えた。著書に、*Manufacturing Religion*, Oxford University Press, 1997. 共編著に *Guide to the Study of Religion*, Casseell, 2000. など。

宗教概念をめぐる最近の議論は、その見かけほどには無垢なものではない。（ジャック・ヴァーデンブルグ：in Despland/Vallée 1992: 226）

宗教とは、一体、何なのだろう。そしてもっと大切なことだが、それを決めているのは誰なのだろうか。宗教がヨーロッパ、ひろくいえばキリスト教のつよい影響下にある歴史的産物であるとすれば、このカテゴリーの有効性はどの程度あるのだろうか。このような定義を規範的に決定するときに、宗教研究者はいかなる役割を果たしているものなのか。また、宗教とは社会・政治的に自律したもの、すなわち他の要素に還元できない固有なものなのか、それとも歴史における人間の行為の一側面をさす学問的で分類学的なカテゴリーにすぎないのか、という議論が長期にわたってなされているが、そこで問題になっているのは何なのだろう。

上述の問題は、はっきりしたかたちではないにせよ、近ごろ、多くの研究者たちにとりあげられるようになっている。本論では、これらの論文のいくつかをとりあげ検討することで、「宗教」というカテゴリーをめぐる研究の批判的な俯瞰をおこないたい。そのなかで、今日にいたる「固有なものとしての宗教」の有効性をめぐる議論のなかで、各論文がどのような位置を占めているのか、宗教学のなかで自然主義的な理論の場所がどこにあるのかを明らかにしてゆきたいと思う。「宗教」なるものを定義・構築し、理論化しているのが誰なのか、今日広がりをみせているこの重要な問題の一部として、これらの研究は理解されるべきであろう。

1　理論的布置——本質と分類

ウィルフレッド・キャントウェル・スミスが三十年前に書いた『宗教の意味とその終焉』[1]は、研究者がつかう「宗教」という概念を批判した著作として、これまでよく知られてきた。周知のように彼が主張しているのは、宗教の外的特徴にすぎないもの（積み重ねられた伝統と名づけられている）が宗教経験の全体とみなされる一方で、重要な内的要素である超越的なものへの人格的な信仰が見落とされてきたために、その外的特徴が人間の主観的な経験として実体化されてしまったということである。部分と全体を取り違えてはいけないと述べているわけである。さらにキャントウェル・スミスは、このような実体化が近代宗教学にすっかり定着してしまった以上、研究者は「宗教」という言葉をつかうべきではないと説く。その代わりとして、宗教的な組織と経験という二重の性質、言い換えれば、外から観察できる側面（伝統や神話や儀礼など）と内的で人格的な側面（信仰）とをただしく反映させた研究をするべきだと主張している。

彼の研究が、宗教学の近年の主傾向を代表するものだと言うことはできない。とくに、ほかの種類の解釈学と対立するような、イーミックな視点を優先させるその解釈学的方法論については。しかし、キャントウェル・スミスがエリアーデたちと同じように、観察可能な記録データを損なわずには接することのできない人格的体験や宗教的確信、つまり彼が内的であると信じるものを特権化していることは注意しておく必要がある。彼の解釈学が出した結論は、現実の信仰者たちの賛同をほとんど得ることがないのだが、それはまた――たとえ同意を得たにせよ――別の話である。つまり、キャントウェル・スミスもエリアーデのように、非宗教的な説明が、信仰者や信奉者の報告するデータを上手く説明できるわけがないと端から決めつけているだ。彼にとって、宗教とは本質的に先験的な神秘であり、「だれも専有することのできない、未知のものに向かって開かれたもの(2)」なのである。その点で、彼は、先達のオットーやその他の「感覚的人間」たちと変わるところがない。

このようにキャントウェル・スミスが宗教の内面性と神秘性を先験的に強調しているならば、彼の「宗教」カテゴリーへの批判というのは、この種の人間の経験や行動を研究するさいの自然主義的な、また還元主義的な方法にたいする批判として理解することができる。「宗教」を全体化したり実体化するやり方にたいする彼の批判は、ある程度、影響力を発揮してきたし、今でも彼の「宗教的伝統」という言葉はしばしば使われてはいるが、学問的範疇としての「宗教」にたいする今日の批判のすべてが、宗教的な行為や体系のもつ私的・内面的性質や、宗教の固有性を擁護することばかりに関心を払ってきたわけではない。たとえ、現在が研究の小変革期であり、「宗教」という理論的範疇のもつ歴史や意味、今後のその有効性を批判的に吟味するにふさわしい時期だとしても、この「宗教」をめぐる議論には、さまざまな理論的立場が奇妙なかたちで混在していることも確かである。そのなかで、何人かの新しい世代の研究者たちは、キャントウェル・スミスとは明らかに異なる問題関心をもっている。例えば、ティム・マーフィーはポスト・モダンやポスト・コロニアル理論を援用しながら、「宗教」は本質あるいはそれが顕現したものと定義されてきたが、そのような普遍化された範疇は西洋中心の人文主義が産み落としたものにすぎないと述べている。(3) また、ジェッペ・シンディング・ジャンセンによると、「宗教」という言葉のもつ神学的含意をさけるため、「エスノ・ヘルメノイティクス」という新しい術語をつかおうと呼びかける人びともいる。(4)

この長きにわたる議論にこれらの論文が貢献してきたことは確かだが、その一方で、キャントウェル・スミスの立場を継承する研究者たちもいる。かれらは、宗教という概念では自分たちの唱える本質的要素——多様な私的体験とその公的なかたちでの顕在化によって共有されるもの——が適切に表現できないと批判する。その端的な例がジョン・カンプスティであろう。彼は「宗教」という言葉では、自分がいく分疑念をもって「究極的現実」(5)と呼ぶものへの人間の帰属感を表すことはできないとしている。

エリック・シャープは、「宗教」とは「知的構築物であり、この仕掛けによって、合理主義者が情熱をもやす分類と区別が具体化されるのだ」(6)と述べているが、その点については、ほとんどの研究者が多かれ少なかれ同意するであろう。「情熱」や「区別」など、シャープの表現にはいささか軽蔑的な意味が含まれているのだが、人間のもつ総合化や比較したり「区別」さえしようとする生来的な情熱よりも、宗教学のもつ方法と理論のほうが優っていると研究者が断言できるのかどうか、それを検討するのはもっともなことである。

ポスト・モダニズムは、神学的なものも含めて、いろいろな言説に大学の権威を主張する新たな基盤を用意したように思われている。しかし、「テクストの外側には何も存在しない」というフレーズが意味するのは、たんに承認された言説が相対的なものにすぎないというだけでなく、こちらのほうが重要なのだが、あらゆる人間の言語や知識そして「情熱」のもつ分類的で実践的・戦略的な性質は内在的で不可避なものだということなのである。つまり、私たちが接近し認識できる人間の主張や行為は、自分を取りまく状況を超越している、あるいは超えるような知識をもっていると人間自身がしばしば主張するにもかかわらず、歴史的・言語的に束縛されたものにすぎないということである。

おおまかな言い方をすれば、「宗教」の地位や使用をめぐる議論における批判的陣営は、二つに分けられるように思われる。一つは、「宗教」とは良きにつけ悪しきにつけ、人間の行為や信念の一部を他の構成部分との関係性のなかで、名づけたり分けたり、抽象化したり記述したりする分類道具だとするものである。その代表的存在がジョナサン・Z・スミスである。(7) もう一つは本質主義的な研究者として、キャントウェル・スミスとおなじ立場にたつものである。かれらによれば、宗教研究の核心は、思想やコミュニケーションという人間的で歴史的範疇を超越するものにある（すくなくとも両者は混同すべきではない）とされる。前者にとって、後者のいう「宗教」カテゴリーは広すぎて、学問や比較に役立つものとは思われない。他方、後者には、前者の概念道具は狭すぎて、「宗教をまじめにうけとめること」に失敗しているように思われるのだ。

2　啓蒙主義からポスト・モダニズムまでの宗教

さらに、「宗教」に関する批判的論文として、付け加えるべきものが二つある。ピーター・バーン『自然的宗教と宗教の本質――理神論の遺産――』（一八八九年）と、ピーター・ハリソン『「宗教」とイギリス啓蒙思想期の宗教』（一九九〇年）である。前者は、ロマン主義の時期に形成された「自然的宗教」というカテゴリーが、啓示的なものではなく、本質的に人間にかかわる現象であり、研究対象となる宗教の近代的研究への理論的基盤をきずいたことが述べられている。後者は、いくぶん知識社会学的な方法から、「十七世紀における「宗教」形成のイデオロギー的な源になったのは……宗教改革とルネサンスと古典時代である」と論じている（ハリソン、一九九〇年、七頁）。

両作品の長所は、宗教という学問的範疇が宗教的な人びとの生きた経験に「ふさわしい」かどうかを調べるのではなく、しっかりとした理論的分析を通して、その範疇のもつ歴史、起源やその含意を調べたところにある。同じく、ベンソン・セーラー『宗教の概念化――内在的な人類学者、超越的なネイティヴ、境界のないカテゴリー』（一九九三年）も興味ぶかい研究である。それは、人類学的な観察者に有益と思われる多因子的な宗教定義を提唱したものであり、キャントウェル・スミスのような本質主義的な立場とは異なっている。この多因子的アプローチは、「宗教」と「非宗教」のあいだの明確な境界線」がなくなるため、「いやおうなしに比較論的なもの」となる。「それは宗教を、本質主義者が言うような、「はい」「いいえ」で表示されるデジタル化されたカテゴリーにとどまらないものとするからである」（セーラー、一九九四年、二五頁）。それとともに、ハリソンもセーラーもキャントウェル・スミスの研究との関わりを述べている点に注目されたい。これは、キャントウェル・スミスの著書『宗教の意味とその終焉』が、問題点はあるにせよ、依然として重要な意味をもっていることを物語っている。

また、ハルジョット・オベロイの『宗教的領域の形成——シク伝統における文化・アイデンティティ・多様性』は、宗教的領域を形成・保持しながらも、反本質主義的な立場から人間のアイデンティティを見事に研究した例である。この刺激的な本の冒頭において、オベロイは、一般に宗教とは「社会的文化的な過程である。つまり、なにか所与のものではなく、日常の生活行為であり、人間の主体性の部分をなすものだ」(同書、二三頁)と仮定する。この本が刺激的と言ったのは、このようにはっきりと提言された理論的方法が研究者にたいしてのみ問題となるのではなく、シク教など特定の宗教を研究するときには、信仰者にとっても一層問題をはらむものとなるためである。だが、その議論を今おこなう余裕はない。イーミックな記述の再生産に飽きたらない研究者には、オベロイの研究は関心をひくものであると言うだけで十分であろう。なお、その一方で信仰者のなかにも、このような記述を引きうけることで社会・政治的な利益を得ようとする者がかなりいることも確かである。

このイーミックとエティックという問題のある区分に関して、オベロイははっきりエティックな理論を一般化させる必要を述べている。「歴史家たちの欠点は、イーミックな価値判断をただ再生産し、シク教のエリートの小グループが作り出したカテゴリーをもちいることで」、シク教コミュニティの成員の「固有な信念や儀礼の評価を貶めることである」と言う(同書、二三頁)。そして、オベロイは宗教的アイデンティティの形成を非宗教的に記述することを力説するのだが、さらに、信仰者自身による説明がそれだけで自立したものになれない理由について、それは学問的な体系化や解釈というたんなる研究上の必要からではなく、信仰者自体が社会や政治さらにはイデオロギーの道具と化しているためだと述べている。以上の点からして、この歴史・批判的なシク教の研究書は、研究者に諸手をあげて歓迎されるべきであろう。

このセーラーやオベロイの反本質主義的な立場にかかわるものに、タラル・アサドの著書がある。この書物は八本の論文からなるが、その書名『宗教の系譜学——キリスト教とイスラム教における権力の根拠と訓練』が示すように、フーコーからつよい影響をうけている。冒頭からアサドが説いているのは、私たちは当然のように「宗教」には固有の領域があり、「宗教の本質を理論的に探究できると考えるために、宗教を権力とは概念的には無縁のものと思い込んでしまう」ことである（アサド、一九九三年、二九頁）。「宗教」を固有な領域とみなし、権力や支配や紛争の問題から切り離してしまうために、研究者も信仰者もともに、「なにものにも還元されることのない、人間の行為と信念の独自の空間」（同書、二七頁）を作り上げていってしまう。それは、宗教や文化や民族に本質があると主張することが、そのまま擁護的な役割を果たしてしまう近年の一般的な議論傾向と共通したものであろう。どんな場合でも、社会・政治的な独自性を主張すれば、良かれ悪しかれ、それを強力に分離・弁護する手段になってしまうのである。

当初、宗教学の還元主義者たちは、このような非還元主義者による厳しい政治的な批判を歓迎していたようである。しかし、アサドのポスト・モダン的立場は、社会科学研究のもつ帝国主義的姿勢をひとしく批判するものである。その点で、この本の第一論文「人類学的範疇としての宗教」（同書、二七—五四頁）は注目される。そこで、アサドは先のマーフィによる批判と同じように、かなりの影響力をもつクリフォード・ギアツの普遍主義的な宗教定義にたいして批判をくわえている。もし、宗教の本質を探ることが、理論的・政治的に問題があるとすれば、普遍的な定義にも同じように問題があることになろう。アサドによれば、ギアツによる「宗教」の文化的定義が問題なのは、最初から普遍的定義として設定されてしまったために、宗教的な神話や儀式、制度、テクストなどの権威的地位が、いかに「歴史的学問［フーコー的な意味で、学問的な組織や言説や前提など］（本文中の［ ］はマッカチオンの補足）と力による産物」（同書、五四頁）なのかという事実を退けてしまった点にあるのだという。

普遍的定義にかかわってアサドが勧めるのが、特定宗教の研究者が「宗教」「文化」などの「包括的な概念」を多様な歴史的要素へと解体してゆくことであり、個々の状況のもつ権力関係をそこに反映させることである。このような具体的細部に注意をはらうことは大切だが、この案も研究者にとってはいささか問題がある。具体的細部を無視するような宗教の一般化は避けて然るべきだが、「特定の宗教」を一般化してしまうのも、やはり問題である。例えば、「仏教」と言うとき、それは小乗仏教と大乗仏教のいずれなのか。「大乗仏教」と言ったとしても、その内部に存在する多様性はどうなるのだろうか。それとも、ベトナム仏教などのネイション的なものや、アフロ・アメリカンの宗教などのもっと複雑なナショナル・エスニックなカテゴリーへと一般化すれば、そのような具体的細部の多様さまで捉えることができるのだろうか。

そもそも、具体的細部とは何を指して言うのだろうか。この点についてアサドが言うのは、人間の行為――ここでは神や超越性にかかわる行為・信念――に関する一般化された文化横断的理論は退けるべきだ、ということにすぎない。具体的なものをどう考えるかは、人びとの関心のもち方（人びとが天国に神がいると思うようになった理由や神々の多様性を説明したいとか、伝道の覇権的性質を打ち破りたいなど）によって、大きく左右されるものなのである。結局のところ、アサドの善意の忠告にしても容易に納得できるものではないのだ。

3　還元主義とオリエンタリズム

還元主義をめぐる最近の議論に興味のある人には、トーマス・イディノプラスとエドワード・ヨナン編の『宗教と還元主義――エリアーデ、シーガル、そして宗教学への社会科学の挑戦』（一九九三年）は熟読する価値のある書物である。この議論はここ十年のあいだにいろいろな研究雑誌で展開されてきたが、この本では、ロバート・シーガルやダニエル・パールスなど、おもな論者の名前を見ることができる。全部で十六本の論文からなるが、そのうちの何本かは一九九〇年のアメリカ合衆国の会議で最初は発表され、そこに寄稿論文と再録論文が加えられた。「還元主義」の性質を論じたもののなかでは、とくに還元主義の類型を俯瞰したアーヴィンド・シャールマとアイヴィン・ストレンスキィの論文が便利である。また、トーマス・リーヴァの論文も自然科学での還元主義を詳細に論じている。ほかにも、シーガルやエリアーデの貢献をとりあげたものや、個別的な問題を扱ったものがある。その一つに、デュルケムの「聖なるもの」を論じたウィリアム・ペイドンの研究があるが、彼の用語法はエリアーデ主流派とは明らかに異なるものとなっている。

そして、この議論を新たな文脈に置き換えようとしたのが、ジョージ・ウェックマンの論文「教室における還元主義」（同書、二一一―二一九頁）である。それは、一九五〇・六〇年代における宗教学がつよくもとめた固有の学的領域を確立する戦略として、また――それ以上に大切なことだが――、大学の学部生相手の授業の教育手段として、非還元主義が主張することの意味合いを明らかにしようというものである。エリアーデの研究と方法論がなぜ一般性を獲得できたのかということは、学問領域の固有性の問題として捉えることで、ある程度、説明することができる。

北米にエリアーデの研究が伝わったのは、まさに学問の制度的独立と方法論的分離が問題となりはじめた時期であった。エリアーデの研究のもつ本質的差異を弁別しようとする態度が、彼のナショナリストとしての経歴とともに、この宗教的アイデンティティを確立しようとするさいに役だったのだと言えなくもない(8)。また、教育手段としての非還元主義について言えば、宗教的な人びとの声には耳を傾けるのは当然であるが、私たちの学生もまた宗教的志向性をもつ人間であり、それゆえ教育には慎重さが必要とされることを忘れてはならない。ウェックマンも言うように、非還元主義的な立場に熱心になるあまりに、還元主義的な研究をやみくもに退けてしまうならば、結局、それは細かなことをたんに報告したり、イーミックな視点の多様性を賞賛することに終わりかねないからである。

還元主義者は宗教を毛嫌いする知識人だという印象もあるが、ロバート・シーガルの指摘はそれが誤まっていることを示している。つまり、適切な社会科学的方法は、宗教的記述を抑圧することはないのだ。むしろ、信仰者の報告はあらゆる社会科学の基礎をなすのだから、自覚的に耳を傾けることが必要とされるのである。勿論、だからといって、社会科学流の理論的な問いが、信仰者によるイーミックな記述こそが最終的な答えであると言明することとは決してない(9)。社会科学的な理論化は信仰者の説明と競合関係にあるものではなく、非宗教的・合理的・理論的という特定の枠組みから説明をあたえようとする試みなのである。それにたいして、信仰者がこのような理論づけは信仰の本質的・私的な要素を見過ごしているので一切認めないと思ったとしても、かれらの権利として当然である。ただ、それと同時に、そのような信仰者の拒否が、エティックな理論を生みだすために続けられている努力に口を出すこともできないのである。

『宗教と還元主義――エリアーデ、シーガル、そして宗教学への社会科学の挑戦』のなかでとくに興味を引くのは、各論者たちがこの論争のさまざまな立場を代表していることである。そのことが、この本の学問的評価を高いものにしている（それにしても高価だ！）。そこには還元主義を支持する立場をとっている論文もみられるが、なかにはウェイン・エルゼイのように、還元主義的な理論は「宗教の非還元的な側面、すなわち非西洋文化にみられる成熟した権威ある人間という本質を見落としている」（同書、八五頁）という伝統的だが、かなり劣勢な立場を主張する論文もある。

ブライアン・ターナー『オリエンタリズム、ポストモダニズム、グローバリズム』（一九九四年）は、還元主義の立場から非歴史的な規範的学問を批判したものである。彼には『マルクスとオリエンタリズムの終焉』[10]という別の書物もあるが、それが出版された一九七八年は、かなりの影響力をもつオリエンタリズム研究をエドワード・サイードが発表した年でもある。オリエンタリズムとポストモダニズム、そして「宗教」カテゴリーの研究は、さきのアサドの議論から明らかなように、関係性を有している。サイードらはオリエンタリズムの主戦略として、他者――とくにムスリムという他者――の矮小化と脱歴史化を指摘しているが、アサドはそれが宗教研究にもちいられた場合について述べている。そこでも、「オリエント」や「聖なるもの」など、一元的な本質をもつ存在が作り出され、それが歴史的主体としての人間を矮小化させたり、社会・政治的な問題を曖昧にする役割を果たしていると言うのだ。

このような最近の見解にとって、ターナーの最新論集の第四論文「宗教の構築における良心」（ターナー、一九九四年、五三―六六頁）はとりわけ興味深いものである。そこでターナーは、シカゴ大学のイスラーム教の研究者、マーシャル・G・S・ホッジソンの『イスラームの冒険――世界文明の良心と歴史』（一九七四年）[11]に有益な批判を加えている。伝統的なイスラーム研究の欠点を是正しようとホッジソンにたいして、ターナーは、「イスラームが多様なかたちで社会・経済的あるいは地理的に条件づけられていることを十二分に考慮している」とその試みを認めてはいる。しかし、その研究の前提からみれば、結局、「ホッジソンのアプローチは依然として伝統的オリエンタリズムの非社会学的な陥穴から充分に抜け出てはいない」(同書、五三―五四頁)と判断する。そのキャントウェル・スミス流の調子でホッジソンが強調しているのは、私的で個人的な「良心」こそが重要なものであり、その良心が文化・社会的に顕在化したのが現象面での多様性だということである。

ターナーによれば、ホッジソンもやはり、宗教を固有性として捉える場合とおなじように、「良心」を「個人の内面的歴史における非還元的で創造的な活動因子」(同書、五四頁)として理解しているという。近年、多くの宗教学者が宗教経験を公的・政治的な行為ではなく、社会的文脈から独立したものとして捉えようとしているが、ホッジソンも同様に、信仰とは歴史化されないものであり、社会・政治・経済的な要因はたんにそれを取り巻く環境にとどまる限りにおいて、分析にさいして歴史的範疇をもちいているのだ。本人の言葉を借りれば、社会的な要因は「可能態を制限するもの」にすぎない。それは、エリアーデの発言――あらゆる宗教的現象は歴史的に制約されているものの、学問の任務はそのような歴史的現象やヒエロファニーのもつ抽象的かつ非時間的な本質を明らかにすることである――を連想させるものでもある。ターナーが白日のもとに晒したのは、まさに、この種の学問のもつ胡散臭さである。この胡散臭さが、宗教というカテゴリーを、個々の理由はともあれ、批判的な考察から切り離し、私的で特権化された領域に仕立て上げているのだ。

ターナーはオベロイと同じように、「宗教」を構築されたものとして分類法的につかうことを強く勧めるのであり[12]、一方で、宗教学に優勢な政治から独立した内面的な固有概念としてもちいることを誡める。ホッジソンの内面的アプローチを批判するとともに、ターナーが宗教・文化研究において因果的な説明を支持しているのは明らかである。彼は、「社会的信念、否、信念そのものが決定づけられたものである。因果的な制約をこうむらない説明不能な信念などは存在しないのだ」（同書、六五頁）と述べている。私たちが「良心」や「信仰」「意味」などのカテゴリーを使ったからといって、それで研究が完成するわけではない。それは社会科学の始まりなのだ。研究とは、これらのカテゴリーそのものを説明して記述することなのである。

4　知、権力、規範性

ターナーの批判からも明らかなように、カテゴリーに自律性を認めることは、信仰者やその解釈をする研究者に社会・政治的な特権を認めることにつながる。それを念頭において、『歴史における宗教』(Despland/Vallée: 1992)にもふれておこう。この書物には十八本の論文がおさめられているが、それは一九八九年のカナダでひらかれた「宗教」カテゴリーの歴史をめぐる会議で発表されたものをもとにしている。(13) この会議は、キャントウェル・スミス、ミシェール・デスプラン、(14) エルネスト・ファイル(15)という、この問題に関する重要な著書を発表した研究者が一堂に会したものであり、そこに招聘した少数の参加者たちとの交流を図ることで、三氏の主張を再考し発展させる機会をつくろうというものであった。また便利なことに、この本の末尾には、五十年以上におよぶキャントウェル・スミスの著作目録と、彼の研究に言及した論文目録の抜粋が付されている。

上記三人のうちの一人が書いた回顧的論文を別にすれば、そこにおさめられた諸論文は以下のようにさまざまな議題をとりあげている。J・サミュエル・プルースは十七世紀の知的具象化傾向を、ジーン・リチャードとリチャード・プランティンガは、それぞれトレルチとヴァン・デル・レーウにみられる「宗教」の用法を、マイケル・パイはアジアにおける「宗教の理論的な反省研究」のルーツを、キャサリン・ヤングは諸宗教に関するさまざまな教科書や俯瞰的入門書にみられる「世界宗教」カテゴリーの発展の興味ぶかい概略を、[16] そしてジャック・ヴァァーデンブルグは宗教の「開放的」な概念の必要性を論じている。[17] そして、本論の冒頭にも引用したが、ヴァァーデンブルグがおこなう学問のイデオロギー効果に関する考察は、さらに宗教概念の決定主体に一貫した関心をもつことがなぜ重要なのか、このカテゴリーがいかに潜在的な危険性を有しているか、という問題にまで及んでいる。次のように、彼は述べている。

もし知が権力に通じているとすれば、宗教をめぐる知は、特有の方法でその知をつかさどる人びと――たとえ研究者でないにしても――に、良かれ悪しかれ、権力をもたらしていることになる。結局、宗教概念をめぐる最近の議論は、その見かけほどには無垢なものではない。宗教に関する知や洞察は人間の真実の探究としても有益なのだが、同時に、イデオロギーを覆い隠してしまうものでもある（Despland/Vallée 1992: 226）。

既述したように、「宗教」をめぐる議論は、概念と現実の一対一の対応関係を正確に把握する試みというよりも、むしろ宗教研究者とその制度的条件、さらに信仰者にかかわる理論・政治的問題に属するものなのである。

ヴァァーデンブルグの発言は、このカテゴリー形成をめぐる議論に生じた新たな関心に光を当てたのだが、その一方で、いささか問題のある実証主義によせる彼の信頼はさきのイデオロギーに関する発言を台無しにしかねないものである。ヴァァーデンブルグは同じ頁のなかで、「宗教的な事柄をめぐるイデオロギー効果の危険性について私が強調したいのは、「イデオロギー影響圏」の「外側」にいる人びとが言っていることを正しく観察したり解釈する能力じたいを、イデオロギーが破壊してしまうということなのだ」と述べている。「宗教的なもの」とは何かを明らかにするための正しい宗教概念は、イデオロギーを見破るための手段となると、彼は考えているのだ。

明言してはいないものの、ここでヴァーデンブルグが念頭においているのは明らかにマルクス主義的な虚偽意識の概念である。しかし、それを批判する人びとのあいだでは、解釈学的循環の規則にのっとることでしか、「正しい」解釈は得られないのであり、解釈学者が分かっていようが分かっていまいが、解釈学的循環という内閉したシステム自体が、抑圧的なイデオロギー的幻想にふかく根ざしているのだと考えられている。それゆえ、正しい解釈を唱えるヴァーデンブルグの試みは、彼が警告を発するイデオロギー効果と同じくらい根拠を欠くものとなりかねないのだ。

この点で注目されるのが、この論文集のジェラルド・ヴァレーによる序文である。彼は、その末尾を次のような言葉で締め括っている。

> 宗教という言葉が氾濫する現状において、学術的な歩みが宗教の現実をおおい隠すヴェールを取り除き、宗教に市民権を取り戻すのであれば、積極的な歩みとして評価しなければならない（Despland/Vallée 1992: 6）。

ヴァーデンブルグも、知の実践をめぐるその発言にもかかわらず、結局はヴァレーの規範的な見解に賛同しているようである。キャントウェル・スミスと同じように、ヴァーデンブルグにとっても、復興され回復されるべき宗教固有の姿というものが存在しているのだ。思うに、彼もエリアーデの新人文主義のように、宗教学者の課題として、まず宗教というカテゴリーを見いだし、次いでそれを復権させようとした。しかし残念なことに、結局はこのような規範的アプローチを実際におこなうことは不可能であり、ヴェールの向こう側にある神秘にどうやって人間が近づくことができるのか、どうすれば正しい神秘を把握したと確かめることができるのか、それらはまったく明らかでないままにある。

5　国際宗教学会における「宗教」概念

『比較研究における「宗教」概念』（一九九四年）は、「宗教」の理論・政治的な有効性をめぐる広汎な議論の様子をみるには格好の論集である。ウーゴ・ビアンキィが編集したこの本は九二〇頁を超す分厚いものだが、約三七五ドルもする高価な本である。十五本の寄稿論文と、一九九〇年九月の第一週にローマで開かれた国際宗教学会会議――五年ごとに開催される――の発表から選ばれた九十本の論文から構成され、「各国における「宗教」という言葉のもつ多様な意味」（同書、ix頁）がその共通テーマとなっている。この本の出版は、一九九五年の八月五日から十一日にかけてメキシコ・シティーで開催された次の国際宗教学会にとっては、まさに時宜にかなったものとなった。

そして、三十四ヵ国におよぶ研究者がこの会議に提出した研究が部分的に反映されているため、この本は国際的な性格のものともなっている。ただし、その七〇パーセント以上は、イタリア、ドイツ（当時は東西に分かれていた）、アメリカ合衆国、カナダ、日本、スウェーデン、オランダ、デンマークの参加者によって占められているが。(18)

提出された論文は、この学会が国際性をもつようにするために、英語、ドイツ語、イタリア語、フランス語で書かれている。といっても、その半数は英語であるが。その他に本書には、以下のものがある。会議の全般的説明、各委員会の構成員名、国際宗教学会のマイケル・パイ（国際宗教学会代表幹事）による下部組織からの国際代表者が増加したという報告、ウーゴ・ビアンキィによる開会の挨拶である「会議の視点」、会議の全スケジュール、そして便利だが、やや時代遅れな所属機関の住所を含む全参加者リストが、収められている。

そして、九十本の論文は宗教（ユダヤ教、仏教、イスラーム教、キリスト教など）、地理（オセアニア、アフリカ、アメリカおよび中央アメリカ、東アジアおよびインド、イランおよびエジプト）、方法論・理論的テーマ（人類学、比較研究法、現象学）といういくつかのカテゴリーに分類されている。そこでは、ヨーガや禅やニューエイジがはたして宗教かどうかを論じたものや、内在的な宗教や名もない宗教というものが存在するのかどうか、「宗教」という言葉が現地語に対応語がない地域でも使用可能なのかなど、さまざまな議題がみられる。

無論、この多岐にわたる内容の論文集を評することは難しい。とくに、このように分厚い本の場合はなおさらである。たしかに、この本をはじめ本論であげた書物は、宗教学の新しい文献を蒐集する学術的図書館には欠かすことのできないものである。だが、この本の値段では、個人はおろか、図書館が買うことさえ容易ではなかろう。『エンサイクロペディア・オブ・レリジョン』からテーマごとに関連論文を抜粋した本が、手頃な値段で発売されたように、このような長大な会議で発表された研究も、テーマに分けて小型の安価な本としてどうにか出版できないものか、考慮すべきであろう。

しかし、いずれにせよ、ここで私はこの興味ぶかい本を網羅的に批評しようというのではない。ポストモダニストたちは、人はだれも自分独自のメガネを通して物を見ているのだというが、私がこの本を読むさいに掛けるメガネは次のようなものである。この国際宗教学会会議の最終部会「宗教学――回顧と展望」は――「回顧」という題名をもつ論文が過去二十五年のあいだにどれほど発表されてきたことか！[19]――、宗教学における過去の問題と将来の可能性という主題を熱意をもってとりあげ、この分野の簡潔な見取り図を提示することに成功した。そして、異なる立場の五人の研究者たちが、一九九〇年代冒頭にあたって、「従来の評価自体を再評価する」にふさわしい場となったと思われる。かれらは、グローバルな規模で起きている社会・政治的な変化のなかで研究しているのだ。

この五人の研究者、金成禮（ソウル）、ニニアン・スマート（サンタ・バーバラ）、ドナルド・ウィーベ（トロント）、ジウリア・スハメニ・ガスパルロ（メッシナ）、そしてウーゴ・ビアンキィ（ローマ）は、国際宗教学会の最終日に、二十世紀末の宗教学に急務とされる問題を討議したのである。この小さなパネルから、研究者が将来にわたって理論・政治的な関心をもちつづけるような重要な問題がいくつも提起されたのだ。

6　真正の信仰と尊敬、そして真の理解

金にとって真っ先に問題にされるべきことは（「宗教学――回顧と展望」in Bianchi, 1994: 897–899）、それについてはスマートも同意見であるが、このような会議における国際代表の構成が適切なものになっていないということであった。そもそも、金の存在じたいが、このパネル唯一の非ヨーロッパあるいは非北アメリカ地域のメンバーとして、マイケル・パイのいう「地域的多様化」の必要性をさししめすものとなっている。冒頭のパイの報告でも明らかなように、宗教学という分野をヨーロッパが長期にわたって支配してきたことは、当然、問題にされるべきと思われていたし、次回の一九九五年度会議がメキシコ・シティーで開かれることじたい、変化が起こりつつあることを示している。それに関して金は、宗教学が次なる段階に移行するのは、「ヨーロッパに学ぶという第一段階を脱却したとき」（同書、八九七頁）である、と述べている。

たしかに国際宗教学会は国際的であるからこそ、多様な学問的要求や研究関心、制度的構造、会員のすべての母国語を包括する組織などの要件を満たすものであり、このような組織の必要性を否定する宗教研究者はほとんどいないだろう。だが、この分野の「西洋的歴史」から脱却することは、ある種の研究者たちにとっては、宗教学そのものを変えてしまう脅威に映ずるのである。それにたいして金は、人文科学諸分野と協同することで、「宗教的共同体の現実の歴史のなかで語られた信仰こそが真実のものであることを証明する」のが、宗教学の任務であると述べている（同書、八九七頁）。

彼女の発言を正確に理解することはきわめて難しいが、なにが真実の宗教であり、「本当の信仰」であるか、そのような規範的判断をくだすことが宗教学の任務なのだと言いたいことは間違いなかろう。そして、聖と俗のような学問的対立項のごとく、多くの研究者が一致してみとめるカテゴリーにどのような制約が内在しているのかを特定して、それを文化横断的研究である比較研究に援用するのである。そのさいに金は、宗教学者は「個々の宗教をただしく理解するために、それに適した範疇と方法を選べるような感性と自由をもつべきだ」（同書、八九八頁）と説いている。この主張は、正統と目される方法や理論にむやみに頼らないようにしようというものであり、学際的研究を支持する研究者たちに共通してみられるものでもある。ただし、それと、宗教の正しい理解を高めたいという関心は、まったく異なる次元の問題なのだ。

金の考えは、かつて宗教学者が自分たちの学問領域を確立しようと、大学制度上の縄張りをめぐって小競り合いをくりかえしていた時代と、あまり変わるところがない。このような立場はエリアーデの唱えた創造的解釈学を継承したものだが、そこで引き継がれたのは、「人類の完全性の保護」に必然的にともなう「宗教的な価値観」であるとともに、宗教学観でもあった。であるから、金にとって宗教学とは、「人間とは何であるかを理解するだけでなく、人類を保護し存続させるための重要なものなのである」(同書、八九八頁)。

宗教伝統のちがい、宗教の「独自性」への言及、「宗教自体の機能」、宗教学者にとって「人類の完全性を保護すること」の必要性。これらを、宗教学者は尊重すべきだと金は主張する。しかし、彼女の主張には、いわゆる「西洋」と「東洋」の対立だけでなく、科学・経験的に検証可能な主張と、宗教学者によって研究・解釈され説明されるデータとの不一致も見いだされる。金の矛盾は、異文化の間のものではなく、宗教学の分野における異なる二つの見解、あるいは根本的に異なる二つの理論的立場のあいだから生じたものなのである。そのうちの一方の立場は、宗教学を本質理解の試みと規定する支配的な学問伝統である。もう一方は、宗教研究の目的を、祈りや冥想の詳細な比較研究のように、人間のおこなう行為の理由を説明することではなく、そめような行為を真っ先にとった理由を説明する理論におくものである。

たしかに過去の歴史や多くの文化や学問において、非宗教的な解釈を宗教的解釈から切り離すことが、当たり前のようにおこなわれていた。しかし、だからといって、宗教学における見解の相違を、文化的な問題として片づけてしまうとすれば、それは問題の混同であり誤まっている。二つの立場のうち、現在の学界で優勢なのは、依然、宗教的解釈——実は循環論法にすぎないのだが——である。アメリカ宗教学会一九九四年度会議の宗教史部会でジョン・ヒックがおこなった講演が満員の聴衆でみたされたことは、なによりの証しであろう。一方、非宗教的な解釈や説明——説明のほうが重要である——の立場をとっている研究者が、それにたいして示した反応といえば、ロバート・シーガルに代表されるように、ヒックの宗教解釈学とはほとんど接点のないものであった。

この種の混同をおかした例としては、ほかにピーター・クラークとピーター・バーンによる『定義・説明される宗教』(一九九三年)もあげられる。そこには、哲学をはじめ、社会経済・社会学・心理学の理論を概観する役立つ諸章があるが、さらに、宗教に関する宗教的理論——ヒックの題名にならえば、理論ではなく解釈になるが[20]——という章がもうけられている。さきに指摘した混同は、この章——ヒックの研究への注釈がかなりみられる——における「理論」という言葉の使い方に顕著にみられるのだ。

理論とは証明可能な仮説のことである。しかし、それだけでなく、カール・ポッパーの影響力をもつ科学概念にしたがえば、それは反証される可能性もある説明という試みでもある。たしかに、宗教的言説を科学的言説から弁別する基準の一つに、反証可能なのは科学的言説だけだとする見方がある。例えば、「イエスがわたしを愛している」「モハメットはアラーの予言者である」「マハーヴィラは二十四番目のジャイナ教祖師である」や、ヒックの言うところの「あらゆる宗教はおなじ超越的実在を崇拝している」(Clarke/Byrne 1993: 79) など、これらの宗教的言説の妥当性について私たちが反論する手段は存在しないのだ。

したがって、世界がどのように成立したかという信仰者の説明(宇宙発生論や創造説など)や、すべての宗教に共通するとされる聖なる本質に関する主張(宗教的多元主義)、あるいは人間の本質が宗教的なのは何故かという説明(神が人間に贈物をしたとか、古代の聖者が神の声を聞いたなど)は、いずれも「理論」とはいえない。このような宗教的説明が理論として理解されてしまうと、そこにある重要な仕切りが不明瞭になってしまうのだ。この混同で見落とされているのは、宗教的説明は研究者にとってはデータにほかならず、研究者は社会学や心理学や社会経済など、宗教に関する理論を発展させる役割をになった者であるという認識である。以上のように、宗教的説明は理論的記述の肩代わりをできるものではない。

つまり、「文化」という言葉の金の使い方や、国際宗教学会のような集まりに非ヨーロッパ系宗教学者の代表を増やすべきだという彼女の主張は、研究の対象となるデータをもっと増やそうという要求と異なるものではなく、現在の学界の理解となんら変わらないことになる。結局、金の宗教学の規定は自家撞着で終わっているのだ。彼女は、宗教学は独自のものではなく、他の人文科学の協力が必要だと言うのだが、その一方で、宗教経験そのものは唯一無二のものだと主張するのだ。金にみられる宗教の固有性への信頼とその奨励をそのまま認めるとすれば、宗教学の将来は、依然として、その過去から解き放たれたものにはならないであろう。

7　宗教学におけるヨーロッパ中心主義――破滅をもたらすものか、基礎をなすものか？

金と同じように、ニニアン・スマート（前掲「宗教学――回顧と展望」in Bianchi, 1994: 901–903）も、「各文化が孤立する時代はもはや終りを告げた」（同書、九〇一頁）として、学会組織における国際代表の増加現象に大きな関心をもっている。彼はその報告のはじめに、近年の宗教学におきている進歩的変化に注意をうながし、一九五五年にローマで開かれた国際宗教学会会議では、「キリスト教を英国の大学で教える研究者のほかには、わずか十七人の宗教学者が出席しただけであった」（同書、九〇一頁）と述べる。世界宗教学会[21]への提言をおこなったスマートだが、これまでの彼の著作やよく知られたその方法論・理論的関心からみると、彼の言う進歩的変化と、金のいう変化は明らかに異なっている。

カール・ポッパー流の表現をすれば、スマートの関心は、ペッタチオーニやハイラー、ウィリアム・ジェームス、ザエーナーらの理論が、多くの欠点にもかかわらず、後代の研究者をこれほど検証に駆り立てる仮説となりえた理由はなにか、ということにある。しかし、彼が論文の末尾で賛辞をこめて引用するポッパーと同じく、スマートもまた、宗教に関する自分たちの仮説がどのような由来をもつかについて、ほとんど注意を払おうとしない。彼は、エリアーデさえ、「その正体は説教師ではある」（同書、九〇一頁）が、じつは数多くの仮説を出して宗教学に刺激を与えてきた人物と評価している。エリアーデの仮説はこれまで多くの研究者たちにもちいられてきたものの、今日では徹底した検証や批判が加えられる状況なのだか。

スマートは、キリスト教以外の宗教学者の数が増加しただけで、宗教学が進歩したなどとは容易に言えないという。たしかに進歩とは、どの研究分野でもそうだが、乗り越えられてきた理論の数と比例するものであろう。無論、エリアーデの研究が旧いとか偏りがあるというだけでは、捨て去る理由にはならない。例えば、宗教のポスト・エリアーデ的言説と呼ばれる人たちは、エリアーデの方法——形態論や比較研究、現象学、解釈学、直観主義を組み合わせたもの——を批判するさいに、自分の立場に拘泥することなく、仮説の検証だけが確かな方法だとして、宗教研究を推し進めようとしている。

また、「北側先進国たる西洋由来の学術用語にたいして、東洋やアフリカ・中南米が敬意を表するのにくらべて、後者のもつ価値観を吸収する点で」（同書、九〇二頁）西洋の宗教学者には進歩がほとんどみられない、とスマートは指摘するのだが、それを通して何が言いたいのかは、いまひとつ明瞭でない。金とおなじく、スマートが批判するのは、宗教学でもちいるカテゴリーがヨーロッパに由来するものであり、とりわけキリスト教的だということである。その「価値観を吸収する」という言葉には、私たちの語彙——それ自体が理論と方法の端的な表れである——が、もっと国際的になる必要があるという主張がこめられている。「バクティと礼は、帰依と儀礼と同じくらい」研究手段として有効でなければならないのだ。たしかに宗教学は、キリスト教的な意味合いをもつ学問的範疇を、すすんで取り除こうとしてこなかった。事実、宗教の入門書では、今でも「罪」「救済」や「神」といった言葉が、比較をするのに都合のよい文化横断的なカテゴリーとして使われつづけている。

しかし、もっと大切な問題は、「宗教」「儀礼」「神話」「制度」のようなカテゴリーを文化横断的な比較研究にもちいるさいに、そのカテゴリーと相容れない、あるいは別の術語で補う必要がでてくるような特殊な――スマートの言葉――世界観やイデオロギーが存在するのではないか、ということである。もしそうであるとすれば、また、スマートが勧める宗教学の国家横断化が――**救済の道**や**シャーリア・イスラーム法**という言葉を**宗教**や**法**と同じように使うなど、土着的でイーミックな複合的用語をもちいること――、文化横断的な理論・比較論的術語を作り出そうとする私たちの試みの行き着く先だとすれば、広汎な範囲に適用できるような説明理論を作り上げようという私たちの目的は、ほとんど実現不可能なものになってしまう[22]。残された可能性は、せいぜい詳細な学問的な記述ということになる。

最終的にスマートは、いくぶん金に、あるいはアサドにも似たやり方で、かなり問題をはらむ提案をおこなう。まず、宗教学の国家横断化のためには、ヨーロッパの理論と概念のもつヘゲモニーに挑戦できるような多様な術語をもちいるべきだと説く。そのあとで、公的な問題やメディアを扱うときに、宗教学者は「もっと大きな声で発言する」ように要求している。しかし、そもそも宗教という統一概念そのものが、ヨーロッパのヘゲモニーの典型であり、「宗教」「儀礼」などの、比較論・分類学的かつ帝国主義的な共通カテゴリーに頼らなければ、大きな声で発言できる「私たち」という主体そのものが存立しえないところに問題はある。おたがいが同じことを喋っていないときでさえ、たとえその違いに気づいていたとしても、「私たち」という主体構築のもとへ同化されてしまうのだ。

8　学界における宗教——修正される境界線

ドナルド・ウィーベは、このパネルの論文（「宗教言語を乗り越える——学問的議論の復活にむけて」in Bianchi, 1994: 905–912）のなかでも、例によって、回顧的な動き（「過去」というだけでなく、「後向きの現在」という含意もありうる）が宗教学の将来にあたえる影響を論じている。宗教学の「勇気不足」を指摘した有名なウィーベの初期論文を読んだ人は覚えていようが(23)、彼の関心は以下のようなものである。科学的な宗教学は、十九世紀になって信仰告白的な神学から知的にも制度的にも独立することに成功したが、その後、次第に蝕まれてゆき、宗教学は「宗教をもっぱら幸福との関わりからとらえ」、宗教は「人類の幸福に不可欠である」（同書、九〇九頁）というお目出たい認識を暗黙の前提とするようになった。その結果、今では宗教学から非宗教的な理論が排除されるのは当たり前のことになってしまった、という。だが、ウィーベによれば、このような傾向が今日みられるものの、本来の宗教学は、「旧来の伝統的な宗教研究の中核をなす神学的前提や宗教的コミットメントを自覚的に乗り越えてきた結果」（同書、九〇六頁）、成立してきたものである。この見解にしたがうならば、宗教学が現在享受している制度的妥当性は——おおくの研究機関や国家では不安定なものにすぎないが——、信仰告白的な立場からどれだけ隔たっているか、その距離に比例することになる。

それでも、ウィーベが皮肉に思うのは、宗教学ではこのような非宗教的性質と制度的妥当性が結びついているのに、相変わらず、宗教的なカテゴリーや宗派的な話題がはびこっていることである。エリック・シャープの著名な比較宗教学史を引きながら、次のように彼は指摘する。たしかに国際宗教学会のような場では、信仰的研究や哲学的方法論を回避しようという努力がなされてきたが、現実に宗教学が脱神学化することはなかったのだ、と。

ウィーベの指摘が正しいとすれば、かつてF・マックス・ミュラーやC・P・ティーレがどのように望んでいたにせよ、二十世紀の宗教学は広大な世界神学へと発展してきたことになる。そこでは、各宗教は、キャントウェル・スミスの研究にみられるように公平かつ共感的に表象される。その一方で、宗教をはじめ、宗教的人間・信念・制度を、経験的データとして説明する学的・理論的営為とは対峙することになる。このとき、現代の宗教学の中心問題は、もはや宗教それじたいではなく、宗教的多元主義にある。このような状況だからこそ、論文のむすびで、多くの理論化を試みることで、学問的な議論を宗教学に復活させようと説いているのだ。

また、彼は最近の北アメリカの大学でいくつかの宗教学科が閉鎖されたことにふれて、今後の宗教学の制度的存否は、大学の合理的・公的言説には非信仰的な宗教研究が欠かせないことを、大学予算の担当者に納得させられるかどうかにかかっていると述べている。この点で、ウィーベはルーサー・マーティン(24)と立場を同じにする。しかし、近年になって、イーミック／エティックという大雑把な区分を疑問視するカレン・マッカーシー・ブラウンやリタ・グロース(25)などの研究が台頭していることを考慮するなら、大学において宗教学という分野を持続するのは困難であり、方法論的にみても研究者たちの支持を得ることは難しかろう。

ウィーベが、ヴァーデンブルグのような同時代遅れの実証主義に依拠するかぎり、間違いなく、ポストモダン理論的な立場の研究者から批判をあびることだろう。事実、アースラ・キングはウィーベのポッパー流の区分を、「おはこの話(26)」にすぎないと退けている。しかし、金やスマートによる宗教学の検討や、カトリック教徒の歴史家、青山玄が国際宗教学会会議でおこなった発表「宗教とは人類全体に共有された神の業である」(in Bianchi 1994: 847-852)の観点からみれば、ウィーベが宗教学者に求めていること、つまり宗教をエキュメニカルに実践したり解釈せずに、学問的かつ非信仰的に研究することの意味を考えることは、まったく妥当であり、何度でも指摘される意義をもっている。

9　宗教学の自律性とその問題

スマートやウィーベとは異なり、ジウリア・スハメニ・ガスパルロにとって、宗教学の任務と意味は、宗教学および宗教的データの固有性と自律性に密接なかかわりをもつ（前掲「宗教学——回顧と展望」in Bianchi 1994: 913–917）。その点で、彼女の理解は金に近い。ガスパルロにおける宗教学のイメージは、これまでの伝統的な見方とあまり変わらない。宗教学とは「歴史的・宗教的学問」であり、比較をはじめとするさまざまな方法論をもちいて、「宗教現象の特質」を決定するものとされる（同書、九一五頁）。ただし、その「特質」が何なのか、あるいは研究者がそれをどうやって前もって認識することができるのかについては、残念だが、問題にされていない。「直観的解釈学」を認めないにもかかわらず、ガスパルロは、宗教学にとって何がふさわしい対象なのかを体系だって説明しようとしないし、注意を喚起しさえしない。ただ、「抽象的な理論」に没頭しないようにと忠告するだけである。

結局、彼女が言いたいことは、「宗教」という術語が——いささか胡散臭いヨーロッパ中心主義的な由来をもつものの——、便利な「参考パラメーターであり」分類法であり、「さまざまな文明に見いだされる多様な経験を記述する」のにふさわしいということである（同書、九一七頁）。当然、「宗教」を研究手段として理解することに異論はない。問題なのは、宗教という言葉が指し示す実際の対象、つまりさまざまな文化の経験が、その多様な現れ方にもかかわらず、現実には一つに統一されると、ガスパルロが示唆している点にある。

もちろん、それは宗教学のかかえる古典的な問題の一つにすぎない。宗教学者は、人類学や社会学のような固有の理論や方法論にたよらず、「現実の物事」を捉えようとするが、そのさいに、自分の依拠する理論的前提を自覚しそこなうことが多分にある。例えば、物語や芸術作品、ある種の行動など、データのとくに宗教的な側面において文化横断的な変化がいっせいに起きたとき、あらかじめそれが何であるかを決めていなければ、物事を認識することはできないはずである。自分たちが研究しているのが、XではなくYという文化要素なのだ——習慣ではなく儀礼である、短編小説ではなく神話であるなど——ということを、理論的前提なしに、どうして認識することができようか。ちなみにエリアーデの場合は、ユング的な直観に基づくことで、認識における知的・科学的基準を曖昧にし、神話も映画もなんでも一緒くたにして、宗教的意味や存在の問題へと還元してしまっている。

つまり、この方法の問題点は、宗教学者は自分の方法が歴史的である、あるいは歴史・宗教的であり社会・宗教的であると主張することで、学問的正当性や制度的ポジションを得ようとするのだが、かれらは自分の依拠する理論や信念を認識しそこなうため、方法論的・制度的な正当性をみずから手放してしまうことにある。ガスパルロも、ほかの宗教学者と同じく、「正しい」観察や適切な解釈をおこなうために、「宗教の事実」や「特質」「複合性」の研究に関心をもっている。ただ、研究者が、宗教的な事実と特質を非宗教的なものから区別する基準がどこにあるかについて、彼女は一切言及していないのだ。同様に、解釈の善し悪しを分かつ基準も明らかにしていない。

ガスパルロ以前の研究者たちは、制限された社会科学の視野を完全に超越するような全体像が現実に存在するという信念を暗黙のうちに抱いていた。彼女もまた、その「全体像」を理解するために、他の諸科学の成果——彼女の場合、社会科学に高い地位を与えるのが、他の研究者と異なる——を援用すべきだと唱える。

人類学、社会学、心理学、哲学、神学など、他分野の方法と成果をもちいることで、宗教学の固有性は確固たるものになる。なお、ここでの宗教学とは、研究対象が示すさまざまな問題を、実証・帰納的な方法で解決するものをさす（同書、九一六頁）。

しかし、真の科学的方法——この言葉は、ガスパルロの論文において重要な意味をもつ——にうったえても、宗教学が全体像という概念やこの学問に固有性を弁護することなどできはしない。あらかじめ見取り図が存在していなければ、宗教学が人類学や神学とどのようなかたちで結びつくべきかを決定することはできまい。第一、どのような種類の人類学なのだろうか。なぜ、神学なのだろうか。また、いかなる理由があって、歴史的学問たる宗教学は自分の研究を固有で統合化の可能なものとして、神学のように歴史的に制約された学問より優れたものと確信することができるのだろうか。

さらに重要な問題は、そもそも、科学には最終的な説明が存在するのだろうか[27]。どれが最終的な説明か、判断できるのだろうか、ということである。キャントウェル・スミスの場合、最終的な解釈か否かを決める基準は、信仰者の立場にもとめられる。だが、例えば現実の供犠行為における罪や攻撃性の役割を、信仰者がただしく理解していなければ、そのような心理学的理論が適切かどうか、それを語る資格が信仰者にはあるまい。もし、信仰者に資格があるとすれば、多くの宗教学者は自分の研究を、「聖なるもの」との交流や経験を説く信仰者の数少ない報告にたいして、還元的で偏ったものと結論づけなければならないはずである。しかし、現実には、依然として宗教学はそのような理論的語彙を使いつづけているではないか。

総合化の方法を全体像や宗教本質の解釈に役立つように論じること、実はそれ自体が全体化の具体例であり、宗教的言説の例なのである。それにたいして、宗教学は支持するのではなく、批判的な眼差しをむけてゆく必要があるのだ。ちなみにクリフォード・ギアツは、宗教とは、人間を現実から引き離し、理念的世界にまきこむイデオロギー体系であり、ジェンダーや階級・民族・国家などの特定の立場を支持する近年の実践活動を規範化させる手段であると述べている。彼自身の言葉でいえば、宗教的な見方とは、「人間の抱く価値観は現実に内在する構造に根ざしているという確信であり、理念と現実のあいだには切り離すことのできない内的な結びつきが存在するという確信のことである(28)」。

もし、ギアツの宗教定義をいささかでも認めるとすれば、研究者たちが試みている方法と理論の最終的な統合化は、それ自体が社会科学の扱う一データなのだということなのかもしれない。「私たちは神のごとき視点を望まないことに……甘んじなければいけない(29)」という、リチャード・ローティの全体化と最終的理論に関する忠告は、傾聴するに値するものである。

ガスパルロの論文は、宗教学を悩ませながらも、きちんと言及されることのなかった多くの理論的問題を、回顧的なかたちではあるが、見事に体現したものになっている。ただし、彼女は直観主義に警告を発するものの、宗教学の中核をなしてきた直観主義に取って代わる案は提出できていない。同様のことは、ビアンキィの短い閉会の挨拶にも当てはまる。そこで彼が提唱したのは、「対象を全体論的な視点から取り扱うこと(30)」(同書、九二〇頁)であった。ビアンキィは、宗教学の方法を、「仮説は受け容れるが、先験的なものには反対する評価基準」によって特徴づけるべきだと言うのだが、意に反して、相変わらず、宗教学は規範的なままであり、真偽の判断基準も明らかでない。

このような状態を宗教学が脱するためには、以下のことを厳正な事実として受け止める必要がある。全体像などどこにも存在しないし、宗教学の唱える「全体論的」方法も、現実には大学の他学科と同じく、部分的で制約されたものにすぎないのだ。そして「宗教」だけでなく、「聖なるもの」や「宗教的経験」も、また、彼岸的世界の体験を語ったものでなく、此岸の人間世界を扱った分類範疇にすぎないのである。

10　方法的問題と理論的範囲

ビアンキィの提唱には反することになるが、一つの定義や概念がまた別の定義や概念を前提として必要とするような、袋小路から脱出する道は一つしかない。それは、人文科学を統一する王者としての宗教学の自己イメージを放棄することであり、「全体的人間」を研究するのが宗教学なのだという前提を捨てることである。ほかの学問と同じように、宗教学も歴史的・理論的枠組みのなかに組み込まれており、そこから抜け出ることはできないのだ。宗教学が答えることができるのは、自分に措定された問いにたいしてだけであり、その問いが規範的なものだと言うことは不可能である。この袋小路は解決できる類いのものではない。むしろ、研究者としての人間が歴史的に制約された存在であることを的確に言い表したものなのだ。

アーミン・ギアツは分析的定義の利点を論じた論文「樹木崇拝と定義について――口承伝統の研究視点から」(in Bianchi 1994: 661–665) の冒頭で、「宗教の定義の問題は、宗教研究における方法と理論的範囲の問題に他ならない」(同書、六六一頁) と、うまく論点を要約している。たしかに、「宗教」の定義をめぐる見解の相違は、明らかに理論的立場――さらに制度的・政治的な立場――やその方法論と関連している。だが、無自覚なままに研究がおこなわれることもあるし、その点で弁解の余地がないものも多い。その意味で、十二年前にロバート・バイアードが言った次の言葉は、今でも正鵠を得ている。宗教学者による「[宗教定義をめぐる]議論を聞いていると、かれらには定義の意味や意義についての哲学的[かつ理論的]素養がまったく欠如していることに気づくだろう[31]」。

本論でこれまで検討したように、「宗教」研究には根本的な理論・方法論的な違いがいくつかみられるが、そこから以下のような結論を得ることができる。「宗教」という言葉の適切さや、その概念形成をめぐる議論は、研究者が自分の学問の理論的前提や戦略的企てにたいして、自己批判的なまなざしを向けたときに、はじめて生産的になりえるのだ。なぜなら、宗教の定義や理論に関する考察は、現実離れした強迫観念や沈思黙考ではなく、今後の宗教学の制度的地位に具体的な影響をおよぼすものだからである。このことは、この『ヌーメン』誌ですでにマイケル・パイ[32]も述べているし、大学における宗教学の将来の地位をめぐる現在の議論からも明白であろう。とくに、予算に敏感になっている大学では切実な話題である。まったくもって、「宗教概念をめぐる最近の議論は、その見かけほどには無垢なものではない」というヴァーデンブルグの言葉のとおりなのだ。

(磯前順一／リチャード・カリチマン訳)

註

(1) Wilfred Cantwell Smith, *The Meaning and End of Religion*. Minneapolis, MN: Fortress, 1991.

(2) Ibid., 1.

(3) Tim Murphy, "*Wesen und Erscheinung* in the History of the Study of Religion: A Post-Structualist Perspective" *Method and Theory in the Study of Religion* 6 (1994): 119–146.

(4) Jeppe Sinding Jensen, "Is a Phenomenology of Religion Possible? On the Ideas of a Human and Social Science of Religion." *Method and Theory in the Study of Religion* 5 (1993): 120. n. 14. 「エスノ・ヘルメノイティクス」は一九八五年

の国際宗教学会シドニー大会でアーミン・ギアツが導入した術語である。この範疇に関する近年の歴史については、以下の文献を参照のこと。Geertz, *The Invention of Prophecy: Continuity and Meaning Hopi Religion*. University of California Press, 1994, 11, n. 21.

（5）John S. Cumpsty, *Religion as Belonging: A General Theory of Religion*. Lanham, Maryland: University Press of America, 1991 .この「独自の観点からの」宗教研究の新しい試みにたいする公平かつ批判的な吟味としては、E・トーマス・ローソンによるカンプスティの本への書評がある。*Journal of the American Academy of Religion* 62（1994）: 184–186.

（6）Eric Sharp, *Understanding Religion*. London: Duckworth & Co, 1983, 46.

（7）とくに私は、以下のぴったりの題名をもつスミスの論集を念頭においている。J. Z. Smith, *Imagining Religion. From Babylon to Jonestown*. Chicago: University of Chicago Press, 1982. この論文集のスミスによる序文は、この論争において彼がどの立場にたっているかについて読者に疑念をほとんど抱かせない。「たしかに、それぞれの文化には何らかの基準によって宗教的と特徴づけられるような資料の山が驚くほど存在する。しかしそれでも、宗教の資料などは存在しないのだ。宗教とは学者の研究が作り出したものにすぎない。それは研究者が分析をするために、比較や一般化という彼らの想像行為が生み出したものなのである。アカデミーから離れて独自には、宗教は存在することができないのだ」（ix頁）。

（8）エリアーデにおける青年時代のルーマニア・ナショナリズムへの支持と、晩年での宗教学を独立させようという努力との想定しうる関係については、以下の論文で私がとりあげている。"The Myth of the Apolitical Scholar: The Life and Works of Mircea Eliade." *Queen's Quarterly* 100（1993）: 642–663.

（9）広汎にみられる「社会科学の誤解」へのシーガルの対応は、その著書、*Explaining and Interpreting Religion: Essays on the Issue*. New York: Peter Lang, 1992 の第一章を参照されたい。

（10）Bryan S. Turner, *Marx and the End of Orientalism*. London: George Allen and Unwin, 1978.（樋口辰雄訳『イスラム社会学とマルキシズム――オリエンタリズムの終焉――』第三書館、一九八三年）。

（11）Marshall G. S. Hodgson, *The Venture of Islam: Conscience and History in a World Civilization*. 3 vols. Chicago: University of Chicago Press, 1974.
（12）「宗教の固有性」というカテゴリーがこの分野を成り立たせてきたことについては、拙稿を参照されたい。"The Absence of Theory in the Classroom: Comparing Comparative Religion Texts," [unpublished].
（13）最近のカナダでの研究としては、ほかにマニトバ大学宗教学科二十周年記念の二十七本からなる論文集がある。Klaus Klostermaier/Larry Hurtado（eds.）, *Religious Studies: Issues, Prospects, and Propsals*. Atlnata: Scholar Press, 1991. ただし、アイヴィン・ストレンスキィやマイケル・パイをはじめとして、寄稿者全員が最近カナダで研究をした者というわけではない。残念なのは、カナダ人によるいくつかの論文が、以下に引く編者序文に暗黙のうちに賛同しているようにみえることである。「方法論的問題への強迫的観念は……ゆっくりとではあるが、確実に二十世紀のグローバルな認識に道を開きつつある。その認識とは、今日の学問は研究計画の質とその実行能力によって判断されるのだという ものである。適切な理論はその分野を完全に認識して発展するはずであり、方法はそれぞれの問題に特有なものとして、実践的な稔りをもたらすはずである」（ix頁）。わたしが「残念なのは」と言ったのは、編者による方法論的強迫観念の批判が、宗教学という分野を作り上げている学者の理論や方法を対象外としているためである。
（14）Michel Despland, La Religion en Occident: *Évolution des Idées et du Vécu*. Montréal: Fides, 1979.
（15）Ernest Feil, *Religio: die Geschichte eines neuzeitlichen Grundbegriffes vom Fruhchristentum bis zur Reformation*. Göttingen: Vandenhoeck and Ruprecht, 1982.
（16）ヤングは、このカテゴリーの将来における有効性に関して、ティモシー・フィッジェラルドよりはるかに楽観的である。彼がキリスト教の神学的本質の批判とともに、「世界宗教」のカテゴリーを検討した論文は有益である。"Hinduisn and the World Religion Fallacy" *Religion* 20（1990）: 101–118.
（17）Jacques Waardenburg, "In Search of an Open Concept of Religion" in Michel Despland/Gérard Vallée（eds.）, *Religion in History: the Word, the Idea, the Reality*, Waterloo, Ontario: Wilfrid Laurier University Press, 1992, 225–240.

（18）　関連する国際的な論文集として次のものがある。Luther Martin（ed), *Religious Transformations and Socio-Political Change: Eastern Europe and Latin America.* Berlin: Mouton de Gruyter, 1993. そこに収められた二十七本の論文は、アメリカ合衆国のバーモント大学で開かれた一九九一年度国際宗教学会大会で発表されたものである。そのいくつかは、宗教の創造的な研究がいかにして生みだされるかを見事に示した例になっている。とくに、旧来的なやり方ではなく、方法（歴史的）・地理（東ヨーロッパ、ラテン・アメリカ）・理論という分類によって、論文が並べられている点が素晴らしい。

（19）　回顧論文というジャンルの存在自体が、宗教学につきまとってきた制度的不安定さを物語る、なによりの証拠である。勿論、回顧的な分析が不必要なわけではない。しかし、宗教学が過去におさめた成功――ほとんど十九世紀後半に限られる――に基づいて、未来だけではなく、現在を理解しようとする論文をもっぱら書いているのは、今日のこの学問が最新の理論的範囲やその制度的位置づけにほとんど自信をもっていないことを示している。

（20）　ここで指しているのは、ギフォード・レクチャーを活字化した下記のヒックの著書である。*An Interpretation of Religion.* London: MacMillan, 1989.

（21）　Ninian Smart, "Concluding Reflections: Religious Studies in Gobal Perspective." In Ursula King（ed), *Turning Points in Religious Studies: Essays in Honour of Geoffrey Parrinder.* Edinburgh: T & T Clark, 1990, 305.

（22）　これについては、E・トーマス・ローソンとロバート・N・マッコーリィの論文がある。そこでは、「文化」というカテゴリーにたいする近代人類学の所有権や、意味の説明と対比するなかで、解釈と記述を強調することの理論的意味が批判的に吟味されている。E. Thomas Lawson, Robert N. McCauley, "Who Owns 'Culture'?" in *Method and Theory in the Study of Religion* 8, 1996.

（23）　Donald Wiebe, "The Failure of Nerve in the Academic Study of Religion." *Studies in Religion* 13（1984): 401-422

（24）　Luther Martin, Letter to the Editor. *Religious Studies News* 8/1（1993): 11.

（25）　Karen McCarthy Brown, *Mama Lola: A Vodou Priestess in Brooklym.* Berkeley, CA: University of California Press, 1991; and Rita M. Gross, *Buddism after Patriarchy: A Feminist History, Analysis, and Reconstruction of Buddism.* New

York: SUNY Press, 1993.

（26）Ursula King, "Review of Michael Pye (ed.), *Marburg Revisited: Institutions and Strategies in the Study of Religion*." *Method and Theory in the Study of Religion* 3（1991）: 146.

（27）この種の研究の典型的な例が次のものである。John Barrow, *Theories of Everything: The Quest for Ultimate Explanation*. New York: Oxford University Press, 1991.

（28）論文「文化体系としての宗教」（吉田禎吾他訳『文化の解釈学Ⅰ』岩波書店、一九八七年）で、彼はこの点を詳細に論じているが、ここでとりあげたのは、以下の著作での簡潔な彼の発言である。Clifford Geertz, *Islam Observed: Religious Development in Morocco and Indonesia*. New Haven. Yale University Press, 1968, 97.

（29）Richard Rorty, *Objectivity, Relativism, and Truth*. New York: Cambridge University Press, 1991, 7. このローティの有益な引用は、ティム・マーフィの論文に拠っていることを、謝意をこめて記しておく。

（30）以下のビアンキィの論文では、さらに「それが理論であれ、イデオロギーであれ、計画的なものであれ、先験的な還元主義とは闘う」という発言がみられる。"Method, Theory, and the Subject Matter," in Luther Martin（ed.）, *Religious Transformation and Socio-Political Change*, 349–355.

（31）Robert Baird, *Category Formation and the History of Religions*. The Hague: Mouton, 1971, 10（Reprinted in Mouton de Gruyter, 1991）.

（32）Michael Pye, "Religion: Shape and Shadow." *Numen* 41（1994）: 51–74.

宗教的起源への志向性

増澤知子

筆者紹介
東京都生まれ。カリフォルニア大学サンタバーバラ校 Ph.D. ミシガン大学教授（歴史・比較文学）。宗教をめぐる西洋諸学問の起源遡行的な語りを批判し、新たな普遍性の構築を模索する。邦訳された著作に、『夢の時を求めて』（原著一九九三年、玉川大学出版部）、「比較とヘゲモニー」（『宗教を語りなおす』みすず書房、二〇〇五年）、「欧米における宗教学の課題」（『季刊日本思想史』七二、二〇〇八年）。

起源を考えるのは一筋縄ではいかない。――最近では、どのように語るにせよ、起源という言葉には含みが持たされている。――実際、起源という言葉は意味を詰め込まれすぎているという印象がある。たしかに、起源はさまざまな文脈で非常に多くのことを意味しうるし、あまりに多くのことがすでに言われ、書かれているだろう。このように起源のもつ意味やそれについての見解は収拾がつかないほどあふれかえっており、全体としてみれば、野放図な多形性と豊饒な不整合性がそこにある。

一方で、これはかくあるべしという状況であるように思われる。なぜなら起源とは、強い意味においては――すなわち絶対的な、無からの起源という意味においては――、ともかくもすべてを含んだものであるからである。もしも起源が真に絶対的であるならば、それは、後の発展になんらかの説明を与えるような先行条件や原型《プロトタイプ》――事実上、それ自身以外のものすべて――のあらゆる可能性を排除する。絶対的起源とは後に続くあらゆるものにたいする説明原理であるとされ、そしてそのようなものとして、起源とは［ストア派のいう］充満である。ゆえに、あるる哲学者たちが起源とは本質的に神学的観念であると主張してきたのも当然である。というのは、この分析によれば、この強い意味におけるただ一つの真の起源は、絶対的にすべてのものの創作者であることになり、西洋の形而上学は常に、この「固有でありかつ普遍的な」地位を神に割り当ててきたからである（あるいは少なくとも、それが世界全体で言われてきたことである）。この方向の推論にしたがうならば、しばしば言われることだが、有限な物や人が起源あるいは創作者たろうとするならば――著作家の創造的天才であれ、芸術家の独創性であれ、宗教や国家の霊的創設であれ――それ／彼／彼女は、当然ながら不完全にではあるが、この有名な原型を模倣していることになる。こうして、この観念の神学的趣旨が認められるかぎりにおいて、重要な分岐点に言及してもよいだろう。この、原型的、神学的意味における絶対的創始者は、もちろん終末にさいしても存在する者であるだろうし、最後の審判を司る者でもあろう。あるいは事態がたいていの神学者たちが語ってきたのとは異なる展開をするのであれば、彼は最後に笑う者となるであろう。いずれにせよ、起源についての思考の第一の流れは、二つの簡単な命題にまとめることができる。起源にすべてが含まれる。起源以前に存在するものは無のみである。

他方で、同様に強力な第二の思考の流れがある。すなわち、起源が指すものは、まさにその無――空、白板、無垢な状態、個別の限定的なことがいまだいっさい生じていない原初の時、要するに絶対的な始源である。言葉のこの意味において、起源への回帰、または起源を回復するためには、まさしくいっさいを取り除くことが必要であると思われる。これが近代哲学による起源の語り方の一例である。デカルトは俗に、西洋思想の領域に科学的近代性を持ち込んだ人物であるとされている。哲学は、無意味な形而上学の荒海を何世紀も漂ったあげく、デカルトの独白『方法序説』（一六三七年）と『省察』（一六四一年）によってようやく本領を見いだすことになったと言われている。ヘーゲルは書いている。「いまや、ようやく我々は故郷に辿り着いた。長い荒海の航海を終えた船乗りのように、我々は「陸地だ、おお！」と叫ぶことができる。なぜなら、デカルトとともに近代の文化と思想が本当の意味で幕を開けたのだから(1)」。譬えとしてはいくぶん劣るものの、デカルト自身が一度、哲学の第一原理の探求を袋――正確にいえばバスケット――の中からよいリンゴだけを選り分ける方法に譬えている。リンゴをひとつずつ取り出しては調べるという方法ではなく、彼は、最初にバスケットからよいリンゴも悪いリンゴも全部取り出して、傷んでおらずよいものであると本当に証明されたものだけを後で元に戻すことが必要であると考えた。この方法によってのみ、バスケットに悪いリンゴが入っていないことが保証される。われわれの哲学的見解が正しい原理のみからなり、誤った信念を含まないということになる(2)。よく知られているとおり、この哲学のまっさらな出発点にいたるために、デカルトは可能なかぎりすべてを疑うことから始め、そして有名な純粋無垢な白板、対象のない自己意識へと到達した。それがコギトである。彼の推論にしたがえば、他のすべてのものは、そこから帰結していくことになる。

理解できることだが――構造的に不可避であるといってもよいだろう――、起源は、全であり無でもあるものとして、激しい欲望の対象となる。同時に、同じく確実で必然的なことだが、そのような過度のカセクシス［心的エネルギーの備給」の対象となったものは、強烈な禁止にさらされる。というのは、なみはずれて激しい欲望の対象となるものは、力を込めて容赦なく否定されるものだからである。要するに、（全でもあり無でもあるものという）この概念から切っても切り離せない根本的矛盾は、その機能を定義し決定づける欲望と禁止というこの論理的なダブル・バインドと相まって、「起源」を不可能な対象観念へと変える。この構造的困難は、あからさまにであれ、密かにであれ、起源をめぐるあらゆる思索についてまわるように思われる。このことを頭においたうえで今度は、起源を目指すさまざまな試みが、哲学や神学そのものではなく、より宗教学（*Religionswissenschaft*）に固有な領域において、どのようになされてきたのかに目を転じることができる。

宗教の起源の探求は十九世紀に熱心におこなわれた特有の現象であるという今日一般に共有されている見解がある。実際、その当時、正しいかどうかは別として、宗教あるいは諸宗教一般の究極の起源を突き止めたと言われる知識人たちが数多くいた。これらの著者たちが、一定の名声や評判を得たのは、一つには、かれらが突き止めたものが、概して神にまで起源をさかのぼらないものか、いずれにせよ伝統宗教の権威が宗教の起源に位置づけてきたと思われるものではない何かだと判明したからである。これが示唆しているのは、十九世紀までに、宗教の起源をある不可知の超自然的神秘のうちにではなく、人間性あるいは自然それ自体のうちに探し求めることが許容されるようになっており、しかもその起源はわれわれが厳密に経験科学的な観察眼を養いさえすればはっきりと目に映ると考えられていたということである。宗教現象の自然主義的説明は十九世紀以前――もっとも有名なものが十七、八世紀の理神論であるが――にさかのぼって跡づけることができるが、宗教の自然的説明が隆盛を迎えたのは十九世紀中盤、それがさまざまな進化論と紡ぎ合わされるようになってからであった。

通常の、あまり厳密でない意味での――すなわち宗教の起源と発達の問題に関連しているという程度の――、いわゆる進化論は、厳密なダーウィン主義がもちいる理論とは重要な点で異なるということは指摘しておかなければならない。想起してよいかもしれないのは、ダーウィニズムのスキャンダルが人類の祖先が猿である可能性についての論争だけでなく、自然選択と適者生存にかかわるものであったということである。適者生存の理論によると、種が新しい形態に変異し、所与の環境に適した形態が不適合な形態を駆逐して広がっていくこと――すなわち厳密に生物学的な意味での「進化」に相当する諸プロセス――は、本質的にランダムで偶然に生じることなのである。この生物学的な意味での進化は、ゆえに、目的論的なものではなく、目標へは向かわず、それ自体としては目的を持つ発達、進歩、摂理などとは根本的に相いれない。たしかにこの理論によって、十九世紀のヨーロッパ人は、エデンの起源神話だけではなく、世界史が神によって導かれているという保証、さらにはその可能性さえも、また、ホモ・サピエンスなかでもヨーロッパ人を頂点に据えるようなあらゆる言説を奪われた。ダーウィンの進化論とともに、歴史は、偶然の出来事の続くあてもない迷路か、運まかせのゲームの結果のように無意味な変化のパターンか、重度の知的障害者のしゃべる教訓話のように無意味なもの（マクベス）にほかならないという真の可能性に初めて直面したのである。

これは、間違いなく、「宗教の進化」や「宗教の起源と発達」の理論と通常呼ばれているものではない。そのような理論は十九世紀のさまざまな著者たちのものだとされるのが普通だからである。概して、宗教進化の理論には意味と目的のある発達が前提とされている。「退行」の可能性も認められてはいるものの、徐々に変化していき、一般的により高くより良いものへと進んでいく人間存在という前提があり、将来のある時点に成就、完成や、さらにはアポテオシス（神化）などが想定されている。ゆえに、次のように言って差し支えないだろう。これらのいわゆる宗教進化論はダーウィン主義やそのような新しい自然科学の諸理論とは異なるものであり、むしろディヴィッド・ヒュームの死後に出された論文を代表格とする十七、八世紀の宗教の自然史に含まれる理神論的観念に近い。ヒュームの『宗教の自然史』（一七五七年）[3]が画期的であるとみなされるのにはいくつか理由があるが、われわれのさしあたっての興味にもっとも深くかかわるのは、これが宗教の起源と発達を人間の歴史の中にあるものとして——すなわち神意に導かれる歴史というものに直接訴えずに——説明した最初の著作といって間違いないことである。初期の理神論者たち——チャーベリーのハーバート（一六六三年）[4]、ジョン・トーランド（一六九六年）[5]——が抱いていた典型的な仮定は、全人類に共通の原型的、普遍的、合理的、倫理的宗教というものがあり、時の経過とともに、この原型《オリジナル》となる純粋な神観がさまざまな形に「堕落」していき、世界各地のさまざまな民族が風変わりな宗教をバラバラに実践するようになっていったというものである。このような理神論的な仮定をうまく避けて、ヒュームは手始めに、宗教の（彼にとって）真の合理的で永遠の基礎の問題——それこそが他の理神論者たちが宗教の原型《オリジナル》としたものであった——を、自然と歴史という時間的領域とは別のカテゴリーとして切り離した。論文が始まるときにはすでにこの分離は完了している。序文において、ヒュームは宗教に関するあらゆる研究に関して次のように宣言する。

とりわけ二つの問題があり、我々の注意を引く。すなわち理性における宗教の根拠に関する問題と、人間本性における宗教の起源に関する問題である。幸いにして、第一の問題は、もっとも重要な問題であるが、もっとも自明な、少なくとももっとも明白な解決が可能である。自然の全構成は知性的な創造者が存在することを示している。そして、理性的な探究者であれば誰しも、真剣な省察を経てなお、純粋な有神論および宗教の第一原理に関して一瞬たりとも疑念を生ずるはずがない。しかし第二の、人間本性における宗教の起源に関する問

題は、いくつかのより大きな難点に直面する。(6)

第一の問題は、二つの領域のあいだに超えることのできない障壁を立ち上げる。一方は非歴史的、合理的で確実な領域であり、他方は歴史的で偶然に左右され、人間存在のはかなさと結びついている。ヒュームは続いて、後者の領域のみが検討の対象であると説明する。第一章が始まるやいなや、ヒュームはなんのためらいもなく確信をもって述べる。「多神教あるいは偶像崇拝は、必ずそうであったに違いないが、人類最古の最初の宗教である」。ヒュームは当時の識者の見解を引用しながら、この主張の裏づけは、既知の世界のさまざまな「野蛮な民族」に関する見聞から簡単に得ることができると主張する。「アメリカ、アフリカ、アジアの未開の諸部族は、みな偶像崇拝をおこなっている。ただひとつの例外もない」(7)。

あとから振り返ってみても、ヒュームの著作がのちの宗教研究の針路に与え続けた影響は、彼が心に抱いていた宗教の歴史的発展に関する特定のシナリオにはあまり関係がなく、むしろ彼が二つの研究領域の分離を、決定的権威をもってなしとげたことにある。理性的、哲学的、神学的領域が絶対的基礎をなす真理であると宣言することで、彼は自然と人間の歴史を聖書の枷《かせ》から解き放ち、むしろ皮肉なことに、ドグマや神学の介入による攻撃を寄せつけないものとしたのである。もちろんだからといって、このことはヒュームの見解に同意しない人びとがこの分離令を無視し、宗教の自然史家の仕事に干渉し、介入する自由を妨げるものではない。たしかに、ヒュームはこの現実に直面した最初の人物であるとみなされなければならない。対抗勢力のために、ヒュームは生前、この著作の出版を差し控えなければならなかった。いずれにせよ、この小さな本によって、ヒュームは事実上、次世代以降のすべての人びとに、(諸)宗教(自然)史として知られることになる学問領域を探索する許可証を発行したことになる。

この著作が比較宗教学という学問そのものの起源であるとみなされるのは、何よりもヒュームが、人間の歴史という不確定な領域においては何をおこなってもよいのだ、と太鼓判を押したからであった。

直接にであれ間接にであれ、ヒュームにしたがうかたちで、十九世紀および二十世紀初頭の著作家たちの多くは、どのようにして宗教が始まり、発達し、そして将来どのようになるかについてさまざまな説明を試みた。実証主義者オーギュスト・コントは、神学的（想像的）、形而上学的（抽象的）、実証的（科学的）という三段階の発展図式で世界史を描いた。神学的段階はさらに三段階に区分されたが、[8]それは十八世紀にシャルル・ド・ブロスがおこなった三区分と同一であった。すなわち、フェティシズム（迷信）、多神教（偶像崇拝）、一神教（倫理的宗教）である。[9]ここで含意されているのは、コントの時代にあっては、世界各地で見つかった人類の標本のきわめて多くのものが、いまだこの進化の最初期の段階を生きていたのにたいして、歴史を指導する立場にあった少数のヨーロッパ人――例えば彼自身――は、実証的時代の幕開けを目撃しつつあったということであった。同じように、ジェームス・フレーザーは『金枝篇』（第三版）[10]において、まず呪術、ついで宗教、そして最後に、明言はしないものの、科学的時代が到来するとした。この三段階図式は、フロイトによる人類の系統発生と個体発生をめぐる思索にも反映されている。[11]

かれらを含む当時の著作家たちによる宗教の「進化」の語り方には、いくつかのテーマがくりかえされている。第一の、もっともよく見られるものは、常に最低のものから最高のものへ、卑しく原始的で劣ったものから気高く開明的で洗練されたものへ、という進展の方向である。こういった価値づけをになわされた語りの軌跡はまた、個別的、限定的な神概念から、普遍的で純粋な無限の概念への変容を含意している。心的・知的な洗練の度合いが増すさまは典型的に次のような動きとして表現されている。物質性から精神性へ、逐語的で具体的な言語から象徴的で抽象的な言語へ、そして無力で反応するだけの受動性から空想力に富み創造的な能動性へという動きである。このような観念の複合はすでに言及したおなじみの「進化」のシナリオによく示されている。第一のフェティシズムは超自然的な力を、たんなる物質的なモノであると誤解し、精神性を知らない。それにつづく多神教は、物質的形態をとった有限でしばしば気まぐれな神を偶像的に崇拝し、物質性と精神性とを混同している。最後の一神教は、象徴を通じて普遍的で倫理的な神を崇拝し、物質の制約を受けない精神性を適切に理解している。

この時期の著作家の中には、始原においては全人類に共通のオリジナルな普遍的宗教が存在し、それこそが一神教であったと信じていたという点において、前世代の理神論者に近い見解の持ち主がいたことは確かである。ドイツの神学者ヴィルヘルム・シュミット（一八六八―一九五四）は、いわゆる原始一神教理論の提唱者としては多分もっとも有名であった。またアンドリュー・ラング（一八四四―一九一二）は、さまざまな主題について多くの著作を残したスコットランド人であったが、晩年にはこの理論の提唱者として知られ、この理論を世に広めるのに大きく貢献した。しかしながら、指摘しておかねばならないのは、これらの書き手たちは、原初の啓示――控えめに言うならば唯一の正しき神についての先行知識――が、まずはじめに野卑な原始人類のもとにもたらされたと信じていたので、この原初の知識あるいは啓示はきわめて不完全にしか理解されなかったか、よりありそうなこととして、すぐに忘れられてしまったと仮定していた。というのは、これらの書き手たちの評価では、未開時代の先祖たちの子どもじみた知力というのは、あまりに人間的な感情が強すぎ、日常生活の物質的必要によって簡単に動揺してしまうようなものであったからである。すなわち、純粋に精神的な神を理性的に熟慮するような条件はそろっていなかったと考えられたのである。ゆえに、世界が真の宗教の光に照らされていた神話的時代が過去にあったとしても、既知の、あるいは可知的な人類の歴史のほとんどの部分は同じ下から上への骨の折れる進歩にほかならないものであった。全体として、実際にこれらの著作に目を通したことがあれば誰にでも明らかなことだが、原始一神教理論の提唱者によって提示された宗教史の説明は、そのような大昔の知識の存在など信じない人びとによる理論とそれほど際だった違いがあるものではない。

この時期の宗教史家によって出された見解の全体をより生産的に検討するには、ヒュームが最初に確立した先述の根本的区分にたいして、さまざまな著者たちがどのような位置に立つのかを問うのがよい。すでに見てきたとおり、ヒュームは議論に先立って自分の立場を明確にした。彼にとって、宗教の本質的基礎、すなわち宗教の理性的基盤は、たんに偶然的な人間の歴史の中の時間的なはじまりと同じものなどではまったくなかった――これら両概念はある意味で「起源」を意味すると受け取られかねないものであるが――。さらに彼は、人間の宗教の歴史の始まりが取るに足らないものであると考えていたが、同様に、真の宗教がもつ理性的基礎の高遠さについても確信を持っていた。事実としては、彼はどちらの領域にも関心を持っており、前者を論じるのに『宗教の自然史』を、後者のためにはより有名な『自然宗教に関する対話』（一七五〇年、最初の出版は一七七九年[12]）を著した。

十九世紀において、この二つの探求領域の分割はしばしば、「（諸）宗教史」（または「比較宗教学」）と「宗教哲学」との区別として表現された。この両者が一般宗教学（*Religionswissenschaft*）を構成すると考えられた。ゆえに、オランダ人研究者で、F・マックス・ミュラーとともにこの学問の創始者であるとされているコーネリス・ペトリス・ティーレが、エディンバラ大学で一八九六年から翌年にかけておこなったギフォード講義は二巻本『宗教学原論[13]』として出版されたが、第一巻の「形態論」は歴史的・比較研究に対応し、第二巻の「存在論」では哲学的問題が扱われていた。この配列は範例的なものとなっていき、後のさほど知られていない多くの著作家たちがこれに倣った。このつながりで指摘しておきたいが、この学問の遺産が持つ二重性を見ると、今日なお多くの研究者たちが、神学と宗教哲学が宗教学の中で固有の位置を占めるのか、それとも宗教学とは別の学問として並び立つべきなのか議論を続け、それでも合意に達していないその理由がよりよく理解できるのである。

F・マックス・ミュラーはヒュームの遺産に忠実であり、宗教史の領域で膨大な文献学的研究に熱心に従事する一方で、存在するいかなる社会いかなる個人においても、概念としてはどんなに曖昧で不完全なものであれ、あらゆる人間の心の奥底に例外なく無限なるもののきざしがやどっているという確信を、その経歴を通じて主張し続けた。十七、八世紀の理神論者たちに比べれば、ミュラーはこの無限なるものに関する知識が理性に基礎を持つことをそれほど強調しなかった。しかし、自分で認めているとおり、彼の霊的な感受性には、カントの合理的哲学ときわめて似通ったところがあった。事実、ミュラー自身の神学は、ドイツ観念論の典型的仮定が、高度に洗練されたロマン主義的詩学の衣をまとったものであると評するのが適当であろう。

この問題に関して、ミュラーほど明確であり、断固たる態度をとった著者はいなかったにせよ、実際、他にも多くの者が、学問的立場と学問実践の根拠の理解という点では概してミュラーと一致していた。事実、この宗教学（*Religionswissenschaft*）の模範が、無限なるものの知識の不可侵性と不朽性を主張し続けた限りにおいて、科学が何をおこなおうと、適切に理解された信仰の領域は安泰であると考えることができた。そして、今度はこのことが敷衍されて、宗教史家がどんなに徹底的に自然主義的で世俗的な研究をおこなっても、いわばヒュームのくだした布告を後ろ盾に、その研究は正統で安全なものにとどまると解釈された。この布告とは、理性の不滅の真理と、偶発的な歴史的事実を、まさに啓蒙主義的な流儀で分割し、切り離すものであった。こうして、二つの領域の関わりを断ち切ることによって、ヒュームの布告は、宗教史家にとっての防護壁の役割を果たしてきたように見える。なぜなら、これによってかれらは、ヒュームの流儀にのっとって完全なる普遍的理性宗教に相応の敬意を表しさえすれば、ただちに自分の関心を追求することができるようになったのである。しかしながら、時の経過とともに、この神学的確信に基づいた聖域は、普遍性ではなく、ますますプライバシーにかかわる問題となっていった。宗教史という推論的な領域が学問的な——そして公的な——地位を獲得するにつれ、神学的確信の領域は普遍性を失い、やがてもっぱら個人的な事柄となった。以来、この厳重に囲い込まれた私的領域によって、少なくとも原則的には、いかなる宗教の偏好であろうと厳密に学者の私的生活と私的経験の範囲にとどまっているかぎりは——傲慢な普遍主義であれ、狂信的な排他主義であれ——保護され、擁護されることになった。

数世代にわたって自然主義的な宗教史家たちが都合よく練り上げてきたこの戦略は、自然主義的宗教史の正当な地位を確保するという目的からすれば巧妙で効果的なものであったかもしれないが、神学者たちの疑念の対象となっていったのは当然のなりゆきであった。一八八一年、ソールズベリー主教のジョン・ワーズワースは、自然史的アプローチの不完全さにたいする公式見解を発表した。

今や、ある信条や宗教的習慣が世界に現われた諸条件、諸状況を跡づけることで満足するという習慣があまりにも当たり前のこととなってしまった。あれやこれやの神話や象徴の見出しのもとに、宗教現象を分類することに汲々としている人々もいる。……しかし、かれらがこの有益な仕事をすべて成し遂げた時に、かれらはみずから危険にさらされるだけでなく、読者をも危険のなかに取り残してしまう。その危険とは、暗黙のうちに、宗教という主題には片が付いた、宗教とは自然に発展したものであり、真に存在するものとしての明確な神の行為は存在する余地がないと思い込むことである。かれらは、他の人びとが重ねてきた神についてのさまざまな考え方で頭をいっぱいにして語ってはいるが、神御自身についてはまったく考えが及ばない(14)。

同じような調子で、同年出版の著作のなかで、アメリカのサンスクリット学者ウィリアム・D・ホイットニー――マックス・ミュラーの同時代人であり、仮借なき批判者として記憶されていた人物――は以下のように論じている。彼が「いわゆる宗教学」と呼んだものは、それが結局は「言語の記録に比してはるかに不明確で客観的でなく、信用ならない表現様式から推論された人間の意見の歴史」にほかならないものであるかぎりは、言語学とは違ってけっして真の科学の地位を得ることは期待できないであろう。[15]

ある神学者たちが、二つの推論的領域の、分離しているが均等というわけではない配置（自然史対宗教的告白、宗教学〈science of religion〉対神学、公的・学問的対私的・個人的、等）に警戒感を抱いていたとしたら、その慎重さにはもっともな理由があってのことだっただろう。十九世紀と二十世紀初頭のヨーロッパの卓越した著者たちのなかには、徹底した自然主義的理論を押し通し、それを直接に神学や信仰の領域の中心に持ち込むことになんら良心の呵責をおぼえないような者が大勢いた。というのは、かれらひとりひとりの理論形成における意図はどうであれ、各々の理論は、真面目に受け止めるならば、われわれが知っているような「宗教」の心髄を破壊しかねない力を持つものであった。例えば、よく知られているとおり、ルードヴィヒ・フォイエルバッハ（一八四一年）[16]は、さほどの曖昧さも皮肉もともなわずに、「神学を人間学に置き換える」と主張した。それによって彼が意味し、証明しようとしたのは、あらゆる神学的主張（例えばキリスト教の主要な教え）は、余すところなく十分に、完全に自然主義的な――あるいは彼の言葉では「唯物論的な」――言葉で説明することができるということであった。神学から「人間学」へのそうした書き換えは、神と、その他いわゆる超自然的存在のすべてをひとからげに、人間的観点からすると余計で非本質的な、究極的に自己疎外的なものとしてしまう。一方、ジークムント・フロイトは、そのような反抗的な意図を表明することはなかったが、彼もまた明らかに、伝統的で、孤立した、自己論証的な神学的言説を、冗長で近代的感覚からは半ば受け入れがたいものへと変えた。彼がこれをおこないえたのは、精神分析と呼ばれる風変わりな新言語——超知性的であり、全てを説明し尽くす力を具える点において、ほとんどキリスト教神学に匹敵するような素晴らしき新言説——の考案によってであった。

フォイエルバッハもフロイトも、ある程度の洞察力をもった宗教史家であれば軽んずるものがないほどのインパクトを有していたが、しかしこれまでに確立されてきた宗教学（*Religionswissenschaft*）の主流について言えば、両者ともにいわば一匹狼、知的ノマドであった。すなわち、触発されるが不愉快でもあり、けっして「専門領域［ディシプリン］」の不可欠な一部とはならない存在であった。他方で、エミール・デュルケムの遺産はまったく異なる扱いを受けている。社会学、フランス人類学、宗教社会学の開祖といったさまざまな功績がかれに帰せられており、もちいたデータや理論的主張がのちに批判されたにもかかわらず、たんなる歴史的関心の対象として片づけるわけにはいかない重要な業績を残している。一般に認められていることとして、法則定立的・科学的学問としての宗教研究の成立において彼に比肩しうる役割を果たしたのはマックス・ウェーバーくらいのものであろう。デュルケムは社会学的な宗教理解の原型《プロトタイプ》（概して思弁的なものであったが）を提示したのみならず、それによって実のところは、ヒュームを逆立ちさせたのである。

彼の宗教に関する著作のうちもっとも有名な『宗教生活の原初形態』（一九一二年）(17)において、デュルケムは、神の存在や属性、無限なるものの知覚可能性、その他何であれ神学的な意味合いを持った主題については何も述べていない。ヒュームとは異なり、デュルケムはいかなるものであれ宗教的確信を表に出さなかったし、多少ともその重要性を仄《ほの》めかすこともしなかった。そうではなくて、彼は、「我々の研究の主題すなわち宗教社会学と知識の理論」と名づけたものを直接に記述した。彼がヒュームの方針を根本的に転換したことは、五〇〇頁にも及ぶ論文の序論においてきわめて明らかである。まず、デュルケムはヒュームのように、宗教の時期的な「始まり」の問題と、宗教の永遠の「基礎」の問題を区別し、後者を合理性の領域に位置づけている。彼の努力がヒュームのそれと根本的な違いを見せるのは、彼が自然主義的・世俗主義的な視点を、前者ではなく、後者の領域に向けようとするという点である。デュルケムがこの研究方向の再設定がもつ重要性を意識していなかったはずはない。デュルケムは断固たる権威にあふれたトーンで研究目的を表明している。

> 本書で企てている研究は、宗教の起源という古臭い問題を、しかし新しい条件のもとで、やり直す一方法である。もちろん、この起源を絶対的な始原そのものと解するなら、それは、まったく科学的な問題ではないから、断固として放棄されなければならない。宗教がここから始まったというような所与の時点は存在しないから、われわれがそこに至る手段を求めて思考する必要はない。人間のすべての制度と同じく、宗教もどこで始まったということはない。したがって、この種の思弁は当然すべて信用できない。それは、何の制約も受けぬ気ままな主観的構成によらぬかぎり成立し得ないはずである。われわれの提起している問題はそれとまったく異なる。われわれは宗教的な思想や行事のもっとも本質的な形態が依っている、そして今なお厳存する原因を判別する手段を見出そうとしているのである。(18)（強調は原著）

この序論や別の箇所で明らかにしているとおり、デュルケムが宗教のもっとも「原始的」な形態であるオーストラリアのトーテミズムに焦点を当てることにしたのは、トーテミズムが歴史的、年代的な意味でもっとも古いと信じているからではなく、むしろ、彼の見立てでは、それがもっとも基本的で、構造的にもっとも初歩的な形態を代表しており、最小限のもの、すなわちもっとも本質的で不可欠な要素のみから構成されているからである。

ゆえに、デュルケムは、自然主義的・科学的研究の対象を彼が特徴づけたような仕方で、時間的なものと無時間的なものを互いに置き換えただけではなく、この研究領域に、理性と合理性の問題をも持ち込んだのである。その結果、いまや理性という能力の起源、より特定的には、思考のカテゴリーの起源を語ることが可能になっているのである。明らかになったのは、宗教と理性が同じ起源、同じ基礎あるいは根拠を有していることであり、その基礎とは、周知の通り、集団生活の固有の（*sui generis*）リアリティであるとデュルケムは主張した。それはすなわち、所与の社会集団の構成員が、行為し、互いに交渉し、一致と団結の感覚を表象する仕方である。実際、宗教の起源――すなわち宗教の「常に現前する原因」――は、理性の常に現前する原因の場合と同様に、社会である。すなわち、それは（超自然的にたいする）自然的なものであり、偶然的であり、慎重に吟味した意味での「歴史的」な（たんに年代的というのではない）何かである。

ヒュームの場合と同じように、デュルケムの著作が根本的に研究の方向転換を迫るような効果を持ったのは、もっとも初歩的な（ゆえに本質的な）宗教に関する彼の観察が妥当であったからではなく、研究の場と論理を根本から変容させたからである。ヒュームが十八世紀にほとんど人目を忍ぶように宗教の自然史の名のもとに開拓した、つつましやかに囲い込まれた新しい研究領域――すなわち宗教と理性の永遠の真理を害することがないと思われた領域――は、十九世紀の間に、思弁がまかりとおる狩猟場と化していた。フロイトとデュルケムのころまでには、あたかも大物が期待できる狩猟シーズンの解禁が宣言されたような雰囲気になっていた。というのは、多くの信仰家や伝統主義者たちが嘆いたように、もはやどんなものも安全で神聖不可侵なままではいられなくなっていたからである。こうした宗教側からの抗議の声によれば、デュルケムやフロイトのような思弁的「進化論者」がしでかしたことは、神による霊感とはまったく無縁な場所に宗教の起源を見つけたと主張することで、事実上、宗教という現象を矮小化し、その本来の完全な姿に傷をつけ――信仰家の多くはこのように道徳に訴えるような語彙をもちいた――そして、宗教を他の何か、「宗教それ自体」とは別のものに不当なやり方で変えてしまったのである。

続く世代の宗教学徒の多くは、「宗教それ自体」がいまにも霧消してしまうのではないかと怖れ、宗教の還元不可能な本質を否定することが宗教学それ自身を根拠のない無防備なものにしてしまうのではないかと――浅はかなことではあったが――考えた。さらには、そんなことを認めてしまえば職を失うのではないかと不安を抱く者さえおり、「進化論者」による宗教の起源探求の結果だけでなく、方法にも抵抗した。こうしたエピゴーネンたちは、とりわけ起源の問題を棚上げし、口をそろえて宗教の本質や出発点についての問いを科学的探求から締め出すことによって、研究の拠って立つ基盤を変化させようとした。

このことをこの立場の提唱者としてもっとも有名なミルチャ・エリアーデの言葉で表現するとこうなる。「宗教史家は今日までのところ宗教の「起源」へ至りつくことができないことを知っている。その始まりにおいて起ったことはもはや宗教史家にとっては問題となることはない。おそらく神学者や哲学者であればそれが問題となるのだろうが(19)」。ここでの彼の議論は、論理実証主義者によるものだと言われてもあまり違和感がない。いやしくも健全な精神を持ち、経験に重きを置く宗教史家たる者、答ええないことを問題とすることはありえないと言っているようなものである。この発言を読むと、エリアーデが見たところ不可能な、あるいは悪くすると存在さえしない問題と格闘し続ける神学者や哲学者に何ができると考えていたのか首をかしげたくなる。しかしいずれにせよ明らかなのは、このような起源の探求をしないという宣言は、歴史資料に埋もれる生活に甘んじることにした学者たちによる断念の意思表明、「禁欲的な慎み深さ」[20]にほかならないということである。かれらの仕事はけっして、「聖とは何か。宗教経験が実際に意味しているものは何なのか」という問いに答えることはできない[21]。

あからさまな皮肉をこめてはいないものの、エリアーデはこのような膨大なデータに埋もれて研究に打ち込む歴史家の生活を「一種の『奈落堕ち』――深く暗い地下の領域、生ける物の胎生的様態が存在する領域への下降――」に譬えた。そして彼は歴史家が「精神の死」というリスクを負うと付け加える。「なぜなら不幸にもそのことによって学者の創造性が萎えてしまうこともありうることだからである」[22]。このような言葉にすると、歴史家の人生とは、信心深く自己否定の努力をすすめる由緒ある霊的修行すなわちキリストのまねびの新しい実践方法に他ならないように思われる。というのは、エリアーデによれば、宗教史家は、

歴史的資料のみを相手にしなければならないというさだめを知りながら、同時にその資料はそれが歴史的状況の反映であるという単なる事実以上のものを語りかけてくると感じている。歴史家はともかくも、資料が人間について、そして人間と聖なるものの関係について、重要な真理を明らかにするのだと感じている。しかし、いかにしてその真理をつかむのか。それが現代の宗教史家たちが取り憑かれている問いである。すでに若干の答えは出された。しかし他の何よりも重要なのは、宗教史家たちが、この問題を問うという事実である[23]。

この宗教史家のための修正版行動指針を踏まえて、いくつかの指摘ができるだろう。第一に、起源への問い――あるいはエリアーデが「起源への強迫」と呼んだもの――は、懸案として持ち越されているのであって、解決されたわけでも、無効にされたわけでも、消し去られたわけでもない。（エリアーデ自身が病理学的用語法にうったえてい

るのでそれに倣って精神分析的に言わせてもらうならば、強迫観念の性質上、強迫が「断念」できないのはそれ自身が断念を試みたことの結果——まさしく反動形成——だからである）。ゆえに、これら新しい宗教史家を取り巻く研究環境は、以前にもまして、深い二律背反性をはらんでいる。これは、すでに言及した通り、起源という観念自体に固有の構造的緊張あるいは矛盾——そして起源という観念にまつわる願望と禁止のダブル・バインド——のためである。エリアーデにかぎっていえば、起源探求の保留という彼の「科学的」見解が、彼のお気に入りの理論——ざっくりと言ってしまえば宗教的生活あるいは宗教的探求とは要するに起源の希求と同じであり、儀礼的行為の目的は始まりの出来事の再演であるということ——と並置されるときに限って例外的にそのアンビバレンスが露呈するのである（エリアーデ、一九五四年）。この並置の結果、宗教学（*Religionswissenschaft*）の主体と客体とを示す奇妙な一対の鏡像があらわれる。一方には「宗教的人間」の集団がおり、科学をはるかに超えたところで人間の奥深い欲望にふけっており、仲間同士集まっては歓喜の声を上げている。他方には禁欲的な「宗教の科学者（scientists of religion）」の一部族がおり、この欲望に決然と抵抗している。かれらは歴史文書の乾いた塵を糧に食いつないでおり、距離を置いた視点ならではの「重要な真理」が垣間見えるのを心待ちにしている[24]。

　第二に、科学の主体と客体との間に境界を設けることは、ヒュームによる分離の布告に再び効力を持たせ、補強することになる。例外として、エリアーデについては（ルドルフ・オットーについても）、合理性がまったく意味合いを変えたようで、結果として、（歴史的事実の領域に対立するものとしての）根本的「真理」の領域は、もはや理性的思考によって到達されるところではなくなり、通常の認識能力によっては媒介されない自己明証的な経験によってのみ到達されるものとなった。事実上、エリアーデは、ヒュームの時代以来、「進化論者」や「還元主義者」たちがほしいままにしてきた自由をすべて放棄して、それらの宗教にたいする「冒瀆」がもたらした効果を無効にし、学者たちに、夢の時に思いを馳せる思弁をやめて、資料に裏づけられた歴史という自分たちの領分に向かうよう促した。しかし、この新たに定められた新しい宗教史家たちの居場所は、ヒューム自身の立場よりも相当に窮屈で不毛な場所である。想起されるとおり、ヒュームは理神論の合理的信仰を堅固な防壁で囲い込んだと信じきっており、徹頭徹尾、宗教の「起源と発達」をまったくの自然主義的な言葉で自由に構築できると感じていた。対照的に、エリアーデ流の新しい歴史家たちは、特殊化された歴史的語りを永遠に洗練しつづける「さだめ」を背負っている。これが最終的に意味あるものになるのかどうかは別として、そこでは起源と目的はあらかじめ括弧に入れられているのだ。エリアーデのいう意味での歴史の専門家は、「資料のなかに没入し、ときとしてその資料の嵩と重さに埋没し」ながら事実の洪水のなかでもがき続けることを余儀なくされ[25]、その間中ずっと、頑固で思い通りにならない歴史資料の行間に天使たちのささやきが響いているのを聞き逃すまいと必死に耳を澄ましているのである。

一九八六年にエリアーデは死去し、彼の遺産を批判的に論考することがちょっとした業界の流行りになってきた。二十一世紀を目前にした今日、自分がエリアーデ的な方向性を持っていると公言する学者は、それを否定する者と比べて多くはないだろう。実際、今日の宗教史家の大半は、進化論者の愚行や還元主義者の誤りだけではなく、エリアーデの躊躇、彼の不十分で――いまだ神学を脱していないという声もある――姑息な解決策をも、自分はすでに超えていると自負しているのではないだろうか。現代の宗教史家たちは、謙虚な装いをしながらも、少なくともあの躓きの石はすでに克服したと感じているようだ。しかし、宗教史という企ての骨組みに当初から染み込んでいたなかなか完治しないように見える起源コンプレックスの病跡をたどってみると、現代の歴史家たちが、先人たちとの相違をうたってしばしば発する言葉――「我々は起源、本質、あるいは宗教の目的についての思弁は行なわない。我々は歴史をやっているだけである」。――を聞くと、宗教的―科学的研究を規定している同じ認識体制、すなわち、ヒュームの巧みな仕掛けによる時限装置に、かれらもまた身をゆだねているという印象は逃れがたい。たしかに、ヒュームの生きた時代と場所に働いていた特殊な制度的、イデオロギー的力関係の配置を考慮すれば、「宗教の自然史」のための空間をぬけめなく画定したヒュームは実に炯眼であったと言わざるをえないようである。おかげでそれ以来、研究は一枚岩のようにではなく、多くの予想もしなかったような方向に展開しながら進むことができるようになったのである。同時に、この思考形式は何世代もの学者たちに、起源に支配されたイデオロギーの円環を堂々巡りすることを強いてきた。それは永久に続くように見えるが、その一因は内に組み込まれた解決不可能な矛盾が活力を保ち続けているためであるように思われる。

　こうして、われわれに残された問いは、どこか別の場所で歴史を書くことは可能なのかということである。すなわち、還元不可能と言われている宗教の本質あるいは基礎をおそらく「保護」し、「寄せつけない」ために考案された二層システム――歴史がどのように語られうるか、さらにより重要で根本的なこととして、対象とされているもの（＝宗教）を、ある特有の本質的で究極的には非歴史的なやり方でどのように決定するのか、ということをも規定するシステム――とは異なった、別の何らかの層における歴史記述は可能なのだろうか。他のやり方で「歴史をやる」ことはできるのだろうか。フーコーがニーチェにならって系譜学と呼んだものの方向へ、宗教史学の流れを向け変えることは可能なのだろうか。

　フーコーは系譜学を、いわば過去を変え、変化させるための代替的戦略であると述べた。（変更と管理を必要とする過去というのは、もちろん、物質的にもイデオロギー的にも現在を構成しているものである）。系譜学はなによりも、常に支配的イデオロギーや権力の側に立つ怠惰な叙述を採用する歴史主義が広まっていることに代わる選択肢である。ヴァルター・ベンヤミンならそう言うだろう。[26] 系譜学は「容赦ない博識」を批判的に要求し、「観念的意味と不明確な目的論のメタ歴史的展開を拒絶する」。そして、それ自体として、「「起源」探求とは対立するものである」[27]。これはどういう意味だろうか。

ニーチェは真の系譜学者であるが、なぜ、少なくともいくつかの機会に、起源（Ursprung）の追求に異を唱えたのだろうか。第一に、それが物事の正確な本質、もっとも純粋な可能性、慎重に守られたアイデンティティを把握しようという試みであるからであり、またこの探求が、偶然の連続である外的世界に先立つ不動の形相を仮定するからである。この探求は、「すでにそこにあったもの」に向けられ、原初の真理をその性質に完全にふさわしいイメージにおいてつかみ取ろうとしている。そしてそれは、あらゆる仮面を剥ぎ取ることを必要としており、究極には根源的アイデンティティを明らかにしようとするものである。

（フーコー、一九七七年　邦訳、三五三頁）

ここで、新しい宗教史家が割って入り、抵抗を示すかもしれない。そのような起源探求は、歴史家たちにはまったく無縁である。時間を超えた本質、原初の真理、いかなる前もって決定されている目的論も、歴史家の仕事の流儀に入り込む余地はない。しかし、これまで見てきた通り、こうした否定の多くは保留、自制、断念という形でおこなわれてきた。歴史家たちはこのような起源探求を曖昧に先延ばしすることにしているのだろう。しかし願望充足を先延ばしし、断念したからといって、かれらの学問的企図が新しい思考形式へと自動的に進化したり改良されたりするということはない。むしろ、否定によって、旧型の思考はいっそう流れが悪くなるのである。

その一方でポスト・エリアーデ世代——大雑把に「今日の」といっていいだろうか——の新・新宗教史家がここ

で割って入り、起源をめぐる形而上学にはまったく満足できないと表明するかもしれない。さらにはこの点では系譜学者たちとの一致を主張することさえありうるかもしれない。この結果何が起こるだろうか。フーコーによれば、

もしも系譜学者が形而上学への信仰を深めることを拒否し、歴史に耳を傾けるならば、物事の背後には「まったく異なる何ものか」が存在することに気づくだろう。無時間の本質という秘密ではなく、物事に本質などない、あるいは物事の本質は無関係な別の形象から徐々に形成されてきたのだという秘密である。……物事の歴史の開始点において見出されるものは、物事の起源の侵すことのできない同一性《アイデンティティ》ではない。見出されるのは他の物事同士の軋轢である。それは異質性である。(28)

この原則に心底から賛同してしたがおうとする歴史家もいる。もちろん、問題は原則に限られることではなく実践にかかわることでもあるので、当然、次のような問いが生じてくるだろう。このような系譜学的見解は、例えば「キリスト教史」をどう扱うのだろうか。理論上の（しかも完全に定着している）「仏教」のような対象の圧倒的な事実性に抵抗する術を学んだときに、それはわれわれの仕事をどのように変えるのだろうか。「仏教史」ではない、仏教の系譜学があらわにする、この事実性のイデオロギー的構築とわれわれはどのように折り合いをつければよいのだろうか。いくつかの答えはすでに用意されているし、すでに公刊されたものもある。例えば、フィリップ・アーモンド『英国における仏教の発見』(29)、ハルジョット・オベロイ『宗教的境界の構築』(30)、ライオネル・ジェンセン『儒教を作り出す』(31)、そして——より広い射程を持つが同じような方向性を持つものとして——ジョナサン・Z・スミスが「宗教」、「諸宗教」を考古学的に発掘する作業をした『宗教を想像する』(32)、「宗教、諸宗教、宗教的」(33)、ある

いはウィリアム・ピエツによる植民地におけるフェティシズム言説の系譜学の優れた分析(34)などである。

楽観的すぎるかもしれないがあえて付け加えてみると、この種のリストは不完全で、偏りを含み、すでに時代遅れということにならざるをえない。それでも、このタイプの新しい戦略的研究が、通常おこなわれている宗教研究の方法にかかわり、その方向を変え、変容させられるかどうか、またそれはどのようにしてなのか、未知数のままである。ことによるとさらに困難な課題は、そのような研究が広く行き渡り完全に定着し、事実として浸透している「(諸) 宗教」についての仮定の中に埋め込まれているイデオロギーに、ただちにインパクトを与え、揺さぶりをかけることができるかどうかである。もしそれができれば、われわれの学生がすぐに次のような質問をしてこないようになるだろう。「ヒンドゥー教徒は何を信じているのですか。イスラーム教徒と仲が悪いのはなぜですか」。また、今日の自称「ヒンドゥー教徒」や「禅仏教徒」を連れて来ればこの種の質問に答えが出そうな場合に——こうした問いはイデオロギー的な不透明さの底から、あるいは「宗教」「仏教」といった対象を構成するのを助けてきた物質的歴史に関するわれわれの組織的盲目性から生じてくるものだが——、研究者たちがそういう信仰をもつと自称する者を証言台に呼び出したり、彼・彼女をいわゆる世界宗教という胡散臭い展示の標本にしなくても、もっと良い多くの選択肢を考えつくことができるようになるだろう。

(高橋原訳)

註

(1) Georg Hegel, *Lectures on the History of Philosophy*, E.S. Haldane and Frances H. Simson (trans.) (London: Kegan Paul), 1892. ヘーゲル『哲学史』下巻二、藤田健治訳（岩波書店、一九九六年）、七〇頁。

（2）René Descartes, *The philosophical Works of Descartes*, vol. 2, Elizabeth S. Haldane and G.R.T. Ross（trans.）（Cambridge: Cambridge University Press, 1911）, p. 282.

（3）David Hume, *The Natural History of Religion*, H. E. Root（ed.）,（Stanford: Stanford University Press, 1957; original edn, 1757）. ヒューム『宗教の自然史』福鎌忠恕・齋藤繁雄訳（法政大学出版局、一九七二年）。

（4）Herbert of Cherbury, *De religione gentilium: errorumque apudeos causis*,（Amsterdam: n.p. , 1663）; English trans., *Pagan Religion*, John Anthony Butler（trans.）（Ottawa: Dovehouse, 1996）.

（5）John Toland, *Christianity Not Mysterious, or, A Treatise Shewing, That There Is Nothing in the Gospel Contrary to Reason, nor above It, and That No Christian Doctrine can be Properly Call'd a Mystery*,（London,1696）.

（6）Hume, op. cit., p. 21. ヒューム註（3）前掲書、三頁。

（7）Hume, op. cit., p. 23. ヒューム註（3）前掲書、六頁。

（8）Auguste Comte, *Cours de philosophie positive*（Paris: Bachelier, 1896; origin. 1830–42）; *The Positive philosophy of Auguste Comte*, Harriet Martineau（trans. And ed.）（New York: Calvin Blanchard, 1855）. オーギュスト・コント『實證哲學』上・下、石川三四郎訳（春秋社、一九二八―一九三一年）。

（9）Charles de Brosses, *Du culte des dieux fétiches, ou, Parallèle de l'ancienne religion de l'Egypte avec la religion actuelle de Nigritie*（Paris: n.p. , 1760）. シャルル・ド・ブロス『フェティシュ諸神の崇拝』杉本隆司訳（法政大学出版局、二〇〇八年）。

（10）James George Frazer, *The Golden Bough: A Study in Magic and Religion*, 3rd edn,（London: Macmillan, 1890, 1900, 1915）. ジェイムズ・フレーザー『金枝篇――呪術と宗教の研究』永橋卓介訳（岩波書店、一九六六年）。

（11）Sigmund Freud, *Totem and Taboo*, James Strachey（ed. and trans.）（New York: Norton, 1990; original edn, 1912-13）. フロイト『トーテムとタブー　一九一二―一三年』須藤訓任・門脇健訳（岩波書店、二〇〇九年）。

（12）David Hume, *Dialogues Concerning Natural Religion*,（London, 1779）. ヒューム『自然宗教に関する対話』福鎌忠恕・齋藤繁雄訳（法政大学出版局、一九七五年）。

(13) Cornelis Petrus Tiele, *Outlines of the History of Religion to the Spread of the Universal Religions*,（London: Trubner & Co, 1877）. ティーレ『宗教史概論』比屋根安定訳（誠信書房、一九六〇年）。

(14) John Wordsworth, *The One Religion: Truth, Holiness and Peace Desired by the Nations and Revealed by Jesus Christ. Eight Lectures*（Oxford: Parker, 1891; 1st edn, 1881）.

(15) William Whitney, "On the So-Called Science of Religion." *Princeton Review*, May, 1881.

(16) Ludwig Feuerbach, *The Essence of Christianity*, George Eliot（trans.）.（New York: Harper & Row, 1957; English trans. 1854, original German edn, 1841）.

(17) Émile Durkheim, *Les Formes élémentaires de la vie réligieuse : Le système totémique en Australie*（Paris: F. Alcan, 1912）. デュルケム『宗教生活の原初形態』上・下、古野清人訳（岩波書店、一九七五年）。

(18) Durkheim, op. cit., p. 7. デュルケム註（17）前掲書、二七―二八頁。

(19) Mircea Eliade, *The Quest: History and Meaning in Religion*（Chicago: University of Chicago Press, 1969）, p. 50. エリアーデ『宗教の歴史と意味』前田耕作訳（せりか書房、一九七三年）九五頁。

(20) Eliade, op. cit., p. 48. エリアーデ註（19）前掲書、九二頁。

(21) Eliade, op. cit., p. 53. エリアーデ註（19）前掲書、九九頁。

(22) Eliade, op. cit., p. 48–49. エリアーデ註（19）前掲書、九二頁。

(23) Eliade, op. cit., p. 53. エリアーデ註（19）前掲書、一〇〇頁。

(24) Tomoko Masuzawa, *In Search of Dreamtime: The Quest for the Origin of Religion*（Chicago: University of Chicago Press, 1993）, pp. 1–6, 25–33. 増澤知子『夢の時を求めて――宗教の起源の探究』中村圭志訳（玉川大学出版部、一九九九年）、九―一七、四一―五〇頁。

(25) Eliade, op. cit., p. 48–49. エリアーデ註（19）前掲書、九二頁。

(26) Walter Benjamin, "Theses on the Philosophy of History," in: *Illuminations*, Hannah Arendt（ed）, Harry Zohn（trans.）（New York: Schocken, 1969）.

(27) Michel Foucault, "Nietzsche, Genealogy, History." in: *Language, Counter-Memory, Practice: Selected Essays and Interviews*, Donald F. Bouchard (ed., with introduction), Donald F. Bouchard and Sherry Simon (trans.) (Ithaca, N.Y. : Cornell University Press, 1977), p. 140. ミシェル・フーコー「ニーチェ、系譜学、歴史」(『ちくま学芸文庫 フーコー・コレクション3 言説・表象』小林康夫・石田英敬・松浦寿輝編〈筑摩書房、二〇〇六年〉)、三五〇頁。

(28) Foucault, op. cit., p. 142. フーコー註(27)前掲書、三五三—三五四頁。

(29) Philip Almond, *The British Discovery of Buddhism* (Cambridge: Cambridge University Press, 1988).

(30) Harjot Oberoi, *The Construction of Religious Boundaries: Culture, Identity, and Diversity in the Sikh Tradition* (Chicago: University of Chicago Press, 1994).

(31) Lionel M. Jensen, *Manufacturing Confucianism: Chinese Traditions and Universal Civilization* (Durham, NC.: Duke University Press, 1997).

(32) Jonathan Z. Smith, *Imagining Religion: From Babylon to Jonestown* (Chicago: University Of Chicago Press, 1988).

(33) Jonathan Z. Smith, "Religion, Religions, Religious." in: Mark C. Taylor (ed.), *Critical Terms for Religious Studies* (University Of Chicago Press, 1998, pp. 269–284). ジョナサン・Z・スミス「宗教(諸宗教、宗教的)」マーク・C・テイラー編『宗教学必須用語22』奥山倫明監訳(刀水書房、二〇〇八年)、二六八—二八八頁。

(34) William Pietz, "The Problem of the Fetish," I, II, III. in: *RES: Journal of Anthropology and Aesthetics*, 9, 13, 16, 1985, 1987, 1988.

信仰と知

――理性のみの境界における「宗教」の二源泉[1]

ジャック・デリダ

筆者紹介

一九三〇年アルジェ生まれ。高等師範学校で教授資格獲得。旧社会科学高等研究院教授。ミシェル・フーコーやジル・ドゥルーズらとならぶフランスのポストモダニズムの代表的哲学者。西洋哲学のロゴス中心主義を脱構築し、痕跡としての差異と現前不能なものとして同一性の反復過程として人間の存在を捉えなおした。邦訳された著作に、『声と現象』（原著一九六七・一九九八年、ちくま学芸文庫）、『マルクスの亡霊たち』（原著一九九三年、藤原書店）、『法の力』（原著一九九四年、法政大学出版局）など。二〇〇四年没。

イタリック体で

（1）

どのように「宗教を語る」のか。（単数形の）宗教について？ 今日、宗教だけを単独で？ 今日この日に、恐れを感じることも震えを覚えることもなく、宗教をその単一性において語るなどということができるものであろうか？ それも、きわめて簡潔かつ駆け足で？ ここで問題になっているような論点が特定可能で新しいものだと主張してしまうような軽率なことが、誰にできるだろうか。わずかなアフォリズムに基づいてこうした議論をするような厚かましいことが、誰にできるであろうか。［宗教について語るために］必要な勇気や傲慢さ、あるいは静謐さを手に入れるためには、人はあらゆるものから、ほとんどあらゆるものから、一瞬のあいだであれ、身を引く（抽象化する）そぶりをみせなければならない。もっとも具体的で接近可能なものを利用して賭に出なければならない場合がある一方で、もっとも不毛で砂漠のようなあらゆる抽象化に訴えなければならない場合もあるのだ。

人は抽象化に頼ってみずからを救済すべきなのだろうか。それとも抽象化からみずからを救い出すべきなのだろうか。どこに救済が、どこに安全な場所が存在するのだろうか。（一八〇七年、ヘーゲルは次のように書いている。「だれが抽象的に考えるのだろう」——「抽象化に？ 考える？ できるのなら逃げよ！ 〈Sauve qui peut!〉」。思考や抽象化あるいは形而上学といった「悩みの種」から一挙に逃れ出ようとしているあの裏切り者が発した、「できるのなら逃げよ！」という叫びを翻訳するために、ヘーゲルは実際にフランス語をもちいている）。

（2）

救済すること、救済されること、みずからを救済すること。まず第一の問いを導くための前置きは、次のようなものであろう。宗教に関する言説は、救済に関する言説、すなわち、（sacer, sanctus, heilig, holy あるいはさまざまな言語におけるその等価物のような）信心深いもの、聖なるもの、無垢なもの、無傷のもの、免疫あるものから切り離すことができるものなのだろうか。また、救済とは、悪や過失、あるいは罪の前後における贖罪を必然的に意味するものなのであろうか、悪とは、今どこに存在しているのだろうか。今日、今この瞬間に悪はどこにあるのか。典型的で前例のない形象の悪を、今までとは異なる形でわれわれの時代を特徴づけているように見えるあの根源的な悪をさえ超え出るような悪を想定してみよう。この悪を特定することによってはじめて、現代における救済の姿やその約束と思えるものに同意することができるであろうし、あらゆる新聞がその回帰を取り沙汰している宗教的なものの単一性にも同意することができるであろう。

最終的に、われわれは宗教の問題を抽象化という悪の問題に結びつけようとするであろう。根源的な抽象化に。死や悪、あるいは死に至る病といった抽象的な形象にではなく、徹底的な駆除や、それゆえ抽象化による引き離しに結びつけられた、伝統的な悪の諸形式に。それは、——かなり後になってからだが——機械や技術、技術科学、なかんずく遠隔技術の超越性といった、抽象化のさまざまな場を介して、「宗教の問題と」結びついていくのだ。「宗教と機械」「宗教とサイバー空間」「宗教と数的なもの」「宗教とデジタル性」「宗教とヴァーチャル時空間」。これらの問題を、われわれに与えられた短い論文の制約の中で明らかにすること、すなわち、限定的で不完全ではあるが、まったく力がないわけではない小さな言説機械を考えること。

われわれがこうした抽象化の能力を議論の出発点に据えるのは、今日の宗教を抽象的に考えるためであり、最終的には、以下のような仮説をあえて提起するためである。すなわち、（故郷喪失、脱局所化、脱受肉化、形式化、普遍的な図式化、対象化、テレ・コミュニケーションなどの）抽象化と分離の諸力に関して、「宗教」はそれに対抗的に反応するものであると同時に、それを再確認しながらせり上げていくものである、という仮説である。まさにそこでは、知と信仰、（「資本主義的」で信託的な）技術科学と信条、信頼、信用可能性、あるいは信ずるという行為とが、一群の対立物と相互に結びあわされ、手を携えているのである。そこから、かのアポリア――すなわち、経路、道、出口あるいは救済のある種の欠如――と二つの源泉が生じる。

（3）

抽象化というカードや、出口なしのアポリアというカードを使うためには、おそらく砂漠へと引きこもらなくてはならないし、孤島に隔離されなくてはならないであろう。そして、神話と異なる一つの短い物語を語らねばならないであろう。ジャンル――次のようなことを想像してみよう。「かつて」ある日、たった一度だけ、「宗教を語る」ために、孤島あるいは砂漠に何人かの人間が――すなわち哲学者や大学教授、解釈学者、隠遁者、世捨て人が――集まり、秘教的で平等な、友情と友愛にみちた小コミュニティを再現しようとした。おそらく、このような議論を状況づけるためには、時間的・空間的な限定を付し、その位置や背景、ある日という過去の一瞬について語り、はかないことやつかの間のことに日付をつけ、個別化し、あたかも何ページかを破りとれるような日記をつけるように行動する必要があるだろう。ジャンルの掟（law of the genre）――暦（そして、あなた方はすでにその日について倦むことなく語り続けている）。日付――一九九四年二月二十八日。場所――カプリ島という孤島。あるホテルで、席順もない形で友人たちとテーブルを囲み、議題もなく、議事日程も定まっておらず、もっとも明白であると同時にもっとも曖昧なある一つの言葉、すなわち、宗教という言葉以外には、合い言葉も存在しない形で、われわれは語り合う。われわれが信じているのは、自分たちがある種の先行理解を共有していると信じているそぶり――という信託的な行為（fiduciary act）――をすることができるということである。われわれは、自分が話し方を知っていると信じている（ここまでに、今の今までに、すでにどれほどの「信じること」ができたことだろう）言語を使うことで、「宗教」という言葉の意味についてのある程度の常識的理解を持っているかのように振る舞う。われわれは、この語の最小限の信頼可能性を信じている。この主題について問いを発することができたり、問いただしたりすることが可能であるためにも、（『存在と時間』の冒頭で）ハイデガーが出来事（Faktum）を存在の語彙と名づけたように、われわれはこの語の意味をあらかじめ理解している――あるいは、当然そのような先行理解がある――と信じている。さて、この問題には後ほど戻ってくるとして、――まさにどちらの場合にも――こうした出来事ほどあらかじめ確かさが保証されていないものはなく、宗教という問い全体が、おそらく、この確かさの欠如という問題に帰着することになるであろう。

（4）

テーブルを囲んでの事前のやりとりの冒頭で、ジャンニ・ヴァッティモは、私が即興でいくつかの示唆をおこなうことを提案した。もし許されるならば、イタリック体で、図式的で電報形式の序文の形でそれらを再現してみたいと思う。そして、無情にも時間と場所が制約されるなかで窮屈に書かれた後半の部分、異なる書体で綴られた文章の中には、他の命題や疑問が含まれている[2]。それは、おそらくまったく異なる物語であるけれども、類似したものであれ、かけ離れたものであれ、あの日、［会議の］冒頭であえて語った言葉の記憶は、私が書くことを規定し続けるであろう。

私の最初の問題提起は、それが曲解や否定をできる限り避けつつ、現実の特異な状況——その時われわれが置かれていた状況、すなわち、事実、共同の関与、日付、場所——を明らかにすることであった。実は、われわれは、哲学上のものであると同時に編集上のものであり、すぐさま言語とネイションという別の二重の問いを提起する、ある二重の提案に応答することに同意していた。さて、今日、もし「宗教をめぐる問い」が、新しいこれまでとは異なった光の下にその姿を現しているとすれば、もしこの［宗教という］不滅のものが、地球的あるいは惑星的な次元で、前例のないような形で復活を遂げているならば、そこで賭けられているものは、必ずや言語、より正確に言えば、固有言語（idiom）、字義的意味（literality）、エクリチュールであり、それらはあらゆる啓示と信念の要素を形成している。この要素は、結局のところ、還元不可能なものであり、翻訳不可能なものであるが、固有言語は、とりわけ社会的な関係から分離することのできないものであり、政治的、家族的、民族的、共同体主義的な関係からも、ネイションからも、人間からも分離不可能なものであり、また血と土の土着主義からも、市民権や国家とのきわめて問題のある関係からも切り離すことができないものなのである。近年では、言語とネイションは、あらゆる宗教的情熱の歴史的実体を形成している。この哲学者の集まりのように、われわれに提案される国際的な出版は、まずは「西洋」に委託され、それは、またもちろん、「われわれ」が、このイタリアの小島カプリで語っているドイツ語、スペイン語、フランス語、イタリア語といったヨーロッパのいくつかの言語に限定されているのである。

（5）

ここは、ローマからさほど離れた場所ではないが、ローマでもない。われわれは二日の間、文字通り隔離されて、ここカプリ島の高台に、ローマ的なものとイタリア的なものとの差異のうちにある。イタリア的なものとは、一般にローマ的なものとかけ離れた傾向をもつあらゆるものを象徴している。そして、「宗教」を考えるとは、「ローマ的なもの」を考えることである。そのような思考はローマにおいてはなしえないし、ローマを遠く離れてもなしえない。「宗教」らしき何ものかの歴史を思い起こす可能性あるいは必要性。その名においてなされたり述べられたりしたあらゆるものは、この名を批判的なかたちで記憶に止めているはずである。ヨーロッパ的なものとは、まずはラテン的なものである。そして、ここには、その形象が、少なくとも、あるいは、限界として、偶発的であると同時に重要な、ある所与が存在している。それを考察し、反省し、主題化し、日付を特定することが必要である。「ヨーロッパ」を語ることは、必然的に以下のものを暗示することである。アテネ、イエルサレム、ローマ、ビザンチウム、宗教戦争、イエルサレムやモリア山の領有をめぐる戦い、そして、自分に要求された究極の「犠牲」に先だって、愛する息子を無条件に提供するに先だって、たった一人の子の処刑あるいは死の要求に先だって、あるいはあらゆる受難の前に中断された反復に先だって、「ユダヤ‐キリスト教の」アブラムハムあるいは「イスラームの」イブラヒムが発した「ここに私はいる」という言葉をめぐる戦いである。昨日——そう、昨日、より正しくは数日前だが——、父祖の墓——「アブラハム的」と呼ばれる諸宗教に共通の、象徴的な洞穴のある場所——のある「ヨルダン川西岸の」ヘブロン市で虐殺があった。ここで、われわれは「ドイツ語、スペイン語、フランス語、イタリア語という」四つの言語を代表して語っているが、われわれに共通する「文化」は、率直にいって、明らかにキリスト教的であり、かろうじてユダヤ‐キリスト教的といいうるに過ぎない。悲しいことに、この予備的な討論の場においてさえ、すなわち、われわれがその関心をイスラームに向けるべきまさにこの時でさえ、われわれの中にムスリムの姿はないのである。また、それ以外の信仰を代表する者たちもここには存在しない。女性も一人としていない。われわれは次のことに配慮すべきである。すなわち、この沈黙を強いられた証人たちのために語るのではなく、かれらに代わって、かれらの側に立って語ること、そして、そこからあらゆる帰結を引き出すこと。

（6）

「宗教の回帰」と性急に名づけられるこの現象を思考することが、容易ではないのはなぜなのであろうか。なぜそれは、それほどまでに驚くべきことなのだろうか。このような現象が、宗教と、理性や啓蒙主義、あるいは科学や批評――マルクス主義批評、ニーチェの系譜学、フロイトの精神分析、さらにはそれらの遺産――といった二項対立の一方が、他方に必然的に終わりをもたらすと素朴に信じている人びとを、とくに驚かせるのはなぜだろうか。「宗教の回帰」について考えるためには、議論の出発点としてまったく異なる図式を思い浮かべることが必要である。「宗教の回帰」と呼ばれる現象は、通常「原理主義」や「狂信」、あるいはフランス語で「伝統主義（integrism）」と誤って呼ばれているものに還元されうるものなのだろうか。ここにおそらく、われわれの議論の前提をなす問題のひとつ、われわれの議論の歴史的緊急性の度合いを測ることができる問題がある。それは、アブラハムの宗教のなかで、あるいは広く台頭しつつある「原理主義」や「伝統主義」――それは今日ではあらゆる宗教にみられるが――のなかで、まさにイスラームの「原理主義」や「伝統主義」とは何なのかを問題とすることである。しかし、このイスラームという名を軽率にもちいることのないように注意を促したい。今日、「イスラーム」という名のもとに性急に分類されているものはすべて、物理的な暴力という特徴の帰結として、――「ラシュディ事件」その他の多くの事件や「表現の権利」に関するものといった――民主主義のモデルや国際法にたいする明白な違反の帰結として、あるいは「宗教という名のもとに」おこなわれる犯罪の原始的かつ近代的な形態の帰結として、その人口統計学的な次元の、ファルス（男根）中心主義的（phallocentric）で神学‐政治的な形象の帰結として、地政学的あるいはグローバルな特性を帯びているように思われる。それはなぜなのだろうか。少なくとも、われわれは次のことをはっきり認識できるようにしておくべきである。イスラームはイスラーム原理主義とは異なるものであり、われわれはそれをけっして忘れてはならないということ。しかしその一方で、イスラーム原理主義はイスラームという名のもとで実行されており、そこでは名の問題が重要な意味をもっているのである。

（7）

宗教という名のもとに――ここではイスラームという名のもとに――起こったり、語られたりしていることに関して、その名が持っている力を偶発的なものだと考えてはならない。なぜなら、直接的であるか否かを問わず、神学‐政治的なものは、民主主義や世俗化に関する問いに始まって、表現の権利に関する問いにまでいたる、さまざまな問いに使われるあらゆる概念と同じく、ヨーロッパ的なものであるだけではなく、ギリシア‐キリスト教的なもの、あるいは、ギリシア‐ローマ的なものであるからである。ここで、われわれは名の問い、あるいは「名のもとになされる」あらゆることをめぐる決定的な問いに直面することになる。それは「宗教」という名あるいは名詞をめぐる問い、神の複数の名についての問い、神の名がその言語体系に帰属しているか否かという問い、それゆえ、その翻訳不可能性であると同時に反復可能性の問い（つまり、それを、反復可能性の場、理念化の場、それゆえ、いまや技術の場、技術科学の場、距離を隔てたところから呼びかけるさいの遠隔・技術科学の場としているものについての問い)であり、さらに、祈りのさいに神の御名を唱えること(それはアリストテレスが言うように、真でも偽でもない)の行為遂行性との関連についての問いでもあり、そして、あらゆる遂行性において、あらゆる呼びかけや証言のように、他者の信仰にたいして訴えかけ、それゆえ、信仰の誓いをおこなうさいにもちいられているものとの関連についての問いでもある。

(8)

光が生じる。夜が明ける。太陽の光とそれが降り注ぐ地理的な空間の複合体は、偶然的なものであれ切り離すことはできないだろう。宗教の現象学、現象学としての宗教、現れ〈paraitre〉の地理学におけるオリエント地域、レバント地域そして地中海地域という謎。光(phos)、この始原(arche)は、どこにおいても言説を支配し、開始し、――光、顕現(phainesthai)、幻影、あるいは亡霊などの形で――通常主導権を握る。哲学の言説の中だけでなく、啓示(Offenbarung)の言説や開示性(Offenbarkeit)の言説の中や、現れよりも根源的な可能性の言説の中でも。より根源的であるということは、その光の源泉に、その唯一かつ同一の源泉に近いということである。あらゆるところが、すなわち、あらゆる宗教において、純粋なるものとつい昨日まで素朴に解釈されてきたものや、あるいはその反対者であり、今日その将来を再考すべきもの――すなわち、Aufklärung, Limières, Enlightenment, Illumisnismoといった言葉で表される啓蒙――までもが、光によって指し示されている。バンヴェニストが述べるように、「宗教自体や祭祀、祭司はおろか、人格神」を「指し示す」共通の語彙が存在していなかったときでさえ、インド・ヨーロッパ語には、「光り輝く」「天上の」といった「本来の意味」をもつ「『神』(deiwos)概念そのもの」が、すでに生じていた、ということを忘れてはならない[1]。

（9）

この同じ光、同じ空のもとに、今日、三つの場所を名づけることにしよう。島、約束の地、そして砂漠である。この三つはいずれもアポリアに満ちた場所である。出口もなければ、確かな道もない。旅程表もなければ、到着地も定まっていない。予測図や計算可能なプログラムをともなった外部は存在しないのだ。この三つの場所が、今ここという、われわれの地平を形成している。（しかし、思考し、言葉にする必要上、ここでは、このように表現するが、この三つの場所を、明確な境界領域の内部に位置づけることは困難であり、その意味で地平は明確に欠如している、逆説的な言い方をするならば、地平の欠如が、未来それ自体を条件づけているのである。出来事は、つねにわれわれの予測の地平に穴を穿《うが》つかたちで出現する。そのためには、これらの三つの場所に存在するその予測を裏切る穴——例えば砂漠のなかの砂漠といったもの——を理解しなくてはならない。そこでは、出現すべきあるいは出現しうるものがいかなるものであるかを予測しえないし、すべきでもない。いまだ到来するがままに委ねられているもの）。

（10）

多くの相違が存在するにもかかわらず、われわれ——そのほとんどが出自から言って地中海人であるし、すべての者がそこに魅せられているという点で地中海人である——が、これまである種の現象学（やはり光）に導かれてきたのはたんなる偶然の一致なのだろうか。多かれ少なかれ秘密裡に、われわれは今日この島に集うという選択をみずからなし、引き受けた。もしわれわれ皆が、ある日、フッサール現象学にたいする違和感や宗教的テクストの釈義に由来する解釈学に引きつけられたのだとしたら、それもまた偶然の一致にすぎないのであろうか。したがって、われわれには免れることのできない義務が存在する。われわれがこの暗黙の契約、この「集い」が、排除してしまった〈男性と女性〉のことを忘れてはならない。われわれはかれらに語らしめることで、この会議を始めるべきであったし、本来そうしなければならなかったのである。

（11）

さらに、その是非はともかくとして、少なくとも私には明白に思える、以下のことも想起しておきたい。すなわち、われわれと宗教一般との関係や、あれこれの具体的な宗教との関係がどのようなものであるにせよ、われわれは教皇庁に拘束される神父ではないし、神学者でもない。また宗教の代表者としてふさわしい資格も有していない。また、いわゆる啓蒙主義の哲学者がそうであるとみなされてきたような意味での宗教の敵対者でもない。しかし、われわれが共有しているものはこれだけではないように、少なくとも私には思える。それは慎重に特定される必要があるが、政治的にいえば、普遍化されたモデルとしての共和主義的なデモクラシーと呼ばれるものにたいする、無条件の支持とはいえないまでも、明らかな嗜好である。それは、哲学を公的な「大義」、res publica あるいは「公共 - 性」（public-ness）に結びつけ、今いちど日の光に、啓蒙主義の「光」に、公共空間の啓発された徳性に結び合わせるものであり、宗教的な教条主義や正統性や権威といった、あらゆる外的な力――世俗的ではないもの――から哲学を解き放つものなのである。もちろんそれは、ある特定のドクサ（臆見）の支配からの解放であり、すべての信仰からの自由を意味するものではないのだが。あまり分析的ではない言い方ではあるが――この点については後に再びふれることになろう――、少なくともここで話を続けているかぎりにおいては、今すぐ、慎重で中立的な態度へ、ある種のエポケー（判断中止）とでもいうべき態度へと移行するように試みるべきであることには疑いがない。エポケー的な態度とは――是非はともかく、それが重大な問題であるがゆえに――、「たんなる理性の限界内において」宗教を考えること、あるいは、そのように表象することである。

(12)

この問題に関連する問いとして、今日、「カント的」な振る舞いとは何を意味するのであろうか、という問いがある。今日、カントのような『理性のみの境界内における宗教』というタイトルをもつ本とは、一体どのようなものであろうか。このエポケーという態度は、私が別のところで示そうとしたように[2]、政治的な出来事の可能性を生みだす。とくに神学の言説が否定性を媒介としたかたちを取らざるをえないときには、あるいは、それが隔離された共同体、イニシエーション的な教え、ヒエラルキー、秘教的な隠遁、あるいは砂漠を規定しているところでは、このエポケーは民主主義の歴史にさえ属してきたのである[3]。

(13)

島――カプリ島はパトモス島にはなりえないが――の前には、まず約束の地があるはずである。いかにして、約束の地について、意表を突くことを即興で語ることができるのだろうか。どのようにしたら、この主題のもつ計り知れない広がりを前に、恐れを抱かずにいたり、震えを覚えずにいたりすることができるであろうか。約束の地という形象は、場所をめぐる約束を歴史性へと結びつける本質的絆なのではないのだろうか。その歴史性を介して、いまやわれわれはいくつかのことを理解しうるはずである。まず、宗教の概念、宗教史という歴史、その言語と名に混淆された複数の系譜の明確な局所性である。次の区別を明確にする必要がある。信仰というものは、つねに宗教とは異なるものであったし、これからも同じになることはない。信仰と神学の関係も同様である。あらゆる聖性や神聖性は、厳密な意味では——もし厳密な意味があるとすれば——、かならずしも宗教的なものではない。われわれは、ローマ的な西洋性と、それがアブラハムの啓示との間に形成した結びつきという二つの道を経て、「宗教」という名詞の成立とその意味論へと立ち戻らなくてはならない。アブラハムの啓示とは、たんなる出来事ではない。このような出来事は、歴史の歴史性を導入するという意味を持ち、そのようなものとしての重要性を持つことによってのみ生じるのである。「信仰」や「神聖なもの」、あるいは「無垢のもの」「無傷のもの」「聖なるもの」「神的なもの」をめぐる他の経験とは明確に区別されるものとしての、あるいは、疑わしい類比によって「宗教」と名づけたくなるような他の構造からは明確に区別されるものとしての、聖書やコーランの啓示は、啓示それ自体の歴史性と切り離すことは不可能である。メシア的あるいは終末論的な地平がその歴史性の境界を形づくっているのは確かだが、それは、その歴史性が前もって開始されているからなのである。

（14）

それとともに、もうひとつの歴史的次元が、——両者が明確に区別できるかぎりにおいて——今しがたわれわれが述べたようなものとは異なる歴史性として出現する。では、この新たな歴史性は、今日、理性のみの境界内において宗教を扱うさいに、どのような形で考慮に入れることができるのだろうか。理性のみの境界内における宗教に政治的で技術科学的な理性の歴史が刻み込まれ、それによって「宗教が」最新の形態をとるということは、いかにして可能なのであろうか。それだけではなく、根源的な悪の歴史とその具体的形象の歴史、しかもたんなる具体的形象としての悪の多様な姿ではなく、つねに新たな悪を生みだしていく悪そのものの歴史として宗教を記述していくことは、どのようにしたら可能になるのであろうか。カントが述べたような根源的な「人間本性の堕落」は、単一なものでも、所与のものでもなく、あたかも歴史的形象や転義を生みだすことだけが可能であるかのように見えることを、今やわれわれは知っている。おそらく、われわれはこのような見解がカントの意図と一致しているかどうかを自問すべきであろう。カントが想起させようとしたのは、実は、聖書が根本悪の歴史的で時間的な性格を「表象している」――たとえ根本悪の歴史的性格が聖書を介してあらわされた人間の「弱さ」を「表象する一形態」にすぎないにしても――ということである。しかもカントは、理性には認識不可能なものとしての悪の理性起源について説明しようと苦闘する一方で、（最初の一般的注解の末尾において）聖書の解釈は理性の権能を超えるものであると同時に、かつて存在したあらゆる「公共宗教」の権能を超えるものであると主張することによって、キリスト教のみが唯一「道徳的な」宗教であると主張するのである。奇妙な命題ではあるが、われわれはその諸前提をできうる限り真剣にとりあげなくてはならない。

（15）

実際、カントにとっては、彼自身がはっきりと述べているように、宗教にはただ二つの系統だけが、つまり、宗教の二つの源泉あるいは二つの層だけが存在する。そしてこの二つの系譜において、固有〈名詞〉であれ普通〈名詞〉であれ、それらがともに同じ宗教という名を有している理由が問われなければならない。第一のもの、すなわちたんなる祭祀としての宗教（des blossen Cultus）は、「神の助力」を求めるものだが、結局、根本的にも本質的にも、そのような宗教によって人間が行動を起こすことはなく、祈りと願いが教えられるだけにとどまる。［その祈りや願いによって」罪は取り除かれるけれども、よりよい人間になるよう義務づけられるわけではない。他方、道徳的な（die Moralische）宗教は、祭祀の宗教とは対照的に人生の善きおこない（die Religion des guten Lebenswandels）を問題にする。道徳的宗教は人間に行動するように命じ、知を行動に従属させる。道徳的宗教は、人間にたいして、この目的に向かって行動することによって善きものとなることを命じ、「「神が救済のために何をおこない、何をおこなって来たかということをすべての人間が知る必要はないし、そのことが本質的なことでもない」。しかし、その神の助けを得るにふさわしくなるために、自分自身が何をなさねばならないかを知ることは人間にとって本質的なことである」という原理にしたがって行動するように命じることで、行動と知を分離する。カントはこのように「反省的信仰」を定義するが、それは、われわれの議論の空間を開く可能性のある概念である。なぜなら、なんらかの歴史的な啓示に本質的に依拠せず、純粋な実践的理性の合理性に合致するものであるがゆえに、反省的信仰はあらゆる知を超えた善意志を支持するからである。それゆえに、反省的信仰は「教条的信仰」に対立するのだ。反省的信仰が「教条的信仰」とはっきりと袂を分かっているとすれば、それは教条的信仰が知ることを強く要求し、そのために信仰と知の違いを無視してしまうからである。

今や明らかなように、このような対比の原理は、たんに定義上のものでもなければ、分類的なものでも理論的なものでもありえない。私がこの原理を強調したい理由は、そこにある。この原理は、宗教という同じ名のもとに存在する異質な複数の宗教を分類するために役立つというだけではない。それによって、今日のわれわれが、依然としてカント的な意味で――戦争ではないにしても――紛争の場を定義づけることも可能になるのである。この対比の原理は、今日においてさえ、たとえ一時的なものであるにせよ、われわれが問題を構造化するのに役立つであろう。

われわれは、このカントの主張が意味するところやその帰結にたじろぐことなく、それに評価を下しうるだろう。たしかに、キリスト教のみが唯一の「道徳的な」宗教であるというカントの主張は力強く、簡潔であり、あまりにも明白である。その結果、ある任務が、キリスト教に、キリスト教のみに予定される。すなわち、「反省的な信仰」を解放するという任務である。このカントの主張は、純粋道徳とキリスト教が本質的かつ概念的に切り離しがたいものであるという帰結を必然的にともなう。もし純粋道徳のないキリスト教は存在しないという主張が成り立つとするならば、それはキリスト教の啓示がわれわれにまさに道徳の理念に関する何か本質的なことを教えてくれているからなのである。そうであるとすれば、純粋であってもキリスト教的ではない道徳の理念は馬鹿げたものということになるであろう。このような理念は、悟性と理性を越え出たものであり、語義矛盾なのである。定言命法のもつ無条件の普遍性は、福音的なものである。道徳の法則は、キリストの受難の記憶のように、われわれの心の奥底に刻み込まれたものであり、この法則がわれわれに作用を及ぼすとき、それはキリスト教的な語彙を通して語りかけてくるか、あるいは沈黙をもって働きかけてくるのだ。

ニーチェはカントにたいして執拗な戦いを挑んだ人物であるが、このカントの主張——後にそれは、「世界ラテン化」〈mondialatinisation〉とわれわれが呼ぶものに関連づけられることになるだろう——は、その核心において、ニーチェの主張として捉えることもできなくもない。おそらくニーチェは「ユダヤ‐キリスト教」という言い方をしたであろうが、彼がとくに標的とした人物のなかで聖パウロの占める比重の大きさは、ニーチェの特別な標的、真剣に応答すべき使命を負った対象が、実はキリスト教、とくにキリスト教のなかのある種の内面化の動きであることを明らかに示している。ニーチェの目から見れば、ユダヤ人やヨーロッパのユダヤ教はある種のキリスト教にたいする抵抗の絶望的な試みであり、抵抗といえるものの中では、ユダヤ‐キリスト教の内部からそれ自身に向けられた最後の抗議であったのである。

この主張は、間違いなく世界史について何かを語っている。図式的にいえば、多くの可能性の中から、少なくとも二つの帰結と二つの逆説をとりあげることができよう。

1.「反省的信仰」、すなわちキリスト教の啓示と純粋道徳とを不可分なものとして結びつけているものを定義するにさいして、カントは先に引用した簡潔な原則の論理を思い起こさせようとする。それは、人間が道徳的に振る舞うためには、あたかも神が存在しないかのように振る舞わなければならないし、自分の救済に関心をもっていないかのように振る舞わなければならない、という原則である。もし、キリスト教徒が、道徳的でなければならないという義務を有するのであれば、この原則こそが、誰が道徳的であり、したがって、どのようにすればキリスト教的であることができるのかを示している。すなわち、善意志を信じて行動するさいに、わたしたちは神の意向を気にかける必要はない。神がわれわれをすでに見捨ててしまっているかのように振る舞うべきなのである。そして、神の存在、自由や魂の不死、あるいは美徳と幸福の結合をめぐる思考がわたしたちに可能になる（と同時に、理論的には中断される）さいには、実践的理性の「要請」概念が、［人間と神との］根本的な分離を保障し、最終的に人間が理性的で哲学的な応答責任を引き受けるようになる。これが、われわれが神に見捨てられていることの、この現世における、あるいは、経験的な帰結である。しかし、このことは、キリスト教が道徳的使命に対応し、道徳がキリスト教的使命に対応しうるのは、現世という、この具体的な現象の歴史において、キリストの受難をめぐるあらゆる形象化を超えて、［キリスト教が］神の死［すなわち神の不在］に耐えうる場合だけである、ということの言い換えではないだろうか。このように、キリスト教が神の死を意味しているのだということこそが、カントが啓蒙主義の近代性に応答するかたちで告知し、われわれに想起させたものなのではないだろうか。もしそうであるとするならば、ユダヤ教とイスラームは、世界がキリスト教化する今日の状況において、神の死や神における死を意味するあらゆるものにたいして抵抗を示す、一神教における最後の二つの宗教なのだ。これら二つの、異教的なものとはいいえない一神教は、（キリストの受難や三位一体などといった）神の多面性を認めることができないのと同様、神の死も認めることができない。これら二つの一神教は、ギリシア‐キリスト教的な、あるいは異教的‐キリスト教的なヨーロッパの中心部において、今でも依然としてきわめて異質なものであり、神の死を意味するものとしてのヨーロッパ世界からは疎外されたままである。なぜなら、この二つの一神教がなんとしても思い起こさせようとしているのは、「一神教」とは単一の神にたいする信念であると同時に、唯一なるものにたいする信仰、生きている唯一なるものにたいする信仰である、ということだからである。

2. この論理や形式的な厳格さ、あるいはその可能性において、ハイデガーは別の方向性を示していないだろうか。実際のところ、ハイデガーが『存在と時間』で主張したことは、根源的な「良心」や、有責、有罪、有借存在、あるいは証言といったものが、前道徳的（あるいは、もし「倫理的」という言葉が、――ハイデガーは派生的で不適切で、最近の起源のものであると考えたのだが――、エートス（ethos）という意味に差し向けられているのであれば、前倫理という言葉に置き換えることもできよう）かつ前宗教的な性格をもつということであった。おそらくハイデガーは、道徳が宗教――つまりキリスト教――に結びつく以前の状態、それを超えた状態へと戻ろうとしたのであろう。それは、大筋においては、ニーチェの道徳の系譜学を今いちど反復することであったが、しかし、ニーチェの系譜学を必要に応じて脱キリスト教化し、キリスト教の痕跡を一つ残らず根絶やしにすることでもあったのだ。キリスト教を清算しようとし続け、距離を置こうとし続けたハイデガーにとっての一層複雑で必然的な戦略、その存在論的反復と実存分析のなかでキリスト教の原型をなすモチーフを否定するだけではもはや不十分である限りにおける一層の暴力。

しかし、ここでわれわれが、「論理」や「形式的な厳格さ」、あるいはその「可能性」と呼んでいるものは何であろうか。この法則、無限のせり上げを疑う余地なく組み込んだ必然性、複数の「立場」の間のいらだたしい不安定性。この複数の「立場」とは、ひとつの同一の「主体」によって、連続的あるいは同時に我有化されうるものなのである。そして、今日のさまざまな宗教における「原理主義」や「伝統主義（integrisms）」は、こうしたせり上げを誇張して表現しているのである。これについては後にふれるが、グローバリゼーション（神の死の経験としてのキリスト教と、遠隔・技術科学としての資本主義とのこの奇妙な結合）が覇権的である一方で有限であり、きわめて権力的である一方で枯渇の過程にあるまさにそのときに、せり上げは増幅されていく。簡単にいってしまえば、このせり上げに巻き込まれた人たちは、あらゆる「立場」を同時にあるいは連続的に採用することで、あらゆる角度からその極限にいたるまでせり上げを続行していくのである。

これは、狂気、現代における絶対的時代錯誤、あらゆる同時代性の分裂であり、はっきりしない曇り空という最近の天気のようではないだろうか？

（16）

このような反省的信仰の定義は、『理性の境界内の宗教』の各編の末尾に付された四つの付録の、最初のものにみられる。これらの付録（パレルゴン）は、この本の不可欠の部分ではない。それらは「純粋理性の境界内の宗教」「の内部には属していない」が、それと「隣接している」。私がそのことを強調するのは、ひとつには神学の場所論的な、あるいは神学の建築学的なとさえいえるような理由からである。これらの付録部分がこの本の外縁部に設けられているのは、おそらく、今日、われわれが反省的考察を書き込むことができるようにするためであろう。それは、第二版で追加された第一付録が、道徳的に反論する余地のないものについての超越的諸問題に関するあらゆる困難を克服することをみずからの副次的任務（パレルゴン）と定めているがゆえに、なおさらである。道徳的諸観念は、それが宗教的な領域へと翻訳されていくときには、超越性のもつ純粋さを損なってしまう。それは、二度にわたって二つのやり方で起こりうるものであり、その結果として得られる四角形［の表］は、適切な置き換えに配慮さえすれば、今日「宗教の名において」世界の各所でおこなわれている悪のさまざまな形態を分析する一覧表の枠組みとなりうるであろう。しかし、ここでは、この一覧表の各欄の見出しと、なによりもその分類基準――自然か超自然か、内的か外的か、理論的解明か実践的行動か、確認的か行為遂行的か――を示すに止めざるをえない。［各欄の見出しは、］（a）いわゆる内的経験（恩寵の働き）に関するもの…狂信者の熱狂と忘我（Schwärmerei）（b）いわゆる外的経験（奇跡）に関するもの…迷信（Aberglaube）、（c）超自然的なもの（神秘、Geheimnisse）の考察における悟性の解明に関するもの…照明説、達人妄想。（d）超自然的なものにたいする働きかけという大胆な試み（恩寵の手段）に関するもの…魔術。

宗教批判はあらゆるイデオロギー批判の前提をなすものであるとマルクスが主張するとき、あるいは宗教がきわめてイデオロギー的なものであり、あらゆるイデオロギーや物神化の運動の母体をなすものであると主張するとき、望むと望まざるとにかかわらず、彼の立場も、この種の合理的批判に関するパレルゴン的な枠組みを免れてはいないのではないだろうか。もっと正確に言うならば――こちらのほうが説得力のあるようにみえて、その論証は難しいのだが――、マルクスは、いまだカントのキリスト教的な公理群を脱構築してはいないのではないだろうか。これは、われわれの問いの一つであり、疑いもなくもっとも曖昧な問いである。なぜならば、マルクスの宗教批判の中核をなす諸原理そのものが、信仰と知、あるいは実践的正義と認識のあいだに存在する異質性に訴えていない、ということがまったく確定していないからである。ところで、この異質性は、理性のみの境界内の宗教の着想やその精神に、最終的には還元しえないものではないかもしれない。こうした悪の形象が、信仰行為という「信用」を裏書きすると同時に失墜させるものであるから、なおさらである。悪の形象は［宗教や信仰を］説明すると同時に排除し、おそらくかつてないほど、宗教や信仰原理にこうした形で依拠することを求めているのだ。たとえ、それが先にふれた「反省的信仰」という、根源的な信託形式の信仰原理でしかないとしてもである。私がここで問題としたいのは、この機構、機械のような宗教の回帰なのである。

(17)

それでは、「自然宗教」とは異なる形で、今日、実際に普遍的なものとなりつつある宗教を、――理性のみの境界内で――どのように考えるべきなのか。さらにいえば、もはやキリスト教やアブラハム宗教のパラダイムに限定されないような宗教を、どのように考えるべきなのか。そして、このような「書物」の企てとは、どのようなものなのか。なぜならば、理性のみの境界内の宗教は、旧約と新約の聖書という書物でもあるもう一つの関連した世界と一体となっているからである。はたして、この企てに、意味や可能性はあるのであろうか。地政学的な意味や可能性が。それとも、その理念は、その起源においても、目的においても、依然としてキリスト教的なままであり続けるのだろうか。それは必然的に一つの限界、他の限界と同じような一つの限界なのだろうか。しかし、キリスト教徒――ユダヤ教徒もムスリムも同様であるが――とは、その限界について、その限界の存在について、あるいは、その限界の他の限界への、限界の現在の形象への還元可能性について疑いを抱く人ではないだろうか。

(18)

これらの問いに留意しつつ、われわれは二つの誘惑を評価しうる。その図式的な原理からいえば、ひとつは「ヘーゲル的なもの」であろう。つまり、『精神現象学』や『信仰と知』の結論部で述べられているように、「弁証法の」最終運動の過程において、絶対知を宗教の真理であると規定する存在神学のことである。実際、『精神現象学』や『信仰と知』では、「神自身は死んだ」という感情に基づく「近代の宗教」(Religion der neuen Zeit) のあり方が予告されている。そこでは「無限の苦痛」は依然としてたんなる「契機」(rein als Moment) にすぎず、経験的存在の道徳的犠牲は、絶対的な受苦や思弁的な聖金曜日 (spekulativer Karfreitag) からのみ始まる。教条主義的哲学や自然宗教は消滅すべきであり、最高度の「厳しさ」つまりもっとも容赦のない不敬虔さから出発して、また、神性の放棄やきわめて深刻な神喪失 (Gottlosigkeit) の空虚さから出発して、もっとも清明な自由を最高度の全体性のもとに回復させなければならないのだ。信仰や祈りあるいは犠牲と宗教とを区別することによって、存在神学は宗教を解体するが、そこには別の逆説も存在する。それはおそらくは神学的、教会的で宗教的ですらある信仰の発展を、告げ知らせるものでもあるのだ。もうひとつの誘惑——この言葉を続けてもちいる適切な理由があるのだが——とは「ハイデガー的なもの」であり、それは祈りや犠牲を無視するヘーゲル的な存在神学を超え出たものである。そのためには、いかなる啓示 (Offenbarung) よりも根源的に顕現していた光とともに、開示性 (revealability, Offenbarkeit) がみずから姿を現しうることが必要である。さらに、そこでは、神や信仰、あるいは啓示に関する言説である神 - 学 (theo-logy) と、神聖なる存在、あるいは神聖なるものの真正さとその本質に関する言説である神聖 - 学 (theio-logy) とが、明確に区別されなければならない。神聖なるものの、聖なるものの、あるいは、救済 (heilig）の経験は、無傷なままで再び呼び起こされるべきなのだ。われわれは議論の出発点としてheiligという語をとりあげることで、この［ハイデガーの議論の］連鎖に、あらゆる注意を向けるべきであろう。このドイツ語の意味の歴史は、異教的で、ギリシア－キリスト教的な自然的神聖さと、ローマの宗教以前の、あるいは、その下におけるユダヤ教の律法のもつ聖潔さのあいだにレヴィナスが維持しようとした、厳格な分離に抗っているように見える。「ローマの」という語に関していえば、ハイデガーは『存在と時間』以来、内実が空洞化され、根源的な可能性へと還元されたさまざまなキリスト教的なモチーフの、存在論的かつ実存論的な反復と試行を継続しているのではないだろうか。そして、それこそまさしく、ローマ以前の可能性というべきものではないだろうか。ハイデガーは、『存在と時間』の出版に数年先立つ一九二一年に、自分の「私が存在する」という事実性を成り立たしめている精神的遺産を肯定するために、レーヴィットに向かって「自分はキリスト教の神学者である」と打ち明けたのではなかったか。それは「ローマ的」という意味ではない。この点については、後で論じることにしよう。

（19）

その場合、われわれが格闘してきたアポリアは、もっとも抽象的に表現をするならば、おそらく次のように言い表されることになろう。開示性（Offenbarkeit）は、啓示（Offenbarung）よりも根源的なものであり、それゆえあらゆる宗教から独立のものなのであろうか。開示性は、その経験の諸構造やそれに関連する分析論において、宗教とは無関係のものなのであろうか。開示性とは、「反省的信仰」そのものではないにしても、それが生じる場所ではないのだろうか。逆に、啓示という出来事の方が、開示性の顕現そのものに、また、光の起源に、起源的な光に、可視的なものの不可視性そのものに存しているのではないだろうか。これこそが、キリスト教の信者や神学者、とくに原始キリスト教の信者や、ハイデガーが多くを負っているルター派の伝統における原キリスト教（Urchristentum）の信者たちが、ここで語るであろうことである。

（20）

さて、夜の闇が徐々に濃くなってきた。話を終えるために、歩みを速めることにしよう。原‐起源的なものを超えたものでありえたかもしれず、もっとも無秩序的で、もっとも無秩序的になりうる第三の場、それは、島でも約束の地でもなく、ある種の砂漠であり、他者を可能にし、開示させ、空洞化させ、無限化させる場所なのである。もっとも極端な抽象化作用という忘我あるいは存在。道もなく内部もないこの砂漠の「中に」方向を導くものがいまあるとすれば、それはたしかに良心の咎《とが》め（religio）がもつ可能性であり、再び集まること（relegere）がもつ可能性である。しかし、それは再び結ぶこと（religare）――この言葉は語源的に問題があり、間違いなく後世になって再構築されたものである――の「結びつき」に先行するものであり、人間同士の間の結びつきや、人間と神の神性の結びつきに先行するものであり、もっとも簡潔な語義に縮約された「結びつき」の前提条件をなすものである。すなわち、それは、良心の咎め（religio）による抑制、恥による自制、また、ハイデガーが『哲学への寄与』で語っているある種の抑制（Verhaltenheit）、尊敬、他者と結びつくためにまず自分自身を拘束する決定や承認（re-legere）を賭け金として反復されていく責任性のことなのである。もしこの信託に基づく「結びつき」が、社会的つながりと呼ばれたり、あるいは他者への結びつき一般と呼ばれたりしているとしても、それはあらゆる有限な共同体や実定宗教、あるいは存在論的‐人間学的‐神学的な地平に先行している。それは、あらゆる社会的あるいは政治的決定に先行し、あらゆる間主観性に先行し、聖なるものと俗なるものの対立にさえ先行するような、複数の純粋な特異性を結びつけるものである。それゆえに、これは砂漠化現象に似たものであるということができよう。その危険性は否定のしようがないが、しかしそれがまた一方で、まさに危険にさらされているように見えるものに可能性を開くこともある。その結果、砂漠の持つ抽象化作用は、それが立ち枯らすことになるあらゆるものに道を切り開くことをも可能にするのだ。そこから、宗教的特質や隠遁の、宗教的抽象化の、宗教的減算の、二重性や曖昧さが生じてくる。こうした「砂漠のような」人気のないところへの隠遁が、反復への道を開く。それは、まさにみずからの名においてそれに抗うもの、たんなる抽象化のもつ空虚さや決定不能性に似たものに抗するものにたいして、道をゆずることの反復である。

すべてを二つの言葉で言い表さなければならないのだから、この起源のもつ二重性にたいしてわたしたちは二つの名を与えることにしよう。というのも、ここでは起源が二重性そのもの、二つの異なるものだからである。これら二つの源泉、これら二つの泉、砂漠のなかにあるいまだ姿を現さない道を名づけることにしよう。これらの二つの源泉には、依然として「歴史的な」ものである名をつけておこう。そこでは、ある種の歴史概念そのものが不適切になるのだけれど。この名づけをおこなうために、――教育的あるいはレトリック上の理由によって、強調しておきたいのだが、暫定的に――最初に「メシア的な」ものに、次にコーラ（chora）に――かつて私がほかの機会に、より繊細にかつ辛抱強く、そして、そうであることを望むのだが、より厳密に試みようとしたのと同様に――言及することにしよう。(6)

(21)

第一の名。それはメシア的なもの、あるいはメシア思想なきメシア性である。それは未来にたいする開け、すなわち正義の現出としての他者の到来にたいする開けであろう。しかも、それは、いかなる期待の地平も有せず、預言者による予告も持たない地平である。他者の到来は、その到来を予測することができないときにのみ、他者や死——そして根源的な悪——が、いつであれ驚きとともに到来しうるときにのみ、特異な出来事として現れうる。歴史を、少なくとも歴史の日常的な流れを、開始すると同時に、つねに中断しうる可能性。しかし、この歴史の日常的な流れについて、哲学者や歴史家、そしてしばしば革命の古典的理論家は語ってきたのである。歴史それ自体を中断したり引き裂いたりすること、決定によってそれをおこなうこと、他者を到来するがままにしておくことにその本質がある決定、他者の決定という明らかに受動的な形式をとることにその本質がある決定によっておこなうこと。決定が私のなかに自然発生的に現れる場合でさえ、それはまた他者の決定によってもたらされたものでもある。しかし、だからといって、私の責任が免除されることにはならない。メシア的なものは絶対的な驚きとしてその姿を現すが、それが平和や正義という現象的形式をとることが常であるとしても、それはきわめて抽象的なかたちでみずからを顕すので、最善のものだけでなく最悪のものにもわれわれは備えて（すなわち、予期することなく待機して）いなければならない。最善のものと最悪のものは、一方の可能性の開けなしには、他方がけっして到来しえないものなのである。そこで問題になっているのは、「経験の一般的構造」である。このメシア的な次元は、いかなるメシア思想にも依拠していない。それは、いかなる既成の啓示にも従属していないものであり、アブラハム宗教だけに帰属するものでもない。（ただし、ここでは、「われわれのあいだでは」、言葉や場所、文化や便宜上のレトリック、あるいは後で話すことになる歴史的次元から見た戦略といった本質的な理由から、アブラハム宗教によって刻印されたいくつかの名を、このメシア的次元に与え続けなくてはならない）。

(22)

正義への止みがたい欲求が、この「メシア的なものが到来することへの」期待に結びついている。この期待は、定義上、知、意識、良心、予見可能性、またいかなる種類のプログラムによっても確実なものとはならないし、確実なものとなるべきでもない。この抽象的なメシア性は、その最初から、信仰の経験や信じることの経験、知には還元不可能な信用の経験、そして証言によって他者とのあらゆる関係を「基礎づける」信頼の経験に帰属している。この正義——法と区別しておきたいのだが——だけが、あらゆる種類の「メシア思想」を超えて、さまざまな特異性を普遍化しうる文化、不可能な翻訳がそれにもかかわらず持つ抽象的な可能性が告知される文化を待望することを許すのである。この正義は、約束のなかに、信仰の行為のなかに、そしてあらゆる言語行為やあらゆる他者への語りかけのなかに、ある信仰への訴えのなかに、前もって刻み込まれている。そして、——他の信仰ではなく、あらゆる信仰に先立つものでもなく——この信仰の普遍化をもたらす文化のみが、「宗教」という主題に関して「合理的」で普遍的な言説を可能にするのである。この——余分なものをすべて剝ぎ取られた——メシア性、絶対的な闇という危険な道を歩むこのドグマなき信仰は、理性と神秘主義といった、いかなる伝統的な対立項のなかにも封じ込めることができない。それが告げ知らされるのは、揺るぎなき反省によって、純粋に理性的な分析が、次のようなパラドクスを明るみに出すあらゆるところである。すなわち、法の定礎——法の法、制度の制度、憲法の起源——とは「行為遂行的な」出来事であり、それによって創設され、開始され、正当化される法体系に帰属させることはできないというパラドクスである。こうした出来事は、それが開始したであろうものの論理の内部では正当化することができない。それは決定不可能なものにおける他者の決定である。したがって、モンテーニュやパスカルが「権威の神秘的基礎づけ」と呼んだものが、そこに否定しがたく存在していることを理性は認めなければならない。このように理解された神秘的なものは、信念や信頼、信託や信頼性、あるいは秘密――ここでは「神秘的」を意味する――を、基礎に、知に、あるいは後でまた述べるように、「行為としての」、理論としての、実践としての、さらには理論的実践としての科学に結びつける。それはいうなれば、ひとつの信仰に、行為遂行性に、さらには技術科学や遠隔技術的な遂行に結びつけることを意味するものなのだ。その定礎行為が基礎づけによって融解してしまうところがどこであれ、基礎づけた土台の下で定礎行為そのものが失われてしまうところがどこであれ、砂漠のなかで基礎づけ行為を見失い、基礎づけた痕跡も秘密の記憶も見失ったまさにそのときにのみ、「宗教」は開始しうるし、再開しうる。半自動的に、機械的に、機械のように、そして自然発生的に。自然発生的にという言葉は、源泉から自発的に（sponte sua）あふれ出してくるものの起源を意味すると同時に、それが機械のように自動的に作動する状態をも意味している。［それは、］最善のものにも最悪のものにも、いかなる保証も、人間学－神学的な地平も与えないのである。このような砂漠の中にある砂漠にたどり着かなければ、信仰の行為も約束も、死と他者の予期なき期待も、他者の特異性にたいする関係もないであろう。（ギリシア－ユダヤ－キリスト教的なある伝統に由来する否定の道〈via Negativa〉にきわめてよく似ているが、それに完全には還元しえないものとしての）この砂漠のなかの砂漠の可能性とは、それを支える伝統を根こそぎにし、それを無神論化することによって、普遍的な理性やそれと不可分な政治的民主主義の解放が、この抽象化によって、信仰を否定しない形でもたらされることにある。

(23)

二番目の名――あるいはあらゆる名づけに先立つ最初の名――は、コーラ（chora）である。これは、プラトンが

『ティマイオス』(7)で、矛盾のない自己解釈のなかに組み込めないままにもちいている言葉である。一つの資料体、一つの体系、一つの言語、あるいは一つの文化の開かれた内部から出発して、コーラは、抽象的な間隔化、場所そのもの、絶対的な外部性の場であると同時に砂漠にいたる二つの道が分岐する場を定める。コーラは「否定の道」の伝統の内部に存在する分岐点である。この「否定の道」はキリスト教に起源を有するものであるにもかかわらず、すなわちキリスト教の内部で、ハイデガーやさらにそれ以降へと続いていくあるギリシア的な――プラトン的あるいはプロティノス的な――伝統、すなわち存在を超えるもの（epekeina tes ousias）についての思考にその可能性を認める。そして、このギリシア的なものとアブラハム的なものの異種交配は、依然として人間学的‐神学的なものである。今日われわれに知られているその形象、すなわちその文化や歴史をみると、この［「否定の道」という］「固有言語」は普遍化することのできないものである。それは、境界において、あるいは、中近東の砂漠を背景にしてのみ、つまり一神教的な啓示とギリシアという源泉においてのみ、語るものである。今日この島で、ここにいる「われわれ」が強いこだわりを持って語っている、場所を定めるという試みが可能になるのは、そこにおいてなのである。なおしばらくの間そうしなければならないのだが、遺産としてわれわれに与えられたいくつかの名を強く主張するとすれば、それは、この境界線の場において、宗教間の新たな戦争が、これまでなかったような形で再び展開しつつあるからであり、その戦争が内的であると同時に外的な出来事であるからである。いまや、この宗教戦争は、全地球的な規模で、科学技術的なもの、経済的なもの、政治的なもの、さらには法的なものにたいする信頼性を激しく動揺させている。この宗教戦争は、政治的なもの、国際法、ナショナリティ、市民の主体性、あるいは国家主権といった政治的‐法的諸概念を利用している。今日では、こうした覇権的な力を持つ諸概念が世界を支配する傾向があるが、それはもっぱらそれらの有限性から出発している。これらの概念の力がもたらす緊張関係は増大しつつあるが、その緊張関係は概念のもつ完成可能性とも不安定性とも共存しえないというわけではまったくない。そのいずれもが、もう一方の存在を必ず想起させてしまうことなしには、なにごともなしえないのである。

（24）

この境界線の場の内部と外部が問われてはじめて、「イスラーム」の急激な広まりは、理解され、応答されることになるであろう。内的な説明――信仰や宗教、あるいは言語や文化のような歴史に内在する説明――にとどまる限り、あるいは、この内的次元と、（技術科学的、遠隔‐生技術的で、また政治的、社会経済的などでもある）明らかに外的な次元との間の通路を明示しない限り、その問いにたいする理解や応答を得ることはできないのである。

なぜなら、ギリシア哲学をアブラハム宗教の啓示に結びつけている存在神学的‐政治的な伝統に問いかけることに加えて、われわれはこうした問いかけに抵抗し、これからもつねに抵抗しようとするであろうものを、内部性から、あるいは、内部で働き抵抗している外部性から試してみなければならないからである。コーラ、「コーラという試練(8)」とは、かつて私が試みて認められたと思われる解釈によれば、場所の名、地名、それもかなり特異な地名であるだろう。なぜならば、この間隔化の働きは、いかなる神学的、存在論的、あるいは人間学的な審級の下でも支配されえず、時代も歴史もなく、感性的／知的といったあらゆる二項対立よりも「古い」ものなので、否定の道に基づいてみずからを「存在を超越したもの」と告知する必要さえないからである。その結果、歴史的啓示や人間学的‐神学的な体験の全過程が、コーラの抽象を少なくとも前提としているのにもかかわらず、コーラは、その過程にたいして絶対的に無反応かつ異質なものであり続ける。コーラはけっして宗教のなかに入り込むことはないだろうし、神聖化されたり、聖別されたり、人間化されたり、神学化されたり、洗練されたり、歴史化されたりもしないだろう。それは安全無事なものや神聖なものとは根本的に異質なものであるために、いかなる補償（indemnification）の余地もない。それはけっして現在形では定式化されえない。なぜなら、コーラは、そのようなものとしては、けっして現前しないからである。コーラは存在でもないし、善なるものでも、神でも、人類でも、歴史でもない。コーラはそのように定式化されることにつねに抗っている――そして、これからやってくるいかなる未来においても、信仰も法もないコーラが再我有化されたり、歪められたり、反省されたりすることはないであろう――。それは、これからも無限の抵抗の場、あるいは永久に無反応な持続の場でありつづけるであろう。コーラとは、顔のない全き他者なのだ。

(25)

コーラとは何ものでもない。存在者でもないし、現前でもない。しかし、それを現存在の不安のうちに存在の問いを開示する無とは混同してはならない。コーラというギリシアの名詞は、われわれの記憶によってさえ、われわれの「ギリシア」の記憶によってさえ我有化することのできない、記憶の中のあるものを語る。それが語るのは、砂漠のなかの砂漠が遥かな時間の彼方にあり、閾《しきい》としても存在しえないし、哀悼の対象にもなりえないということである。この砂漠がはたして思考可能なものかどうか、そしてわれわれが知っている砂漠――啓示という砂漠、隠棲する場所としての砂漠、神の生と死をめぐる砂漠、ケノーシス説や超越のあらゆる形象をめぐる砂漠、宗教（religio）やあらゆる歴史的諸宗教という砂漠――「に先行して」名乗る余地が残されているかどうかを知ることができるのかという問いは依然として開かれたままである。あるいは、「逆に」コーラをめぐる問いは、起源よりもさらに先行するものをわれわれが垣間見ることを可能とするような最初の〈l'avant-premiere〉砂漠、すなわち私が砂漠のなかの砂漠と呼んだものから「出発して」論じられるべきなのであろうか。この［コーラという］未決定な場所が発する振動、あるいはすでに先に——啓示と啓示可能性のあいだで、啓示と開示性のあいだで、出来事と出来事の可能性あるいは仮想性のあいだで——ほのめかしておいたあの沈黙——エポケーあるいは留保（Verhaltenheit）——、それ自体が尊重されなくてはならないのではないだろうか。二つの源泉のあいだ、あるいは「啓示されたもの」の秩序と「啓示可能なもの」の秩序のあいだに起きる特異な未決定性あるいは双曲線的なせり上げを尊重すること、これこそが、あらゆる責任ある決定をくだす可能性であり、別種の「反省的信仰」の可能性であり、新たな「寛容」の可能性ではないだろうか。

(26)

われわれのあいだに、自分たち全員が「寛容」のためにここにいるのだという合意があると仮定してみよう。たとえ、これまでわれわれが実際にはその寛容を推進したり、実践したり、基礎づける任務を与えられていなかったとしてもである。その場合、われわれがこの場にいるのは、「寛容」というものが今後どのようなものとなりうるかを考えるためである、ということになるだろう。私は、この寛容という言葉をこの言葉の起源から抽象化し、切り離すために、すぐさまこの言葉にカギ括弧を付してもちいることにする。そして、それによって、この言葉を通して、この言葉の歴史がもつ奥深さを通して、キリスト教だけに限定されない、ある可能性を告げ知らせることにする。たしかに寛容の概念は、厳密な意味では、何よりもキリスト教の一種の私的な部分に属するものである。それは、文字通りには、つまり、この名の背後にあるものは、キリスト教の共同体の秘密である。寛容は、キリスト者の信仰という名のもとに印刷され、発行され、手渡され、流布されていったのだ。それは、カントが「反省的信仰」と呼んだものやキリスト教に顕著にみられる純粋道徳――いずれもきわめてキリスト教的なものである――の台頭なしには起こりえなかったであろう。寛容の教えとは、たとえ自力で修得しなければならないことがしばしばあったにせよ、キリスト教徒のみが世界に与えることができるものとして定められている点で、何よりも模範となるべき教えであった。この点で、フランス啓蒙（les Lumières）は本質的に啓蒙（Aufklärung）であると同時に、やはりキリスト教的でもあるのだ。ヴォルテールの『哲学辞典』は寛容を論じるさいに、キリスト教に二重の特権を与えている。そのひとつは、キリスト教が教えてきたのは、模範となるべき寛容であったということである。たしかに、キリスト教はほかの宗教よりも、そして、他のあらゆる宗教に先だって、寛容をうまく教えてきた。要するに、ややカント的なやり方で――キリスト教を信じていたにせよ、いないにせよ――、ヴォルテールは、キリスト教だけが、「道徳的な」宗教だと考えていたように思える。なぜなら、キリスト教はみずから模範を示す義務を負っていると同時に、そうすることが可能であった最初の宗教だからである。そこから、ヴォルテールをスローガンとして、批判的近代のための、そしてより深刻なことに、その未来のための戦いにおいて、その旗の下に結集する人びとの創造力と、時にはその愚かさが生まれてくる。というのも、他方で、ヴォルテールの教えは、とりわけ「あらゆる人間のなかでもっとも不寛容」(9)なキリスト教徒に向けられたものでもあるからである。ヴォルテールは、キリスト教とその教会を非難するに際して、原始キリスト教――「最初のキリスト教徒の時代」、すなわちイエスと使徒の時代――の教えが、「カトリックの宗教、教皇の宗教、ローマの宗教」に裏切られたことを思い起こさせようとする。「カトリックの宗教、教皇の宗教、ローマの宗教」は、「ありとあらゆる儀式とドグマ」に塗り固められており、それはイエスの宗教とは正反対のものなのである。(10)

もう一つの「寛容」とは、「砂漠のなかの砂漠」の経験と合致するものとなろう。それは無限の他性を特異性として尊重するものであろう。この尊重こそがやはり宗教（religio）なのであり、良心の咎めとしての、自己抑制としての、隔たりとしての、分離としての、非連続性としての宗教なのである。それは反復の自己自身への結びつきとして、あらゆる宗教の閾からやって来るものであり、すべての社会的あるいは共同体的な絆の閾からやって来るものなのである。(11)

かつて初めに存在したロゴスの前と後の、聖体のパンの前と後の、さまざまな聖典の前と後の。

付記

ここに訳出したのは、Jacques Derrida（translated by Samuel Weber）, "Faith and Knowledge : The Two Sources of "Religion" at the Limits of Reason Alone" in Gil Anidjar（ed.）, *Acts of Religion*, Routledge, 2002, pp. 42–101 の前半部分である。翻訳に当たっては、英語版を底本とし、フランス語の原論文（"Foi et Savoir: Les deux sources de la «religion» aux limites de la simple raison", dans *Foi et Savoir* suivi de Le Siècle et le Pardon, Seuil, 2001, pp 9–100）を必要に応じて参照した。また、フランス語原論文からの全訳である松葉祥一・榊原達也訳、「信仰と知　単なる理性の限界内における『宗教』の二源泉　①—④」（『批評空間』第Ⅱ期一二号、一九九六年、八九—一一〇頁、第Ⅱ期一三号、一九九七年、一三〇—一四八頁、第Ⅱ期一四号、一九九七年、一六六—一八〇頁、第Ⅱ期一五号、一九九七年、一六九—一八〇頁）の該当部分も参考にした。訳者である松葉・榊原両氏に感謝の意を記しておきたい。

（苅田真司／磯前順一訳）

註

（1）エミール・バンヴェニスト『インド＝ヨーロッパ諸制度語彙集』一九六九年（蔵持不三也ほか訳、言叢社、一九八七年、第二巻、一七二頁）。われわれがバンヴェニストの言葉をしばしば引用するのは、彼が、例えば「言葉本来の意味」を請け合っていることの責任を負わせるためである。まさに彼が太陽や陽の光を語っている場合がそうだが、それは彼が言及するすべての言葉について当てはまることなのである。このような請け合いは、たんに問題があるというだけではなく、極度に行き過ぎたものである。

（2）　ジャック・デリダ『名を救う──否定神学をめぐる複数の声』一九九三年（小林康夫・西山雄二訳、未来社、二〇〇五年）を参照。

（3）　「いかに語らないか?」（"Comment ne pas parler ?", in Psyché, Paris, Galilée, 1987）において、わたしはヒエラルキーや「トポリトロジー（topolitology）」の主題を、類似した文脈のもとで、より正確なやり方で論じている。

（4）　レヴィナスが、例えば『タルムード新五講話──神聖から聖潔へ』（原著一九七七年、内田樹訳、国文社、一九九〇年）でもちいたラテン語の（まさにローマ的な）単語は、もちろんヘブライ語（*kidouch*）の翻訳に他ならない。

（5）　例えば、ハイデガー「追想」の次の一節を参照。「詩人たちがその本性の中にいるとき、彼らは予言者的である。しかし彼らはこの名称のユダヤ－キリスト教的な意味で「予言者」なのではない。これらの宗教の「予言者」たちがまずもって予言するのは、まったくのところ、神聖なものを先立って基礎づける言葉ではない。彼らが、ただちに予め述べるのは超地上的な浄福への救済の確実性が頼みとしている神のことである。人間と神々との関係のローマ的解釈という事態に留まる「宗教」の「宗教的なもの」によって、ヘルダーリンの詩作を損なってはならない」。詩人は「予見者」でも占い師でもない。「詩作的に前もって述べられた神聖なものは、神々の出現する時間－空間のみを開き、この大地の上で歴史的な人間が住む場所を指し示す。……詩人たちの夢は神々しいが、しかし詩人たちは神を夢見るのではない」（『ヘルダーリンの詩作の解明』所収、原著一九四三年、濱田恂子／イーリス・ブッハイム訳、『ハイデガー全集　4』創文社、一九九七年、一五六頁）。

それから二十年以上後の一九六二年になると、ハイデガーのこの［ユダヤ・キリスト教にたいする］抗議はローマ［＝カトリック］にたいするものとして、つまり宗教の本質的にローマ的な形象にたいするものとして再確認される。それが、近代ヒューマニズム、技術、政治、法を、ある一つの布置のなかへまとめ上げているのである。ハイデガーはギリシアへの旅の途中で、アテネ近郊のカイザリアニのギリシア正教会の修道院を訪れた後、次のように記している。「その小さな教会のキリスト教精神には今もなお古代ギリシア的なものの名残が含まれていた。ローマ教会とその神学の教会政治的‐法律的思考に屈しまいとする精神の働きが、そこにはある。この修道院定住の地にかつて、アルテミスに捧げられた「異教の」聖域があったのだ」(「滞在」、三木正之／アルフレード・グッツオーニ訳『ハイデガー全集75　ヘルダーリンに寄せて　付・ギリシア紀行』創文社、二〇〇三年所収、二七八頁)。

それに先だって、ハイデガーはコルフ島――またしても島である――の近くを通ったときに、彼はシチリアという別の島――ゲーテがギリシアにより近い場所と考えた――を想起している。この想起によって、「近代的ヒューマニズムの光」のもとに現れた「ローマ的‐イタリア的なギリシアという輪郭」と、「機械時代」の到来という二つの言葉が、ハイデガーのなかで結びつくことになる(同上、二五四頁)。この島もわれわれがこだわっている[ローマに近いがローマではない]場所を表象しているものであり、そうである以上、次のことを見落としてはならないであろう。すなわち、ハイデガーにとってこのギリシア旅行は、なによりも「滞在 sojourn」、デロス島近辺でのささやかな立ち寄りにとどまるということである。デロス島とは、見えるもの、明らかなもの、その名を通して顕わになるものについて熟考する場である。その意味で、デロス島もまた「聖なる」島なのである(同上、二六九頁)。

(6) ジャック・デリダ『コーラ――プラトンの場』一九九三年(守中高明訳、未来社、二〇〇四年)、同『マルクスの亡霊たち』一九九三年(増田一夫訳、藤原書店、二〇〇七年)、同『法の力』一九九四年(堅田研一訳、法政大学出版局、一九九九年)を参照。

(7) この『ティマイオス』のテクストを読むためには、とくにその「政治的」的読解のためには、「いかに語らないか?」、『コーラ』、『名を救う』を参照しなくてはならない。

(8) 『名を救う』九八頁を参照。

（9）もしヴォルテールが、「寛容とは何か」という問いに、「それは人類の特権である」と答えたとしても、「人類」がもっとも高揚したインスピレーションを与えられた卓越した例として考えられているのは、やはり依然としてキリスト教なのである。すなわち、ヴォルテールは次のように述べている。「たとえ今日までキリスト教徒があらゆる人間のなかで最も不寛容であったとしても、あらゆる宗教のうちでキリスト教こそが間違いなく最上級の寛容を鼓吹するものとして存在している」（ヴォルテール『哲学辞典』高橋安光訳、法政大学出版局、一九八八年、三八九頁、一部改訳）。

したがって、この「寛容」という言葉はひとつの物語を秘匿しているのだ。その物語というのは、何よりもキリスト教内部の歴史と経験なのである。この寛容という言葉は、キリスト教徒が他のキリスト教徒に宛てたメッセージを伝えるものなのだ。「もっとも不寛容」であるキリスト教徒が、信仰仲間によって、そして本質的に信仰仲間にふさわしい様式で、イエスの言葉を、すなわち発足時の真正なキリスト教を思い起こさせるのだ。多くの人びとを驚かせることを恐れないのであれば、次のように言い直すことも可能であろう。すなわち、キリスト教、とくにローマ教会にたいして反対していることや、原始キリスト教にたいする——時にノスタルジックな——嗜好を公言していることから考えると、ヴォルテールとハイデガーは、原‐カトリック（proto-Catholic）という同じ伝統に属している。

（10）同上。

（11）すでに私が他の箇所（前掲『マルクスの亡霊たち』）で試みたように、ハイデガーが遡行しようとした寄せ集めること（Versmmlung）からではなく、ある種の分離〈déliaison〉との関連で、この分離の秘密の持つ、つねに無傷で、つねに救われている可能性との関連で、正義の条件を考えることを提案したい。ただし、寄せ集めるという行為は、ハイデガーにとっては、法（ius）の権威、すなわちそのより新しい形態である倫理‐法的な諸表象から、正義の女神（Dike）を抽出するという、たしかに部分的には正当な彼の関心によるものではあるのだが。

訳註

［1］ この論文の副題は、カントの「理性のみの境界内における宗教（Die Religion innerhalb der Grenzen der blossen Vernunft）」という論文のタイトルをもじったものであるが、そこにはこの論文の論旨に見合う、ある変更が加えられている。カントの原論文のタイトルは、境界「内（Innerhalb; within; dans）」という表現で、理性とそれ以外のものとの間に引かれた境界線の理性側の範囲において、宗教の可能性を思考しようとしている。これにたいして、デリダは「における（at; aux）」という表現で、そうした境界線を引くという行為そのもののうちに、ギリシア－ユダヤ－キリスト教的な否定神学を超える、「宗教的なるもの」の源泉と可能性を見いだそうとしているのである。

［2］ この論文は、"ITALICS" と題された前半部分と、"POST-SCRIPTUM" と題された後半部分からなるが、本書では前半部分のみ訳出してある。

第二部　「自己」のテクノロジーとしての宗教

主体交渉術としての宗教論
――縄文社会の宗教研究によせて

磯前順一

かれらは、実践的な行使のなかで外を折り畳むのである。……外とは力のあいだの関係性にほかならないのだから。……ギリシャ人は……力を、力として保存しながらも、それを［内に］折り畳んだのだ。かれらは力を自らのもとに引き戻したのだ。かれらは内面性や個人性や主体性に無知であったのではなく、「主体化」の結果として主体を発明したのだ。(1)

（ジル・ドゥルーズ）

一　近年の宗教研究より

近年の宗教研究では、従来のプロテスタンティズムを中心とする宗教概念を通して、いわゆる宗教現象を記述する手法にたいする根本的な批判が寄せられるようになった。これまでも、アニミズムやシャーマニズムの含意にたいして西洋中心であるという批判はなされていたが、その学的反省が宗教という概念そのもののもつ西洋中心主義的な規定性にたいして及ぶようになったのである。その点について、タラル・アサドは「宗教の超歴史的定義には望みがない[2]」として次のように述べている。

宗教の普遍的定義というものは有り得ないというのが私の議論である。その理由は、宗教を構成する要素や関係が歴史的に個々別々であるからというばかりでなく、そうした定義そのものが言説の過程における歴史的産物だからなのである[3]。（傍点は磯前）

このような研究動向が顕著になることによって、これまでの概念化された信念や教義を中心とする宗教理解が、宗教を公共領域から分離された個人の内的領域に限定されたものとする西洋啓蒙主義の〈宗教／世俗〉の二分法がもたらしたものであることが明らかにされてきた。そのような流れのなかで、従来、呪術や迷信的なものと区別されてきた行為もまた、儀礼を通した身体と信念の交渉過程として捉えれば、その行為主体が他の主体とのあいだにエージェンシーとしての関係性を築き、超越的な力あるいは存在との交渉を通してみずからの主体を構築する「自己のテクノロジー」として理解されなおすことになる[4]。キリスト教的伝統のなかで見失われたとされる主体構築の技法について、講義のなかでフーコーは次のように語っている。

自己の配慮は〈他者〉の現前によって貫かれている。……自己の配慮の目的は、世界から自己を切り離すことではなく、行為の合理的な主体として、世界の出来事に対して心構えをすることなのだ。……配慮において発見される主体は、孤立した個人とはまったく反対のものである。……自己の配慮は、活動の、私たちの世界や、他者たちとの関係の規制原理である。[5]（傍点は磯前）

ここにおいて、呪術や迷信と呼ばれるものもまた一神教的な宗教が成立する前史としてではなく、あるいはそれを逆転させたロマン主義的な、失われた全体性を憧憬する場でもなく、主体が交渉しあう過程として捉えられることになる。[6]つとにルードヴィヒ・ウィトゲンシュタインがフレーザーの社会進化論的な呪術観を批判して述べたように、「ある民族の宗教的慣習……はまさになんらの錯誤ともかかわりのないことなのである」[7]。このような研究の流れを顧みるとき、縄文社会の宗教研究もまたその視点を大きく変えざるをえないものとなる。

縄文時代のみならず、これまでの日本考古学の宗教研究は、アニミズム、シャーマニズム、祖先崇拝など、ビクトリア朝時代の人類学や宗教学が依拠する宗教進化論の諸観念を前提として、それを研究対象である遺物に対応させることで前近代社会の世界観を復元しえるのだと考えてきた傾向にある。しかし、これらの観念自体が啓蒙主義やキリスト教との相関関係のなかで一つの仮説として近代西洋人が提出した概念にすぎない以上、宗教概念論がもたらした認識論的反省を経た今日では、あらたな意義をもった宗教論が展開される必要があることは確かである。否、もはや宗教という概念を前提とした議論をおこなう必要はかならずしもなく、人間の相互関係に回収しきれない超越的存在や観念を介することで、宗教的行為の主体が自己および他者との関係性のなかで何をおこなおうとしたのかを論じていけばよいのである。次節では、このような視点から、縄文社会の宗教研究においてもしばしば言及されてきたアニミズムとシャーマニズムを例にとり、それらが主体の交渉過程としてどのように議論できるものなのかを、型式学の成果と交差させながら考えてみたい。

二　アニミズムとシャーマニズム

縄文社会のような原始あるいは古代社会の人間は神話や呪術を信じていたのだが、それが歴史が近代に向かって進行するなかで、そのような心的融即状態から解き放たれていった。このような社会進化論や一種の世俗化論は今でもわれわれのものの見方を根強く支配している。しかし、ギリシア人の神話観についてポール・ヴェーヌが「ギリシア人も、その神話を信じつつ、信じていないのである[8]」と言い表したように、神話を信じるということは、そこで語られている内容をすべて物理的事実として信じている状態にあることとは区別されるべきである。現代人が今もなお、トイレの花子さんや口裂け女などをまことしやかに語るように、あるいはアニメーションにおいて半獣半人のキャラクターを描くように、いつの時代にもそれぞの言説布置のなかで物理的事実と異なる非日常的な存在を想像する能力は絶えることはなかった。古くは宗教が、新しくは科学が神話や呪術を駆逐しようと試みたわけだが、それらの世界は形を変えてわれわれの日常世界に生き残り、合理的と称する言説のなかに侵入してきたことは周知のとおりである。実際のところ、「魂」とか「霊魂」といった言葉を、われわれ「現代人」が作り上げた語彙として数え上げ入れていることについて議論されていることがあまりに少ないことのほうが問題なのである[9]。

このような想像力が、人間が現実世界と向きあってその世界を解釈するさいに、われわれが知りえない現実の不可知さにたいする解釈として、神や霊的存在に仮託して、死や存在の不安、あるいは他者や自然にたいする恐れといった、人間の制御力を超えた存在が世界にはいたるところに潜んでいる、という存在の不安を表出してきたのである。その意味で神話や宗教あるいは呪術とよばれてきたものは日常世界を解釈する一つの言説や実践行為であり、かれらがそのような言説や行為を盲信していることを反映したものというよりも、むしろ自己と世界のあいだに存在する亀裂を、その亀裂によって不安を抱えているがゆえに、何らかのかたちで意味を付与しようと、その不安を取り扱おうとする解釈あるいは交渉の行為と見るべきなのである。現代人との違いは、そのような回路を積極的に活用するのか、意識下に抑圧してしまうのかという点にあるにすぎない。そして、このようなかれらの世界解釈の言説あるいは信念形式の一つがアニミズムであり、一方でその世界と自己との交渉術、すなわち主体交渉の過程がシャーマニズムであるといえよう。

今日の議論では酒井直樹が次に述べるように、人間という存在は認識論的な主体（主観）と身体的なシュタイという二重性をおびた存在と考えられている。

> わたしは文化と文化的差異の文脈において、認識論的主観（「主観」）とシュタイ（実践主体もしくは実践作因）という、主体性（subjectivity）についての二種類の定義間の作動（differential）を仮説的に導入したい。……主体は始めから雑種的な存在をする。主体のもつこの雑種性のために主体の自己構成においてシュタイは否定され否認されなければならないのである。……この点で、シュタイの雑種性はその現前＝表象不可能性以外の何物でもない……発話行為の身体（the body of enunciation）をシュタイと捉えることによって、「語」としての主体（＝subject）が回避される翻訳を考えようとしているのは、ひとつはこのためである。[10]（傍点は磯前）

認識論的主体は身体的シュタイを概念化しつつも、その認識的透明性は人間関係の網の目のなかに投企されている身体によって攪乱され、たえず他者によって主体の保持する中心性が脱中心化されていく。主体というものは認識の純粋性や中心化を志向しながらも、たえまなく亀裂が穿《うが》たれ代補されていくものなのである。そのような主体の抱える非完結性、言い換えれば不安定さは、他者との共同性に目を向けさせるものにする。他者あるいは自己との齟齬を抱えるがゆえに、同一性への欲求が喚起され、同時にそれはつねに差異化作用によって覆されて齟齬が反復されていくことになる。同一性と差異は表裏一体の反復関係のもとにある。

例えば、そのなかで、このような主体の亀裂あるいは他者との齟齬を補う存在として、他者との交渉過程の場として、非日常的な超越的存在が想起されてくることになる。仮面のような祖霊が共同体の祀る神霊だとすれば、それはその集団構成員のもたらす差異化作用を同一性のもとに包摂する役割を果たしたものと考えられる。ジャック・デリダが論じているように、差異化作用は主体間および主体自体の齟齬を産みだすだけでなく、同時に主体を媒介する超越的な同一性をも想起させる働きをなす(11)。あるいは土偶や石棒のようなより下位機能の集団や特定目的に応じた祭祀の対象になる神霊の場合、その規模と目的の手段のなかに構成員を包摂し、祭祀主体と霊的存在のあいだでその主体の改変をめぐる交渉行為をおこなうのである。その改変とは他者との共同性の構築ということもあるし、その共同性を個々の成員の個性によって差異化させていく逆の働きも同時に含んでいる。型式学が提示する同一性としての型式と個々の遺物の個性は、そのような同一性としての共同幻想とそのなかで作動する差異化のせめぎ合いを示したものである(12)。

このような土偶や石棒や仮面、あるいは岩や森などの自然祭祀のように、生物のみならず、万物に霊力が宿ると考える信仰をアニミズムと呼ぶわけだが(13)、それはすべてを盲信的に擬人化して捉える蒙昧さというよりも、自分を取りかこむ世界が主体の意のままにはならない力を帯びたものとして存立しているという認識を示すものとみるべきであろう。その点について、やはりフレーザーの呪術論を批判するなかで、ウィトゲンシュタインは次のような覚書を記している。

火あるいは火と太陽の類似が目覚めた人間精神に感銘を与えない、などということがどうして起こりえるだろうか。……現代の愚かな迷信――「説明すること」によってそこで起きた感銘が薄らぐことなどありえるのだろうか――。……いかなる現象もそれ自体としてはとくに神秘的ではないが、いかなる現象もまたわれわれにとって神秘的なものになり得るのである。そして、ある現象が人間にとって深い意義をもつようになるということこそが、まさに人間の目覚めた特質なのである(14)。

ここでウィトゲンシュタインのいう「説明」とは今日でいうならば言説のことであり、彼はそれが現実の不可思議さを解消するためになされるものではなく、むしろそこから受けた神秘的な感銘をもとにして言語的構造化がなされるのだと説いている。しかも、縄文社会の宗教遺物が形式組成として示す構造的な神霊観念は、その観念が雑然とした非体系的なものとして存在しているのではなく、筆者がかつて『土偶と仮面・縄文社会の宗教構造』(校倉書房、一九九四年)のなかで明らかにしたように、土偶、石棒、岩偶、岩版・土版、土面のように、さらには土偶形式内部で分化する複数型式の区別のように、自分を取りまく神霊の力に満ちた世界もまた構造化されて認識されていることを物語っている。その一端を亀ヶ岡文化について例示すれば、表1のような構造を取りだすことも可能となる。

クロード・レヴィ＝ストロースによる未開社会の婚姻体系や認識体系あるいは神話体系にたいする構造主義的分析は、かれらの思惟のきわめて高度な分節化能力を明らかにしたものである(15)。形式組成を心的表象として理解する

表1 亀ヶ岡文化の宗教遺物の形式組成

	身体表現			非身体
	顔	全身像	生殖器	板状
土製品	土面	土偶		土版
石製品		岩偶	石棒	岩板

ときには、それは不可視な世界にたいするかれらの認識様式、すなわち言説布置を物語るものとなる。

このような認識に立ったときに、世界は近代科学のように自己の欲望の赴くままに改変可能なものではなく、むしろ自己の制御外の存在である神霊との交渉過程のなかで主体の維持が可能になるものとして理解されることになる。一方で、ジェームス・フレーザーが言うように、呪術は行為主体たる人間の願望の投影として疑似的な科学と呼べる側面を有するが[16]、その一方で世界が自己の自明性を覆すものとして、つねに意外性にみちた外部性として捉えられる可能性も含み込んだ両義的なものでもある。外部にたいして自己の願望を一方的に押しつけるとき、その主体構築は同質性に覆われたものとなるが、逆に意のままにならない外部の神霊との交渉をおこなうならば、その主体は内に異質性をはらむものとなる。あるいは、外部の神霊に過度に魅了されてしまう場合には、主体の脱中心化が転じて交渉対象である神霊のほうに主体が同化されてしまい、カール・グスタフ・ユングが「たましいの喪失」[17]と呼んだ心身の喪失状態が起こることさえありうる。そのいずれかの過程が呪術の本質であるというのではなく、そのような主体の構築および喪失をつかさどる行為がまさに呪術の可能性であり危険性なのである。それは恋におちた現代人が、恋人に一方的に自己の理想像を押しつけることもあれば、恋い焦がれつつも相手の他者性を承認するにいたることもあるといった、さまざまな選択肢を有していることとさほど変わらないはずのものである。

そして、このように外部に存立する神霊世界との交渉術の一つが、日本の宗教伝統においても馴染み深いシャーマニズムである。シャーマニズムは脱魂と憑依に分けて考えられてきたが、ともに祭祀主体が人間ならざる力あるいは神霊と交渉する技術として考えることができる。[18] 例えば、安丸良夫は大本教の出口なおの憑依現象について、次のように説明している。

> なおとなおの腹のなかの活物とは、まったくべつの存在として知覚されている。なおにとって、この活物の実在感はきわめてたしかなものなのだが、それは外からなおのなかへ勝手にはいりこんだものである。だから、神がかりは、なおにとっては、外からの働きかけによってまきこまれた一つの偶発的な事件であり、その活物が偉大な神だと自称したからといって、容易に信じることはできないのであった。[19]（傍点は磯前）

シャーマニズムとは、このように異質な外部の力が主体の内部に侵入してくる、あるいは主体の霊魂が脱魂して外部の神霊と交渉する術であり、均質化されている日常的主体を異質性とふれさせることが大きな目的となる。アニミズムによって想起された神霊に満ちた世界は、シャーマニズムという技法を介することで人間と交渉が可能になるのである。このような交渉の技術はシャーマニズムに限られたものではないだろうが、考古遺物の形式組成が示すように、複雑に構造化された霊的信念を縄文社会が有していたと考えられる以上、異質性をおびた神霊との交渉行為を通して、啓蒙主義時代の人類学や宗教学が予想していたよりも、はるかに入り組んだ構造をもつ主体の構築と改変をとりおこなっていたと推測される。

三　分有される至高性

むろん、このような自己のテクノロジーは、プロテスタントのような教義を中心とする内面的な経験としてだけではなく、ある程度の広がりをもった公的空間のなかでの他者との身体的ふれあいのなかで、シャーマニズムをはじめとするさまざまな儀礼を通しておこなわれたはずである。縄文時代の出土遺物に、石棒や土偶など性的象徴が少なくないのは、たんに豊穣を祈願したというだけでなく、このような遺物をめぐる儀礼を介して、他者とふれあうエロス的関係を深化させていこうとする志向性を有するためとも考えられよう。

型式学の研究成果が示すように、縄文社会の遺物は個体差を保持しつつも、それを包摂する斉一性の傾向がより強い。それは人間の主体的意識というものが、まず個人によって担われるのではなく、最初に集団として顕現し、その共同性を介することでみずからの個性を、集団あるいは他の構成員にたいして差異化させていくものであったからだと思われる。そのさいに、他者とふれあおうとするエロス的関係は、他者と合一する共同体的欲求とともに、それが届きえない挫折を含むものであることをも教えてくれる。その点で、現代の社会が個人主義を基盤としながらも、差異と同一性を反復させていくように、かれらの社会もまたその両側面を固有のかたちで含み込んでいたことを見落としてはならない。ジャン＝リュック・ナンシーは「共同体を思考すること」を、「共同体の分有を、そして分有のうちにある至高性、あるいは分有された至高性、またいくつかの現存在の間で、主体ではない特異な実存たちの間で分有された至高性を思考することである」と語っている[20]。至高性とは共同体のことであり、とりもなおさずそれを体現する神霊の存在を指すものである。

縄文社会の宗教研究は、型式学と出土状況論を基盤とした形式組成論と祭祀論を通して、そのような神霊観念の構造性およびその交渉過程を知る道を開いてくれる。さらに、複雑に入り組んだ地域性の区分とその重層性が明らかになりつつある現在の研究状況を踏まえれば、例えば集落内における異系統土器やキメラ土器の存在が示すように、その儀礼体系は内閉的に固定化されたものではなく、共同体の内部でも重層的に差異化されていくとともに、他の共同体との交換にも開かれた流動的な部分をもつことがわかる[21]。共同体は開放性と閉鎖性の双方を操《あやつ》りながら、自己のアイデンティティを他者との同一性と差異の関係性のもとに随時構築していく。そのさい神霊の存在は共同体と自然界との、共同体相互の、あるいは共同体とその成員の間の交渉関係をとりもつ場として重要な役割を果たすのである。

主体は自己同一性に安住できないからこそ、その外部に神霊の存在を想起し、かれらを介してみずからのうちへと異質性を導き入れる。神霊とは、今も昔も、主体の亀裂に立ち現れるものの謂い名なのだ。ジル・ドゥルーズは主体の構築過程について次のように述べている。

> 外がどんな外部世界よりも遠いように、内はあらゆる内部世界よりも深いのではないか。外は固定した限界ではなく、動く物質なのである。この物質は、蠕動によって、一つの内を形成する襞や褶曲によってかき立てられる。内は外と異なるものではなく、まさしく外の内である。……だから思考不能なものは思考の外側にあるのではなく、まさに思考の中心に位置するのであり、それは思考することのできないものとして外部をずらしたり、空洞化させたりするものなのだ[22]。

百年前の人類学者や宗教学者が案出したアニミズムやシャーマニズムといった宗教観念に分類することを最終目的とするのでもなく、かれらがはたして呪術的か宗教的かといったことが問題なのでもない。「祭祀王の宗教的行為、あるいはその宗教的生き方は、今日の本当の宗教的行為のいかなるもの――たとえば罪の告白――ともなんら異なった種類のものではない。後者もまた「説明」されるものであり、また、説明されないものである」[23]。それぞれの信念体系の論理――ウィトゲンシュタインが「言語ゲーム」と呼んだもの[24]――のもとでどのような主体的効果が生みだされていったのかを、今日の宗教研究は問うべきなのである。無限なるものの異質性を抱えこむがゆえに、主体は他者に開かれうるのであり、他者との齟齬に苦しむからこそ、日常を超えたものを希求してやむことがないのだ。

註

（1）ジル・ドゥルーズ『フーコー』（宇野邦一訳、河出書房新社、一九八七年、一五八頁、磯前一部改訳）。
（2）タラル・アサド『宗教の系譜――キリスト教とイスラムにおける権力の根拠と規律』（中村圭志訳、岩波書店、二〇〇四年、三四頁）。
（3）註（2）前掲書、三四頁。
（4）呪術論の再整理としては、スタンレー・タンバイア『呪術・科学・宗教――人類学における「普遍」と「相対」』（多和田裕司訳、思文閣出版、一九九六年）。
（5）フレデリック・グロ「講義の位置づけ」（ミシェル・フーコー『コレージュ・ド・フランス講義　一九八一・一九八二年度　主体の解釈学』二〇〇一年〈廣瀬浩司／原和之訳、筑摩書房、二〇〇四年、五九九―六〇一頁〉）。
（6）この視点については、ムクンド・スブラマニアン「情動と憑依された肉体――津軽と下北半島の民間信仰について」（磯前順一／タラル・アサド『宗教を語りなおす――近代的カテゴリーの再考』みすず書房、二〇〇六年）から学んでいる。

（7）ルードヴィヒ・ウィトゲンシュタイン「フレーザー『金枝篇』について」一九六七年（杖下隆英訳『ウィトゲンシュタイン全集 6』〈大修館、一九七五年、三九四頁、磯前一部改訳〉）。

（8）ポール・ヴェーヌ『ギリシア人は神話を信じたか――世界を構成する想像力にかんする試論』一九八三年（大津真作訳、法政大学出版局、一九八五年、一五六頁）。

（9）ウィトゲンシュタイン註（7）前掲論文（四〇六頁、磯前一部改訳）。

（10）酒井直樹『日本思想という問題――翻訳と主体』（岩波書店、一九九七年、一四九頁）。

（11）ジャック・デリダ『声と現象』一九六七・一九九八年（林好雄訳、ちくま学芸文庫、二〇〇五年、一六八―一六九頁）。

（12）磯前順一「土面論の視座――遺物組成論」『記紀神話と考古学――歴史は始源へのノスタルジア』（角川学芸出版、一九九九年）。

（13）Kees Bolle, "Animism and animatism," in Lindsay Jones, et al. eds., *Encyclopedia of Religion*, vol. 1, 2nd edition, Detroit: Macmillan Reference USA, Thomson Gale , 2005.

（14）ウィトゲンシュタイン註（7）前掲論文（四〇一―四〇二頁、磯前一部改訳）。

（15）クロード・レヴィ＝ストロース『野生の思考』一九六二年（大橋保夫訳、みすず書房、一九七六年）。

（16）ジェームス・フレーザー『金枝篇』（一八九〇・一九二二年、第三・四章〈永橋卓介訳、岩波文庫、第一冊、一九六六年〉）。

（17）カール・グスタフ・ユング「無意識の接近」（『人間と象徴』一九六四年〈河合隼雄監訳、河出書房新社、一九七二・一九七五年〉二四頁）。

（18）ヨアン・ルイス『エクスタシーの人類学――憑依とシャーマニズム』一九七一年（平沼孝之訳、法政大学出版局、一九八五年）、Michael Winkelman, "Shamanism: an Overview [furtehr consideration]," in *Encyclopedia of Religion*, vol. 12, 2nd edition. 日本の例については、小松和彦『憑霊信仰論――妖怪研究への試み』（講談社学術文庫、一九九四年）、池上良正『民間巫者信仰の研究——宗教学の視点から』（未来社、一九九九年）。
(19) 安丸良夫『出口なお』（朝日新聞社、一九七七年）八四頁。
(20) ジャン＝リュック・ナンシー『無為の共同体——哲学を問い直す分有の思考』一九八六・一九九九年（西谷修／安原伸一郎訳、以文社、二〇〇一年、四五頁）。
(21) 磯前順一「土偶論の視座——型式学の脱構築」註（12）前掲書『記紀神話と考古学』所収。
(22) ドゥルーズ註（1）前掲書（一五一頁、磯前一部改訳）。
(23) ウィトゲンシュタイン註（7）前掲論文（三九七頁、磯前一部改訳）。
(24) ルードヴィッヒ・ウィトゲンシュタイン『茶色本』一九三四・一九三五年講義（大森荘蔵訳、前掲註〈7〉『ウィトゲンシュタイン全集 6』一三九—一四二頁）。

儀礼と身体

キャサリン・ベル

筆者紹介
一九五三年生まれ。元シカゴ大学神学校 Ph.D. サンタクララ大学教授（人類学）。邦訳された著作に、「パフォーマンス」マーク・テイラー編『宗教学必須用語22』（原著一九九八年、刀水書房）。宗教的行為のなかでもとくに儀礼に焦点を当てる。旧来の儀礼理論が温存していた前提を批判的に問いなおし、人びとが生活のなかで特定の行為を儀礼化し、現実を再生産する方法を理論化しようとした文化人類学者。二〇〇八年没。

二〇〇一年九月十一日、ニューヨークのワールドトレードセンターのツインタワーが破壊されて間もなく、救出活動に使用された病院や建物に行方不明者の写真が貼りだされた。行方不明者が生還する望みが薄れていくにつれて、こうした貼り紙は記念碑へと道を譲ることとなった。ニューヨークのいたるところで、人びとは亡くなった人へのメッセージを貼りだし、なかには嘆きや困惑といったものを共有できる小さな祭壇をこしらえる者もいた。あるコミュニティでは、この事件の死者のなかから見つけだされた近隣の住民の名を、死者のためにしつらえられた祭壇に一人ずつさっそく組みこんでいった。人びとはたとえ知人でなかろうと献花し、即興の祈禱に加わった。事件の現場「グラウンド・ゼロ」では、労働者や共同体の指導者たちが数ヵ月にわたって即興の儀礼を催した。それは、がれきのなかから遺体で発見された消防士たちをたたえた短い行進から、無人の担架と最後まで残された鋼鉄の梁を最後に荘厳に護送するという幕引きまでへと及ぶものであった。

市内の教会やシナゴーグ、モスクが無数の葬儀や祈禱をおこなう一方で、通りに設《しつら》えられた祭壇やそれ以外の方法で個人の感情を表現したもので彩られた公的空間もまた、注意をひくものであった。そうした空間は、自分が悲しみでつながった包括的な共同体の一員であると、平均的なニューヨーク市民たちが感じるような場所であった。家族は故人を偲ばせるものを供え、参列者は結束を記したメッセージを貼り、学童たちはわけ隔てなく奉仕をするための学級プロジェクトを提案した。九ヵ月後、地域の清掃が進むにつれ、こうした記念碑の大半は撤去されていったが、近くの教会の練鉄製の柵には、層をなして、徐々に風化しつつある展示品が残っていた。そこかしこに、悲しみ、感謝、希望が表現されていた。こうした記念碑が人びとにもたらす慰めは大きなものであった一方で、人びとが出来事の法外さに向き合う方法を探し求めていたのもまた明らかだった。記念碑は、創造し、飾りつけ、維持することを感情的にかきたてはするが、同時に、粗っぽく、不確かでかつ論争含みのものであり、結果的にそれらは歴史的骨董品の寄せ集めであった。

こうしたさまざまな活動において、儀礼を慣習的におこなうためのレパートリーは、人びとが公的に経験を処理する方法にとって不可欠なものであった。しかしこうした一時しのぎの儀礼は、大半の人びとが儀礼について考えるときに依拠するであろうモデルから大きく隔たっている。たしかに、儀礼の学説史においては、長いあいだ、儀礼の本質は所与のものとみなされてきた。学者たちが一様に、儀礼とはなにかと問い、新たな定義や分類を提示するようになったのは、ここ数十年のことなのである。だが、なぜこうした公的な行為が演じられるのか、宗教はどれくらい重要な動機づけになっているのか、儀礼の伝統にどのようにして刷新が起こるのか、という問いにたいし、われわれはしょっちゅう頭をひねっているのだ。

一般的概観

儀礼の定義は多様である。たいていの者が儀礼的行為の形式性や伝統主義を強調する。なかには、つかみどころのない性質を取りこもうとする者もいて、その性質とは、日々の歯磨きや、友人と会うためにパブに時間通りに行く、といった日常的な行動さえも儀礼的に見られうる、というものである。今日、強調されているのは、人びとはどのように儀礼化するのか、ということである。つまり、人びとが驚くようなやりかたでいかにしてある活動を際立たせるのか、そして、なされるものごと、時、場所にたいして、またなされる方法にたいして、なされる相手にたいして、人びとはその活動をいかに際立ったものとするのであろうか、ということが焦点となる。儀礼にたいしてこうしたアプローチをとることで、人びとが儀礼化する方法の変化をよりうまく捉えられる。その一方で、たとえ、「昔からのやりかたに完全に忠実なのだ」という主張がほかの活動から儀礼的活動を区別するときの常套手段だとしても、おそらく、大昔からのものと思われる儀式を正確に反復しているなどということはありそうもない話だ、という立場をこのアプローチはとる。儀礼がより新しかろうが古かろうが、人びとは何を儀礼化すべきか（例えば、黄昏時に催される特別な晩餐をともなった安息日や、カリフォルニア沿岸での夜明けのピクニックと火星と木星との関係づけ）、そしていかに儀礼化するべきか（例えば伝統的なモデルに依拠するか、じっくりと刷新していくか）を選ぶものなのだ。

儀礼に関して無数の定義がなされてきたのと同様に、儀礼には無数の分類が存在してきた。こうした分類は、単純なものから込みいったものにまで及んできた。フランスの社会学者エミール・デュルケムは消極的儀礼（禁忌）と積極的儀礼（聖体拝領儀礼）を分割した。もっと複雑な分類をした者もいる。現実的なアプローチをする人びとは、六つの開放型カテゴリーを提案している。いわく、「年中儀礼」「通過儀礼」「交換および共有儀礼」「加入儀礼」「饗食、断食、祭典」、そして「政治儀礼」である。だが、これら六つのカテゴリーですら、人びとが儀礼的に振る舞う方法を余すところなく述べているわけではない。

「儀礼」という言葉は、ラテン語の *ritus* や *ritualis* といった言葉から生じたものである。これらはそれぞれ、聖餐式の儀礼手順とこの手順を説明した本のことを指し示している。英語でいうところの儀式や礼拝式に近い「儀礼」という言葉は、二十世紀初頭、宗教の起源を探究する試みの一部として、人類学的な意味でもちいられはじめたのであった。儀礼があらゆる宗教に共通するものであると捉えられた一方で、儀礼に関する初期の議論の大半は、いわゆる「原始宗教」に注目していた。そのため、「儀礼」という語があらゆる宗教に共通するものをより公平に評価する機運を生むようになった一方で、原始宗教に焦点を当てるこうした研究は、より優れた宗教であると前提されたキリスト教と「原始宗教」との距離を広げる一助となった。とはいえ、初期の学者のなかには、キリスト教儀礼との類似性を見落としがたいものとする手法をもって、原始的な儀礼について記述した者もいたのである(1)。

プロテスタントによる儀礼不信は、宗教の歴史において儀礼に向けられた数多くの態度のひとつである。こうした不信感はクエーカー教徒のような集団がもっとも極端に示すものである。かれらはあらゆる組織化された活動を疎《うと》んじるのだ。今日ですら、自意識過剰気味の「近代的」態度というものは、あらゆる儀礼的体系を「未開な」宗教性のあり方と同一視することがしばしばである。プロテスタントの儀礼嫌いがこうしたかたちで文化的に続いていることは、きわめて儀礼化された実践を、カトリック的な過剰性や先立つ時代のカトリックの堕落と往々にして同一視することに繋がる。儀礼をたんなる未開の活動と見るにせよ、聖職者たちによる過剰な見せびらかしと見るにせよ、儀礼に関する一貫性のないこうした評価のせいで、世界のさまざまな場所で、さまざまな宗教にたいして儀礼に関する視点が適用されて広まることはなかった。こうして、原始宗教は、無文字社会アフリカや文字社会アジアの堕落した仏教において見いだされることとなったのである。こうした傾向にたいして敏感に反応しているにもかかわらず、いまだ微妙な偏見が残ったままであると論じる者もいる。「儀礼的である」とは、いまだに思考の欠如や教条主義という意味を内包してしまっているのである。

モデル

儀礼がはじめて研究対象になったのは十九世紀後半であった。それ以来、人類学、宗教学、歴史学、社会学、心理学を含むさまざまな学問領域で儀礼は研究されるようになった。今日では、儀礼にたいする理論的アプローチは領域横断的なものである。おもなアプローチとしては、機能主義、精神分析、現象学、構造主義、文化主義、パフォーマンス研究、実践理論などが、認知的、民族的、社会生態的方法論とともに挙げられる。さらに、諸アプローチを結合させ、単純な分類を否定する研究が増えてきている。一九八〇年代以降、特定の理論的一門へ忠誠を誓うことが重要でなくなるにつれて、そこへ所属していた学者たちは、諸学問に共通する主軸を求めてきた。

ジャック・デリダやジョルジュ・バタイユを含めたさまざまな人びとが引き合いに出されるが、このような理論家たちは儀礼にたいするわれわれの理解の大半を形成してきたのである。

ウィリアム・ロバートソン・スミス（一八四六―九四）とジェームス・ジョージ・フレーザー（一八五四―一九四一）の双方が宗教、少なくとも「原始」宗教における儀礼の中心性を論じていた。ロバートソン・スミスは、その共同体にとって神聖なトーテムへの供犠へ参加することで設けられる共同体的結びつきに端を発するものであるとして、宗教、そして文明そのものを捉えていた。彼は、先人が考えていたように忠誠を示すための贈与としてではなく、人間とかれらのトーテム（崇拝者に食される）のあいだにある愛の表現において中心化されるものとして儀礼的な生贄を理解していた。(2) フレーザーは生贄を宗教的儀礼の中心に据える点でスミスの考えを受け継いだ。彼は、生贄をともなう基本的な儀礼とは、殺されてしまった豊穣の神が復活するためのものである、と論じた。神の再生を通して、農作物の再生がもたらされるのである。(3) ケンブリッジ典礼主義者として知られる古典研究者たちの「神話と儀礼」学派は、文学を分析するためにフレーザーの「神の死と再生」パターンをもちいた。例えば、ラグラン卿はフレーザーのパターンに当てはまる普遍的な英雄神話をつきとめた。(4) そこでは儀礼は共同で体系づけられ執行される活動を意味し、それらの脚本や意味はのちにとりとめもなく心に浮かび、文学を創造しうるようなものであった。当時の神話的儀礼主義者は、専門的には大部分が古典研究者や人類学者であったものの、かれらと同時代の儀礼について省みることはほとんどなかった。

こうした初期の学者たちは、たんに宗教的活動としてのみならず、「社会的」活動としても儀礼を考えていた。後続の学者たちは、もはや宗教的儀礼の社会的「起源」に関心をもたず、かわりに宗教儀礼の社会的「機能」に焦点を当ててきた。ここでもっとも重要な人物はエミール・デュルケム（一八五八―一九一七）である。彼にとって、儀礼とは聖なるもの、または「引き離され禁じられたもの」の面前における人間の活動を統御するための行動規範であった。(5) デュルケムが提起したのは、神聖な象徴に敬意を払うために催される定期的な集まりにおいて、「集合的沸騰」、すなわち自己と神の合一をもたらすような感情的状態を人びとは経験することができる、ということであった。実際に、かれらの神は「社会的な集合表象」であり、それは儀礼を通して内面化されるものであった。(6) デュルケムにとって、社会が道徳的共同体、個人の自己感覚の中心にだけでなく、現実に関する基本的な構成要素といったものに同時になるのは、神聖なるものへ向けられた儀礼的活動を通してである。

社会学における誉れ高き創始者であるのと同様、デュルケムは社会的な現象にたいする機能主義的アプローチの始祖でもあった。儀礼は、いかにそれが社会を維持するために機能するかという点から説明される。単純な機能主義を乗り越えたデュルケム主義者であったイギリスの人類学者メアリー・ダグラス（一九二一―二〇〇七）は、儀礼一般にたいするプロテスタントの明らかな蔑視こそがいわゆる魔術的（原始的）儀礼に関するヨーロッパにおける一般的な分析を形成してきたことを示すことで、宗教の原初形態の特殊性という考えを退けるのに貢献した。魔術的儀礼と純潔禁忌に関する著作において、こうした象徴的活動は特定の社会的編成の形式を反映したものであるとダグラスは論じている。儀礼は、社会的行動を抑制する効果をもたらすコミュニケーションの一形式として作用するのだ。

アンリ・ユベール（一八七二―一九二七）とデュルケムの甥であるマルセル・モース（一八七三―一九五〇）というデュルケムの二人の弟子は、儀礼を扱う社会学に新たな刺激をもたらした「供犠」という短い論文を書いた。ユベールとモースにとって重要なのは、デュルケムが論じたような儀礼的経験における熱狂ではなく、儀礼それ自体において構造化された手順であった。供犠は供物を捧げ、人間と神の領域間の交感の媒介としてそれを機能させる。

この交感ののち、人間と神、俗なるものと神聖なるもののあいだに必要な区別を再度打ちたてるために、あらゆるものがその神聖さを剝奪されねばならない。ユベールとモースにとって、供犠は特別な儀礼形式であった。というのも、供犠のみが神格化と、神聖なものとの合一に関するあらゆる重要な感覚をともなっているからである。儀礼は、人間から切り離された神聖な領域を創造し維持するのに不可欠であり、それは宗教のまさに根幹なのである、ということをかれらは示したのである。

生贄が伝統的に意味してきたのは、動物を殺し、神や神に類する存在に捧げる、というものであった。それがとくに描かれているのは聖書である。レビ記における生贄の分類、アブラハムとの契約を確定する生贄、キリストの死に関する表象さえもがそうである。ユベールとモースのずっと前、古典学者たちがギリシアの動物供犠の研究を始めるよりも前、供犠は儀礼の突出した形式として理解されていた。例えば、ロバートソン・スミスにとって、儀礼は宗教の核心であり、供犠は儀礼の核心である。儀礼は「欲望と秩序、個人的なものと普遍的なものが結合する独特の過程、時間、空間」を表すものである。[7] こうした観点において、生贄は人間と神の関係を媒介するものなのだ。生贄の重要性は、もっとも徹底的にフリッツ・スタール（一九八三）が分析したのだが、学者たちが古代インドにおける供犠に関するヴェーダ的（ブラフマー的）体系を精査しはじめたとき以来、確たるものとして裏づけられたようだ。聖書、古典、そしてテキストを比較することでもたらされた証拠をもって、供犠は儀礼の初期的研究を牛耳っていた。

文学理論家として訓練を受けてきたルネ・ジラール（一九二三年生まれ）は、原始的な供犠に焦点を当てるさい、フレーザーとフロイトのアプローチを結びつけた。しかし、彼は頻繁に自身とかれらの差異を強調する。宗教は「模倣の欲望」、もしくはほかの誰かが持っているものにたいする欲望のもつ暴力的な社会的影響力に対抗するために現れたのだと彼は論じる。実際、集合的な暴力を扱う原始的儀礼は、明示された身代わりの殺害に皆を巻きこむことで社会的団結を達成してきた。儀礼的駆除や身代わりの殺害を扱うジラールの「創始的」理論は、人間性の萌芽期において想定上の父親殺しに彼のエディプス理論を埋めこもうとするフロイトの試みを思いださせるし、共同体のために人間を実際に殺す、というフレーザーの主張にも依存している。しかし、かれら以上に、ジラールは暴力を儀礼の主題に据え、儀礼は和解をもたらすものだと考えるのである。

人間の歴史の根源として供犠や暴力を強調するこうした姿勢は、ドイツの古典学者ヴァルター・ビュルケルト（一九三一年生まれ）の理論にも見いだせる。彼は、社会の起源は前農耕段階である狩猟にあり、それがあらゆる儀礼において想起され、永続化されると論じる。ビュルケルトにとって、供犠は儀礼のたんなる一カテゴリーではない。むしろ、あらゆる儀礼は供犠を偽装したものであり、攻撃行為なのである。ビュルケルトは動物行動学者コンラッド・ローレンツの著作を援用する。ローレンツは求愛行動や集団での狩猟に見いだせる儀礼的なパターンをもつ動物の行動に人間の攻撃性の根幹があることを示そうとした人物である。より最近になって、社会生態学や生態学的人類学として知られるアプローチをもちいることで、ビュルケルトは人間の進化における「聖なるものの創造」を描きだし、儀礼とは前言語的なコミュニケーション様式であり、フロイトが提示したように、強迫的な反復に特徴づけられた一定の行動パターンをとるものである、と主張した(8)。

宗教現象学は、独創的なやりかたでフレーザーやフロイト、カール・グスタフ・ユングらを活用してきた。ミルチャ・エリアーデ（一九〇七—八六）やジョナサン・Z・スミス（一九三八年生まれ）のような現象学者は儀礼の経験に関して独自の視点を提供してきた。エリアーデが論じるには、儀礼において、神が原始的混沌にたいし秩序（コスモス）をもたらした顚末を描いた神話における神の行為を人びとは象徴的に演じているのだ。神話はこうした神の行為を描き、儀礼はそれを再演する。儀礼において創造が反復されるいついかなるときも、「儀礼が幾度も創造を生みだす」[9]がゆえに混沌とした力にたいする華々しい勝利が存在する。

儀礼の上位性を論じた人びとと袂を分かったさい、原始的で旧式の儀礼の関心事は豊穣さのみである、とするフレーザーの見かたからもエリアーデは決別した。彼は治療力をもつ媒介物の調合に代表される儀礼的活動の多様なレベルにたいして「モデル」となる天地創造神話の重要性を論じた。新年の儀礼に関して幅を利かせたエリアーデの分析は、過去と現在の区別にとくに注目したものである。それは、秩序に追随して儀礼的につくられた混沌の経験（すなわち混沌と秩序）によって秩序が乗り越えられるさまを描いたものである。彼はまた、天地創造神話がもたらす刷新という見かたを利用して儀礼が反復されることにたいして重要性を新たに付与した。それは神経症的強迫に関するフロイト理論の荒っぽい心理学的判断にたいする歓迎すべき代替案であった。

近年の定式化

歴史的データと民族誌的データ双方に依拠した一連の研究において、比較事業をおこなう文脈にたいして斬新にも関心をもったジョナサン・Z・スミスがエリアーデの思考を練り直してきたが、儀礼はその現実の文脈や歴史的詳細以上のものと結びついている。儀礼は物事が実際にいかにあるのかではなく、物事がいかにあるべきかを劇的に表現したものである。混沌が秩序を圧倒することのないように、儀礼は物事の正しい秩序を定期的に再確認する。なにが価値のあるものなのかを理解するための機会、一種の「焦点が定まったレンズ」として儀礼は作用するのである。[10]エリアーデ同様、儀礼が社会においていかに機能するか、ということにスミスの関心はない。かわりに、人びとが儀礼を演じるさいに何をおこなっているのか宗教的な想像力がいかに理解するのかに彼は関心をもっている。とくに、儀礼とは人びとの断片化された経験や崩壊してしまった秩序に一貫性を取り戻すための体系である、とスミスは論じている。

民族学者アーノルド・ファン・ヘネップ（一八七三―一九五七）は供犠に焦点を当てなかった儀礼理論家の最初の一人であった。彼の古典的著作『通過儀礼』において、彼は人生の危機を扱う儀礼、もしくは入門や結婚などの社会的地位の変化をともなう儀礼に的を絞った。彼が論じるには、通過儀礼は三部構造によって地位の変化を統合する。まず、分離である。ここで人はもっとも近い関係にある社会集団（少女たちの集団のような）から切り離される。二つ目に移行が挙げられる。そこで人は一時的な状態、どっちつかず、「境界」状態におかれる。例えば、村の隅にある小屋に閉じこめられる少女たちの集団のような状態である。三つ目は、再統合である。そこで人は別の集団内での新たな地位が与えられる。例えば、結婚できる年長の女性たちのなかにおけるそれのようなものである。こうした三部構造は、門や玄関を通り抜けるのと同様に単純なものでありうるし、たくさんの小さな儀礼や長期の移行期間をともなうもののように込みいったものでもありうるとファン・ヘネップは理解した。ファン・ヘネップのモデルをもちいて、ブルース・リンカーン（一九九一）は女性の成人儀礼の例を提示し、ロナルド・グリマス（二〇〇〇）は今日のアメリカにおける人生の危機を扱う儀礼に関して論じている。

イギリスの人類学者ヴィクター・ターナー（一九二〇―八三）はファン・ヘネップの三部構造理論を修正し、演劇的な構造をもった社会的な過程として儀礼を理解する視点を発展させた。「儀礼の過程」は（階層的結社や親族関係のような）社会がもつ構造的な要素を、（さまざまな男女の平等主義的な集団形成、矛盾した象徴、度を越した冗談のような）社会における反構造的要素との弁証法的な相互作用にもちこむのである。[11]ファン・ヘネップの分離、移行、再統合という諸段階は、ターナーにおいては、構造、反構造的境界性、改訂された構造という諸段階となる。彼がコムニタスと呼ぶ経験によって徴《しるし》づけられる境界的移行的段階は、構造における変化を明確化すると同時に助長しもする。言い換えれば、儀礼は社会的秩序を肯定すると同時に変化させもするのである。コムニタスの境界的位相がもつ象徴や活動に見いだされる混沌たる社会秩序の転覆は、隣の部屋への通路をつくることで扉がその部屋の境界を維持するのと同じように、それが転覆する構造を維持するのである。

コムニタスに関するターナーの分析は、たくさんの読者を獲得した。旧年から新年を切り離す無秩序状態に関するエリアーデの記述とそう違わず、社会的構造を転覆させる象徴という観点からターナーはコムニタスを叙述した。例えば、戴冠式の流れにおいて王は故意に卑しめられる。そうしてターナーは儀礼の上演的側面や、儀礼と演劇とのつながりを探査することとなった。(12)

同じころ、アメリカの人類学者クリフォード・ギアツ（一九三五―二〇〇六）は「文化の体系」としての宗教の叙述を定式化した。象徴と象徴的活動は、存在に関する一般的な秩序において一貫している観念を定式化することで、人びとの姿勢に影響を与えるものである。「儀礼において、ひとまとまりの象徴的形式の媒介のもとに融合することで、生きられた世界と想像された世界は、最終的に同じ世界となる」(13)。儀礼は人びとが社会的価値をいっぺんに肯定し体現する方法なのである。価値がこのように一貫性をもつことで、儀礼をはみでた経験はより扱いやすく有意味なものとなる。ターナー同様、ギアツも確固たる宗教的伝統（例えば、スラメタンとして知られるバリでの饗食）のみならず、儀礼のような性質をもつ世俗的な活動（例えば闘鶏）も儀礼として捉えようとした。ターナーが儀礼的出来事のさなかにおいて何が起こっているのか分析するのに影響力をもった一方で、ギアツは柔軟に定義された宗教の内側における儀礼の役割を明確にしたことで影響力をもった。儀礼において体現される意味の体系は、より大きな社会的心理的過程と関係しうるという点に関して合意を形成するのにターナーとギアツの二人は貢献したのである。儀礼は当初考えられていたような、まったく別個で孤立した出来事としてはもはや捉えることはできなくなったのである。

通称言語論的アプローチにおいては、（口頭の言語的活動に限られない）儀礼のもつ象徴的活動がいかにして明確な目的を伝達するのみならず特定の目的を成し遂げるのか、に焦点が当てられている。例えば、結婚式は男女の社会的地位の変化を伝えるだけでなく、実際にこうした変化を生みだす。言語的な「行為遂行的なもの」へのように焦点を当てることで、儀礼が意味するのはたんに信仰を動機として行動する以上のものである、ということが明確になる。近年の研究のなかには、信仰と儀礼の関係に関心をもち、共同体のもつ「聖なるものの公準」は、儀礼の行為遂行的・演劇的（performative）側面において現れる、と論じているものもある。ここで主張されているのは、儀礼において演じられる口頭および身体的な身振りが、現実に関する「陳述」を生みだし、それは情報とその判断（とくにそのように定められた現実にたいする黙認）双方を伝達するような性質をともなうというものである。(14)

実践理論とパフォーマンス理論は、儀礼においてなされる所作や言葉、時空間の具体的描写が、実際に儀礼がもたらすと考えられているもの、つまり儀礼が人びとの姿勢を形成するということを明らかにしようとする。人類学者シェリー・オートナー(15)はヒマラヤのシェルパの象徴や儀礼を分析してきた。演劇学者リチャード・シェークナーが徹底的に探究してきたのは儀礼化されたパフォーマンスや演じられた儀礼における身体言語であり、その対象は通文化的な表情の分析から北インドにおける精巧なラームリーラー劇にまで及ぶ。(16)自身の仕事でいえば、私は儀礼を理論もしくは現実から遊離したものとしてではなく、社会活動一般の文脈のなかで捉えてきた。(17)私が確定しようとしているのは、ほかの行為と比較したさいに、儀礼的なこういった行為法は何が際立っているのか、ということである。

こうした新しい観点から生まれてきた考えもいくつかある。あらゆる活動は戦略的で状況的である。つまり、その行動において人は、行為者に都合がいいやりかたでその文脈を解釈するというものである。儀礼化された活動は、イメージや関係性をより強化させるためにその状況を解釈する。そこでは浮世離れした力をもった権威者と同様、こうした力にたいして語りかけていると考えられている権威者への公然たる服従がみられる。活動を儀礼化するという戦略において中心をしめるのは、巧妙な身体的所作である。身体が動いて時空間を区切るさい、跪《ひざまず》いたり徘徊したり行進したりといった単純な動作によって、もっとも複雑な儀礼的環境でさえも身体は定義づけするのである。身振りや音声といった身体的所作は、類似するものの冗長な並びのなかに、環境を構造化する一続きの対立的図式を生みだす。つまり、上／下、内／外、右手／左手、神／人、年長／年少、男／女、純／不純などの対立的図式である。こうした対立を動員しもちいることで、身体はまず儀礼的空間を画定し、それからより劇的にその空間に対応するのである。環境を形成し的確なものとすることで、その場にいる者は空間を画定してきた図式の客観的なリアリティを経験することとなる。参加者は自身や儀礼の執行人がこうした環境をいかに生みだしてきたかを理解しているというよりは、こうした環境が自分たちにもたらす影響力を感じている、といえるだろう。

社会的実践のかたちをとって、儀礼は儀礼化された身体（儀礼への熟達）を生みだすことを究極の目的としている。その身体は、儀礼的な図式（神がより高く、卑しいものはより低く。内面にあるものは魂であり、物質的身体は外面にある）を完全に吸収し、儀礼の外で生じる状況に人が適合できるようにするものなのである。今も中国で実践されている毎日線香を先祖へ手向ける風習において、念入りに編まれた側面をもつ儀礼は、他の日常的家事労働とは区別される。わずかな所作をもって、身体は家の中心において、あるべき秩序を画定することができるのである。

祖母が線香に火を灯してさまざまな鉢に分配するとき、（実際のところ）彼女は自分が二元的分類をもつ複雑な文化の体系（生きている子孫／死んだ先祖、慈悲深い神／不吉な亡霊、家族の神々／共同体の神々、高い地位／低い地位、優れた／劣った、女性の日々の気遣い／男性の形式的な作法）を再構築していることを理解しているわけではない。しかし、パフォーマンス分析が示すのは、活動として彼女のさまざまな行動がもたらす効果とは、体系自体を生みだしていることを自分がまったく関知していない一方で、そうしたリアリティを彼女が創造し修正する方法に見いだせるものである、ということである。[18] 実践論的アプローチが答えようとしているのは、特定の状況においてなされると効果的であると儀礼が考えられている理由である。儀礼のパフォーマンス的側面（台本、演劇、役割）を強調することで、こうした性質が社会と個人の双方にいかにして影響力をもちうるのかということを実践論的アプローチは見定めようとしているのだ。

宗教や社会を理解するために儀礼に焦点を当てることでもたらされる可能性は一九七〇年代後半、ロナルド・グリマスが儀礼研究を命名し、「雑誌儀礼研究（Journal of Ritual Studies）」[19] を設立するとともに、新たな領野を認知するよう要求したさいに活発に論じられた。長きにわたって供犠に焦点を当ててきた宗教研究は、ついに、より広く捉えられた儀礼概念に注目するようになった。宗教に関係があると考えられる題材の幅を広めた新たな学際的な気風はさておき、人類学や文学研究のような分野において文化へ焦点が当たりはじめたことは、宗教の社会的次元を扱った研究が以前の世代の学者たちが恐れていたほどには、かならずしも還元主義的になることはない、ということを示している。

今日では、単一の儀礼理論がありうる、という考えを学者たちが放棄するところに来ているかもしれない。というのも、儀礼は単一のものではないからだ。難なく儀礼的と捉えられるような行動にいくつもの特徴が浮かびあがる一方で（例えば形式性、反復、語彙の限定）、参加者がこうした行動をどう解釈するかは大きく異なるものなのである。

儀礼を取り巻く現在の状況

現在、ヨーロッパやアメリカの共同体における儀礼のありかたが活発な議論の主題となっている。多くの共同体にとって、ここ数十年、儀礼にかかわる生活には大きな変化が生じてきた。カトリックでは、第二回バチカン会議（一九六三年）が、典礼を簡略化しラテン語を土地土地の言葉に置き換えることで十六世紀以来おこなわれてきたローマ典礼に修正を施した。イギリスや世界中に存在する英国教会は、もともと一六六二年に採用された祈禱書を大きく改定した。律法を中心とした生活内の数多くの儀礼を注意深く順守することを強調していた正統派ユダヤ教の共同体は、改宗者が増加し、出生率も増加した。改革派ユダヤ教共同体は、構成員が少しずつ減少していく状況の対策として、不要とされてきた儀礼のいくつかを復活させようとした。実際、あらゆる主要な宗教的共同体がここ数十年で構成員を失っている。それとは対照的に、大規模で活発な礼拝、つまり儀礼を特徴とする福音派は、構成員を増加させている。アフリカやアジアのキリスト教共同体が典礼の改革に関する議論に参加し、聖書や祈禱が土着の言語に翻訳されてキリスト教が劇的に広まりはじめるにつれて、その文化特有の象徴や音楽を使うことへの問いかけはますます逼迫したものとなった。都市の中心部ならどこでも文化はますます多様になっており、人びとはこれまで以上に多彩な儀礼的風習に接している。教会における儀礼生活の劇的な変化や独特な儀礼共同体の増加により、神学者と独学で典礼を習得しようとする者の双方が、儀礼的風習を実施し理解するために儀礼理論を参照した。トーマス・ドライバー[20]は共同体儀礼の特質の変遷を追ってきた。ロナルド・グリマス[21]は、より強い起業家精神において、人びとが新たな儀礼的な必要に合わせるために古い様式を適合させる方法を提示している。

儀礼における構造と反構造の弁証法が社会変容に影響を及ぼしうるとターナーが提示してからというもの、従来静的なものと考えられてきた儀礼的な伝統がいかに新たな原理を採用し、古いそれを放棄したのかに大きな興味が集まった。いまや多くの研究が、（例えば都市化や莫大な収入をもたらす観光が引きおこした突然の発展にともなう急速な経済社会的変化のような）圧力が唐突に働く状況で儀礼が被る変質を扱っている。エリック・ホブズボウムとテレンス・レンジャーが一九八三年に編集した『創られた伝統』が示しているのは、太古の霊性を醸しだす儀礼はじつのところかなり近年になっての創造物である、ということであった。儀礼的伝統によっては折り合いをつけられない社会変化にまつわる研究はあまり一般的ではない。

伝統と変化の問題はさておき、儀礼研究で近年鍵となるトピックのひとつは身体の役割である。身体に焦点を当てる意図は、儀礼を過剰に知的に処理する傾向への対抗である。場合によっては、身体への関心は、儀礼が性向、精神的な志向の変化に、ときには癒しをもたらすまでにいかに影響を及ぼしうるのか分析する、というかたちをとるものもある。そこでは、儀礼が産出した個人というエージェンシーによって、人は生活におけるさまざまな側面にたいしてもっと効果的に対処できるようになるということが示されてきている。家族療法の専門家が儀礼をもちいるさいの明示的な原理となっているこうした感覚は、集団的な儀礼が暴力や疎外に対抗して共同体全体をいかに補強するかを示す研究においても表明されている[22]。同様に、女性の儀礼に関する研究が頻繁に論じるのは個人そして公的なアイデンティティに家庭的な儀礼化がもたらす創造的な影響力である[23]。

新しい歴史的モデルと宗教的暴力の由々しき事例の双方から拍車をかけられて、集団心理やイデオロギー的訓練、崇められた象徴にたいする冗談行為における儀礼の貢献を考察しようとしてきた研究もあった。つねにつきまとうではないにせよこうした研究が示しているのは、集団参加への追従や合理的なものを超越する力への服従において見いだされる儀礼の暗い次元である。政治儀礼に関する研究は、儀礼的象徴にかたどられた聖性が現世に到達するさまを明示している(24)。

近年の研究が注目してきたのは、儀礼的行動が占める支配的な位置どりの変遷である。それが示しているのは、宗教や社会におこった変化というものは、新たに手を加えられた儀礼的事柄のみならず、人生の構成要素が儀礼化される大きな変化なのである。例えば、ニューエイジと呼ばれる個人化された現代的スピリチュアリティのかたちにおいて、儀礼的活動は公的な領域からより個人的な領域へと移行してきた。同時に、消費者行動や体系化されたスポーツの儀礼的側面を扱う研究は、儀礼活動の移行のなかには、生活のさまざまな側面を統合する新しいかたちの共同体の創造と結びついているものもあるかもしれないと示唆している(25)。

毎年、夥しい量が出版されている儀礼に関する一般書のほとんどが、儀礼、とくに通過儀礼を自分で編みだすことを奨励している。思春期、結婚、離婚、出産、更年期といった人生における重要な出来事のために、個人や家族、小集団が自分たちで儀式を催すための手引きとなるような本がある。手引書が読者に奨励するのは、例えばシャーマンの治癒儀礼やアメリカ平原インディアンたちのヴィジョン探求儀礼を取りいれて生活にもっと儀礼をもちこむことである。それにまつわる民族誌は決定的にロマン化される。人生の主要な出来事のためには、アメリカ人と英国人は同様に主流の教会に戻っていく傾向にある。

ワールドトレードセンターが倒壊したあとに見られた嘆きの共有という公的な行為は、より早くおこなわれていた都市部での装飾と共鳴する。ここ三十年、アメリカと英国では規則の変容を示す数多くの事例が目撃されてきた。

その主なものは都市部において故人を追悼する場を花やメッセージ、個人的なもので装飾する、というやりかたが確立されたことであった。こうした大規模で公的な装飾の端緒を一九八〇年のジョン・レノンの死にさかのぼる者もいれば、一九六三年のジョン・F・ケネディの死にまでさかのぼる者もいる。通りで殺された若者の魂を静めるためにラテン系やヒスパニックの人びとがおこなう風習にその根を見いだす者もいる。また、大きな交通事故のあった道路の脇に礼拝堂を立てるメキシコの農民の風習の影響を示唆する者もいる(26)。

それほど昔のことではないが、絵馬を買って記入するという日本の風習をめぐる学問的議論があった。この風習は宗教的なものなのか世俗的なものなのか(27)。この論争が再度示したのは、儀礼を同定もしくは位置づけるさいの難しさである。儀礼的な行動は神や先祖、人間の死後に関する宗教的表現と関係づけられる必要があるのか。また、型にはまった象徴的な身振りの連続が儀礼なのか。おそらく、慎重な回答が文化という言葉の使い方に随行することになるだろう。ギリシア正教の荘厳な復活祭儀礼に注目するのか、旧正月に催される中国の龍の舞いに注目するのかとは無関係に、人間を超えた宗教的な力が示す秩序との結びつきが存在するのだ。しかし、日々の掃除、プロレス、オペラにおける儀礼を示すためにこの限定された定義の境界を広げてきた著者たちは、デュルケムが聖と呼ぶものと俗と呼ぶものを英語圏の世界がいかに区別してきたのか、を私たちに理解させるのに貢献してきたのである。

ベニヤ板と色のついた紙でできた小さな祭壇を作るということは、深い悲しみ、愛、そして希望を具体化するものである。この祭壇に向き合って、祭壇を作りだした感情を外的に補強することで人は慰めを得る。その祭壇に人は愛、希望、そして深い悲しみを見いだす。こうした感情が他者によって認められ、そして共有されれば、そうした感情は個人のアイデンティティを安定させ、共同性を補強しうる。儀礼は、身体による物理的な行為へと翻訳された想像力と記憶が出会うところであると描かれてきた。人びとが演じるのは、熱狂または倦怠をともなうこうした身体的な行為なのかもしれない。しかしどのみち、儀礼がその姿を現すのは、われわれの想像力や記憶と同様、軽妙で無尽蔵に動き回るちょっとした社会心理の錬金術としてなのである。

（山本達也訳）

註

（1）以下を参照のこと。T. O. W, Beidelman, *Robertson Smith and the Sociological Study of Religion.*（Chicago: University Press of Chicago, 1974）.

（2）William Robertson Smith, *Lectures on the Religion of the Semitics: The Fundamental Institutions*［1889］, 3rd edition.（New York: KTAV, 1969）.

（3）James George Frazer, *The Golden Bough: A Study in Magic and Religion.* Abridged edition.（London: Macmillan, 1922）.（吉川信訳『初版　金枝篇』ちくま学芸文庫、二〇〇三年）。

（4）Robert A Segal ed., *The Myth and Ritual Theory.*（Oxford: Blackwell, 1998）.

（5）Emile Durkheim, *The Elementary Forms of the Religious Life*, trans. by J. Ward Swain.（New York: Free Press, 1965）, pp. 52–53.（古野清人訳『宗教の原初形態』岩波文庫、一九七五年）。

（6）ibid., pp. 258.

（7）Oliver, Herrenschmidt, "Sacrifice: Symbol or Effective," in *Between Belief and Transgression: Structuralist Essay in Religion, History and Myth*, M. Izard and P. Smith ed., trans. by J. Levitt.（Chicago: University of Chicago Press, 1982）, pp. 25.

（8）Walter Burkert, *Homo Necans: The Anthropology of Ancient Greeks Sacrificial Ritual and Myth*, trans. by P. Bing.（Berkeley: University of California Press, 1996）, pp. 19–20.

（9） Mircea Eliade, *Patterns in Comparative Religion*, trans. by R. Sheed.（New York: Meridian Books, 1963）, pp. 346.（堀一郎訳『比較宗教類型論』未来社、一九六八年）。

（10） Jonathan Z, Smith *Imagining Religion: From Babylon to Jonestown*.（Chicago: University of Chicago Press, 1982）, pp. 65.

（11） Victor Turner, *The Ritual Process: Structure and Antistructure*.（Ithaca, NY: Cornell University Press, 1969）.（冨倉光雄訳『儀礼の過程』新思索社、一九九六年）。

（12） Victor Turner, *From Ritual to Theatres: The Human Seriousness of Play*.（New York: Performing Arts Journal Publications, 1982）.

（13） Clifford Geertz, *The Interpretation of Cultures*.（New York: Basic Books, 1973）, pp. 125.（吉田禎吾ほか訳『文化の解釈学』岩波現代新書、一九八七年）。

（14） Roy Rappaport, *A Ritual and Religion in the Making of Humanity*.（Cambridge: Cambridge University Press, 1999）. およびCaroline Humphrey and James Laidlaw, *The Archetypal Actions of Ritual*.（Oxford: Oxford University Press, 1994）.

（15） Sherry B. Ortner, *Sherpas Through Their Rituals*.（Cambridge: Cambridge University Press, 1978）.

（16） Richard Schechner and Willa Apell ed., *By Means of Performance: Intercultural Studies of Theater and Ritual*.（Cambridge: Cambridge University Press, 1989）. およびFelicia Huges-Freeland and Mary M. Crain ed., *Recasting Ritual: Performance, Media, Identity*.（London: Routledge, 1998）.

（17） Catherine Bell, *Ritual Theory, Ritual Practice*.（New York: Oxford University Press, 1992）. および*Ritual: Perspectives and Dimentions*.（New York: Oxford University Press, 1997）.

（18） Catherine Bell, "Performance," in *Critical Terms for Religious Studies*, ed. by M. C. Taylor.（Chicago: University of Chicago Press, 1998）, pp. 216. キャサリン・ベル「パフォーマンス」（マーク・テイラー編、奥山倫明監訳『宗教学必須用語22』刀水書房、二〇〇八年）。

（19） Ronald Grimes, *Beginnings in Ritual Studies*, revised edition.（Columbia: University of South Carolina Press, 1995）.

(20) Thomas F. Driver, *Liberating Rites: Understanding the Transformative Power of Ritual*. (Boulder, CO: Westview Press, 1997).

(21) Ronald Grimes, *Deeply into the Bone: Re-Inventing Rites of Passage*. (Berkeley: University of California Press, 2000).

(22) Evan Imber-Black, Janine Roberts, and Richard A. Wittig ed., *Ritual in Families and Family Therapy*. (New York: Norton, 1988). および Linda Elaine Thomas, *Under the Canopy: Ritual Process and Spiritual Resilence in South Africa*. (Columbia: University of South Carolina Press, 1999).

(23) Lesley A Northrup, *Ritualizing Women: Patterns of Spirituality*. (Cleveland: Pilgrim Books, 1997).

(24) David I Kertzer, *Ritual, Power and Politics*. (New Haven, CT: Yale University Press, 1998).

(25) John J. MacAloon, "Olympic Games and the Theory of Spectacle in Modern Societies," in *Rite, Drama, Festival, Spectacle: Rehearsals Towards a Theory of Cultural Performance*, ed. by J. MacAloon, (Philadelphia: Institute for the Study of Human Issues, 1984), pp. 241–280.

(26) Steve Zeitlin, and Illana Harlow, *Giving a Voice to Sorrow: Personal Responces to Death and Mourning*. (New York: Penguin Putnam, 2001), pp. 192–195.

(27) Richard W. Anderson, and Ian Reader ed., "What Constitutes Religious Activity? I and II," *Japanese Journal of Religious Studies* 18 (1991): 369–76.

宗教体験と日常性

ホミ・バーバ

筆者紹介

一九四九年インド生まれ。オックスフォード大学 Ph.D. ハーバード大学教授（英米文学）。エドワード・サイード、ガヤトリ・チャクラヴォルティ・スピヴァクと並ぶポストコロニアル批評を代表する英語文学者。日常的な生の形式としてのナラティヴの行為を通して、均質化されたアイデンティティを異種混淆的なものへ読み替えようとする。邦訳された著書に、『文化の場所』（原著一九九四年、法政大学出版局）、『ナラティヴの権利』（みすず書房、二〇〇九年）。共編著として、『エドワード・サイード対話は続く』（みすず書房、二〇〇九年）。

一見したところ、陶酔 rapture ほど、他者との交渉を必要としないものは存在しないように思われる。だれにも気づかれず密やかな一回性の出来事として起こる陶酔の瞬間は、聖なるものや恋愛にたいする長きにわたる献身的な労苦を、突如として自己媒介を放棄した状態へと転じさせる。陶酔は超越性を帯びたものでもあるが、同時にけっして意識化されることのない閾下《いきか》で蠢《うごめ》くものでもある。意識の閾下で、あるいは皮膚の一枚下で陶酔感が沸きたつとき、肉体はみずからの重みの桎梏《しっくい》から解き放たれ、精神もまたまばゆい光の渦に巻き込まれ視界を失うことになる。このような恍惚状態のもとでは、自分自身との関係性もまた、それが神や恋人など他者との関わりのなかで現れるものである以上、旧来の自己理解から逸脱してゆくことになる。ジャック・ラカンは、聖テレジアやほかの聖者たちにふれるなかで、「神秘主義者の本質的な証言とは、まさに、彼らは［享楽］を感じているのだが、それについては何も知らない、ということである(1)」と記している。

　このように自分の陶酔を確証づけるものが、体験と認識のあいだに生ずる隙間にもとめられるものだとすれば、どのようにして人はその体験を説明づけることができるのだろうか。この陶酔に向かって語りかけているのは誰なのだろう。そもそも証言したり表象できるようなものなのだろうか。陶酔が、時間の流れや人間の認識のなかに隙間を生じさせるものだとすれば、恍惚となる「主体」が存在するとみなすことさえ疑わしくなるのではなかろうか。

　一見したところ、他者と交渉するという行為ほど、陶酔とは無縁なものは存在しないように思われる。交渉なるものは、交易や交通、表現や交換、あるいは異議申し立てという関係のかたちをとって現れ、日々の生活世界のなかで対等に交渉できる相手をさがし求める行為である。関係を結ぶ、あるいは「取引を済ませる」という点に関していえば、開示の言説であること、それが交渉という行為においてもっとも重要な事柄である。陶酔感が「まったく異なる他者との非対称的な関係をめぐるもの」であるとするならば、それと対照的に、交渉というものは「交渉する両者に共通する前提を通した係わり合い」を志向するものということができよう(2)。陶酔が崇高なるものに捕縛されることであり、日常生活のなかに生じた空白であるとするならば、交渉 negotiation（nego+otium［非＋安心・静寂］）とは日々の仕事から生じる喧騒やざわめきのなかから立ち現れるものなのである。そして、交渉という行為の過程で希求されるものとは、具体的な文脈へと分節化される以前の共通基盤である。それは会話と行動という生活の網の目であり、まさに人間を人間たらしめる特質のことなのである。しかも、意外に思えるかもしれないが、交渉行為のもつ開示の力は、そのような関係を可能にする共通基盤が何であるかを啓示するだけではなく、交換行為の最終局面において居心地の悪さを引きおこすものでもある。交渉が、そこに関与する者の言表行為にふかく結びつくがゆえに、そこで示される行動と発話行為は交渉をおこなうエージェントとそれをとりまく状況をみずから開き示すものとなるのである。ハンナ・アレントの有名な言葉に次のようなものがある。「会話も行動もおこなわない生活――聖書の言葉どおりにいえば、外面と見栄を真摯に放棄する唯一の生き方ではあるが――、それはまさにその人間が社会的に死者になってしまったことを意味する。人びとのあいだで生きていない以上、人間らしい生活をやめてしまったことになるからである(3)」。

言語・行動・意味化作用・表象などは、社会的交換の体系と適切に結びつけられることで、交渉は近代的生活の中心に、あるいは諸々の商品が製造されはじめるときに、コミュニケーションの開始点に位置づけられる。人間という主体をエージェントとして開示することに関していえば、交渉とは諸々の差異を時空のなかに分節化する能力のことであり、言葉やイメージをあらたな象徴体系のなかに組み込むことであり、記号の群れのなかへと介入してゆくことであり、共約不能なようにみえる価値や相容れないようにみえる現実を仲介することである。記述不能なほどに圧倒された経験として突如姿をあらわすものが陶酔なのだとしたら、交渉とは「ナラティヴの必要性」を一貫して主張するものである。「語りという行為のもとでこそ、人間は互いにとってまさに「人間」としてのかたちをとるのであり、この能力なしには人間は人間たりえることができないのだ(4)」。

一見したところ、陶酔感と交渉が形成する世界はまったく異なったものであるかのように思われる。陶酔の世界とは「言葉を発することが不可能な、言葉の内側にすむ言葉であり(5)」、自己ならざるものの崇高さにたいして自分を明け渡すことである。一方、交渉の支配する領域とは、物語において自己を開示する領域であり、それはまさに人間としての、すなわち共同体的あるいは日常的な生活としての領域である。では、陶酔感のもつ「アウラ」から、交渉のもつ「アゴラ」、すなわち商品を売り買いする市場的な性質へと移行することはできるのであろうか。他者に向かって開かれた陶酔、あるいはそれとの交渉がわたしたちに考察をうながす問題は、込み入ったものである。その名前のもった思慮深い野望あるいは目的をもった曖昧さとは、芸術こそがアウラとアゴラを橋渡しするものであろうことを示唆することになる。ことに、交渉と陶酔は溝を穿《うが》たれた異なる世界などではなく、両者は言説の領域における限界や他者性として直面するものであると、わたしたちが主張するのであるならば。ではいかにして、陶酔をして、この沈黙した崇高な言葉をして語らしめ、その担い手を開示させることができるのであろうか。それは、結局のところ、交渉の担うべき役目のはずであろう。おなじように、交渉のもつ「ざわめき」のやりとりのなかで、自己や主体のもつ根源的な不確かさ、その非個性的な要因をどのように白日のもとに曝すことができるのであろうか。それとも、人間の不協和音がやむとき、より深い神秘が「人間」の開示行為のなかで口を広げることになるのであろうか。

このように「交渉」と「陶酔」を互いの立場から意味づけ直し、両者を互いの鬼子として位置づけることは、アウラとアゴラを分節化する過程において、すなわち芸術を語るさいにそのアドレスがだれに向けられているものなのかという問題を喚起することになる。それは、観客や読者、証人たちがいる現実の場所へと、崇高なるものを繋ぎとめることなのである。語りに対する私の関心というのは、出来事の流れ、話の筋、比喩表現、あるいはテクストの空間的構築のあり方などのような形式的側面を越えたところにある。すなわち、語りを自己開示の言説として、さまざまな主体を産出する行為として、そして聴衆の場所を定める行為として考察していきたいのだ。芸術のもつ固有の力とは、それを語りのアドレスの一形式としてとらえるならば、崇高なる静寂さと日々の喧騒を「媒介する」自身の働きによって現出するものなのである。

鑑賞者の位置、すなわち芸術が表現されるアドレスというものは、一瞬のインスピレーションによって没我状態に陥る芸術家の状態とも、アゴラでの日々の仕事からふと解き放たれた瞬間にアウラが閃《ひらめ》き光る状態とも異なる。そのいずれの場合にも、芸術家も鑑賞者もともに受動的な立場にさらされるわけだが、だからといってそのような両者の立場を、芸術作品そのもの、あるいは作品と日常世界の行き交いがおびる二律背反的な両義性と混同してはならない。なぜなら芸術とは、作品として具現する契機を通して、アウラとアゴラがほんの一瞬交差する地平を開き示し、秘められた人類の高次の性質に言葉を与える能力なのであるから。そして、精巧な自己表現や彼岸的世界の霊告、あるいは多様なかたちのヴィジョン、変幻自在な言葉遣いを通して、はかない虚構の世界を現出させる力が芸術なのである。むろん、日常生活の地道な知恵によって、芸術のアウラが減ぜられてしまうのだと言いたいわけではない。日常生活とはそれほど単純なものでも明快なものでもない。脱自的な陶酔状態と日々の生活のはざまに露出するものは、アウラでもアゴラでもなく、そのいずれにも帰属せず、そのあいだで揺れる媒介的な宙吊り状態 in-betweeness なのだ。この神秘的状態と日常性のはざまにこそ、「人間の居場所」はある。

美術館

古き良き芸術家たちは、受難の苦しみについて決して見誤ることはなかった、
すなわち人間の居場所がどこにあるのかを。

ほかの誰かが食事をしたり窓を開けたり、ただぼんやりと歩いているあいだに、受難の苦しみがどのようにし
ておこるかということを芸術家たちはよく理解していた。
年老いた人びとが奇跡のおとずれを敬虔な気持ちで待ち望んでいるときにも、
子供たちは別にそのようなことを望みもせず、森のはずれの池でスケートをしているものなのだ。
芸術家たちは決して忘れることはなかった、
苦痛に満ちた殉教でさえ、それがおこるのは、
迫害者の馬がなにも知らずにその背を立木にこすりつけ、犬たちがぶらついているような、日常の街角におい
てなのだ、ということを。

たとえば、ブリューゲルの描いた「イカルス」を見よ。
そこでは、かの災難がいままさにおきているにもかかわらず、すべての者が何事もないかのように傍らを通り
過ぎていく。
農作業中の男は、イカルスが海に墜落する音やその絶望の叫びをおそらく耳にしたであろうが、
彼にとってはそれは決定的な失敗を意味するものではなかった。
太陽もいつものように輝き、緑面の海へと消えいく彼の白い脚をただ照らし出すだけであった。
優美な豪華船もまた、少年が空から降ってくるという驚嘆すべき事態を目にしていたはずなのに、定められた
目的地へと向ってひたすら航行を続けるだけであった。

――W・H・オーデン(6)

人間の居場所とは、オーデンが示すように、受難そのものとは区別される。それは、芸術を通してその受難を表現する意味化過程なのである。もちろん、これらの古き良き芸術家たちは二重のかたちで意味づけられている。一つは絵画を描くことを通して、もう一つは詩を書くことを通して。「奇跡のおとずれ」を待ち受け、「驚くべき事態」を目撃する鑑賞者たちは、たしかにスケートをする子どもや水夫のように振る舞うときもあるかもしれないが、それだけの存在ではない。苦しみのもたらす恍惚と、交渉という日常的なせわしなさ。その双方の影響関係を視野におさめて媒介するものこそ、詩人の語る声であり、芸術家の視るヴィジョンなのだ。これらの声やヴィジョンは、詩や絵画の内側にも外側にも在るものではなく、書き記す行為や視るという行為がまさに力尽きようとする場所に住まうものである。語りの声というのは、このように詩の文章も視覚的な像も途絶えんとする臨界点に彷徨するものなのだ。しかし、ひとたび文章や視覚的な像を通して、かつての芸術家たちの声を「読み取って」叙述するやいなや、皮肉なことに、その非在の声はふたたび現実の世界へと刻み記されることになる。これら絵画と詩の世界を行き交うことで、その世界について語る者たちはアウラとアゴラを隣り合うように並べ、陶酔することに欠かすことのできない交渉過程を引きおこすのである。例えば、鑑賞者の立場から芸術作品を語る者は、「敬虔な気持ちで待ち望んでいるwaiting」と「おとずれを望みもせず、スケートをしているskating」という句で「オーデンが」韻をふんでいるように、死という神秘的苦難と子どもの日常的な楽しみ——それはまさに薄氷《うすらい》の上を滑るがごときものだが——のあいだにアイロニックな関係をつくりあげる。たしかに年老いて死んでいくのは生命ある者にとって避けがたい運命だが、それ以上に見逃してはならないのは、年老いた者と年若い者の自己認識のあいだには埋め難い齟齬が横たわっているということである。奇跡的あるいは悲劇的な出来事が起きたとしても、その意味が人間に理解されるまでには時間がかかる。そのような理解が可能になるには、素晴らしい芸術を鑑賞するときに感じられるような「瞬間を満たす緊迫感」の訪れが必要である。犬の暮らしと殉教の苦しさがまったく質を異にするように、ただ存ることと感受性をもつことは根本的に異質なものなのだ。だが、それにもかかわらず、存ることと感受性をもつことの双方ともに、生と死や老いと若さといった二つの極のあいだでくりかえされる人間の実存的営みに属するのであり、この共存状態においてこそ「人間の居場所」は確かなものとなる。なぜならば、生と死のはざまで揺れる居心地の悪さのもとで、私たちは「受難における」自己洞察と「犬のような」無関心さを状況に応じて「使い分け」ながら、芸術を介してアウラとアゴラの隙間をこじ開け、生き延びるための空間を作りあげていくからである。

交渉とは、誰しもが切り離しておきたいと欲する存在をつなぎ合わせてしまう力であり、このような芸術的な「語りのもつ媒介力」には日常の陳腐さにひそむ神秘性が表れている。そして、オーデンが芸術作品の内実として規定した鑑賞者と受難者、その両者のあいだに複雑な隔たりが横たわっているからと言って、それほど落胆する必要はない。むしろ、いわゆる普通の人びと——遊戯中の子ども、船長や農夫——が群れをなして集う状態にたいして共感していないという理由をもって、たやすく断罪しないように気をつけなければなるまい。絵画と詩を通して露呈させられるものは、崇高さをめぐるヴィジョンと日々の仕事のあいだに隔たりが存することであり、日々の暮らしにおいては「格別なことを望みもせず」「定められている目的地へとひたすら向う」ため、「崇高なものへの」関心は欠落しているのであり、畏怖すべきものにたいして尻を突きだして掻いてみせるような仕草さえおこなわれるのだ。しかし、このような「すべてのものが何事もないかのように傍らを通り過ぎていく」こと、すなわち奇跡的出来事を見逃してしまったという体験は、ひとりよがりの自己陶酔的な生き方や悲哀をおびた語り口よりもはるかに大切なことである。「彼にとってそれは決定的な失敗を意味するものではなかった」という一節は、自閉的ではない開かれた立場から、その意味を熟考すべきなのである。

例えば、オーデンの作品を読むなかで、白金の翼の少年がケルビム[7]のように空から落下し「海中に」石のごとく沈まんとするヴィジョンにたいして無関心でいることは、落下する少年と傍らを通り過ぎる船のあいだに、あるいは驚異的で陶酔的なものと「目的地へと向ってひたすら航行を続ける」戦略的かつ交渉的なもののあいだに、解釈の空間を切りひらくことになるのである。芸術という「人間の居場所」から教訓を得ることができるとすれば、それは時間と空間が脱臼させられていく解釈のおこなわれる過程においてである。芸術が目の前に姿を現すほんの一瞬と、信用できそうな伝承や確かそうな記録が作られる場所——「農作業中の男はおそらく耳にしたであろう」とか、「豪華船も目にしていたにちがいない」——とのあいだには隔たりがあり、そこにブリューゲルやオーデンは、芸術が時代を超えて残っていくための強烈ななにものかを喚起したのである。作品が生き残っていくためには、翻訳や改訂が、あるいは人びとの認知や誤読が、対話や流布が、場合によって不遇をかこつことさえが必要とされるのだ。事実、オーデン自身の作品もまた、ブリューゲルの描いた絵画の再解釈であり、書き直しであるともいえる。一方で、「であろう」とか「したにちがいない」という、その解釈の口ぶりがいささか自信を欠いているのは、そこに審美的あるいは倫理的な葛藤が存在していたことを示すものでもある。それは、陶酔感のもつ持続性や影響力が、芸術作品の能記構造にたいする介入行為として解釈をどのように理解するかということに左右されることを示唆している。芸術が語り継がれていくため、つまり時代を超えて説得力をもつためには、作品そのものの「存在」ならびにオリジナルとしての意義をいかに希薄化させて意味づけ直すことができるかに掛かっているのだ。まさに媒介や表象行為を介することで、芸術の有する真正さや本質という存在が必然的に脅かされていくことになる。ここに、芸術の喚起する陶酔感が、解釈というアゴラのなかへと開かれていくうえでの最大の困難がある。そうである以上、芸術が時代を超えて生き延びるには、真正さや自律性といったものは、ある程度、消えていかざるをえないことになろう。

もし陶酔感が多少なりとも伝達可能なものであるならば、言語化不能な体験もまた、その体験の外側からも語りうるものであるはずである。ただし、外側とは、矛盾する表現になるが、芸術作品の外部を意味するものではない。ここでいう外部というのは、鑑賞や解釈という行為を通して、芸術が真正なるものとして認知されていく過程の一部をなすもののことである。つまりわたしのいう解釈とは、作品が誕生時から有していた純粋な本質や表現の存在を前提として、それが本来的なものへと自発的に伸びいくさまを、後から磨き上げるといった二次的な読書行為にとどまるものではない。そうではなく、解釈とは文字どおり、作品の内側を明るみにさらすということなのである。それは、作品のなかに具象化されたさまざまな分野や表象を言表することであり、場合によってはその質を劣化させてしまうことさえ起こりうる。特定の要素が前面に押しだされることで、一本の糸が絹織物のなかから引っ張りだされるように、作品の構造そのものも変容をこうむることになる。その構造が古臭いものに映じることもあるだろう。また、構成要素の結びつきは状況に左右される偶発的なものであり、その「全体像」は特定方向に構造づけられたものとなる。すなわち解釈というものは、「作品のオリジナリティに」後からつけ足す行為というより、その都度の非連続的な過程として成り立つものなのである。その結果、芸術作品の存在を何よりも原作者の営みとして理解しようとする発想にたいして疑問を突きつけられることになる。スティーヴン・グリーンブラットは次のように述べている。「光り輝く創造の場で垣間見えてくるのは、初めのうちはさほど華やかに見えぬもの——微妙でとらえどころのない交換とか、売買や相殺取引のネットワークとか、競争しあう代表者同士のぶつかり合いとか、株式会社間の交渉——である。以前私が手に入れたいと思っていたある本質の顕現よりは、このような複雑で絶え間のない貸借の方が重要であり、さらにはもっと要を得たものであるとしだいに私には思えてきたのである」[8]。

本質あるいは神の顕現を欠いたままで、自分の陶酔感の真正性を主張することなどできるのだろうか。交渉行為のもたらす居心地の悪さのなかで、いったい、どのような崇高さが存在するというのだろうか。アウラとアゴラがたがいの影に怯えることはないのだろうか。神の眼差しという戦慄すべき神秘を目の当たりにすることについて、ジャック・デリダは次のように述べる。「神が自分を見つめていることに私が気づくことはない。たとえ神が私の背後から観察するのではなく、眼前で私を直視していたとしても、である……しかし、一方でしばしば私はこう信じたくなる。そう、次のような声が聞こえてくるのだ。神は、第三者の声を通して、使者や天使や預言者あるいはメシア、郵便配達人や先駆者、福音の伝道者など、神と私自身の隙間から語るものを介して語りかけてくるのだ」[9]。

このような「神と人のあいだを」媒介するものは、信心にも不信心にも転がりうる分岐点でひとつの疑問を呈する。それは、イカルスを描いた詩人や画家が、「その傍らを通り過ぎた」船が間抜けなことに稀代の惨劇を見逃してしまったかもしれないと表現したように、芸術作品の感化力は人間の目論見とは関わりのないところで効力を発揮するものではないのかという問いである。たしかに、媒介するものが神の眼差しをあらわにすることはないし、陶酔経験の崇高さについて直接考えめぐらすこともない。ラカンのいうように、陶酔の真正さを確証づけるものは体験そのものであり、それを認知することではないのだ。そのような状況に生きるわたしたちにとって、認知行為のもつ意味がどのようなものであるのか、エージェンシーがいかなる形態のもとで存在しうるのかは、「第三者の声」を介在させなければ知ることができないものである。エージェンシーとは「主体の行動を可能とする条件のことであり」、それは他者との関係性のなかで媒介項としてはたらく言語に他ならない。それは比喩的な代理表象の過程として、芸術表現にかかわる諸分野を広汎にかたちづくるのだ。

神と自分自身の「隙間から語ること」、つまり媒介する力としての芸術は、介入する働きとして解釈の中核をなしている。その意味で「隙間から語る」とは、中断と解釈とが表裏一体となった行為なのである。中断とは、所与の「主体」の存在する時空の外側から――自分自身としてでもなく神としてでもなく――、語ることである。一方、解釈とはテクストの行間を読み取る行為である。このようにエージェンシーが開き示される場では、媒介的な存在は、意志伝達と共同性の網の目として、主体間の関係性をつかさどる働きを果たすことになる。そこは「たがいを人間として認め合える場」、すなわちアゴラという開かれた交渉の場なのだ。「隙間から語る」とは、「人間の居場所」から鑑賞することであるが、それは鑑賞者が冷やかし半分で作品に一瞥をくれることでもないし、批評家や読者がオリジナルの語りを復元しようとすることでもない。人間の居場所とは、他者との関係性のなかで――それが鑑賞者にせよ表現者にせよ、いずれの立場からにせよ――、媒介する力をもって「あいだに立つこと」である。そこでは、他者もまた「絶対的な単独者」として自足していることはできず、交渉の言説のなかへと引きずり込まれていく。「人が語りはじめ、言語という媒介項に関わるやいなや、単独者という性質は失われてしまうのだ(10)」。しかし、だからと言って、この表象の媒介者が単独者から社会的な存在へと、安直な移行を示すわけではない。

言語や視覚的表象のもとにエージェンシーが一定のかたちで顕在化するためには、根本的に非対称であるシニフィアンとシニフィエ――例えば、おなじ「見る」といった行為でも凝視することと漠然と眺めることの違い、あるいは記号と象徴の違いのようなもの――の表象過程の構造を通過する必要がある。そのため、エージェンシーの顕在化とは、神と人、芸術と鑑賞者、あるいは芸術家と描写対象といった、既存の二項対立関係を置き換えてしまうことを意味するものとなる。なぜなら、このような解釈を通した介入行為は、芸術作品のもつ「本来性」といった観念に抜本的な疑問を突きつけるからである。解釈とは芸術「それ自体」の本源に遡及しようというものではなく、芸術の「内側に存する外部」がもつ両義的な眼差しを顕在化させるものなのだ。すでに述べたように、内なる外部とは、芸術のもつ境界領域的で非連続的な性質を白日のもとに曝し出すことで、芸術のもつ自立性といった側面を希薄化させ、かえって時代を超えて生き延びさせることを可能とするものである。

介入行為としての解釈という視点にたつことで、わたしたちは、たんなる再現あるいは模倣的・比喩的実践というだけでなく、文化による社会的規則づけという、より広汎な制度的論点のもとに芸術を捉えなおすことを余儀なくされる。ひとたび芸術作品の媒介的で調停的な構造が明らかにされると、なにが美的なものなのかという判断が問題となってくる。芸術という領域の内側には、あるいは外側には、なにが属しているのだろうか。芸術と芸術でないものとの境界線、事実と虚構の関係、日常的な自己と表象化されたアイデンティティの関係、すなわち人間の居場所をめぐる解き明かし難い謎の存在。それをオーデンはわたしたちに教えたかったのである。しかし、彼が言いたかったことは、体験をめぐる諸々の領域が交換可能な共約性をもっているということではなく、むしろそれと逆のことであった。オーデンの関心は、不遇な境遇におかれることでかえって神秘性を発揮する芸術の神妙さにあり、そこでは共約不能なものと無名さが共存しており、作品の誕生という出来事とその影響力もまた人生という網の目のように、両義的な関係におかれているのであった。ここにおいて、芸術を定義するうえで、その非連続的な暫定的性質というものが決定的な問題となってくる。わたしたちは、芸術が作品として成立することをどのように考えるべきなのだろうか。作品が無視されたり見過ごされたりしてしまう場合があることを、どう考慮すべきなのだろうか。あるいは、芸術を人間の居場所として捉えたときに、その作品には寿命があり非連続的な性質をもつがゆえに、「当初の意図が」誤解されていくことを、どう理解すべきなのだろうか。芸術が解釈・表象されていく過程で、文化的な意味の読み替えが押し進められていくがゆえに、当初もっていた意図が損なわれてしまうことを、どのように受け止めるべきなのだろうか。

この問題をめぐってアレントは考察をおこなっているが、それはわたしたちにとってきわめて有意義なものである。それは、彼女が人間というものを、媒介者という観点から「相互関係として在ること inter-est」、社会的あいだ柄の存在として理解しようとする点で秀でたものとなっている。

行動と会話は、人びとに向けられているのであるから、人びとのあいだで進行する。そして行動と会話は、エージェントを顕現させる能力を保持している……これらのものがもたらす利害とは、まったく文字通り、なにか「相互関係として在ること」を形づくることにある。つまり人びとのあいだにあって、人々を関係づけ、人々を結びつける何物かを形成するのだ。ほとんどの行動と会話は、このような、あいだに在ることに係るものである。……しかし、それが触知できないものであるにもかかわらず、あいだに在るということは、私たちが共通して眼で見ている物の世界と同じリアリティをもっているということなのである。私たちはこのリアリティを人間関係の「網の目」に喩えることで、そのなぜか触知しがたい性質を示そうとしている。

行動がほとんどその目的を達成しないのは、このように人間関係の網の目がすでに存在しており、その網の目の中では、無数の意志と意図が葛藤を引きおこしてしまうためである。しかし、行動だけが現実的であるこのような環境があればこそ、行動も、製作が触知できる物を生産するのと同じくらい自然に、意図のあるなしにかかわらず、さまざまな物語を「産み出す」ことができるのである。……いいかえると、行動と会話の結果である物語はエージェントの存在を開示させるものだが、このエージェントとは作者でも生産者でもない。会話と行動をおこなう人は、たしかに、言葉の二重の意味で、すなわち行動者であり受難者であるという意味で、物語の主体ではあるのだが、物語を産み出す作者ではない(11)。

このような「相互関係として在る」ことの系譜学は、アウラとアゴラの「隙間から語ること」として陶酔を捉えなおす私の立場と呼応するものである。一見すると、明らかにアレントは「陶酔とは無縁に」、活動的生活すなわち交渉の視点にたって、製作主体としてのエージェントを開示させる言説空間から語っているかのように思える。しかし、「人びとの「相互関係として在る」」というアレントの概念を介入の一形式として捉えなおすならば、共同体の「隙間」をめぐる彼女の境界領域的な語りは、オーデンが芸術の真正さを昔日の芸術家と無名の子どもたちのあいだに、あるいはアウラとアゴラのあいだに彷徨するものとして刻みこもうとした行為と強い親和性を示すものとなる。

しかし、アレントは「あいだに在ること in-between」の謎めいた性質や社会的存在としてのエージェンシーの両義性を明らかにしたものの、それらが社会化されていく過程については、さほど言及してはいない。わたしから言わせれば、くりかえしになるが、社会化過程というのは語りのもつ「媒介」構造であり、意図の有無とは関係なく、物語を「産出していく」ことなのである。その過程においてこそ、社会的存在としてのエージェントの正当性は確立されるのであり、同時にそれが審問に付されるのだ。もし交渉というものが、エージェントの存在を顕現させる活動であるとするならば、そのような顕在化は、網の目としての既存の人間関係と結びつくことで達成可能となるのである。未来に関するわたしたちの想像力というのも、この網の目のなかでこそ開かれうるものなのである。だが、その一方で矛盾した言い方になってしまうが、エージェンシーを語りとして具現化するためにはそれぞれが「独自性」を兼ね備えていることを示さなければならず、また既成の秩序からの自由が確保できるように、エージェンシーこそが人間の網の目を構築する存在なのだということを明示できるような熟練した技術が必要にもなるのである。

　さて、語りというものは、戦慄的神秘をともなう陶酔感であるとともに、媒介者的役割をも有する。ひとたび、「隙間から語る」という人間の居場所のなかに、身を置くことになると、単独性や独自性という観念は姿を消してしまうことになる。アレントによれば、その過程は二重の意味で「服従」なのだという。そこでは誰ひとりとしてナラティヴの作者たりうることはできず、物語の演じ手として、そして物語によって変容を余儀なくされる受難者としても存在することになるのだ。結局、他者との交渉に開かれた芸術の陶酔感がもつ世俗的使命のもとでは、それは神秘的な陶酔にともなう聖なる知識を「欠いた者」の目に映ずるようなかたちで現れ出ることになる。なぜならば、作者の意図を貫くかたちで、比喩表現や物語行為をおこなうことは不可能であり、表現行為とは隠れていた神と面するのとほとんど同じようなものであるからである。この神とは社会決定論における決定要因のようなものであり、私たちに背後から執りついてやまないものだが、皮肉にも、この神がアウラとアゴラの関係を理解可能にしてくれるのである。陶酔が媒介するための条件とは、「隙間から語る」声が中断する神秘的静寂のことであるが、それは、交渉という人間の「あいだに在る」かたちで自分が存在することに突如として気づくことでもある。言語と行動を通して確立された人間関係という網の目は、具体的作者のいない人間社会の物語を作りだしながら、その一方で、演じ手としても受難者としても、エージェンシーを具体的社会状況のなかに顕在化させていくものなのだ。

　結局のところ、意味や存在、あるいはなにが芸術のエージェンシーを作っているのかを理解するための一般的で普遍的な条件として、作者というものが開示されることなどはありえない。解釈をおこなうさいの倫理や介入行為のさいの審美眼とは、流動的なものであり瞬間的なものなのだ。芸術こそが、それが歴史的なものであれ個人的なものであれ、物語や絵画を作りだすのであり、これらの作品は、それまでの体験にたいして葛藤を引きおこしたり、新しく取って代わるもの——例えば記憶という亡霊、未来という捉えどころのない幽霊、現在の代理人——をつねに惹起していくために、時代を超えて生き延び、人びとを絶えず魅了してやむことがない。創作的なものであれ批評的なものであれ、芸術活動というものは、ナラティヴと比喩表現にせよ、記号と脚本にせよ、いずれもまた、「意図」(作者ではない)を有しているようでもあり有していないようでもあるという問題を引きおこすものである。それと同時に、物語の演じ手と受難者の関係、死にゆく老人とスケートをする子ども、あるいはイカルスと巡航する船の関係を解釈することが、今ここで必要なのだということを、すなわちエージェンシーを顕在化させることの必要性を訴えかけてくるものなのである。

しかし、そこに神の顕現や「真正さ」が欠けている以上、起源や単独者に代わって現れ出るのは、作者であると同時に鑑賞者でもあるダブル・バインド状態の主体である。この主体もまた芸術作品を形づくる一定の過程から逸脱することができないものの、「隙間」のなかへと、作者の意図と後代の解釈の隙間へと、あるいはエージェンシーという自分の存在の只中へと放り込まれてしまうことになる。なぜならば、この隙間こそが人間の居場所の法則であるからだ。鑑賞者や解釈者は「物事を始めた人間がいること」——それが物語であれ、人間関係の網の目であれ、あるいは「相互関係として在ること」であれ、絵画やインスタレーション、詩や批評などであれ——を認識しておかなければならない。だが一方で、作者なるものはどこにも存在しないということも事実として弁《わきま》えておく必要がある。

演じ手であると同時に受難者であるということは、くりかえしになるが、イカルスの二重に刻印された立場とおなじである。最初はブリューゲルの絵画における演じ手として、二度目は、そこに重ね合わされるように、オーデンの詩における、見届ける証人がほとんどいない状況で苦しむ受難者の像として。それは、ビル・ヴィオラが一九八三年のインスタレーション作品「十字架の聖ヨハネのための部屋[12]」において、二重に観賞される主体として構想した、裡に襞をもった主体である。ヴィオラの陶酔にたいする洞察は、人間の居場所を把握するということにある。彼にとって人間の居場所とは、さまざまな神秘的ヴィジョンが機械やデジタルの複製品と一緒に並び置かれている場所である。そこにはイメージの複製や空間の模写から導きだされうるような、特定の「真実」や結論は存在しない。インスタレーションとして組みたてられた作品は反復と共鳴にみちた空間的ナラティヴを作りあげている。明かりの落とされた広い部屋の内側には、暗い小部屋が設置されている。広い部屋の後壁には、ハンディ・ビデオで撮られた白銀に覆われた山の風景がかすかな光のなかに揺らめき、小部屋でもやはり雪に覆われた山の風景が、こちらは一四インチのカラー・モニターに映しだされている。小部屋のなかでは風の音が響きわたり、モニターに映しだされた山では風が樹木や茂みのあいだを吹きぬけていく。そこでくりかえし現れては消えるさまざまな像のあいだから、とくにそよ風のざわめきと風の鳴る音のあいだから、この暗闇の小部屋のなかに湧きあがってくるものは、単独者であるということの記号なのである。そして、十字架の聖ヨハネの詩を朗誦する声が聞こえてくる。

　味わうことのない歓びにいたるためには、味わうことのないところを通って行かねばならない。
　知ることのない知識にいたるためには、知るところのないところを通って行かねばならない。

なぜ、ヴィオラは幽閉された聖ヨハネの様子を二重のイメージの世界として再構築したのであろうか。暗い部屋と暗い小部屋、スクリーンに映しだされた山とモニターに映しだされた山、風のそよぐ音と聖なる朗誦。陶酔の中核をなす反復と媒介の働きとは、一体、いかなるものなのだろうか。

それにたいする答えの一つは、この作品の物理的な構造自体――暗い部屋と小部屋を人びとに通過させ、そこで織りなす光と闇のコントラストを利用すること――を通して、超越性というものを視覚的に物語ることを強調したかったということにあるのだろう。ホワイトノイズの暗い空虚な空間は、まばゆい白雪に覆われた山々と光の障壁によって貫かれている。陶酔がそのようなものとして、すなわち魂の暗黒の夜のなかに突如として陶酔が現れることは、感覚の喪失や精神の跳躍を通してヴィジョンが現出することであり、そこでは内に秘められていたヴィジョンが外部へと投射されることになる。内側と外側といった、身体的あるいは物理的な区別もまた、画面に映しだされた揺らめく山の様子が象徴的に醸しだす崇高さ、すなわち神聖な「溶け合った」瞬間において解消されていく。山々や要塞の壁をこえて飛翔していくさまは、聖ヨハネの詩のなかでもしばしば語られている。この詩を読むとき、空間とイメージの反復は、主体と対象、自己と他者、精神と物質といった二項対立を消しさる働きをなし、聖なるものが顕現するなかで自我を消滅させ、超越するものとなる。このようなかたちでのエージェントの開示は、絶対的な単独性や神々しさのもつ唯一性から人びとの意識が剝離していくことを意味する。

二重化と反復をめぐるもう一つの語りは、「知ることのない」ところを通って、という聖ヨハネのフレーズと密接なつながりを有する。つまり、「知ることのない知識にいたるためには、知るところのないところを通って行かねばならない」という文言のことである。「知識にいたる」というくだりは、アイデンティティが超越性であるということを意味するのではなく、「媒介」と反復過程に強く関係するものであり、芸術作品の制作構造とかかわっている。「知るところのないところ」というくだりは、いまや馴染みぶかい論点である媒介という事柄を念頭に置いたものであるが、それは人間のあいだがらという名前のもとでの、あるいは鑑賞者という場所における、今この時というものを問題としている。それは神秘的体験というものを、陶酔と交渉のはざまにある芸術作品の在りかとして語ることではない。ヴィオラは、「知ることのないところ」を通して、すなわち暗い二重化された画面を介して物を見させることを通して、わたしたちを聖ヨハネのもとへと送り届けたのである。一方で、聖ヨハネの言葉が引きおこす啓示的で独特のヴィジョンは、暗闇の空間におかれたパンドラの箱のごときものや、反復されるイメージと模倣された音の無気味な中断、あるいはヨハネ本人ではない声で朗誦されたテープ音などを通して、具体的な作品へと組み立てられていくことで希薄化されてしまう。ヴィオラのインスタレーションのもつマルチメディア構造が、作品とは崇高なものであるという物語を骨抜きにしてしまうのである。すなわち媒介者として作品の空間に侵入する鑑賞者は、その刻印され比喩化されたシニフィアンのはざまに身をおくことで、作品の構築過程をつぶさに目撃できるようになり、そうすることで超越的な崇高さといった観念から気持ちを引き離すことができるようになるのだ。空間・シニフィアン・光といった物質的なものの反復をなぞらえることで、崇高さからの逸脱が生じてくる。広い部屋と小部屋あるいはスクリーンの山と小型モニターの山といった、暗闇の空間や光のイメージの二重化構造が、鑑賞者の眼差しを、たえまなく無気味なかたちで脱臼させていくのだ。このように二重化された非連続的な時空間の構造は、鑑賞者というエージェントを雪に覆われた神聖な山として現前させようとする。しかし、この視覚的な記号である山の像は、作品の投射された画面上で横位にずれゆく換喩的な動きを示すため、このようなエージェンシーは自我意識には把握しきることのできない部分的なものとなる。ヴィオラによって陶酔が具現化されたこの作品は、根本からわたしたちの眼差しを逸脱させ、怯えさせるものである。なぜならば神や芸術といったものは耳を傾ければ必ず聴こえてくるようなものではなく、偶然に小耳にはさむことで聞こえてくるような類いのものなのである。交渉という行為の有する最大の戦略とは、概して「控え目にする」ということなのである。

このような作品の解釈に依拠するならば、空間・鏡・風・声といったものにみられる二重性は、生産の問題や鑑賞する場所といったものに、より直接かかわるものということになる。このインスタレーションのもつ反復的なエネルギー配分は、光り輝く山への移動というよりも、「［歓喜］を感じているのだが、それについては何も知らない」ということが一体何であるか、その「記号」と交渉する労苦を意味するものなのである。そのような視点に立てば、目で捉えられたり聴こえてくるもの――それは山であったり、言葉や光であったり、一杯の水であったりする――が、作品の主題をなすわけではないことも明らかである。そこでの主題は空っぽな窓、あるいは窓の「空虚さ」ということなのだ。人間の網の目の場所となる、その窓には明るさも暗さもなく、視界を遮断することも「見られる」こともなく、言葉もイメージも存在しない。まさに人間の「網の目」という場所なのだ。ヴィオラがビデオ・アートについて語っているとおり、「道具をどう使うかということが、それを使用する者のあり方を如実に映しだしているのである」。

この小さな窓の空っぽさを通してこそ、鑑賞者は「媒介する者」として、異なる暗闇の大きさ（すなわち大きな部屋と小さな部屋）と異なる光の量（すなわち大きな山と小さな山）の隙間から物を見ることが可能になるのである。ここにおいて、突如として、アレントの言う意味での、人間が「相互関係として在る」という事態が生起する。なぜならば、外を眺めようと空っぽの窓辺に立ったときにこそ、媒体としてのメディアの裡なる隙間でなにかが起きるからである。ここでいう媒体とは、唯一なる者の顕現に代わって、並べ置かれたインスタレーションの空間のあいだに存在するものであり、そこから突如として言表行為のざわめきが聞こえ出してくる。そう、空っぽの窓辺でこそ、「隙間から語ること」は始まるのだ。聖ヨハネの声が、うわの空の鑑賞者の心をつかむ。神々しい風はざわめき反響し、鑑賞者である人間の吐息や息づかいをかき消していく。一方、聖なる顕現として聳え立つ白銀の山のヴィジョンは依然として微光のなかで絶えまなく揺らぎつづけ、威圧され沈み込んだ人間の身体構造を表象する。このような脆《もろ》さをもった［人間という存在］は、探求の巡礼を続ける芸術のひたむきで傷つきやすい情熱によって、かろうじて支えられているものなのである。

ほら、時間の隙間にこそ、君が体験したように、他者との交渉がもたらす陶酔は現出する。もし君が本のページを繰っていたり、財布から一ドル紙幣を取り出していたり、カーテンを閉めていたり、あるいは窓を開けていたりして、それを取り逃がしてしまったのならば、……耳を傾け、……見遣るのだ。……他者に開かれた陶酔はふたたび現れるに違いない。……君がとりわけ望んでいないときにこそ、……定められた目的地に向って静かな航行を続けているときにこそ……

（磯前順一／ダニエル・ガリモア／山本達也訳）

註

（1）ジャック・ラカン「神と女性の快楽」一九七五年（若森栄樹訳『現代思想』一三―一、一九八五年、一一五頁、磯前一部改訳）。

（2）ジャック・デリダ『死を与える』一九九九年（廣瀬浩司／林好雄訳、ちくま学芸文庫、二〇〇四年、一八六頁、但し本文訳は磯前）。

（3）ハンナ・アレント『人間の条件』一九五八年（志水速雄訳、ちくま学芸文庫、一九九四年、二八七―二八八頁、磯前による一部改訳、傍線はバーバ）。

(4) 註(3)前掲書。

(5) T・S・エリオット「ゲロンチョン」(上田保訳『世界詩人全集 16 エリオット詩集』新潮社、一九六九年、を翻訳にあたって参照)。

(6) W・H・オーデン「美術館」(中桐雅夫訳『世界詩人全集 19』新潮社、一九六九年、および安田章一郎訳『オーデン名詩評釈』大阪教育図書、一九八一年、を翻訳にあたって参照)。

(7) 「ケルビム」は旧約聖書に出てくる天使の一種で、四つの顔と四つの翼をもつとされる。

(8) スティーヴン・グリーンブラット『シェイクスピアにおける交渉——ルネサンス期イングランドにみられる社会的エネルギーの循環』一九八八年(酒井正志訳、法政大学出版局、一九九五年、一六頁、訳者による一部改訳)。

(9) デリダ註(2)前掲書(一八六頁、但し本稿訳文は訳者による、傍点はバーバ)。

(10) 註(2)前掲書(一二五―一二六頁、但し本稿訳文は訳者による)。

(11) アレント前掲『人間の条件』(二九六―二九七・二九八―二九九頁、訳者による一部改訳)。

(12) この作品については、下記のウェブ・サイト"BILL VIOLA: Selected Works"でその様子を見ることができる。http://www.csun.edu/~hcarh001/496/viola.works.html ビル・ヴィオラ(一九五一―)は現代のアメリカ合衆国を代表するビデオ・アーティスト。作品集に、Chris Townsend, ed., *The Art of Bill Viola*, London: Thames & Hudson, 2004.

第三部　「宗教」から見た植民地と暴力

植民地主義と宗教

デイヴィッド・チデスター

筆者紹介
一九五二年アメリカ合衆国生まれ。カリフォルニア大学サンタバーバラ校 Ph.D. ケープタウン大学教授（宗教学）。植民地における西洋的な宗教概念の暴力性を批判すると同時に、消費主義化された合衆国の宗教のあり方を問題化する。邦訳された著作に、『サベッジ・システム』（原著一九九六年、青木書店）、「ズールーのシャーマン、クレド・ムツワ」（『世界の民衆宗教』ミネルヴァ書房、二〇〇四年）、「現代南アフリカにおける「宗教」と「暴力」」（『宗教を語りなおす』みすず書房、二〇〇五年）。

なぜ宗教あるいは諸宗教を研究するのか。イギリスの神学者フレデリック・デイソン・モーリスは、一八四七年出版の講演集『世界の諸宗教』において主張した。諸宗教の研究は、現在「他国との貿易を行なっているか、他国を征服中であるか、あるいは他国を領有している」国民（ネイション）にとって有益な知識を提供するものである。(1) 一世紀以上を経て、アメリカの宗教学者ヒューストン・スミスは、一九五八年に出版された世界の諸宗教を一般向けに概説した『人類の宗教』において述べている。米国空軍士官を対象とした彼の一連の講義が有益なものとなるのは、「いつか彼らが諸民族（peoples）を、同盟国として、あるいは敵国や占領国として扱うことになるかもしれない」からである。[2] たしかに、このような宗教研究（the study of religion）のすすめが示唆しているのは、国際貿易や軍事的征服、政治的支配のための知的道具として宗教研究を正当化するということにおいて、英国の帝国主義から米国の新帝国主義にいたる、著しい連続性があるということである。ポスト植民地主義の時代であると広く認知されている現代において、宗教研究と植民地主義を結びつけてきた権力と知識の関係をどのように理解すべきであろうか。

近年、さまざまな学問分野の研究者たちが、植民地状況における権力関係のなかに知識の生産を再定位するために研究をおこなってきている。『人類学と植民地的出会い』[3] に集められた評論を皮切りに、社会人類学者、文化人類学者たちが先頭となって、植民地主義とポスト植民地主義についての分析を発展させていった。文学研究の領域では、エドワード・サイードの画期的な著作『オリエンタリズム』（一九七八年）が、植民地主義と帝国主義の時代のヨーロッパ文学研究に新たな方向性を与え、帝国の中心と周縁におけるヨーロッパの「他者」表象をめぐる権力関係の批評へと向かわせた。歴史研究者は、植民地化されて「歴史を持たない人びと」[4] の歴史を回復しようという努力のなかで、意識、主体性（subjectivity）、エージェンシー、意味、権力を分析するための新しい方法を必要とした。学際的な企てとして、ジェンダー研究は植民地支配下における意味と権力の分析にとりわけ大きく貢献した。学術的な宗教研究は、概して、植民地主義、ポスト植民地主義の研究の発展から取り残されてきたが、仏教研究[5] やアフリカ土着宗教[6] を特定の植民地状況に歴史的に定位しようとする最近の研究は、近代世界における宗教と宗教研究へのわれわれの理解を見直す可能性を示唆している。

ヨーロッパの植民地主義はグローバルな現象であったが、それがもたらした影響は時代と地域によって異なるものだった。したがって、個別具体的な植民地状況を扱った歴史的民俗誌を読むことが植民地研究への最適な入門となる。重要な植民地状況の地域研究は、アメリカ大陸、アフリカ、中東、南アジア、東アジア、太平洋諸島における文化間の接触、出会い、交流というコンテクストにおいて宗教がどのように作用したかを再解釈するための資源となる。植民地研究の理論的多様性と歴史的特殊性は認識しなければならないが、それでも、学術的宗教研究のポスト植民地的な展望を検討する前に、まずは一般的に、植民地状況の下での宗教と宗教研究について見解を述べることが可能である。

植民地状況

簡単に定義すると、植民地主義とは、入植者が軍事的、政治的権力を行使して、原材料と被入植者の安価な労働力から経済的な利益が得られる状況を創設し維持することである。しかし問題は、たんなる軍事的弾圧と政治経済の問題にとどまらず、植民地主義が表すものは、メアリー・ルイーズ・プラットが「コンタクト・ゾーン」と呼んだような、外部からの侵略者と土着民（indigenous people）との間の複雑な文化的出会いである。(7)そのような植民地における出会いを分析するにあたって、そこにある物質、文化両面に関する諸条件を検討する必要がある。植民地主義の政治経済においては、知識と権力、言説と実践、技術と戦略といった文化の諸形式が、植民地状況の形成において不可欠な役割を果たした。

ヨーロッパの探検家、商人、征服者、植民地行政官たちは、領土拡大と異文化の否定というイデオロギーを携えて動いたが、そのイデオロギーはヨーロッパがより大きな世界について考え、かかわっていこうとするときの思考様式に完全に組み込まれていた。例えば十九世紀初頭のドイツ哲学者ヘーゲルによれば、あらゆる偉大な国民は「海へと突き進む」。なぜなら「海は植民活動を可能にする資力を与えてくれるのである。偶発的なものであれ、組織的なものであれ、成熟した市民社会は植民活動に向かって突き動かされていくものである」[8]。ヘーゲルの説では、海へと向かうことで、入植者たちは成熟した市民社会の発展を阻害するような貧困、人口過剰、市場の狭さといった国内問題を解決する。しかしかれらは見知らぬ土地で、成熟した文明を発達させることはできないと言われていた「野蛮人たち（barbarians）」と出会うことにもなる。そのような永遠の子どもたちについて、ヘーゲルは、「文明化した国民は野蛮人たちの諸権利が自分たちのそれとは平等ではないことを意識しており、かれらの自治をほんの形式的にしか扱わない」と述べる[9]。この定式によってこの哲学者は、距離と差異、否認と支配という主旋律にそって、ヨーロッパの植民地主義文化の基本要素をただ要約してみせたのみである。

しかしながら、植民地となった周縁部では、土着民たちはヨーロッパ人による領土拡張の主張や文化的表象に対処するために、多彩な戦略を展開した。一つには、ヨーロッパの宗教的な意味を担った異国の用語を逆転させるという手があった。例えば、十七世紀のスペインがアメリカを征服するさいに、征服者《コンキスタドール》たちは神学的定型句からなる催告（Requerimiento）をたずさえて上陸した。それは歴史学者パトリシア・シードが「所有の儀式」と呼んでいるものを執りおこなうために作られたものであり、集められた原住民を前に読みあげられ、スペイン人による新しい土地の領有を保証するものであった。催告は注意深く作り上げられた関係の連鎖を示しながらネイティヴ・アメリカンたちに次のように告げ知らされた。かれらの前に立つスペインの征服者たちはキャスティラのスペイン王の権威を代表し、スペイン王はローマの教皇の権威を代表し、教皇はエルサレムの使徒ペテロの権威を代表し、使徒ペテロは天地を創造した最高神の至上の権威を代表する。催告によると原住民たちがキリスト教に改宗するかどうかは自由であるとされていたが、改宗を拒否した者たちは全面戦争の力を思い知ることになり、その結果としてもたらされる死と損害は、拒否した者の責任であると締めくくられていた。

この入植者の最後通牒を前に、土着民は服従か抵抗かを選ぶことができた。しかし、かれらはまた、大西洋をまたいで新旧両世界をつなぐ関係の連鎖を再解釈して逆転する方法を見いだした。例えば、アンデスの貴族であったワマン・ポマは、スペインがインカ帝国を征服し、アンデスの人びとを服従させ、生まれ育った土地を奪った時代の生き証人であったが、一六二一年に出版した本のなかで、催告の条項の順序を逆転させた。ワマン・ポマは、新しいキリスト教の素材を利用して、植民地の条件下では「世界はさかさまになっている」と論じた。世界の適切な秩序を回復させるためには、スペインの入植者が定めた関係の連鎖は逆転されなければならない。ワマン・ポマによれば、インカの政治的主権の回復は、次のような世界の秩序を明らかにする。すなわち、ペルーの鉱物資源はキャスティラのスペイン国王を支え、スペイン王はローマの教皇を支え、教皇は天地創造の神の宗教を支える。このように異国の宗教用語を逆転させることで、ワマン・ポマはスペインの入植者によってひっくり返された世界になんとか介入しようとしていた(10)。

他方で、土着の宗教的意味を持つなじみの用語を手直しして使うというのも土着民の選択肢の一つであった。例えばアフリカでは、入植者との奇妙な出会いと暴力的な対立を意味あるものとして理解するために、昔ながらの海と陸の神話が焼き直しされた。歴史学者のワイアット・マクグラフィは述べる。「宣教師の残した報告書にしっかりと記録されているが、十七世紀には白人は海の下に住んでいると信じられていた」。ヨーロッパ人を海に結びつけるのは、より古い時代の神話的テーマに依拠してのことであるが、「経験に基づいているというよりは、経験を解釈するための根本となる公準となっている」[11]。植民地主義の経験を解釈するためにこの象徴的なひな形《テンプレート》を使うことで、アフリカ人たちは海と陸との神話的対立という観点から、入植者との出会いを捉えなおすことができたのである。

十九世紀の南アフリカでは、英国による入植の衝撃のもとで、海の神話は軍事的侵略や土地の収奪、新しい権力関係を理解するために焼き直された。コサ族の酋長ンキカが観察したところでは、ヨーロッパ人は海の民であるので、陸地に関わりを持つべきではなく、海の下にとどまるべきである[12]。コサ族の宗教的預言者であり、軍事的指導者でもあるンケレ（Nxele）はこの海と陸についての政治的観察を進めて、二柱の神を立てる土着的神学へと発展させた。白人の神ティコ（Thixo）は、息子を殺した白人たちを海に追いやった。海神ムダリディプ（Mdalidiphu）は地底に棲んでいるが、海への最終的な支配権を握っている[13]。同じように、十九世紀前半にズールー族の誕生神話がこの植民地における海と陸の対立という観点から焼き直された。原初のとき、ウンクルンクル（uNkulunkulu）が人類を男女として創造したが、肌の黒いものと白いものがいた。黒人は裸で槍を担ぎ陸で暮らすように、白人は服を着て銃を背負い海に住むように創られた[14]。これらのアフリカ人思想家にとって、神話的起源は明らかに、海の民対陸の民という植民地の対立状況とともに幕を開けた新しい時代のなかにあった。世界中で土着の人びとは、ときに外来の宗教的資源を流用し、あるいは土着の宗教的資源を焼き直しして、植民地状況を意味づけるために苦闘した。

しかしながら、ヨーロッパ人による植民事業のひとつの重要な側面は、物質的支配のみならず、象徴的、文化的、宗教的資源の支配を主張したことであった。例えば、十九世紀の南インドでは、マラバル海岸で英国の植民事業が宗教に干渉して宗教的相違を具象化し、何世紀にもわたってたがいに調和的に暮らしてきたヒンドゥー教徒とキリスト教徒の共同体を分離することに成功した。マラバルのトマス派教会は、みずからの伝統の起源を一世紀のキリストの使徒にさかのぼらせ、霊的な力の源を西アジアのキリスト教の聖者たちとのつながりに求めながら、地域のヒンドゥー教徒の支配層と緊密な関係を保っていた。トマス派教会の信者たちはヒンドゥー教徒のラージャ（王族）たちと同じ軍事的訓練を受け、上流階級の地位を認められ、教会や聖堂、祝祭への後援と経済的支援、王による庇護に浴していた。キリスト教徒たちもそれと引き換えに、ヒンドゥー支配層の寺院を支え、祝祭に参加していた。

しかし、一七九五年に英国の東インド会社が現地の支配を確立すると、このような宗教間協力は劇的に変化した。英国総督代理ジョン・モンロー大佐の権限のもとで、一八一〇年から一八一九年までの間に、キリスト教徒とヒンドゥー教徒との間の経済的、社会的、宗教的交流は破壊された。国家資金を教会の建設維持費用に充てることで、モンローはトマス派教会に税とヒンドゥー教徒への進貢を免除した。この資金は、ヒンドゥー教の寺院、聖堂、祝祭の援助にも充てられた。その結果、トマス派のキリスト教徒たちは高位カーストのヒンドゥー教徒たちと宗教を支えるために交わしていた交流関係から排除されてしまった。一八八〇年代までに、両者の間で暴動が頻発し、また、相互交流のためのイベントであった毎年の宗教的祝祭は、両宗教の挑発合戦の場となった。ヒンドゥー教徒とトマス派のキリスト教徒たちの行進がたがいの聖堂を通りかかるときには、「怒号や金切り声、品のない言葉が飛び交った」[15]。

ゆえに、英国入植者の干渉は、南インドにおける社会階級、武人的文化、宗教的崇拝を共有するネットワークの一部分であったヒンドゥー教とキリスト教の両宗教の境界を明確にすることに成功した。多くの分析によって指摘されてきたように、英国の植民政策が宗教的境界を明確化したことで、インドで力を持つヨーロッパのキリスト教が現れるとともに、「ヒンドゥー教」という近代の宗教分類が生みだされた。(16) 植民地の条件下では、宗教研究の基礎的カテゴリーである「宗教」と「諸宗教」が、同一性と差異を強く示すものとして現れたのである。

植民地の比較宗教

宗教の研究はヨーロッパ啓蒙主義のなかだけではなく、この植民地主義の長い歴史のなかにも、宗教的差異についての持続的省察としてのルーツを持っている。植民地での出会いの場となったフロンティアで、ヨーロッパの探検家、旅行者、宣教師、移住者、それに行政官といった人びとが、世界中で発見したことを書き残した。五百年以上の期間にわたって驚くほど一貫しているのは、これらのヨーロッパの観察者が一様に、アメリカやアフリカ、太平洋諸島で、いかなる宗教の痕跡も持たない人びとを発見したと述べていることだ。十六世紀初頭、探検家のアメリゴ・ヴェスプッチは、カリブの土着民は「宗教を持たない」と述べている。(17) 十七世紀には、旅行者のジャック・ル・メールが、太平洋の島々の住民は、「宗教のかけらも持たない」と主張した。(18) 十八世紀西アフリカにおける貿易関係の拡大というコンテクストにおいて、貿易商のウィリアム・スミスは、アフリカ人は「宗教のことでまったく思い悩むことがない」と伝えている。(19) 十九世紀に入っても依然として、ヨーロッパ人たちは、オーストラリアのアボリジニーたちは「何であれ宗教的な性質を持つもの、あるいは宗教的儀式を持っていないので、堕落したけだものと区別すべきところがない」と主張し続けた。(20) こうした例は枚挙にいとまがないほどである。このような地球全体での否定のコーラスが積み重なり、それはヨーロッパ人たちが植民地で土着民と出会うさいに、重層的な戦略的意義を担うようになっていく。土着民たちは宗教という人間のしるしを持たないと考えられるので、ヨーロッパの入植者たちが尊重しなければならないような人権――生命、土地、家畜への諸権利や労働を自分で管理する権利――を持たない。この点で、いかなる土着の宗教の存在も認めないこと――不在の発見――が、征服、支配、略奪という植民地の事業を強化することになった。

明らかに、宗教の不在が発見されたということは、植民地の諸状況について論評したヨーロッパ人たちが、宗教に関する暗黙の定義をもって行動していたことを意味する。その定義は、何が宗教と呼ぶに値するのかというキリスト教的な前提に基づくものであった。しかし、より重要なことは、これらの否認が示唆しているのは、植民地のフロンティアにおいて、「宗教」という言葉は対立語の一方としてもちいられたということだ。古代の系譜をさかのぼっても、もちろん、宗教（religio）はその反対語である迷信（superstitio）との関係に由来を求められる言葉であった。言語学者のエミール・バンヴェニストが述べているように、「「宗教」の概念は、いわばその反対物である「迷信」という概念を必要としている」[21]。競争の場となっていた植民地のフロンティアでは、しかしながら、宗教と迷信という概念上の対立が、しばしば土着民の土地、家畜、労働への諸権利を否定するために戦略的に展開された。例えば十九世紀前半、南アフリカの東ケープでは、英国による支配権を確立しようとしていたヨーロッパ人の旅行者、移住者、植民地行政官によって、コサ族の信仰と実践は明らかに「宗教」と呼ぶに値しないとみなされた。いかなる宗教の痕跡もないと思われていたために、コサ族は迷信に浸りきっていると言われた。定義のための対立項である宗教をとくにこの植民地の状況で引き合いに出して、例えば、旅行者ヘンリー・リヒテンシュタインは、コサ族の「迷信すなわち呪術や魔法、予兆や前兆を信じることは、かれらの宗教的感性の欠け具合いに比例している」と述べた[22]。ヨーロッパ人の省察において、オープンな植民地のフロンティアにおける宗教的相違がモチーフとしてくりかえし現れ、宗教と迷信を対立させた。これによって土着民は別世界に生きる人びととして表象され、植民事業を後押しすることになった。

植民地に宗教など存在しないといっていたヨーロッパ人たちが、どのようにして土着宗教を発見するにいたったのだろうか。この問いに答えるためには、特定地域の歴史的条件を精査したうえで検討しなければならないが、南アフリカの東ケープのコサ族の経験から一般的な答えを引き出すことができる。どのヨーロッパ人も報告しているとおり、一八五八年までコサ族は、ケープの総督となったジョージ・グレイ卿が土着民を軍事的に封じ込め、監督し、課税するために定めた植民地行政システム（magisterial system）のもとにあり、いかなる宗教の痕跡も有していなかった。ジョージ・グレイ卿は植民地行政の専門家であるとともに、オーストラリアとニュージーランドの土着的伝統の調査の経験を持つアマチュア宗教学者でもあった。しかしながら、行政長官J・C・ワーナーが、コサ族の信仰と実践を指す言葉に、それまで使われていなかった「宗教」という言葉をあえて選んだのは、植民地の封じ込め政策（colonial containment）という新しいコンテクストにおいてであった。コサ族が宗教的体系を持っていると主張するときに、ワーナーはコサ族の宗教が宗教であるのは、それが心理的安心感と社会的安定をもたらすという「目的」を満たしているからであると断定し、ある種典型的な機能主義的説明を考えだした。ワーナーは、コサ族の宗教がいずれは軍事的征服とキリスト教への改宗によって滅びてしまえばよいと考えていたが、結論としては、当面のところ、かれらの土着の宗教は植民地の行政システムと同じようにかれらを現在の場所にとどめておくという機能を果たしうるものだった。

南アフリカの全域でヨーロッパ人による土着宗教が「発見」されたことは、植民地における土着民の封じ込めと関係づけて理解することができる。ズールー族の宗教体系の発見は、一八四〇年代のナタールで居住区制度が課せられるようになったことに引き続いて起こった。ソト・ツワナ族の宗教体系は、一八九〇年代にアフリカ最後の独立政体が破壊されてから植民地保護区制度が敷かれるまでは認識されなかった。しかしながら、植民地行政側が、その地方のすべてのアフリカ人は都市居住区か農村の保護区かのいずれかに封じ込めたと決めてかかっていたとき、ヨーロッパの論者たちが気づいたのは、南アフリカのすべてのアフリカ人は生まれながらに「バンツー」宗教に所属していたということであった。(23) ゆえに、南アフリカの例が証拠立てているのは、植民地の状況下における土着宗教の「発見」とは、かならずしも観察者の認識が飛躍的に発展したことを示すものではない。土着の宗教体系の発見は、植民地の行政制度を強制したことの必然的結果であり、土着民の植民地への封じ込め政策に直結していたのである。

皮肉なことに、人びとを土地に縛りつけておくことを目的とした植民地の封じ込め政策は、同時に土着民と土地との結びつきを断つ強制退去（displacement）をすすめる理論をも生みだした。世界中の植民地で、ヨーロッパの観察者たちは歴史、系譜、血統についての理論を発達させ、土着民たちの出自を古代近東地域の文化の中心地へとさかのぼらせた。例えばアメリカでは、十七世紀にヨーロッパからの旅行者、宣教師、入植者たちが、ネイティヴ・アメリカンは古代イスラエル人の末裔であると論じた。一六五〇年のトマス・ソロウグッドの著作『アメリカのユダヤ人――アメリカ人がユダヤ民族である可能性』に、この主張が端的に述べられている。その含意するところは、もしかれらが本当に古代イスラエルのユダヤ人であれば、ネイティヴ・アメリカンは実際にはアメリカに属していないということである。(24)

南アフリカでも、ヨーロッパ人の論者たちは、土着民たちの系譜を古代の近東地域にさかのぼらせた。十八世紀初頭にドイツから訪れたペーター・コルプは、いち早く、ケープ地方で征服された土着民コイ（ホッテントット）族の宗教体系が古代イスラエルのユダヤ教にさかのぼるとした。それを受けて十九世紀ヨーロッパの論者たちは、すべての南アフリカのアフリカ人は北から移住してきたと論じた。コサ族は古代アラブ人であり、ズールー族はユダヤ人であり、ソト・ツワナ族は古代エジプト人であった[25]。古代中東の宗教的差異を南アフリカの地に置き換え、それによって、植民地主義によって形づくられてきた民族的・文化的・宗教的差異を具体化したことに加えて、この空想的系譜学は、土着のアフリカ人たちはもともと近東地域に属していたのだから本当は南アフリカの土着民ではないということを暗に意味していた。同じように、英国植民地の比較宗教学が、ヒンドゥー教の起源をシベリアやペルシャに発する印欧語族の移住に求めたことは、歴史的再構築としてのみならず、強制退去（displacement）戦略としても機能することが可能だったのである。構造的封じ込めと歴史の上での強制退去というこの矛盾した二重の任務を追求することで、植民地の比較宗教学は世界中いたるところで、被植民者の信仰と実践を否定し、発見し、位置づけ、強制退去させるために機能したのである。

帝国主義の比較宗教学

しばしば近代宗教研究の「創始者」とみなされてきたマックス・ミュラーは、一八七〇年、宗教学入門の講義において、英国の植民地主義と帝国主義の文化が彼の学術的宗教研究の理解にしみわたっていることをあらわにした[26]。第一に、宗教研究は距離と差異の科学である。中心にある都市と周縁の植民地との間の距離は、文明人と野蛮人（barbarian）、未開人（savage）、原始人（primitive）との間の差異と融合させられる。宗教研究のために比較の方法を発達させるなかで、マックス・ミュラーやそのほかの都市の理論家たちは、距離と差異というテーマにのせて「原始的」な人類の祖先たちの特徴を帝国周縁部に暮らす同時代の「未開人」についての報告から類推した。ミュラーは一八七〇年の講義で述べている。「アフリカやメラネシアの未開人達の信仰は時間という点からすればより最近のものであるが、成長という点からすればずっと昔の、はるかに原始的な段階を示している」[27]。同じような言葉を使って、「人類学の父」E・B・タイラーも断言している。「原始時代の状況についての仮説は、近代の野蛮人とかなりの程度において一致している。彼らは差異と距離とにかかわらず、だいたいにおいて人類の初期の状態を残しているように思われる」[28]。相違はあったにせよ、マックス・ミュラー、タイラー、ジョン・ラボック、ハーバート・スペンサー、アンドリュー・ラング、ロバートソン・スミス、ジェームス・フレーザーといった十九世紀の都市に暮らす宗教理論家たちは比較という方法を採用し、やがて、比較といえばかれらがもちいた方法のことを意味するようになったが、それは遠く離れた周縁の植民地から届いた、風変わりでエキゾチックな、未開の人びとについての報告を利用して宗教の進化論的起源についての結論を引きだすものであった[29]。

第二に、宗教研究は否定と支配の科学であった。ミュラーは主張する。「ここで古い格言をとりあげましょう。分割して統治せよ（Divide et impera）。これをいくぶん自由に翻訳しますと、「分類し、征服せよ」となります」[30]。たんなるレトリックにはとどまらず、この「古い格言」は、宗教の帝国を支配するグローバルな知たらんとした帝国主義的比較宗教学に正統性を与える。言語による分類はミュラーに、世界の諸聖典を概念的に支配する方法を与えた。しかし、帝国主義的征服によって彼が発展させることができたのは、英国領だったインドと南アフリカから生まれた諸理論だった。彼が世を去る前に出版されることになっていた最後の著作は『イングランドとトランスヴァール間の権利の問題』と題された小冊子であったが、これは帝国南アフリカ協会の印刷で広範囲に配布された。ミュラーはそのなかで、大英帝国は「インドからも、南アフリカからも撤退することはできない」と主張していた[31]。この二つの帝国領は、大英帝国のグローバルな勢力と権威を維持するためには不可欠であるとミュラーは示唆している。しかし、それらはまた、「文明化された」大英帝国と、「エキゾチック」で「未開」な帝国周縁部とを媒介するミュラーの帝国主義的比較宗教学にとっても不可欠なものであった。ミュラーが『リグ・ヴェーダ』を出版し、インドの宗教的遺産について該博な知識を得ることができたのは東インド会社の財政支援のおかげだったが、一方で、彼の帝国主義的比較宗教学は、英国の南アフリカ領有に大きく依存する観察の上に成り立っていた。ミュラーは、宗教という帝国において「宗教学（science of religion）を学ぶものが学問の材料に事欠くことはない」と述べていたが[32]、そのような生の素材は植民地から抽出され、都市の理論生産の拠点に輸送され、帝国主義的比較宗教学の使用に供する理論という商品に加工されなければならない、ということを彼は知っていた。

例えば、南アフリカとの関係において、ミュラーは生の宗教的素材を理論に変換するために、文化間の媒介という複雑なプロセスにかかわっていた。第一に、植民地化された周縁部のアフリカ人たちは、このプロセスに情報提供者として――しばしば協力者になり、著者となることもあった――引き込まれ、植民地のコンテクストにおける宗教の革新や議論、矛盾について報告した。例えば、ズールー族の情報提供者ンペングラ・ンバンデは、ウンクルンクルが特定の政治集団の最初の祖先なのか、あらゆる人びとの最初の祖先なのか、あるいは全人類を創造した至高神なのか、というアフリカ人同士の意見の不一致をたどり、議論を報告している。第二に、現地のヨーロッパ人が植民地化された周縁地域についての「専門家」として、これらの宗教的葛藤や矛盾を調停して「宗教的体系」へとまとめあげる。ンバンデが現地でおこなった調査に深く依存していた聖公会の宣教師ヘンリー・キャラウェイはズールー族の宗教世界についての第一人者となったが、やがて古典的著作『アマズルの宗教体系』[33]（一八六八―七〇）の出版により、「未開」宗教一般についての権威者になった。植民地化された周縁にいた他の「現場の人間」のように、キャラウェイはロンドンの都市に暮らす理論家と文通を交わしていた[34]。しかしながら、彼によるズールー族の「宗教体系」の解説は、都市の理論家たちによって分析され、ズールー族や他の「未開人」たちという鏡に映った人類の「原始」の祖先たちと、「文明化された」ヨーロッパ人たちとを媒介した。ゆえに、植民地における宗教体系として構築されたものは、原始時代から文明へといたる進化論的発展の裏づけとしてもちいられるような宗教的データとしてロンドンで解体され、組み立てなおされた。

ジャン・ポール・サルトルが述べたように、「入植者が植民地を創るのと同様に、植民地の状況が入植者を作る」のである。[35] 周縁の植民地で、また帝国の中心部で、十九世紀の比較宗教学は、ヨーロッパの植民地に関する言説を生みだす役割を果たした。それはとりわけ「エキゾチック」なインドと「未開」の南アフリカなどの植民地における「他者」表象を通じてであった。ニコラス・ダークスが指摘する通り、これらの努力は、入植者たちを「ヨーロッパの理性の行使者」に仕立て上げることに貢献した。二十世紀の終わりにおいても、われわれはいまだに、宗教の学術的研究から受け継いできた植民地主義的、帝国主義的遺産を前に疑問を感じないわけにはいかない。構造と歴史、形態論と系譜学、心理的機能と社会的機能、またそのほかの分析的関心においてわれわれは、ヨーロッパの植民地主義、帝国主義のプロジェクトにとってきわめて重要であった「他者」の封じ込めと強制退去をくりかえしてはいないだろうか。われわれはいまだに、「同盟者、敵対者、軍事的占領の対象」についての知を生産しているのではないだろうか。こうした問いにどのように答えるとしても、宗教の批判的学術的研究が、みずからの理論と実践が持つ政治的含意について自己反省的、自己批判的でなければならないということは明らかである。

ポストコロニアルの展望

一般にポストコロニアルの研究に見られるように、学術的な宗教研究にたいするポストコロニアル的な展望を語るときに問題となるのは、概して位置（location）の問題である。『オリエンタリズム』[36]（一九七八年）においてエドワード・サイードは、ヨーロッパの植民地主義や帝国主義の幅広い言説編成との関係におけるヨーロッパの著者家の主体的位置を捉えるために、「戦略的位置選定（strategic location）」という分析概念をもちいた。しかし、最近のポストコロニアル理論はより発展し、ヨーロッパの植民地主義的「他者」表象の批判から、被植民者の側の主体性やエージェンシーの回復へと関心を移してきた。新しい分野を騒がせている複雑な理論的論争をあえて単純化して言ってみれば、ポストコロニアル研究には両極端の立場――「土着性（indigeneity）」と「異種混淆性（hybridity）」――が認められる。それは学術的宗教研究の未来にとっても妥当するものである。

第一の土着性あるいは「土着主義[37]」は、「文化差異主義[38]」に基づいた一定の範囲の分析戦略を表し、それは、土着の用語をもちいてポストコロニアルな意味と力を鍛え上げるプロジェクトにおいて、場所の回復、伝統の真正性、自己決定の主張を結びつける。植民地化の経験をくぐり抜けてきた土着民みずからによる表象を特権的に扱うことで、土着性の立場は、グローバルな帝国主義による汚染から、ローカルな伝統の純粋性を回復するための分析的用語を生みだす。植民地主義に対抗する政治的闘争からひらめきを得て、土着性の立場は、ロマン主義的なノスタルジアの政治学を通じてのみならず、植民地化された世界の解放運動を通じて、植民地以前（プレコロニアル）にかかわる。この点において、ラディカルな精神科医であり、アフリカの植民地解放闘争に積極的に身を投じたフランツ・ファノンの仕事は、ポストコロニアルでもあり同時にポストロマン主義的でもあるような土着の伝統の理解に影響を与えてきた。ファノンは述べる。「植民地化は、ある民族をがっちりとつかまえて、原住民の頭からあらゆる形式と内容を消し去っても、なお飽くことがない。ある種のゆがんだ論理によって、抑圧されている人びとの過去へと向かい、それをねじまげ、傷つけ、破壊してしまう」[39]。ゆえに、植民地化による歪みと傷から「純粋」な伝統を回復することも彼のポストコロニアルなプロジェクトであったが、ファノンは過去の回復を現在の反植民地主義闘争――武装した暴力的闘争――に結びつけた。ファノンの立場は、一種の「移民排斥主義（nativism）」であるとされてきたが、戦闘的反植民地主義という方法によって近代世界において新しい人間性を鍛え上げようとしたのは、土着性の立場であった[40]。

たしかに、宗教的「伝統主義者」が近代的方法をもちいて、自分たちの力、場所、純粋性、真正性を擁護するという、ポストコロニアルの宗教的土着性の事例はいくつも挙げることができる。インドの唯一の土着宗教はヒンドゥー教であると主張する民族奉仕団（Rashtriya Swayamsevak Sangh）は、「ヒンドゥーらしさを掲げて選挙政策を活発に繰り広げている。かれらはその活動において、現代インド社会においてヒンドゥー教徒であることの意味を回復するだけではなく、実際に再定義をおこなってきた[41]。さまざまなアフリカ人による運動が、アフリカ人の心性における植民地主義的構築を拒絶しながらも、ポストコロニアル・アフリカン・ルネッサンスを支持して、アフリカ人の人間性と人格、共同体至上主義と社会主義のヴィジョンを喧伝している[42]。土着民の土地は譲渡可能な所有物ではなく、神聖であり共同体のものであると主張して、ネイティヴ・アメリカンたちは合衆国の近代法による裁判所を舞台に伝統的聖地回復のために訴訟を続けている。ほとんどすべての裁判は敗訴に終わったが、それが多くのネイティヴ・アメリカンの宗教を研究する者にたいして示唆しているのは、植民地支配の長い歴史は、土着宗教の否定、封じ込め、強制退去とともにまだアメリカでは終わっていないということである(43)。

土着性を自身の戦略的位置選定として大切に奉じている宗教研究者もいるが、かれらは、概して伝統の連続性や均一性にたいして懐疑的な、ポストモダン、ポスト構造主義、また他のポストコロニアル的分析といった諸潮流と競合してこなければならなかった。歴史的連続性に関しては、時を超越していると思われている伝統が――植民地主義あるいは帝国主義の比較宗教学を魅了した原始的、始源的、エキゾチックな宗教であっても――実際のところは近代の産物であることを、「創られた伝統」についての影響力の大きい研究が明らかにしてきた(44)。例えば、インドのカースト制はヒンドゥー教の太古の昔から変わることのない特徴であると思われてきたが、近年の研究結果によれば、土着民の利害関係と植民地の秩序が複雑に産みだしたものだということがわかった。しかしながら、土着性を擁護して、ロザリンド・オハンロンが論じたように、「無力にもみずからの従属構造を再生産することしかできない」というインド人イメージの源である「植民地主義の魔法」に歴史的プロセス全体を帰さなくても、英国植民地主義の「永遠にカーストに縛られた社会秩序」という概念を拒否することは可能である(45)。この点で土着性は、宗教的、社会的、政治的構造の形成において、歴史のなかで行為する者としての被植民者のエージェンシーを強調することで、重要な貢献をした(46)。

しかしながら、「創られた伝統」にたいしては異議も唱えられてきている。もっとも効果的なものは、ベネディクト・アンダーソンによる「想像の共同体」（一九九一年(47)）の議論であった。そこでは、国勢調査、公文書、行政組織等々といった、想像上の社会的均一性の感覚を生みだす装置が分析された。また、それだけではなく、ポストモダン理論がもたらした、あらゆる本質主義を疑うことにも、異議が唱えられている。しかしながら、ガヤトリ・チャクラヴォルティ・スピヴァクのような反本質主義に立つ批判的理論家でさえも、ある状況においては、植民地状況における表象をめぐる闘争のなかにある周縁の人びと、被抑圧者、「サバルタン」にかかわって介入をおこなうために「戦略的本質主義」が必要かもしれないと主張することもある。[48] 学術的宗教研究における土着性の提唱者にとって、ある形の「戦略的本質主義」は、真の伝統回復のためには必要であると思われるだろう。現実の世界に現実の効果をもたらすものであれば、その伝統がいかに「創造」され「想像」されたものであったとしても、である。[49]

第二に、異種混淆性あるいは「異種混淆化」[50] は、ある範囲の分析戦略を捉えている。それは、場所ではなく、強制退去（displacement）の論理から帰結するものである。戦略的位置選定としては、異種混淆性は移民とディアスポラ、接触（コンタクト）と偶発性、余白と混合において転位されている。植民地状況とポストコロニアルの地平のいずれへの介入としても、異種混淆性に注目することで、入植者と被植民者という二分法は拒絶される。[51] 植民地における異種混淆性をもっとも活発に定義している文化理論家ホミ・バーバによると、植民地状況の分析が焦点を合わせるべきなのは、「植民地権力側の声高な命令」でも、「原住民の伝統のひそかな抑圧」でもない。[52] むしろ、分析が向けられるべきなのは、両者の間に広がる文化的空間、すなわち接触、関係、交換という文化と文化の間の空間である。バーバによると、植民地状況における文化間の関係は、「多文化主義のエキゾチズムでも文化の〈多様性〉でもなく、文化の異種混淆性の刻印と分節化」に基づいている。バーバは主張する。「文化の意味という重荷を背負っているのは、「あいだ」《インター》――翻訳と交渉の最先端――すなわち〈はざま〉の空間である」[53]。

ホミ・バーバや他のポストコロニアルの理論家たちがこの文化の異種混淆性について展開してきたとおり、強調点は、土着民みずからの伝統的場所における自己表象から、強制退去させられた人びとによる翻訳、交渉、即興的行為へと移ってきている。とりわけ注目を集めるようになっているのは移民、亡命者、ディアスポラの共同体である。例えば、文化理論家のステュアート・ホールは、戦略的位置選定としての異種混淆性を、「ディアスポラ、多様性、異種混淆性、差異の開始点」であった新世界から生まれた、離散アフロ・カリビアンのアイデンティティの分析へと適用した。ホールは次のように主張する。このディアスポラ・アイデンティティの起源は新世界にあるが、だからといってそのことがノスタルジアのポリティクスを必然的にともなって、次のような神話を呼び起こすというわけではない。「散り散りになってしまった諸部族のアイデンティティが保障されるには、かれらが、たとえ他民族を海へと追い落とすことになろうとも、是が非でも回帰したいと願っているある神聖なる故郷との結びつきを回復することによるほかない。これは古い形式の、帝国主義化し、ヘゲモニー化する「民族性（エスニシティ）」である」[54]。

この異種混淆性というポストコロニアルな概念は、宗教研究では「シンクレティズム」という用語によって先取りされていたものである[55]。この用語は不純で正当でない宗教の混合物という響きを持ってしまっているが、より最近では宗教的創造を媒介するものとして見直されてきている。宗教研究にとっては、エラ・ショハットがポストコロニアル研究において指摘したように、「「異種混淆性」と「シンクレティズム」は、本質主義者的なもともとの区分にしたがってアイデンティティの国境線を監視することのない強制退去、移民、亡命の結果としてもたらされるアイデンティティと主体の位置の複数性を許容する」[56]。系譜的起源と系統的本質という植民地的構築につきものの「国境監視」の任務から解放されて、宗教のポストコロニアル的研究は、文化間の関係において不可避的に生じてくる人物、場所、力をめぐる複雑で競合しあう交渉にかかわることができる。人物の分類、時間と空間における方向づけ、それらに生命を与える力は、植民地的関係のなかで、交渉され、異議申し立てを受け、さらに再交渉されてきた。ポストコロニアルな地平において、宗教は、文化のはざまの世界において人と場所とをめぐる交渉術の言説的、実践的、社会的戦略の開かれた流動的な戦略として再定義できるかもしれない[57]。

学術的宗教研究が、同時にグローバルでもありローカルでもある世界においてみずからを再び方向づけ、また、フレドリック・ジェームソンが新しい「認識のマッピング」[58]と呼ぶものに従事するときに、もっとも重要な宗教的交渉は広大な海をまたいでおこなわれてきたということに気づくかもしれない。モダニティの登場にさいして、大西洋世界の「呪物（フェティッシュ）」と太平洋世界の「積み荷（カーゴ）」とのあいだで交わされた意味と力をめぐる宗教的交渉は、精神性（スピリチュアリティ）と物質性、行為者性と主体性、出会いと交換というあらゆる問いを生じさせた。それは植民地主義の遺産でもあり、ポストコロニアリズムの挑戦でもある。西アフリカにおける商業資本主義の貿易関係から生まれてきた「呪物」は、徹底的に理論化されてきたので――マルクスの欲望の物象化にせよ、フロイトの欲望の対象にせよ――近代の政治的権力を「国家フェティシズム」と呼ぶポストコロニアルの定義さえも準備した[59]。また一方で、植民地化された太平洋世界の想像力を捉えた「積み荷」には、まだ理論的反省を加える余地が残されている。太平洋のカーゴ運動の多くの信奉者たちが認識しているとおり、積み荷の真実はまだ隠されたままである――賃金労働をしても、キリスト教会で祈っても積み荷は手に入らないので、盗み取らなければならないに違いない[60]――。ゆえに、積み荷の真実は聖なる諸シンボルの盗み合いという文化のはざまのプロセスのなかに埋もれている。そのなかには富というシンボルも含まれるが、それは、植民地状況のなかでおこなわれてきたすべての異種混淆的な、あるいはシンクレティスティックな交渉の不可欠な一部分である。

もちろん、すべての交渉の地位が対等なわけではない。二十世紀末の後期資本主義、グローバルな資本主義、あるいは新帝国主義的資本主義の文化[61]においては、土着性は前近代へのノスタルジアのように見えうるし、異種混淆性はポストモダンにおける疎外のように見えうる。学術的な宗教研究が植民地の遺産と折り合いをつけるようになれば、そのポストコロニアルな潜在可能性を発展させ、世界秩序の変化にあわせて、批評と分析、解釈と説明、共感と関与、というその資源を展開させるかもしれない。同一性と差異の科学として、学術的な宗教研究は実際のところ、新しい接触領域における戦略的な位置選定と強制退去に持続的に注意を向けることによって、ポストコロニアルの挑戦に応じるのに好位置を占めているのである。

（高橋原訳）

註

（1）Frederick D. Maurice, The Religions of the World and Their Relations to Christianity（London: John W. Parker, 1847）, p. 255. David Chidester, Savage Systems: Colonialism and Comparative Religion in Southern Africa. Studies in Religion and Culture.（Charlottesville: University Press of Virginia, 1996）, pp. 131–132. デイヴィッド・チデスター『サベッジ・システム――植民地主義と比較宗教』沈善瑛・西村明訳（青木書店、二〇一〇年）一七九頁。

（2）Huston Smith, *The Religions of Man*（New York: Harper & Row, 1958）, pp. 7–8. 次を参照。Russell T. McCutcheon, *Manufacturing Religion: The Discourse on Sui Generis Religion and the Politics of Nostalgia*（New York: Oxford University Press, 1997）, pp. 180–181.

（3）Talal Asad（Ed.）, *Anthropology and the Colonial Encounter*（London: Ithaca, 1973）.

（4）Eric Wolf, *Europe and the People Without History*（Berkeley: University of California Press, 1982）.

（5）Donald S. Lopez Jr.（Ed.）, *Curators of the Buddha: The Study of Buddhism Under Colonialism*（Chicago: University of Chicago Press, 1995）.

（6）チデスター註（1）前掲書。

（7）Mary Louise Pratt, *Imperial Eyes: Travel Writing and Transculturation*（London: Routledge, 1992）.

（8）Georg Wilhelm Friedrich Hegel, *The Essential Writings*, F. Weiss（ed.）（New York: Harper, 1974）, pp. 282–283. ヘーゲル『法の哲学』上妻精・佐藤康邦・山田忠彰訳（岩波書店、二〇〇一年）四一八―四一九頁。

（9） Georg Wilhelm Friedrich Hegel, *Philosophy of Right*, T. M. Knox（trans.）（Oxford: Oxford University Press, 1967）, p. 219. ヘーゲル註（8）前掲書、五五七頁。

（10） Rolena Adorno "The Rhetoric of Resistance: The 'Talking' Book of Felipe Guaman Poma." in: *History of European Ideas* 6, 1985, pp. 447–464. Sabine MacCormack, "Pachacuti: Miracles, Punishments, and Last Judgment: Visionary Past and Prophetic Future in Early Colonial Peru." in: *American Historical Review* 93, 1988, pp. 960–1006.

（11） Wyatt MacGaffey, "Dialogues of the Deaf: Europeans on the Atlantic Coast of Africa," p. 257. in: Stuart B. Schwartz（ed.）, *Implicit Understandings: Observing, Reporting, and Reflecting on the Encounters Between Europeans and Other Peoples in the Early Modern Era*. Studies in Comparative Early Modern History（Cambridge: Cambridge University Press, 1994）.

（12） John Campbell, *Travels in South Africa*（London: Black, Parry, 1815）, p. 526.

（13） J. B. Peires, "Nxele, *Ntsikana and the Origins of the Xhosa Religious Reaction*." in: Journal of African History 20, 1979, pp. 51–52.

（14） W. H. I. Bleek, *Zulu Legends*, J. A. Engelbrecht（ed.）（Pretoria: Van Schaik, 1952; original edn, 1857）, pp. 3–4.

（15） Susan Bayly, *Saints, Goddesses, and Kings: Muslims and Christians in South Indian Society, 1700–1900*（Cambridge South Asian Studies, vol. 43. Cambridge; Cambridge University Press, 1989）, p. 294.

（16） Robert Eric Frykenberg, "Constructions of Hinduism at the Nexus of History and Religion." in: *Journal of Interdisciplinary History* 23, 1993, pp. 523–550. Ronald B. Inden, *Imagining India*（Oxford: Blackwell, 1990）. Gyanendra Pandey, *The Construction of Communalism in Colonial North India*（Delhi: Oxford University Press, 1990）.

（17） Robert F., Jr. Berkhofer, *The White Man's Indian: Images of the American Indian from Columbus to the Present*（New York: Knopf, 1978）, pp. 6–8.

（18） John Callender, *Terra Australis Cognita; or Voyages to the Terra Australis*, 3 vols.（Amsterdam: Israel, 1766–68）, vol.2, pp. 308.

（19）　William Smith, *A New Voyage to Guinea*（London: Nourse, 1744）, p. 26.

（20）　David Collins, *Account of the English Colony of New South Wales, 1798–1804*（London: T. Cadell and W. Davies, 1804）, p. 354. John Dunmore Lang, *Queensland, Australia: A Highly Eligible Field for Emigration, and the Future Cotton-Field of Great Britain, with a Disquisition on the Origin, Manners, and Customs of the Aborigines*（London: E. Stanford, 1861）, p. 374.

（21）　Émile Benveniste, “Traditions indo-iraniennes sur les classes sociales.” in: *Journal asiatique*, 230, 1971.（*Problems in General Linguistics*, Mary Elizabeth Meek（trans.）. Coral Gables, FL: University of Miami Press, 1973, p. 522）.

（22）　Martin Karl Heinrich Lichtenstein, *Travels in Southern Africa in the Years 1803, 1804, 1805*, 2 vols（Ann Plumbtre（trans.）. Cape Town: Van Riebeeck Society, 1928; original edn, 1811–1812）, pp. 301, 311–313.

（23）　チデスター註（1）前掲書。

（24）　Howard Eilberg-Schwartz, *The Savage in Judaism: An Anthropology of Israelite Religion and Ancient Judaism*.（Bloomington: Indiana University Press, 1990）, pp. 32–37. Lee Eldridge Huddleston, *Origins of the American Indians: European Concepts, 1492–1729*. Latin American Monographs, vol. 11.（Austin: University of Texas Press, 1967）, pp. 70–71.

（25）　チデスター註（1）前掲書。

（26）　Eric J. Sharpe, *Comparative Religion: A History*. 2d edn.（La Salle, IL: Open Court, 1986; original edn, London: Duckworth, 1975）, p. 35.

（27）　F. Max Müller, *Introduction to the Science of Religion: Four Lectures Delivered at the Royal Institution with Two Essays of False Analogies, and the Philosophy of Mythology*（London: Longmans, Green & Co., 1873）, p. 25. マックス・ミュラー『宗教学概論』比屋根安定訳（誠信書房、一九六〇年）三九頁。

（28）　Edward Burnett Tylor, *Primitive Culture: Researches into the Development of Mythology, Philosophy, Religion, Language, Art and Custom*, 2 vols. 4th revised edn.（London: John Murray, 1903; original edn., 1871）. vol. 一, p. 16. タイラー『原始文化』比屋根安定訳（誠信書房、一九六二年）五頁。

(29) Edwin. Ackerknecht, "On the Comparative Method in Anthropology." in: Robert F. Spencer (ed.), *Method and Perspective in Anthropology* (Gloucester, MA: Peter Smith, 1969), pp. 117–125. Kenneth E. Bock, "The Comparative Method of Anthropology." in: *Comparative Studies in Society and History* 8, 1966, pp. 269–280. Alan Dundes, "The Anthropologist and the Comparative Method in Folklore." in: *Journal of Folklore Research* 23, 1986, pp. 125–146. Fred Eggan, "Some Reflections on Comparative Method in Anthropology." in Melford E. Spiro (ed.), *Context and Meaning in Cultural Anthropology* (New York: Free Press, 1965), pp. 357–372. E. A. Hammel, "The Comparative Method in Anthropological Perspective." in: *Comparative Studies in Society and History* 22, 1980, pp. 145–155. Henry M. L. Hoenigswald, "On the History of the Comparative Method." in: *Anthropological Linguistics* 5, 1963, pp. 1–11.

(30) Müller, op. cit., pp. 122–123. ミュラー註(27)前掲書、八八頁。

(31) F. Max Müller, *The Question of Right between England and the Transvaal: Letters by the Right Hon. F. Max Muller with Rejoinders by Professor Theodore Mommsen* (London: Imperial South African Association, 1900), p. 11.

(32) Müller, op. cit. 1873, p. 101. ミュラー註(27)前掲書、七三頁。

(33) Henry Callaway, *The Religious System of the Amazulu* (Springvale, SA: Springvale Mission; reprinted, Cape Town: Struik, 1868–70).

(34) Marian S. Benham, *Henry Callaway M.D., D.D., First Bishop of Kaffraria, His Life History and Works: A Memoir.* (London: Macmillan, 1896), pp. 215, 239, 341. Henry Callaway, A Fragment on Comparative Religion (Natal: Callaway, 1874).

(35) Jean-Paul Sartre, "Introduction." In Albert Memmi, *The Colonizer and the Colonized*, Howard Greenfeld (trans.) (New York: Orion, 1965), pp. xxv-xxvi.

(36) Edward E. Said, *Orientalism* (New York: Pantheon, 1978). サイード『オリエンタリズム』上・下、今沢紀子訳(平凡社、一九九三年)。

(37) Arif Dirlik, *The Postcolonial Aura: Third World Criticism in the Age of Global Capitalism* (Boulder, CO: Westview, 1997).

（38）Aijaz Ahmad, "The Politics of Literary Postcoloniality." in: *Race and Class* 36, 3, 1995, pp. 1–20.

（39）Frantz Fanon, *The Wretched of the Earth*. Constance Farrington（trans.）(New York: Grove, 1963), p. 170. フランツ・ファノン『地に呪われたる者』鈴木道彦・浦野衣子訳（みすず書房、一九九六年）二〇三頁。

（40）Benita H Parry, "Problems in Current Theories of Colonial Discourse." *Oxford Literary Review* 9, 1987, pp. 1–2: 27–58.

（41）James G. Lochtefeld, "New Wine, Old Skins: The Sangh Parivar and the Transformation of Hinduism." in: *Religion* 26, 1996, pp. 101–118. Emmanuel Chukwudi Eze（ed.）, *Postcolonial African Philosophy: A Critical Reader*（Oxford: Blackwell, 1997）.

（42）K. A. Appiah, "Out of Africa: Topologies of Nativism." *Yale Journal of Criticism* 1, 2, 1988. K. A. Appiah, "Tolerable Falsehoods: Agency and the Interests in Theory." in Jonathan Arqac and Barbara Johnson（eds.）, *Some Consequences of Theory*（Baltimore: Johns Hopkins University Press, 1991）, pp. 63–90. V. Y. Mudimbe, *The Invention of Africa: Gnosis, Philosophy and the Order of Knowledge*（Bloomington: Indiana University Press, 1988）.

（43）Joel W Martin, "Indians, Contact, and Colonialism in the Deep South: Themes for a Postcolonial History of American Religion," in Thomas A. Tweed（ed.）, *Retelling U. S. Religious History*（Berkeley: University of California Press, 1997）, pp. 149–180.

（44）Eric J. Hobsbawm and Terence Ranger（Eds.）, *The Invention of Tradition*, Past and Present Publications（Cambridge: Cambridge University Press, 1983）. ホブズボウム・レンジャー編『創られた伝統』前川啓治・梶原景昭他訳（紀伊國屋書店、一九九二年）。

（45）Rosalind O'Hanlon, "Cultures of Rule, Communities of Resistance: Gender, Discourse, and Tradition in Recent South Asian Historiography." *Social Analysis* 25, 1989, pp. 98, 104 100.

（46）David Trotter, "Colonial Subjects." *Critical Quarterly* 32: 3, 1990, p. 20.

（47）Benedict Anderson, *Imagined Communities: Reflections on the Origin and Spread of Nationalism*. 2nd edn（London: Verso, 1991）.

（48） Gayatri Chakravorty Spivak, *In Other Worlds: Essays in Cultural Politics*（London: Methuen, 1987）, p. 205.（ガヤトリ・チャクラヴォルティ・スピヴァック『文化としての他者』鈴木聡他訳〈紀伊國屋書店、一九九〇年〉、該当箇所は訳書では割愛）。

（49） Benita H. Parry, "Resistance Theory/ Theorising Resistance or Two Cheers for Nativism." in: Francis Barker, Peter Hulme and Margaret Iverson（eds.）, *Colonial Discourse/ Postcolonial Theory. Essex Symposia, Literature, Politics, Theory*（Manchester: Manchester University Press, 1994）, pp. 172–193.

（50） Homi K. Bhabha, *The Location of Culture*（London: Routledge, 1994）. ホミ・バーバ『文化の場所――ポストコロニアリズムの位相』本橋哲也他訳（法政大学出版局、二〇〇五年）。

（51） Parry op. cit., 1987, pp. 28–29.

（52） Bhabha, op. cit., p. 112. バーバ註（50）前掲書、一九三頁。

（53） Bhabha, op. cit., pp. 38–39. バーバ註（50）前掲書、六八頁。

（54） Stuart Hall, "Cultural Identity and Diaspora." in: Jonathan Rutherford（ed.）, *Identity, Community, Culture, Difference*（London: Lawrence &Wishart, 1990）, p. 235.

（55） Charles Stewart and Rosalind Shaw（Eds.）, *Syncretism / Anti-Syncretism: The Politics of Religious Synthesis*（London: Routledge, 1994）.

（56） Ella Shohat, "Notes on the Post-Colonial." *Social Text* 31–32, 1992, p. 108.

（57） David Chidester, *Shots in the Street: Violence and Religion in South Africa*（Boston: Beacon; Cape Town: Oxford University Press, 1991）, pp. 4–5.

（58） Fredric Jameson, "Cognitive Mapping." in : Cary Nelson and Lawrence Grossberg（Eds）, *Marxism and the Interpretation of Culture*（Urbana: University of Illinois Press, 1988）, pp. 347–357.

（59） Michael Taussig, *The Devil and Commodity Fetishism in South America*（Chapel Hill: University of North Carolina Press, 1980）. Emily Apter and William Pietz（Eds.）, *Fetishism as Cultural Discourse*（Ithaca, NY: Cornell University

Press, 1993). William Pietz, "The Problem of the Fetish", I, II, IIIa, in: *RES: Anthropology and Aesthetics*, 9, pp. 23–45, 1985; 13, 1987; 16, pp. 105–123, 1988.

(60) G. W. Trompf, *Payback: The Logic of Retribution in Melanesian Religions* (Cambridge: Cambridge University Press, 1994).

(61) Fredric Jameson, "Postmodernism, or the Cultural Logic of Late Capitalism." in: *New Left Review* 146, 1984, pp. 53–92.

暴力と宗教

——ベンヤミンの「暴力批判論」における批評、脅迫そして神聖なる生

ジュディス・バトラー

筆者紹介

一九五六年アメリカ生まれ。イェール大学 Ph.D. カリフォルニア大学バークレー校教授（修辞学・比較文学科）。イヴ・セジウィッグと並び称されるクィア研究を代表する論客であるが、近年はより幅広く政治的な発言をおこなっている。人びとの日常実践が反復のなかで生みだす行為遂行的な変容の可能性（＝パフォーマティヴィティ）を重視し、構造や主体の再生産という静的な図式を放棄する議論を展開している。邦訳された著作として、『ジェンダー・トラブル』（原著一九九〇年、青土社）、『生のあやうさ』（原著二〇〇四年、以文社）、『自分自身を説明すること』（原著二〇〇五年、月曜社）など。

私がとりあげるのは、暴力に関する問題、とくに、暴力を批判的に検討する、とはどういうことなのか、という問いである。「批評」という用語は、暴力を批判的に検討するということになるとどういった意味を帯びてくるのか？　暴力の批判的検討とは、暴力の条件を問うものであるが、それは、私たちが提示する問いのかたちが前もっ

てどのようなものとして暴力を規定しているのか、と問いかえすものでもある。では、私たちが問いを立てることのできる暴力とは何なのか、そして、「暴力の合法的なかたち、非合法的なかたちとはどんなものなのか」という問いを立てる前に、こうした問いへの取り組みかたを知っておく必要はないのか？　私の理解では、一九二一年に書かれたベンヤミンの「暴力批判論」という小論は、合法的な暴力、すなわち、法によって主体が拘束される状態を措定し、それを維持することを通して国家が行使する暴力にたいして批判的な検討をおこなっている。[1]　ベンヤミンが暴力を批判的に検討するさいに提示している説明は少なくとも二種類ある。まず、彼はこう問うている。合法的な暴力はいかにして可能か？　主体を縛りつけるために、暴力、少なくとも脅迫を必要とするような法とは一体どんなものなのか？　しかしまた、こうした合法的な形式をとることのできる暴力とは一体どんなものなのか？　後者を問うさい、ベンヤミンは彼の思考にとっての第二の道筋を開く。はたして、脅迫的でない暴力、法が行使する脅迫的な力にたいして作用し、闘いを挑むことのできるような暴力はあるのか？　彼はさらに問う。抑圧と戦うのみならず、それ自体が非脅迫的で根源的に非暴力的な暴力はありうるのか？　彼はそうした非脅迫的な暴力を「無血的な暴力」と呼ぶ。無血的な暴力とは、人体や人間の生にたいして遂行されることのない暴力である、ということを含意しているように思われる。あとで見るように、この見込みを彼が満たすことができるかどうかは最終的にはっきりとしていない。もし満たすことができているとすれば、彼が支持する暴力とは、脅迫を打ち消し、その過程において血が流されることのない暴力だということになるだろう。こうした主張は、非暴力的な暴力という相いれない可能性を生みだすことになる。以下において、ベンヤミンの小論のもつ可能性を考えてみたい。

ベンヤミンの小論の難しさは悪名高いものである。たくさんの区別を使いこなさなければならないし、しかもそれらときたら、数回使ったらおしまい、とでもいうかのようである。二つの区別が提示されるのだが、彼が何をやっているのか理解しようとするならば、それに取り組まなければならない。最初のものは、法措定的暴力（*rechtsetzend*）と法維持的暴力（*rechtserhaltend*）の区別である。法維持的暴力とは法廷や警察が行使するものであり、また、統治する住民を確実に束ねるための、反復され制度化された試みである。すなわち、法維持的暴力が意味するのは、法が主体を束ねるためにくりかえし作られていく日常的な様相なのである。法措定的暴力は違う。国家が誕生してから作られるものであるかのように法は捉えられている。しかし、法はまた、規則に従わない住民を扱うために威圧的な行動をとるさい、軍隊が行使する特権ともなりうるのだ。興味深いことに、文脈に応じて、軍隊は法措定的権力と法維持的権力双方の例となりうる。この点には、私たちがほかの暴力、すなわち法措定的暴力と法維持的暴力の双方を圧倒し、これらに反対するような暴力という第三の可能性がありうるのか問うさいに戻ってこよう。だが、私たちが法措定的暴力に焦点を当てるのなら、法を据え、作る、という行為は、運命の所産なのである、とベンヤミンははっきり述べているように思う。法を制度化するさまざまな行為は、ほかの法や、法の条件に先立って正当性を合理的に主張できるものへ依拠することで、それ自体の正当化を獲得するものではないし、また、法とは、文化的な風習や規範が実定法へとゆるやかに進展していく、というような系統的な仕方で形成されるものでもない。反対に、法を作ることで生みだされるのは、しかるべき正当な手続きや討議のための条件である。いわば、法を作るということは専断的命令によって条件を設定することなのであり、これは法を設けるという暴力が意味するものの一部なのである。実際、法措定的暴力とは、「これが法なのだろう」、より徹底すれば、「今はこれが法なのだ」という主張に要約されるものである。(2)（法措定的な）法的暴力にまつわるこうした観念の決定版は、（ベンヤミンにとって独特の意味をもつ言葉である）運命が作動している、という理解である。運命はギリシア神話に属するもので、法維持的暴力はいろんな意味で法措定的暴力の副産物である。というのも、保存される法とは、そもそもすでに据えつけられた法であるからだ。束縛する力をもつという自身の特徴を反復することでのみ法は維持されうる、という事実が示すのは、拘束力をもつものとしてくりかえし主張されることによってのみ法は「維持される」、ということである。結局、運命として、専断的な命令が布告したものとして理解される法措定的暴力の原型とは、法維持的暴力をも同様に作動させるメカニズムなのである。法を作ると同時に維持する制度体の一例が軍隊であるという事実は、これらふたつの暴力がうちうちに結びついていることを理解するひな型を軍隊が提供してくれる、ということを示している。法が維持されるのは、くりかえし主張されるべきその拘束力のある地位のためである。こうした主張をくりかえすことで、法はくりかえしその地位を固め、法を設立する行為もまた理にかなったやりかたでそれをくりかえしていくのである。同様に、ここで見いだせるのは、法が自身を刷新せず、また、維持されることがなければ、法は働きもしなければ維持もされず、人びとを再び束ねあげることをしないものに軍隊がなってもおかしくない、ということである。というのも、軍隊は法を維持し強制する例であると同時に、それゆえ法を失効させ、働きを停止させ、その壊滅に従事するようになる職の一例でもあるからである。

作動している暴力を法措定的なものと法維持的なものの双方から理解しようとするなら、別の暴力、すなわち運命という観念を通してであったり、ギリシア的、「神話的暴力」として理解されることのないような暴力を考えなければならない。神話的暴力は法を設けるのにいかなる正当性をも必要とせず、法が措定されて初めてその正当性について語ることができるようになる。ゆゆしきことに、法が設けられた結果、正当性を論じることができるようになったとしても、正当性や正当性への言及なしにうちたてられるものが法なのである。まず、主体は法によって縛りつけられる。それから、拘束という法の特徴を正当化する合法的な枠組みが現れる。結果的に、法にたいして責任があり、法の前において、説明を要求する責任（accountability）との関係によって定義される主体が生みだされる。措定と維持という双方の例にあるようなこうした法の領域の向こう側に、ベンヤミンは「神的暴力」、すなわち、法的責任を打ちたてるまさにその枠組みを狙い撃つような暴力を据える。法的な枠組みのもつ脅迫的な力にたいして、特定の法体系に主体を縛りつけ、その主体が法体系にたいして、革命的な視点ではないにしても批判的な視点を養うことを妨げるような法的責任にたいして神的暴力は発動する。法体系が無効にされるさい、または法体系のもつ脅迫性のせいで脅迫に苦しむ人びとが反乱を起こしたさいには、法的責任のもつ拘束力は打ち消されるというところが重要である。実際、不正にも打ちたてられた法体系を解体するために、まさにさし控えなければならないものは、確立された法に従属して正しいおこないをすることなのである。

これは、たしかに、ソレルが「暴力に関する省察」において展開した論述であった。ソレルの議論は、あらゆる国家装置の解体へといたるゼネストを扱うベンヤミンの議論に大きな影響を与えた。ソレルによれば、ゼネストとは所与の社会秩序におけるあれやこれやの特定の改革を実現しようとするものではなく、所与の国家のあらゆる法的基盤を解体することを目指すものである。ベンヤミンは、ソレル主義者の立場と、神学的かつ政治的な意味を彼の視点にもたらすメシア主義的な思考とを結びつける。神的暴力は、強制的かつ暴力的に服従を強いる脅迫的な法的責任から人を解放するのみならず、この解放は罪の打ち消しであると同時に脅迫的暴力に抗するものでもある。こうした一連の流れに、無政府主義や衆愚政治が訪れるだけではないのか、と危惧を抱く向きもあろうが、いくつか覚えておくべきだろう。あらゆる法体系が抵抗の対象になるべきだ、とはベンヤミンはどこでも論じていないし、彼が特定の法的支配には反対し、それ以外のものにしてはそうではないのかどうかということに関しては、この小論にのっとって言えばはっきりしないのだ。さらに言えば、彼が無政府主義と通じているにしても、この文脈で無政府主義が意味するものは何なのか、少なくとも思案すべきであるし、この言葉が意味するところにわれわれはのちほど戻ってくるが、ベンヤミンが「汝殺すなかれ」という戒律を重く受け止めているということを覚えておくべきだ。矛盾するようだが、ベンヤミンは、苦しみや人生における（人生の）はかなさを感じとる方法として、道徳的法的責任という枠組みではかならずしも説明することのできない何かとして、法的責任や罪からの解放を描いている。このように苦しみやはかなさを理解することが、彼の目から見れば、一種の幸福に導いてくれるものなのである。道徳的な責任によっては説明されることのない生の領域に属する苦しみを理解することが、いかにして一種の幸福にいたり、また幸福を生みだすことになるのかを、メシア的なものにたいするベンヤミンの考えに依拠することによってはじめて人は理解できるのである。結論において、彼の「神学的・政治的断章」を考えるさい、私がこうした観念をどのようなものとして受け止めているのか明らかにしようと思う。

「暴力批判論」を書いていたころ、数冊の本にベンヤミンは依拠していた。そこに含まれるのは、ソレルの『暴力についての省察』、ヘルマン・コーエンの『純粋意志の倫理学』、ゲルショム・ショーレムのカバラ論であった。ある意味で、彼の仕事は同時に二つの軌道に沿ったものであった。神学的政治的なものが一方にあり、それはあらゆる法体系を麻痺させ解体にいたらしめるゼネストを起こす条件を練りあげたものである。他方では、脅迫的な法には還元できないことを指令する戒律を発してくる神聖なる神概念が存在する。ベンヤミンの小論におけるこの二つの筋道は、つねに寄り添ったかたちであるわけではなく、容易にそれらを解読できるわけではない。ストライキに関する理論の作用において神学が見いだせるという者もいるし、ゼネストは神のもつ壊滅性の一例（もしくはアナロジー）にすぎないという者もいる。

しかし、ここで重要と思われるのは、専制と脅迫双方を否定する戒律こそが神的暴力を伝えるものである、ということだ。実際、彼に先立つフランツ・ローゼンツヴァイク同様、ベンヤミンは、束縛せず強制することもない

（なぜなら束縛と強制を保持することは、ある点において法的暴力を必要とすることとなるから）法の一種として戒律を描いている。(3)法的暴力について語るときに私たちが語っているのは、暴力、すなわち、法の正当性や強制可能性、違法行為を見張る懲罰体系、法体系を下支えする警察や軍隊、個人が法にしたがって行動し、法との関係を通して市民としての姿を得るよう強制的に義務づける体制を確固たるものにする法的道徳的責務の諸形式、といったものを維持するような暴力についてなのである。

とても面白いことに、国家暴力、すなわち法を強制し作るという二重の能力において多くの点で軍隊が例示しているような暴力をベンヤミンが批判的に検討するのは、聖書の戒律、とくに「汝殺すなかれ」という戒律を再考することを通してなのである。有無を言わせぬしかたで作動するものとして、したがわなければ罰が下されるものとして、神の戒律を考えることに私たちは慣れてしまっているものの、ベンヤミンの戒律理解はユダヤ的伝統にのっとっており、一風変わっている。そこでは、法が発する命令と、その強制力という事柄ははっきりと分離されるのである。戒律が伝えているのは命令ではあるが、それは戒律が伝える命令を強制する能力をいかなる意味においてももたないものなのである。戒律が表現するのは荒れ狂った執念深い神ではない。こうして見ると、ユダヤ的な法は、より一般的にいえば、断固として懲罰的なものではない。さらにいえば、ユダヤの神に関連する戒律は、ここでは罪に対立するものである。戒律は、ベンヤミンによれば、神話的古代ギリシア的な伝統の遺産であることがはっきりしている罪というものを打ち消そうとするものでもあるのだ。実際、ベンヤミンの小論が断片的かつ潜在的なかたちで提示するのは、復讐や懲罰、罪の刷りこみと連想づけられるユダヤ的な法にたいする誤解への反論の可能性なのだ。脅迫的で罪を含んだ法概念と対照的に、ベンヤミンが引き合いに出す戒律が唯一命じるのは、命令が伝える倫理的布告に個人が対峙することなのである。戒律がもたらす命令は、押しつけがましいものではなく、場合によっては拒絶されうる、ということも考慮に入れつつ、さまざまなもちいかたや解釈の可能性に開かれたままであるものなのだ。

ベンヤミンの国家暴力批判は、部分的にはユダヤ神学的な資源によってもたらされたものであり、「生ける者の魂」（*die Seele des Lebendigen*）と彼が呼ぶものを狙い打つ暴力に対抗するものであった。たとえユダヤ的神学の道筋が通っているにしても、この小論が「ユダヤ的批評」に等しいと主張するのは誤りであり、ベンヤミンがユダヤ人だからといってこれを「ユダヤ的批評」と呼ぶのは無意味であるので、ここでは注意深く歩みを進めていく必要がある。もし、この批評が正当にも「ユダヤ的」と呼ばれうるのであれば、それはベンヤミンが負っているいくつかの批評的な資源がユダヤ的であるからにすぎない。そして、ショーレムやコーエンと同じくらいソレルがこの小論に大きく影響を及ぼしたことを想起するのも重要である。というのも、彼はユダヤ人ではないし、批評において明らかにユダヤ的な資源に依拠していない（ベルグソンをこうした点から捉えない限り）からである。非暴力の可能性や意味についてベンヤミンは明言を避けているにもかかわらず、ベンヤミンが考えたように、戒律は法的暴力を批判するための基盤であるのみならず、その核心においてたえず非暴力に取り組む責任（responsibility）に関する理論の条件でもある、と提示したい。

私が採用したい道筋は二つあるのだが、ここでしているような読みかたにともなう政治的な含みをはっきりさせるために、余談をさしはさみたい。復讐や懲罰、罪悪感の植えつけに基づく神概念や法概念を作りあげるのにユダヤ教に関する一部の低俗な表象が寄与するのであれば、カバラ的な系譜においては、異質なかたちで見えてくるユダヤ教の残滓がある。それこそが、ベンヤミンの思考を伝えるものである。こうして、ユダヤ教に関する一般的な表象において私たちが直面するようなユダヤ教の矮小化の一部が、激怒し懲罰をもたらす神にユダヤ教を、愛や慈善の原理とキリスト教を同一視するところにあるのだとすれば、こうした区別を考え直す必要があるだろう。例えば、ローゼンツヴァイクの作品や究極的にはブーバーの仕事を特徴づける二十世紀初頭の反ラビ運動の軌跡を、すなわち、信仰の改革という考えと結びき、一方では同化主義を、他方ではラビ的なスコラ主義をやきもきさせた反ラビ運動の軌跡を見てみよう。この運動はユダヤ教のための法的政治的領土を確保する、という努力をこき下ろすものであり、こうした議論のなかには今日のシオニズムを再考するうえで重要な意義を有するものもある。例えば、ローゼンツヴァイクは法的強迫に反対すると同時に、脅迫をともなわない法を把握する方法として戒律を捉えたのである。彼が述べるに、戒律が明確に規定しているものが何であれ、戒律が伝えているのは、「神を愛せ」という要求なのだ。実際、『救済の星』において、神の戒律とは、「我を愛せ！」という声明へと切り詰めることができるものである、とローゼンツヴァイクは書いている。一九一〇年と二〇年代において、ローゼンツヴァイクとのちのブーバーの両者がユダヤ人のために「国家」を作るという考えに反対し、その基盤として法的強迫や主権をともなう国家を打ちたてることで、ユダヤ教のもつ批評的な力や、場合によってはその信仰の（精神的な）力は台無しになり、ブーバーの言葉を借りれば、「変質してしまう」と考えた。ローゼンツヴァイクは若くして亡くなったため立場を改めることはなかったが、ブーバーは「二つの民族」が手を取り合って平等に運営する連合政府、という考えに基づいたシオニズムを採用するにいたった。私が知るかぎり、ベンヤミンはシオニズムの名のもとに国家を打ちたてるそのような見かたにくみすることはなかったし、文通のさなか、友人のショーレムがシオニズムについて問うてきたときは、幾度となくその問いに答えるのをさけていた(4)。今日について考えるための文化的な資源として彼のテクストをもちいようとする者にとって、ここでは問題となっているものは少なくとも二義的である。すなわち、ベンヤミンのテクストは、ときにユダヤ性を殺戮へと矮小化する反セム主義同然のものに反対すると同時に、国家暴力にたいして批評的な関係を打ちたてているのだ。それは、市民権を支える憲法的な基礎にたいしてではないにしても、イスラエル政府の近年の政策にたいしてユダヤ的な立場から批評的な視点を動員しようという試みの一部となるような関係の取りかたである。ご存じのように、イスラエル政府を批判することはユダヤ主義を批判することだ、とときに言われたりもするが、そのような視点が忘却しているのは、一九四八年の征服以前からシオニズムに批判的で、現在もイスラエル・パレスチナの内側で、そしてディアスポラのあいだで、左翼陣営においてさまざまなかたちをとって継続されている重要な視点を、ユダヤ教こそが提供している、ということなのだ。

もちろん、ベンヤミンの小論を現在も中傷する人はいる。かれらの多くが問題だとして論じているのは、法的支配や議会制にたいするファシズムの猛攻をベンヤミンが予想できなかったことであろう。ベンヤミンの小論が書かれた一九二一年と現代の読者とのあいだには、ナチの絶滅収容所における一千万人以上にも及ぶ虐殺を含めた歴史的な大惨事がいくつか発生した。主体を縛りつける、と考えられた法的統治によってこそファシズムに対抗するべきであったのだ、と論じることもできただろう。しかし同様に、主体を縛りつける法自体が、ファシストが合法性を獲得する装置の一部であるとすれば、そうした装置自体がまさに法であり、その装置が無効になるところまでその束縛は拒絶されるべきものであるように映るのも確かなのだ。とはいえ、ベンヤミンの法批判は、束縛に対する漠然とした反対、という一般的なものにとどまり、戦争や拷問、非合法的拘留などをおこなうアメリカの外交政策を特徴づける憲法や国際法双方の軽視と同様にファシズムの勃興にも思いを巡らせるやいなや、法の束縛という特徴でさえもそれほど模範的なものとは思えない。だが、間違いなく、ベンヤミンの小論からいくばくかの批評家が距離をとってきたのはヨーロッパにおけるファシズムの勃興という観点からだったのであった。

「法の力」において、ベンヤミンの小論を鋭く読み説いたのがジャック・デリダである。そこでのベンヤミンの小論の位置づけは、「暴力について」におけるハンナ・アレントの議論の引きたて役というものであった。ベンヤミンに関する小論をものした当時、デリダは「暴力批判論」に流れる彼が言うところの「メシア主義的マルクス主義」にたいしてはっきりと危惧を抱いていて、壊滅というテーマから距離をとり、特定のものでもなく実定的でもない法によって最終的に結果的に近づいていく正義の理念を価値づけようとしていた。もちろん、のちにデリダはメシア主義、メシア性、マルクス主義へと『マルクスの亡霊たち』や宗教を扱った数々の小論において立ち返っている。だが、ベンヤミンを扱った小論で、議会制民主主義を批判するにはベンヤミンのいる場所ははるか遠ざかってしまっていて、法的暴力に関するベンヤミンの批評は、ファシズムとかなり近いと思われるような反議会的な政治声明に帰着する可能性があるということをデリダは明示した。あるところでは、デリダはベンヤミンが「反議会の高まり」にのり、その高まりこそがファシズムをもたらしたものであったのだ、と主張している。[5] デリダがまた危惧しているのは、「暴力批判論」を出版したのと同じ年、カール・シュミットにベンヤミンが手紙を書いていることだ。だが、何かがあるにしても、その手紙の何が関心を引くのかわからない。見たところ、手紙は二行ほどの長さであり、そこに書いてあるのは、シュミットが本を謹呈してくれたことにたいするベンヤミンの謝辞である。ベンヤミンがシュミットの本の一部、またはすべてを黙認していたという推測の論拠として、こうした形式的な感謝の表現をもちいるには無理がある。

ベンヤミンの視座は共同体をまとめあげるのに法が果たす重要な役割を理解していない、と「暴力について」のなかでアレントもまた憂慮している。国家の設立は、強迫的でないかたちで始まりを迎えることができるし、そうであるべきで、その意味で国家の設立は暴力的ではないかたちで始まりを迎えることはありうるし、そうであるべきなのだということを、ベンヤミンは理解できなかったのだとアレントは述べている。[6] 彼女が求めているのは、民主主義的な法によって権力概念を基礎づけ、暴力や脅迫と区別することである。この意味で、アレントは定義を確定して問題の解決を図ろうとし、契約的戦略とでも呼べるようなものに携わっている。彼女の政治的な語彙のなかでは、暴力の定義は脅迫的なものであるのにたいし、権力の定義は非暴力的なものであり、とくに集団的自由の行使を意味すると考えられている。実際、法が暴力に基づくのならそれは法にかなったものではないと彼女は考えており、暴力が法を任命し維持している可能性がある、などという主張には彼女は真っ向から立ち向かうのである。

法を任じ、人びとの同意を表現するものこそが革命である、とアレントは理解する。それにたいし、法をもたらすのは「運命」と呼ばれるものである、とベンヤミンは述べる。そして、デリダがベンヤミンの小論を読むさい、法そのものが存在するようになる（そして、法措定的権力や運命、神話的なものの圏域とともに存在するようになる）行為遂行的な作用のなかへとメシア的なものを位置づける一方で、ベンヤミンにとってメシア的なものとは、法的な枠組みの壊滅、神話的権力にたいする明確なオルターナティヴを作りだすことと結びついているのは明らかである。後半部において、私は運命と神的暴力のこうした区別を精査し、批評という問題においてベンヤミンがメシア的なものに含意させるものを考えていきたい。

＊　＊

忘れてはならないのは、法措定的暴力と法維持的暴力と神話的暴力と神的暴力という、少なくとも二種類の重なりあう区別をベンヤミンがおこなっているということだ。私たちが法措定的暴力と法維持的暴力に関する説明を受けるのは神話的暴力の文脈においてである。では、何が問われているのか理解するために、神話的暴力の文脈について見ていこう。暴力は法体系を生みだすのであり、この法措定的暴力こそが、正当化を必要とすることもなく作動しているものである。運命こそが法を生みだす。しかし、運命が法を生みだすことが可能になるのは、神々が怒りをあらわにすることによってなのである。この怒りは法というかたちをとるが、それは特定の目的に供するものではない。それが構成するのは純粋な手段である。いわば、怒りをあらわにすることがその怒りの目的なのである。

このことを示すために、ベンヤミンがもちだすのはニオベーの神話である。彼女の大失敗は、人間である彼女が、豊穣を表す女神であるレートーよりも多産で偉大であると言い張ったことだった。彼女はレートーに激しい不快感を与え、発話行為を通して神と人間の区別を打ち壊そうともした。アルテミスとアポロンが場面に登場したのは、常軌を逸した主張をしたニオベーにたいして子どもたちを奪うという罰を与えるためであったが、こうした神々は、ベンヤミンが言うところの、法を措定するものと理解できる。だが、こうした法を措定する活動は、何よりもまず存在する法を犯した罪にたいする罰や報復なのだ、と理解されるべきではない。ベンヤミンの言葉を借りれば、ニオベーの高慢さは、法を犯すものではない。もし法を犯しているなら、違反に先だって据えつけられている法というものを想定しなければならないからだ。むしろ、高慢な発話行為を通して、彼女は運命を挑発し、また誘惑するのである。こうしてアルテミスとアポロンは運命の名のもとに行為し、運命を制度化する手段となる。運命がこの戦いに勝利し、結果的に、運命の勝利とは、法の措定を意味するものなのである。

換言すれば、ニオベーの物語が例証するのは法措定的暴力なのだ。なぜなら、神々は法を打ちたてることで傷害行為に対応するからである。この傷害行為がまず経験されるかたちは、違法行為としてではない。むしろ、この傷害行為は、法を確立するための条件を突然もたらすものとなるのである。このように、傷害行為にたいして怒りという反応を見せた具体的な結果が法なのであり、違反や怒りは前もって存在する法によって囲いこまれたものではないのである。

この怒りとは、行為遂行的に作用してニオベーを徴《しるし》づけ変容させ、罪ある主体として彼女を確立するものである。

彼女は石になり主体となる。このように法は主体を石化し、罪にまつわる時間のなかで生を捕えてしまうのである。そして、ニオベー自身は生きているものの、その生において身動きが取れない。すなわち、彼女は永遠に罪ある者となり、罪を負った主体はその罪によって石にされてしまう。永遠に石になった彼女に神々が与えた罰は明らかに終わりのないものであり、それこそが罪の贖《あがな》いなのである。ある意味で、彼女が表象しているのは無限の罰や償《つぐな》いにまつわる取引（economy）であり、ベンヤミンがほかのところで述べていることであるが、それは神話の領域に属するものなのである。(7) 彼女は罪や深い悲哀によって部分的に石化されてしまったものの、石となっても絶えることなく涙を滴《したた》らせるのである。懲罰こそが法に束縛された主体を生産するのだ。その主体とは、責任あるもの、処罰可能なもの、罰されたものとして生産される。その悲嘆、涙がなければ、ニオベーは完全に抹殺されただろうし、罪を打ち消すことによって何が解放されるのか考えるさい、ベンヤミンがその涙について振りかえっているということは、その涙がある意味で重要なのだということを示している。まず、彼女の罪は外から押しつけられたものである。重要なことだが、彼女のせいで自分の子どもたちが死んだ、ということになるには、魔術的な因果関係を経る必要があるということを忘れてはならない。そもそも、子どもたちは彼女の手で殺されたのではないけれども、神々が食らわせた攻撃によって子どもたちが死んだその死の責任をニオベーは引き受ける。そして、ニオベーが法的主体となるということは、運命がもたらした暴力が彼女の行動に起因する暴力へと再配置され、主体として直接の責任を彼女が引き受けるということを意味するのである。このような関係のなかで主体になるということは、主体に先行する暴力にたいして責任を取るということであり、主体は暴力のもたらすこのような作用を受け入れることになる。こうした主体は、結果的にみずからの行為のなかにみずからが苦しむ暴力の原因を見いだすことになる。自身が感じる苦痛の唯一の原因を自身の行為に帰することで暴力の作用を受け入れる主体が形成されるということは、このように、法による暴力がさらなる効果を及ぼしていることを示すものなのだ。

運命は法の措定を特徴づけるものであるが、きわめて興味深いことに法、とくに法的な脅迫がどのようにして解除され壊滅へといたるのか説明するための原理として運命が機能することはない。むしろ、主体の罪をあらわにすることにより、法の脅迫的な条件を措定するものが運命なのである。運命の働きとは、法に主体を縛りつけ、まさにみずからの苦しみの原因として主体を措定し、罪と結びついた法的責任のなかで主体を染めあげるものなのである。運命はまたそうした主体から生まれてくる終わりなき悲哀を説明するものにはなるが、脅迫的な条件づけを取り除こうとする試みを描きだすためのものにはなりえない。後者を理解するために、運命から神へ、運命が属する領域である神話からある種の非暴力的な壊滅が属する領域である神的なものへ移行しなければならない。こうした非暴力的な壊滅がまさに構成するものが何なのか、まだはっきりとしないが、ベンヤミンが想像しているのは法的枠組み自体の壊滅であり、それは法的枠組みが要請する暴力とは異なった種類のものであるように思われる。

小論の結末においてかなり唐突に、ベンヤミンはあらゆる法的な暴力を「壊滅させること」が課題であると結論づける(8)。だが、ここで言われるものが特定の法体系が行使する暴力なのか、法と重なりあうより一般的なかたちの暴力なのか判然としない。彼の議論は一般的なレベルにとどまっており、読者がそれによって想定するのは、法一般こそがベンヤミンに問いを提示しているものであるというものとなる。あらゆる法体系を壊滅させることが義務である、とベンヤミンが述べるとき、小論のなかでは描かれぬままではあるが、ある時点のある文脈において書いているようだ。

以前、ベンヤミンは、法措定的なものである政治的なゼネストと、国家権力や、あらゆる法のもつ束縛という特徴を保証する脅迫的な力、すなわち法的暴力そのものを壊滅させるゼネストとを区別していた。彼が述べるには、二番目のストライキは壊滅的ではあるが非暴力的なものである。ここで彼はすでに暴力的でない壊滅のあり方を提示している。小論が終わろうとするころ、こうした非暴力的な壊滅のあり方を例示し理解するために、彼は議論の方向を神に関するものへと向ける。じつのところ、神とゼネストとの何らかの関係が語られるのは、両者が壊滅的であると同時に非暴力的であると考えられているからなのかもしれない。また、神に関係があるのはベンヤミンが無政府主義と呼ぶものであり、立法的なものではないのだろう。こうして、われわれに法を与えたり、モーセを通して、法かくあるべし、という指示を伝えたりするのが神であると考えるなら、戒律は、脅迫を通して権力を維持する実定法とは異なるものである。むしろ、法のかたちをとって脅迫することなく、また強制することのないものこそが戒律であると考えなければならない。

神的暴力における神的なものが法を与えもせず維持するものでもないのならば、戒律や、とくに戒律との政治的等価物を理解する最良の方法は何なのか、われわれは困惑することになる。ローゼンツヴァイクにとって、戒律とは法的暴力や脅迫を指すものではないことは明らかである。私たちがモーセの崇める神を戒律の授与者として捉えるのにたいし、ベンヤミンにとって戒律とは法の一例として捉えられるものではない。むしろ、戒律は法に関するある見かたをもたらす。法こそが脅迫的な束縛をもたらすものであり、戒律は法を壊滅へと導くものなのだ。神的暴力を指すものとして戒律を理解することは奇妙に思えるかもしれない。しかし、人を束縛する実定法の体系が、殺人を合法的に望むのだとしたらどうだろう? ベンヤミンが引用した戒律が「汝殺すなかれ」なのだからなおさらである。法体系の合法性に歯向かうとき、戒律は暴力に対抗する暴力の一種になるのだろうか? ベンヤミンにとって、こうした神的暴力は神話的暴力を壊滅させる力を有するものなのである。神とは、神話に立ち向かうものの名前なのだ。(9)

覚えておくべきは、神的な力は神話的な力を壊滅させるのみならず、罪を取り去りもする、ということである。このことが示すのは、罪が行使する効力を消し去ろうとして、神的な力は罪に働きかける、ということである。神的暴力は法措定行為や神話の全領域に作用し、人間的な表現をとらない赦しの名のもとに、悪行のしるしをぬぐい去ろうとするのである。こうして神的な力はその行為、その壊滅的行為をおこなうのであるが、こうした行為が可能になるのは、神話的な力が罪ある主体、懲罰の対象となる罪、懲罰のための法的枠組みを作ってからのみなのである。とても興味深いことに、ベンヤミンにとって、ユダヤの神は罪の意識を呼びさますような存在ではないし、咎《とが》めにたいする恐怖と結びつくようなものではないのだ。実際、神的な力は、流血をともなわずして決定的な働きをするものであると描写されている。ベンヤミンからすれば、身体を石化し、終わりなき悲哀に叩きこむような法的な軛《くびき》を狙い撃つのが神的な力であって、生ける者の魂はその対象ではない。実際、神的暴力が作動するのは生ける者の魂の名のもとにおいてなのだ。それなら、まさに、罪を通して主体を羽交い締めにする法が危険にさらしているものこそが生ける者の魂なのであるということになる。こうした罪は、魂を亡きものにするもののひとつになる恐れがあるのだ。生ける者の魂と「生」そのものを区別することでベンヤミンが考えるように促すのは、魂が失われたならば生にどんな価値があるのかということなのである。

法的暴力にたいするこうした解釈や法的暴力を壊滅せよという義務を動機づけるものを問うてみると、ベンヤミンは「単なる自然の生の罪」[10]について語りだす。「ゲーテの『親和力』」において彼が明らかにするのは、「自然的な罪」とは倫理的なものではなく、いかなる悪行の帰結でもない。すなわち、「人間のなかで超自然の生が消滅するとともに、人間の自然の生は、倫理に背かずとも罪あるものとなるのである。というのも、いまや自然の生は単なる生に取り込まれており、この単なる生に取り込まれてあることが、人間において罪として露わになるからである」[11]。「暴力批判論」においては、自然の生というこの概念をベンヤミンは練りあげてはいないが、いたるところで「単なる生（*blosse Leben*）」にはふれている。彼は言う、「神話的暴力は単なる生に対する、暴力それ自体のための、血なまぐさい暴力であり、神的暴力はあらゆる生に対する、生ける者のための、純粋な暴力である」[12]と。こうして、実定法は、「それ自身のために生」を抑えこむ。神的な力は生そのものを守護するのではなく、「生ける者のため」だけに生を守るのである。ここで、「生ける者」に相当するのは誰なのだろう？　たんに生きているあらゆるものではないだろう。というのも、生ける者の魂はたんなる生とは異なったものであり、生ける者のためになされることとは、おそらく、たんなる生の除去を含むだろうから。例えば、ベンヤミンがコラの苦境（聖書に登場する、教えにたいして信仰を護持しなかったことに怒った神が、ある共同体全体を抹殺するというエピソード）を神的暴力の一例とするさい、このことは明白だろう。

それから、「汝殺すなかれ」という戒律は、自然の生を救おうとしているのか、生ける者の魂を救おうとしているのか、また、いかにして戒律はその二つの生を区別するのか、という問いに直面するにはいくらか不安がともなう。生自体は実定法に反対するための必然的もしくは十分な基盤ではないが、生ける者の「魂」はそうなるかもしれない。生ける者のために、つまり能動的もしくは活力に満ちた魂のおかげで生存している者のために、そういった対立関係は企てられているのかもしれない。知ってのとおり、小論の序盤において「正しい目的のためになされる暴力と不当な目的のためになされる暴力とを区別する自然法的な誤解は断固としてしりぞけられねばならない」ということが書かれている。彼が「神的」と呼ぶ暴力は目的を通して正当化されるものではなく、「純粋な手段」に当たるのだ。「汝殺すなかれ」という戒律は、壊滅の対象となる法の秩序に基づいた法ではありえない。実定法が統制するたんなる生と神の指令が向かうところであり続ける生ける者の魂とが異なるのと同様に、戒律はそれ自体、暴力に反するような暴力であるにちがいない。相当風変わりなひねりが利いているが、ベンヤミンは、殺すなという戒律を生ける者の魂を殺すなという戒律として、それゆえ生ける者の魂を殺した責をもつ実定法にたいして、暴力を行使せよという戒律として読んでいるようだ。実定法によるたんなる生の捕捉の一例が死刑である。法的暴力に抗《はむか》うさい、法的に権利委譲された暴力である死刑にベンヤミンは反対しているように見える。なぜなら、死刑とは、実定法による暴力をもっとも確かなかたちで例証するものだからである。主体に死を宣告するような法と対照的に戒律が描きあげるのは、そういった罰に対抗する、ある種の生をまさに守るために作動するような法である。しかし、どんな意味でだろうか？　指し示されているのは明らかに生物学的な生ではないし、罪がもたらした瀕死の状態（とめどなく涙を流す石化したニオベーのような状態）でもない。だが、ニオベーにもたらされるであろう罪の打ち消しは、生の名のもとに訪れるのであり、そのことは、罪の打ち消しとは、法的暴力に抗する革命の動機づけや目的としていくらか作用するのだろうか、という問いを浮かばせることとなる。法的な脅迫に抗する革命とは、死刑という特権を保持する法体系にたいして主体が負う責任という軛を消し去るものなのだろうか？　「生ける者」に関する主張にまつわる何らかのものが、主体にたいする法的な脅迫を維持する罪を消し去るようなゼネストを動機づけるのだろうか？　国家との法的接触を通してもたらされる罪から生を解き放とうとする欲望、これは暴力に抗する暴力を生みだそうとする欲望であり、法とのあいだに結んだ死の契約から、罪の力を強固なものとすることで生ける者の魂にもたらされた死から、生を解き放とうとする欲望なのである。これこそが神的暴力なのであり、まるで嵐のように、あらゆる罪の痕跡を消し去るために人びとのあいだで作動する、報復をともなわない神的な打ち消しの力である。

神的暴力は個人の身体や有機的な生を壊滅させようとするものではなく、法が形成した主体を攻撃対象とする。

罪を抱えた者を清めるものが神的暴力なのである。この暴力は、罪ではなく、法によって罪に染めあげられた状態を清めるのである。こうして、神的暴力は法支配が作りだした責任の軛を解体する。ベンヤミンがこうしたつながりを明示するのは、彼が「すべての生に対する、生ける者のための純粋な力」として神的な力に言及するさいである。神的な力は、流血なき壊滅をもたらすものである滅罪的な時間をもたらす。生ける者を法的な地位から解放すること（実定法の足かせから生ける者を滅罪し解放すること）は、まさにそうした攻撃、壊滅、無血的作用の結果もたらされるものなのである。

しかし、こうした暴力がコラの物語のように人びとの殺戮をともないうるものであり、自然の生と生ける者の魂、という疑問の余地のある区別に依拠しているのであれば、それは真に無血的なのだろうか？「生ける者の魂」という概念には暗黙のうちにプラトン主義が入りこんでいないだろうか？[13]私が論じたいのは、この「魂」という概念には理念的意味は付与されてなどいないということだ。というのも、魂はまさに生ける者にこそ属しているのである。結論において、この魂がいかに作用するかを明示したい。

ベンヤミンがこの種の区別をはっきり述べはじめるのは、暴力とは「相対的に言って、財産、権利、生のようなものに対し加えられうるものであ」るが、生ける者の魂を完全に抹殺するようなものではない、と認めるときである。神的暴力は暴力ではあるものの、それが抹殺をおこなうのは絶対的な意味ではなく、あくまで相対的な意味でなのだ。この「相対的」という言葉の使い方をどう理解すればよいだろう？　そして、彼の小論はおたがいに行使しあう決定的な力を人類に付与するものではない、とベンヤミンが主張していることとそれがどうつながるのだろう？　「殺してもいいか？」という問いが、それ以上には還元できない（*Unverrukbare*…動揺しない、固定された、文字通り、進路から逸れることができない）回答に出会うのは、「汝殺すなかれ」という戒律においてである。戒律が還元不能であり、ぶれないということと、戒律は解釈不能で反対することさえできないということは同じではない。戒律を心に留めている者は、「それと孤独に対峙せねばならず、非常の折りには、それを無視する責をもみずから引き受けなければならない(14)」。

怒りに満ちた行為によって懲罰的な法が確立される神話的情景にたいし、戒律は罪で徴《しるし》づけするのとは異なった力を行使する。もし神の言葉が行為遂行的なものであるならば、それは発話媒介行為のかたちをとるのであり、それが引き受けられるか否かは基本的に受け手に委ねられる。神の言葉が作用するのは、受け手自身のものとしてそれが受け止められてこそであり、それが作用するか否かは確かではない。ベンヤミンが描きだすのは、戒律が行使する専制的ではない権力である。「行為が成就するや否や、神の指令は適用不可能なものとなり、比較不可能なものとなる」。このことが示すのは、戒律が駆りたてる恐怖がどんなものであれ、服従を通して主体を法へと直接縛りつけるようなことはないということだ。神話的な法の例においては、懲罰によって罪の意識や恐怖は植えつけられるのであり、ニオベーの例が示すのは、自身を神と比較する誰かを待ち伏せするような懲罰なのである。

ベンヤミンの語る戒律はそうした懲罰をともなわず、また、意のままに操る力をもつものではない。ベンヤミンの語る戒律に警察力はないのだ。戒律とは不動のものであり、言語化されるものであり、戒律そのものとの対峙する機会となるものである。戒律は恐怖を引きおこすものではないし、事実にたいして裁きを押しつける力を行使するものでもない。こうして、彼は言う。「戒律からは、行為に対する判決の言葉は出てこないのだ(15)」。実際、戒律とは、行為や服従を強制したり、それが命じたことにしたがう者、したがえない者双方を裁いたりするものではない。戒律とは、行為にたいする裁きの基準を打ちたてるのではなく、指針（*Richtschnur des Handelns*）として機能するものなのである。そして戒律が要求するものとは、戒律と対峙することであり、その最終的なあり方は前もって決められるようなものではない。ベンヤミンの驚くべき解釈において、人は孤独のなか、戒律と対峙することになる。倫理的なかたちの語りかけとして、戒律とは諸個人が他者の手本に依拠することなしに対峙せねばならないものである。戒律にたいする倫理的な応答のひとつは、それをはねつける（*abzusehen*）ことであるが、そのときでさえ、戒律をはねつける責を人は引き受けねばならない。責任（responsibility）とは、戒律との関係において人がとるような何かなのであるが、戒律はそれを強制はしない。実際、その責任は義務や服従からはっきりと区別されている。戒律との対峙があるならば、自由と似た何かがそこにはあるのである。いわば、戒律との関係において、人は自身と対峙しなければならないのだ。だが、自身と対峙することで、戒律を拒絶もしくは修正するような結果や決定、行為が生まれてくるかもしれない。この意味で、そうした決定とは強制的であると同時に自由でもある解釈がもたらしたものなのである。

暴力を克服して生の価値を守り、こうした護身的な行為、すなわち法の軛にたいする攻撃や罪の打ち消し、生の蘇生といったものを名づけるために、非暴力的な暴力という概念を生みだすことを人はベンヤミンに期待するかもしれない。だが、幸福や正義より存在を重んじる人は、「誤っている」と同時に「卑しい」（*niedrig*）立場に同意するものである、とベンヤミンははっきり言っている。彼は「存在」と「単なる生」を同じものとして理解しない。そして「人間が、人間の単なる生そのものと一致することは決してない」[16]ということを明示するために、存在や生というものを考えるのであれば、存在とは幸福や正義より重んじられるべきものであるという主張には、「途方もない真理」があるのだと説く。戒律は自衛のための殺害を禁じてはいないというユダヤ的な見かたにベンヤミンが同意していることからわかるように、殺害にたいする戒律は、（罪と関連づけられる観念である）生そのものの神聖さ（*heiligkeit*）にではなく、何かほかのものに基づいている。戒律の基盤や目的を殺害にたいして打ちたてようとするとき、ベンヤミンは神聖さという概念を拒絶しないが、明らかに、生における神聖さをたんなる自然の生とは区別したがっている。

ベンヤミンが魂や神聖さといった浮世離れした教理に理解を示しているというふうに読ませようとする誘惑がほんの一瞬顔を出すのは、ベンヤミンが「この地上での生、死、死後の生のなかで同一のものとして存在する、人間のなかの命」[17]に言及するさいである。そのときですら、推測し、括弧つきの魅力を通して神聖さについて語っているだけである。「人間がいかに神聖であろうと、それにしても人間の状態はけちなものである」。人間は、身体的な生とそれを傷つけられる可能性をもったものなのである。神聖さとは、限定的な意味での生であり、それはこの世と死後の世界のなかで同じものとして存在するものなのである。だが、これをどうやって意味づけるべきだろうか？　ベンヤミンが神聖さや正義といった問題をとりあげるのは推測の域を出ない。また、いかなるかたちであれ、神聖さや正義が仮に時間というものに属するのなら、それは無限の未来に属するのだ、とベンヤミンは述べている。私たちはこうしたベンヤミンの主張をどう判断すべきなのか？　これは別の生の、すなわち身体を超え、暴力を正当化するような「目的」を与える「精神的テロリスト」（*der geistige Terrorist*）の術策を超えるような、ある種の生に向けられた要求なのだろうか？　別の生に向けられているように見えるこのような主張は、神的暴力とは特定の目的にしたがって作動することはなくむしろ純粋な手段として作動するのだとする当初のベンヤミンの主張と対立しているように見えるかもしれない。当初の言いかたに依拠するなら、神的暴力とは過程に終止符を打つものだが、その過程を「引きおこす」ものではないということ、成し遂げるための手段から成し遂げられる「目的」を切り離すことはできないということ、役立たせようなどという道具的な算段は乗り越えられるべきだということを、彼は言っているように思える。

まず、ベンヤミンの憶測に現れてくる限定的な意味での生について理解しよう。この限定的な意味での生において神聖なものや神的なものが存するのであれば、それなら、罪や実定法において法が執行する暴力に抗するものはまさにこうした生であろう。それが存在するのは、こうした法的暴力の形式への抵抗においてであり、怒りに満ちたこうした対抗暴力とは、それ自体は束縛せず、無罪で、罪から解放されたものを表現するものである。それはすでに見てきたとおりである。しかしながら、この小論において私たちが理解していることは、神的暴力は、ゼネストや革命的なものと結びつけられており、それは次いで国家の法的枠組みを挑発し、蹂躙するものと結びつけられているということなのだ。私が言いたいのは、こうした神聖で神的な意味での生は、無政府主義、原理（principle）を超えたものともまた結びつけられているということなのだ。孤独な人とは、手本や理性とではなく、戒律と対峙するものであると語られていたとき、すでに私たちはこうした無政府的な時間を目撃していたのである。戒律と、戒律との関係で行為しなければならない人のあいだに生じるものが無政府的な対峙なのであり、それは原理に頼ることなく生まれてくるものなのだ。理性は戒律と人という二つを結びつけることはない。こうした孤独において、法の基盤を掘り崩すような一般化を逃れる時間が戒律と手を組むことになる。この時間とは、法の安定状態にたいするいかなる挑発をも受けつけない脅迫や罪、責任の軛といったものの外で生きる者たちの未来に向けられた希望のもとに、生の名のもとに、もう一つの法がもたらす時間なのである。国家権力を壊滅させる暴力は、法措定的暴力でも法維持的暴力でもない。法的暴力の撤廃や革命的な壊滅こそが新たな時代を打ちたてるのであるが、この場においてはいかなる法も措定されず、新たな実定法を仕立てあげることもない。実定法にたいして一風変わったかたちで壊滅が行使する力は永続的に及ぶのだが、このことは、戒律と手を組む無政府的な時間が実定法の基盤を掘り崩すものであるということを思えば合点がいく。また、ベンヤミンがこの小論において手を携えているメシア的なものがもつ神学的な意味を思えば、このことは筋が通っている。このことは、私たちが追ってきた限定的な意味での生を特徴づけるのみならず、ベンヤミンの魂にたいする理解にプラトン主義的な読みを施すのを拒絶することでもある。

ここでベンヤミンが言及している無政府主義や壊滅を、政治的国家の別のあり方や、実定法にとってオルターナティヴとなるものとして理解するのは正しくないだろう。むしろ、実定法が備えている条件として、実定法の必然的な限界として、こうした無政府主義や壊滅はくりかえし現れてくるものなのだ。無政府状態や壊滅はいまだ到来せざる新時代を予兆するものではないが、あらゆる法的暴力に優先するものなのだ。そして、無政府状態や壊滅とは、そこに壊滅が潜んでいるということを意味し、それこそが法に拘束された主体がおこなうあらゆる行為を保証するものなのだ。ベンヤミンにとって、実定法の外部にある暴力は、革命的であると同時に神的なものである。彼の言葉でいえば、それは純粋で、直接的で、完全なものなのだ。そうした暴力を描く言葉は、ベンヤミンがゼネストを、あらゆる法体系を屈服させるストライキを描く言葉に依拠している。滅罪的な暴力とは不可視のものであり、永遠の形式、すなわちこの世、死、死後において同一のものとして存在する人間の生に結びつけられるのだ、とベンヤミンが言うとき、ここには何か思わせぶりなものがある。ちょうど同時期に書かれた「神学的・政治的断章」[18]と「暴力批判論」を並べて読むことで、何がじっくり考えるに値するものなのか、ふるいにかけることができるようになる。まず、歴史的でないものはメシア的なものと関係をもつことができない。第二に、こうした滅罪的暴力は、本当の戦争として現象することもありうるし、犯罪者にたいする民衆の審判として現象することもありうる[19]。

ここにおいても、まだ頭痛の種はあるようだ。ベンヤミンはあらゆる適法性の外に位置する本当の戦争を正当化しているのだろうか？　また、民衆自身が立ちあがって犯罪者にたいして攻撃することを正当化しているのだろうか？　神明裁判に彼が最終的にふれたところでは、神聖なる力の名のもとに、無軌道な民衆たちが蜂起してあらゆる物理的暴力をおこなう、というような印象をもたらすようだ。このことはベンヤミンが「反議会主義的な波」、すなわち彼を危険なまでにファシズムに近づけるものに乗っかっていることを示すものだろうか？　もしくはいわゆる神明裁判とは、取りまとめようとする実定法の主張を攻撃するものなのだろうか？　彼がすでに明らかにしているのは、神的もしくは神聖なる暴力とは目的によって正当化されるものではないということだ。もっとも、神的暴力においては行為者と神との独特の関係が、関心の向けどころであると彼は主張しているようにも見えるのだが[20]。

では、彼がここで言っていることをどう解釈するべきだろうか？　ベンヤミンは暴力を招来せず、むしろ、実定法や生そのものの前提条件として壊滅はすでに進んでいる、と主張している。壊滅そのものを一種の永遠として捉えない限り、神聖さが永遠なるものを明示することはない。さらに、ベンヤミンが提示する神聖さという概念は、壊滅には目的はなく、法の措定や目的論的歴史によって補償できるようなものではないということを含意している。この意味で、壊滅とは戒律が引き受けられる無政府的な時間であると「同時に」、罪が押しつける無気力さに主体を縛りつける実定法の体系に対抗するストライキでもあるのだ。壊滅とは、かなり正確な意味でメシア的なものなのだ。

結論において、ベンヤミンがもちいているメシア的な概念における「壊滅」の意味を吟味してみよう。まず、「幸福においてのみ、あらゆる地上的なものは凋落を見いだす」という「（神学的・政治的）断章」[21]での主張を考えてみよう。この凋落は一度きりのものではなく幾度も起こり、生そのものの一部をなし、生における神聖さ、「生ける者の魂」と等しいものとなるだろう。「神学的・政治的断章」でのベンヤミンの主張にとって、倫理的配慮と結びついた内向的な人間は、メシア的強度が宿る場所なのだ。ベンヤミンが考える責任をなす戒律、すなわち脅されて服従するのとは大きく異なりそれに対抗しもする戒律との孤独な対峙を頭に入れておけば、これは筋が通る話である。内向的な人間のもつメシア的強度を条件づけ、成し遂げるのは、不運や運命などと理解される苦しみである。運命によって苦しむということは、自身がその苦しみの原因なのではなく、人の統御を超えた出来事や力の結果として、罪の文脈を超えたところで苦しむことなのだ。しかし、運命が首尾よく実定法を打ちたてたならば、運命の意味は大きく変質することになる。運命が念入りに作りだした法によって、主体は、人生における苦しみの責は自分自身にあるのだ、と考えるようになってしまう。言い換えると、法こそが、自分の行為のせいで主体は苦しみを感じるということをうまく信じ込ませているのだ。法を通して、運命は苦しみを押しつける。その苦しみは自分のせいなのだ、と主体は考えてしまう。

もちろん、こういう話をしているのは、責任などというものは存在しないし、存在すべきでもないなどと言いたいからではない。そうではなくて、ベンヤミンの思考の核心には、相互に関連する点が少なくとも三つあるということを示したいのだ。すなわち、（1）責任とは、無政府的なあり方であっても、倫理的な要求と孤独に対峙するものとして理解されねばならない。（2）脅迫的強制的な服従は魂を殺し、自身に与えられた倫理的要求にたいする感受性をむしばんでしまう。（3）法的責任の枠組みは人が苦しむ条件にたいして何とかしようとするものでもなければ改めるものでもない。ベンヤミンのいう苦しみとは生と共存するものであり、生内部で十全に解消されうるようなものでもなく、因果関係的目的論的な説明が無効になるようなものなのである。この苦しみにはもっともな理由などなく、結局、もっともな理由が現れることはない。メシア的なものはまさにこの時点において生じるのだ、凋落が永遠のものとして現れるこの時点において。

「断章」のなかで、人間の幸福が絶えず凋落していくことこそが永遠のものとしてはかなさを確立するのだ、とベンヤミンは語る。このことが意味するのは、存在するのは凋落のみであり、つねに凋落しているということではなく、はかなさのリズムが目的もなく絶えず反復されるということである。彼の視点において、不滅と呼ばれるものは「この永遠に滅びゆく現世的なもののリズム、空間的時間的な総体性のなかで滅びゆく現世的なもののリズム、すなわちメシア的な自然のリズム（であり、それ）こそが幸福なのだ」[22]。幸福に関するベンヤミンの理解は上記のような理解、はかなさのもつリズムに関する理解に支えられている。実際、周期的な苦しみという特質は、それが対をなすものである幸福の矛盾する形式を支えるものとなる。もしメシア的なもののリズムが幸福であり、あらゆるものはいずれ死に、凋落を経験する、という理解のなかにそのリズムがあるのならば、このリズム、はかなさ自体がもつリズムは永遠であり、まさにこのリズムこそが、苦しさにあえぐ人の内面を永遠なるものと結びつけるのである。戒律がもたらした限定的な意味での生というものが示すのはこのことであるように思われる。はかなさとはたんなる生を確かに特徴づけるものであるから、限定的な意味での生とは「単なる生」と対立するものではない。だが、それは、はかなさのもつリズムとして捉えられた限りでのたんなる生なのである。このことが提示する視点は、生そのものが罪深い、私たちは罪によって法に縛りつけられねばならない、それゆえ、法が生にたいし暴力を行使する必要があるというような見かたに、真っ向から対立するものである。

それから、内面と、永遠の苦しみ、すなわち個々人の生に閉じられることのない苦しみとのあいだには一種の相関関係がある。苦しみとしていまや理解されている内面は、殺すなという戒律と対峙するための条件であり、その条件は一般化できるものではない。たとえ戒律が破られたとしてもそのことに苦しまねばならない。こうした孤独な対峙と苦しみとは無政府主義が意味するところのものでもあり、この無政府主義は脅迫的な法にたいして致命的な結果をもたらすよう人びとをけしかけるのだ。脅迫的な法が求めるのは、あらゆる苦しみを欠陥へ、不幸を罪へと変えることである。しかし、適切な領域以上に責任を拡大することで、実定法は、生や、苦しみと幸福双方にわたる生の必然的なはかなさを抹消してしまうのだ。実定法により主体は嘆き悲しむ石となる。実定法がみずからの苦しみの責を負う主体を確立するならば、それは同時に、罪に溺れた者、みずからの行為のせいではない不幸の責任を負うよう強いられる者、みずからの意思で苦しみをすっかり取り除くことができると考える者として主体を生みだすことになるのである。人間がおたがいに傷つけあうのは確かだが、私たちの苦しみすべてが他者の行為のせいである、というわけではないのだ。和らぐことのない苦しみに気づくことで、危害の原因として主体を捉える自己中心的な見かたが変更を加えられ否を突きつけられるとき、神的暴力は主体を罪から解き放つ。滅罪を通して主体は罪に付随するつまらぬナルシシズムから解放され、生（たんなる生でも永遠のものでもなく、神聖なるものがもつはかなさという意味における生）へと主体は回帰することになる。はかなさにとって永遠が意味するものとは、はかなさに終わりが訪れることはないということ、どんな生も死によってそのリズムが変調を被るということなのだ。こうしてベンヤミンは死にたいして生を擁護することをしない。だが、主体そのものを解放したり、石になって身動きが取れなくなった存在を解放することを意味する、罪からの主体の滅罪的な解放を必要とするような幸福（それがたとえ幸福そのものではないにしても）を、生のリズムを、死のなかに見いだすのである。

芸術に関して以前ものした小論で、芸術作品の領域における「決定的暴力」「崇高な暴力」と呼ばれるものにベンヤミンはふれている[23]。芸術作品のなかに息づいているものは魅力や美「に反して」作用する。石になった生の残滓としてのみ、芸術は確かな真理を告げる。美を消し去るには、美的なものの構成要素である魅力を消し去る必要があり、罪を消し去るには表徴を消し去る必要がある。そして最終的に、芸術作品は真理を示すために記号や表徴の働きを停止させなければならない。こうした真理は、言語のかたちを、純粋な意味での言葉のかたち（視覚的な領野と言語的なそれとを別物として理解するための問いを提示する視点）をとるものである。ベンヤミン的な意味でいえば、この言葉はそれ自体があらわれてくるわけではないが、あらわれてくるものにたいして有機的な統一性を与えるものである。言葉とは構造を体系づけるものとして、あらわれの圏域に埋めこまれている理念的なものなのである。

「暴力批判論」において、そうした言葉は戒律、殺すなかれという戒律であるが、あらわれの圏域を体系づける理念的なものの一種であるとして理解されることで、はじめて戒律はうけとられうるものとなる[24]。はかなさにおける神聖さは、はかなさの外部に見いだされるものでもなければ、たんなる生に還元できるようなものでもない。神聖なるものがもつはかなさが「単なる生」を制約するものに打ち勝たなければならないのだとすれば、殺害を糾弾する戒律を正当化するものはたんなる生ではないということになる。それにたいして、戒律は、人間の生における神聖さやはかなさ、ベンヤミンが言うところの、人間の行為を脅迫的ではないかたちで理解するための礎となるメシア的なもののリズムにあてられたものである。そして、殺戮のまえに立ちはだかるのは身体の特異性ではありえない、とベンヤミンは言っている。とはいうものの、人間の苦しみとは、罪に基づいた道徳観念や、麻痺状態や自己卑下、絶えることのない悲哀といったものを生みだす道徳的因果律のメタレプシス[25]がもつ限界をあらわにさせるものであり、道徳を超えたはかなさという概念こそがそれを理解するための第一歩をもたらすのだ、とベンヤミンは言っているように思える。しかしまた、ベンヤミンはこうした説明から絶え間ない悲哀にかかわる何かを守ろうとしているようだ。結局、ニオベーは、彼女がやったことを悔いているだけではなく、彼女が失ったものを嘆いてもいる。はかなさは道徳的因果律を超えるものである。結果として、ニオベーの涙が私たちに示してくれるであろうものとは、神話的暴力から神的暴力への転調を私たちが理解できるような見取り図なのである。

レートーより自分は多産なのだとニオベーは吹聴し、それにたいしレートーはアポロを遣いに出し、ニオベーの七人の息子を殺させた。ニオベーはなおも吹聴し、レートーはアルテミスを遣って七人の娘を殺させた（クロリスという娘が一人だけ生き残ったという者もいるが）。ニオベーの夫は自害し、アルテミスの手によってニオベーは石化する。だがその石からは絶えず涙が溢れだしている。ニオベー自身が懲罰を引きだしたのであり、傲慢にも吹聴したのだから彼女は有罪だということもできるだろう。だが、懲罰を思いつき、ニオベーの子どもたちを殺害するよう命じたのはレートーであったという事実は変わらない。また、ニオベーにたいし法的権利を与え、遡及的に合法性を作りだしたのはレートーの子どもたちであるアポロとアルテミスであった。こうした懲罰をもってはじめて法は姿をあらわすのだ。罪にまみれ、また処罰の対象となる主体を法は生みだし、その主体は法措定的権力を効果的に隠ぺいし、その権力を生じさせるのだ。神的暴力が法の措定に含まれるものでなく、滅罪的権力においてメシア的なものを動員するものであるなら、神的暴力は懲罰に縛られる主体を罪から解き放つものであるだろう。

ニオベーの滅罪とはどんなものとなるだろう？　この場合の正義とは、推測する可能性を切り開くことを必要とするだろうか？　思い当たるのは、石から水が溶けだすということ、罪が彼女にとめどなく涙を流させるということのみである。そのような懲罰に値することを彼女がやったのかということはもはや問題ではないのかもしれないが、どのような懲罰の体系がそうした暴力を彼女に押しつけているのか、ということは依然問題である。法の残虐性を問いに付すために彼女が再び立ちあがる姿を私たちは思い描くことができる。あるいは、自分にたいしてふるわれた暴力的な権威を怒りに震えながら拒絶し、失われた数々の命を絶えず嘆きながら、自身の傲慢さにたいして与えられた罪を彼女がすすぐ姿を思い浮かべることもできる。そうした悲哀が終わりのないものであれば、それは反復されるものであり、永遠のものでさえある。そこにおいて、彼女が失ったものが悲哀を生みだすのであり、生における神聖なものと幸福を生みだす壊滅のリズムに彼女の喪失を結びつけるものである「凋落」の一部を悲哀が構成するのである。

この小論におけるベンヤミンの議論にたいして疑問が向けられるのにはたくさんの理由がある。なぜなら、あらゆる法的暴力に反対することを義務づけるのか、暴力を強制的にやめさせるような特定の束縛のあり方なら支持するのか、とにかく主体は国家にたいして義務を負うべきなのか、告げることがないからだ。彼が未来のための見取り図を提示しておらず、時間に関する別の見かたを提示しているだけなのは明らかだ。小論は壊滅に関する記述で幕を閉じ、変容や未来に関して詳細に述べられることはない。だが、このことが物語るのは、未来は存在しえないなどというものではない。先に彼が述べていたように、ソレルにとって、労働者階級によるゼネストは「純粋な手段、非暴力として」の一種の暴力を作動させるものである。ベンヤミンが説明するには、「なぜなら、それがおこるのは、外面的な譲歩や労働条件の何らかの修正があれば労働を再開するというつもりでおこなわれるのではなく、労働が完全に変革されなければ、つまり国家による労働の強制がなくならなければ労働を再開しないという決意をもっておこなわれるのだから[26]」。

完全なるこうした変革こそがゼネストを神的暴力に結びつける。神的暴力は脅しによる強制を遺棄し、目的論的構造や予言を拒む時間感覚のうえに広がっていく。とくに、メシア的なものは、時間の目的論的展開に待ったをかけるものである（メシアとは、結局姿を現すものではないのだ）。メシア的なものは滅罪をもたらし、また、罪や報復、脅迫といった観念にかわって、永遠に反復するはかなさと結びついたもっと広い意味での苦しみという観念をもちだしてくる。この意味で、法的な暴力にたいするベンヤミンの批判的検討が私たちに強いるのは、生、喪失、苦しみや幸福に関する理解をいったんわきにおいて、苦しみや「凋落」と幸福との関係を問うことであり、また、神聖なる価値をもつものにたいして、はかなさがどのように結びついているのかを理解することである。それは、国家暴力による生の抹殺や絶え間ない喪失に抗するために必要なのである。国家暴力から保護する価値のあるたんなる生とは何なのか私たちに示してくれる原理として、神聖なるものがもつはかなさはとてもうまく機能してくれる。また、「汝殺すなかれ」という戒律が、なぜ革命的な行動にとっての目的論的礎としてではなく、生の価値を捉えるための目的論的ではない礎として機能するのかを神聖なるものがもつはかなさが示してくれるかもしれない。ある人が受ける苦しみが、幾度となくよみがえり永遠のものでさえある凋落のリズムとして理解されるのであれば、自身の苦しみは、くりかえしやってくる苦しみのリズムのなかに散らばり、その苦しみは他人以上のものでも以下のものでもないものとなり、一人称的な見かたは脱中心化されることになる。それは、罪と復讐双方を消滅させることになる。くりかえしやってくるこの凋落が生に幸福のリズムを与えるのであれば、この幸福とは、純粋に個人的なものではないということになる。

ベンヤミンの議論のなかに、おそらく、暴力にまつわるさまざまな条件を見いだすことができるだろう。というのも、実定法が合法性を得たり自身を維持するための権力を得たりするための暴力を審問にかけ、それにたいして抵抗するために、ベンヤミンの議論は実定法が提示する視点を放棄していたにちがいないからだ。法は、法の名のもとに行使される暴力を適法化する。そして、暴力は法が自身を措定し、合法化する手段となる。この円環が打ち破られるのは、主体が法の軛を振り払い、その軛が唐突にもほどかれるのを目撃するときである。もしくは、群衆(multitude)が主体の場所を占拠し、法的要求を履行するのを拒み、断じて専制的ではないような力を行使する別の戒律へと対峙するときである。戒律と対峙する個人がゼネストを引きおこす集団と結びつくのは、両者ともに脅迫を拒み、またその拒絶において、人間活動の土台にあるものとして機能する審議の自由を遂行するからである。

ベンヤミンが記すには、徹底的にゼネストが遂行される状況下では、とくに軍隊が職務放棄するようなときは、「実際に暴力が行使されるのをやわらげる」[27]のである。ストライキとは国家に対抗する「行動」であるとわれわれは考えているが、ヴェルナー・ハーマッハーが言うように、ストライキが示すのは、国家が法を示せなかったこと、法を裏書きできなかったこと、つまり法を永続化できなかったことなどの手抜かりや失敗なのである。[28]行為の拒絶がそれ自体暴力であるならば、その暴力は行為せよという命令に対し向けられるものであり、こうした拒絶は、反復される法の措定や時間を超えて法を維持し措定するような行為をくりかえすことを拒絶することにより、法から力を奪いとる方法となるのである。法は「壊滅」しうるものであり、そうなるだろうし、「凋落」を有するものでもあるだろう。そして法が壊滅するというそのことが、新しく、そしてこれまでと別の時間、ベンヤミンが呼ぶところの「変革」の名のもとに、歴史的にこれまで存在してきたものの壊滅とストライキという行動とを結びつけるのである。批判的な検討を企てるということは、法維持的暴力を遮断し、その暴力に反対するということであり、法にたいする承認を撤回することであり、法の維持を失敗に終わらせ、法の破壊を引き受けるような一時的な犯罪へと従事することである。ベンヤミンの小論がかなり唐突に終わるのは、ある種の唐突な終わりとして、つまり、目的論的時間を否定する壊滅や変革にのっとった批判的検討がまさに働いているものとして理解できるのかもしれない。

みなさんに思い描いてほしい。アポロやアルテミスがかれらの母を諭し、命令にしたがうのを拒絶するさまを。ストライキの解体に気乗りしない軍隊が、事実上ストライキそのものを始め、武器を捨て、国境を開き、任務を拒否し、検問所を閉鎖するさまを。従属や国家の暴力を維持してきた罪から解放され、深い悲哀を想起し予感して行為を積極的に自制するすべての構成員を。そして、これが生ける者の名のもとに現れることを。

（山本達也訳）

註

（1）本論におけるあらゆる引用は、Marcus Bullock and Michael W. Jennings eds, *Selected Writings, vol. 1, 1913–1926* (Cambridge: Harvard University Press, 1996) からのものであり、ドイツ語は Walter Benjamin, *Kririk der Gewalt und andere Aufsatze* (Suhrkamp, 1965) による。本論註の頁数は英訳版についてである。

（2）「運命（fate）」にたいしてベンヤミンがもちいている言葉は das shicksal であり、それは destiny と訳されるほうがより適切なものである。

（3）ローゼンツヴァイク曰く、戒律とは、人びとの愛を請う神がなす口語的文語的な努力である（The Star of Redemption, trans. W. Hallo (Notre Dome, Ind.: University of Notre Dome Press, 1985), pp. 267–270.〈村岡晋一ほか訳『救済の星』みすず書房、二〇〇九年〉）。愛にたいする彼の焦点化は、当時、規則の精巧化とその解釈のための技法を重視したラビ的な改革にたいしてユダヤ主義の精神的次元の復興を目指す努力と一致するものである。精神的運動としてのユダヤ主義にたいする関心から、ローゼンツヴァイクは「ユダヤ人は、国家の働きにおいて世の人びとが恒常的に浸る満足を否定するものでなければならない」(ibid., p. 332) と言明するまでにいたる。さらに、「国家が象徴するものは、時間の囲いのなかで国民に永遠を与える試みである」とまで論じている。しかし、このような永遠を確保するために、国民は永久にくりかえし作りあげられなければならず、国民はその永続化のために戦争を必要とするのだ。ローゼンツヴァイクの視点では、維持と刷新によって生は構成される。生にたいして不利に作用し、国家による脅迫を支える持続性や安定性を保証するがゆえに、法は生に反するものとして現れるのだ。彼は、国民を悩ませる諸々の矛盾を超えるものとしてユダヤ主義を理解し、ユダヤ国民からユダヤの人びとという観念を切り離そうとしたのだった。

（4）シオニズムにたいするベンヤミンのはっきりしない関係の記録として、一九三三年夏のベンヤミンとショーレム

の文通 *The Correspondence of Walter Benjamin and Gershom Sholem, 1932–1940*（New York: Schocken, 1989）.（山本尤訳『ベンヤミン・ショーレム往復書簡一九三三―一九四〇』法政大学出版局、一九九一年）を参照のこと。

（5）Jacques Derrida, *Force de loi*（Paris: Galileé, 1994）, p. 69.（堅田研一訳『法の力』法政大学出版局、一九九九年）。

（6）Hannah Arendt, "On Violence," in *Crises of the Republic*（New York: Harcourt Brace Jovanobich, 1972）。（山田正行訳『暴力について――共和国の危機』みすず書房、二〇〇〇年）。

（7）この小論や同時期の他のいくつかの小論で、ベンヤミンは贖罪や報いを神話と関連づけている。また、彼は神話にたいし、批評の作用をはっきりと対置させている。彼によれば、神話とは真理に敵対するものなのだ。例えば、"Goethe's Elective Affinities," in *Selected Writings, vol. 1, 1913–1926*（Cambridge: Harvard University Press, 1996）, pp. 297–362.（浅井健二郎ほか訳「ゲーテの『親和力』」『ベンヤミン・コレクション〈1〉近代の意味』ちくま学芸文庫、一九九五年）を見よ。この小論が書かれたのは一九二一年から二二年のあいだである。なお、本章におけるベンヤミンからの引用には訳者が適宜手を加えた。

（8）"Critique of Violence," in *Selected Writings, vol. 1, 1913–1926*（Cambridge: Harvard University Press, 1996）, p. 249.（「暴力批判論」『ベンヤミンの仕事1　暴力批判論他十篇』岩波文庫、一九九四年、五八頁）。

（9）また、一九二一年にベンヤミンはこう書いている。「最後の審判の、あらゆる悪行ののちあまりに決然と未来へと逃げ去っていく絶えず繰り延べされていくその日がもつ計り知れない重要性。この重要性は報復が支配する法の世界で明らかにされるものではなく、道徳的な宇宙においてのみ明らかになるものであり、そこは赦しが現出する場なのだ。報復に立ち向かうために、赦しは時間のなかに心強い味方を見いだす。なぜなら、アテ（道徳的盲目性）が悪人につきまとう時間とは、人気がなく恐怖が支配する無風状態なのではなく、赦しの激情に駆られた嵐なのだから。それは、最後の審判の奔流に先立つものであり、アテの進撃にひるむものではない。この嵐は恐怖におののく悪人の叫びがかき消されるような声であるのみならず、たとえそれが過程において世界を荒廃させずにはおかないものであろうとも、彼の悪行の記録を消し去る手でもある」。"The Meaning of Time in a Moral Universe," in *Selected Writings, vol. 1, 1913–1926*（Cambridge: Harvard University Press, 1996）, p. 287.

癇癪が収まってからよく考えた末に成し遂げられる能力であると普段考えられているだろう赦しとは、ここでは嵐であると捉えられている。その嵐は手や声をもつ神的な力であるが、報復に基づくものではない。重要なことに、この赦しの嵐とは、贖罪と報復の閉鎖的な取引にたいする急進的なかたちのオルターナティヴなのだ。ベンヤミンにおける赦しという問題を扱ったさらなる議論としては、私の "Beyond Seduction and Morality: Benjamin's Early Aesthetics," in *Ethics and Aesthetics*, ed. by D. Willsdon and D. Costello（London: Routledge, forthcoming）を参照。

（10）"Critique of Violence," in *Selected Writings, vol. 1, 1913–1926*（Cambridge: Harvard University Press, 1996）, p. 250.（「暴力批判論」註〈8〉前掲書所収、五九頁）。

（11）"Goethe's Elective Affinities," in *Selected Writings, vol. 1, 1913–1926*（Cambridge: Harvard University Press, 1996）, p. 308.（「ゲーテの『親和力』」註〈7〉前掲書所収、六七頁）。

（12）"Critique of Violence," in *Selected Writings, vol. 1, 1913–1926*（Cambridge: Harvard University Press, 1996）, p. 250.（「暴力批判論」註〈8〉前掲書所収、六〇頁）。

（13）プラトンは肉体にたいする魂の優位を説き、魂が肉体から自由になることを通して真の実在に到達すると考えた。

（14）"Critique of Violence," in *Selected Writings, vol. 1, 1913–1926*（Cambridge: Harvard University Press, 1996）, p. 250.（「暴力批判論」註〈8〉前掲書所収、六一頁）。

（15）ibid., p. 250.（「暴力批判論」註〈8〉前掲書所収、六一頁）。

（16）ibid., p. 251.（「暴力批判論」註〈8〉前掲書所収、六二頁）。

（17）ibid., p. 251.（「暴力批判論」註〈8〉前掲書所収、六二頁）。

（18）Walter Benjamin, "Theological-Political Fragment," in *Reflections: Essays, Aphorism,Autobiographical Writings*, trans. E. Jephcott, ed. and introd. P. Demetz（New York: Harcourt Brace Jovanobich, 1978）, pp. 312–313. ベンヤミンの原典は *Kritik der Gewalt und andere Aufsatze*, pp. 95–96.（「神学的・政治的断章」山口裕之編訳『ベンヤミン・アンソロジー』河出文庫、二〇一一年、八三―八五頁）。

（19）"Critique of Violence," in *Selected Writings, vol. 1, 1913–1926*（Cambridge: Harvard University Press, 1996）, p. 252.

（「暴力批判論」註〈8〉前掲書所収、六四頁）。

(20)　戒律の根拠は、「犠牲者に対して何がなされたかでなく、神や行為者に対して何がなされたのかに求められるべきである」とベンヤミンは記している。"Critique of Violence," in *Selected Writings, vol. 1, 1913–1926*（Cambridge: Harvard University Press, 1996）, p. 251.（「暴力批判論」註〈8〉前掲書所収、六一頁）。

(21)　"Theological-Political Fragment," in *Reflections: Essays, Aphorism, Autobiographical Writings*（New York: Harcourt Brace Jovanobich: 1978）, p. 312.（「神学的・政治的断章」註〈18〉前掲書所収、八四頁）。

(22)　ibid., p. 313.（「神学的・政治的断章」註〈18〉前掲書所収、八四頁）。

(23)　一九一九年から二〇年にかけて書かれた"On Semblance," in *Selected Writings, vol. 1, 1913–1926*（Cambridge: Harvard University Press, 1996）, p. 224と"Goethe's Elective Affinities," in *Selected Writings, vol. 1, 1913–1926*（Cambridge: Harvard University Press, 1996）, p. 341における「決定的暴力」に関するベンヤミンの発言を参照のこと。

(24)　ベンヤミン曰く「あらゆる言語やまたその言語によって作られた作品には、伝達可能なものとともに、意思伝達されえないものが常に存在する」。それが彼の言う「純粋言語の核心」である（"The Task of the Translator," in *Selected Writings, vol. 1, 1913–1926*〈Cambridge: Harvard University Press, 1996〉）, p. 261.（「翻訳者の課題」註〈18〉前掲書所収、一〇五頁）。

(25)　現在そこにあるものの姿と、その将来の姿を同時に提示する修辞学的技法。

(26)　"Critique of Violence," in *Selected Writings, vol. 1, 1913–1926*（Cambridge: Harvard University Press, 1996）, p. 246.（「暴力批判論」註〈8〉前掲書所収、五一頁）。

(27)　ibid., p. 247.（「暴力批判論」註〈8〉前掲書所収、五二頁）。

(28)　Werner Hamacher, "Afformative, Strike," in Walter Benjamin's Philosophy: Destruction and Experience, ed. by A. Benjamin and P. Osborne（London: Routledge, 1993）, pp. 110–138を参照。

歴史的暴力の記憶(1)

金成禮

筆者紹介
ミシガン大学 Ph.D. 西江大学校教授（人類学）。済州島の四・三事件を通して近代韓国における国家暴力を思考する文化人類学者。国家暴力に起因するトラウマに対してシャーマン儀礼やその語りがもたらす癒しに関心を持ち、民衆の想像力における宗教的なものの重要性とそれが公的な歴史にゆさぶりをかける可能性を考えている。邦訳された著作に「韓国　近代への喪章」（『現代思想』二六―七、一九九八年）、「国家暴力と性の政治学」（『トレイシーズ』三、二〇〇一年）。

記憶は過去を探知するための道具ではなくその現場なのである。大地が死滅した都市が埋もれている媒体であるのと同じように、記憶は過去の経験の媒体なのである(2)。

抑圧された過去に関する記憶の層を死霊の嘆きが打ち破るとき、眠っていた歴史は目を覚ます。忘れられた闇夜の記憶、とりわけ暴力がおこなわれたときのそれが真理の灯りのもとに表面化するや否や、死者の魂は蘇り、かれらの子孫に語りはじめる。本論文が目指すのは、死者の魂やシャーマンによる治癒儀礼にたいする人びとの信仰において、抑圧された政治的記憶がいかに表象されるのか、を明らかにすることである。儀礼自体の命題的象徴的構造に焦点を当てるのではなく、ある具体的な歴史的関係の文脈において経験される人びとの社会的行為として、儀礼の修辞的で演劇的・行為遂行的な側面をここでは照らしだす。この目的のために、私は死者の嘆きとして知られる儀礼的な語りにおいてくりかえし演じられる民衆の想像力において半意識的に表れている観念的領域や夢の世界に焦点を当てる。私が想定するのは、そういった儀礼でシャーマンが現在において過去を演じることで歴史的な出来事の意味が構成される、ということである。今回は、済州島で一九四八年に起こった悲劇的なイデオロギー闘争である四・三事件に関するものをとくにとりあげる。そして、この暴力的出来事を済州島と韓国全体の現代史の代表的なイメージとみなすことで、以下のものを問うていきたい。すなわち、歴史と、歴史が想像されるシャーマン儀礼の魔術を和解させるために、比喩的表現はいかにして作用するのか、そして悲劇や暴力の歴史が癒しに転換されるのはいかにしてなのだろうか。

韓国本土の南部から約九〇キロ、東シナ海に位置する広大な火山島が済州島である。済州島出身者は独特の朝鮮語方言（その方言は他地域出身の朝鮮人には理解できない唯一のものである）を話し、本土出身者のそれとは異なった親族体系や民俗宗教にいくつかの特徴がある。一九四八年八月、朝鮮南部に大韓民国が設立されるに先立って起こったおもな共産主義的武装蜂起のなかでももっとも暴力的だったのが四・三事件であった。この出来事が勃発した一九四八年四月三日、数百人の共産主義ゲリラが島中の警察署を襲撃し、公的に終息を迎えたのは、一九五七年に最後のゲリラが逮捕されてのことであった。この反乱を鎮圧するまでのあいだ、反共を公的イデオロギーとして自身の政体を合法化した親米主義者李承晩の指導の下、第一次共和制が誕生した。済州島での九年にもわたる内戦期に、全島民二一万人の三分の一にあたる実に八万六五人が死亡した。数百人の武装兵士、村から補充された千人ほどの「人民ゲリラ」を除いて、公的に「反乱者」として記録された七万三五七六人の大部分が一般市民であったと思われる。かれらは、暴動の扇動者である共産主義者と、日本からの解放と大韓民国の設立の暫定期間、南朝鮮を統治していたアメリカの軍事支配の監督下にあった軍隊や国家警察とのあいだに起こったイデオロギー闘争のさなか、罪もなく殺されたのであった。

一九四八年十月本土で起こった麗水蜂起のようなほかの反逆とは対照的に、短い軍事記録を別とすれば、奇妙なことに、公的言説は四・三事件を取り扱ってこなかった。それはまるで、公定の韓国近代史から(そして急進的な歴史家のそれからさえも)、完全に抹消されているかのようだ。しかし、事件のトラウマは済州島の人びとの記憶に深く根づいており、そのことが唯一明らかになるのがシャーマン儀礼の文脈においてなのだ。

一九八四年から八五年、済州島でおこなったフィールドワークで私が理解したのは、人びとは、病や個人的な不幸の原因を、直接的にせよ間接的にせよ、四・三事件で亡くなった人の霊と結びつけて考えている、ということである。血まみれになった純白の喪服に身を包んだ亡霊が夢に現れるという話を幾多となく耳にしたし、シャーマンが主催するほぼすべての儀礼でこうした死者の嘆きを私は聞いた。それはまるで、蜂起のあいだに亡くなった人が一人や二人、済州島のどの世帯にもいるかのようだった。済州島出身の作家が書いた短編小説「スニおばさん」のなかで、血にまみれた純白の喪服の胴着をまとった女性が夢に出てくるというイメージが書かれているのだが、そのイメージは、一九四八年にヒロインが所有する薩摩芋畑で警察や軍隊が村人の虐殺をおこなってから五十年以上にもわたってヒロインにつきまとっていた。蜂起の前日以来、彼女の夫が不可解なことに行方不明になったことから、スニおばさんはスパイ容疑に掛けられ、警察は彼女にたえず嫌がらせをしていた。彼女は激しい自閉症にかかり、そのせいで最終的に自殺を決意するまでにいたった。彼女につきまとう夢のイメージや自殺が示すように、（四・三事件そのものがもつ）暴力的な死というイメージは目下、済州島の人びとの個人的集団的悲劇の重要なシニフィアンなのである。その出来事の記憶のなかにスニおばさんを幽閉してきたイメージは、実際に彼女に暴力をもたらしていた。そこで、まず私が描きたいのは、済州島のシャーマンが見た夢である。それを歴史的暴力とシャーマンによるその癒しという一風変わった組み合わせから問題を立てる必要がある、と私には思えるのだ。

四・三事件のイメージ——暴力に関するある物語

二十五歳の済州島のシンバン（シャーマン）ミゾが語ったのは、彼女がある男性のためにおこなった治癒降霊会に関するものだった。儀礼の前夜、彼女は奇妙な夢を見た。夢のなかで、彼女は白い衣類（それは喪服だったのだけれど）をまとった若いカップルに出会ったのだが、かれらは口と胸から出血していたのだ。早朝、スニという中年の女性がやってきて、甥のために急いで悪魔払いの儀礼をするようミゾに依頼した。彼はそのとき、地元の病院で生死をさまよっていた。数年間、彼は胸部に息苦しさを感じ、苦しんでいた。もしかしたら関係があるのではと思い、ミゾは自分の見た夢をスニの甥の件に関連づけてみた。驚き狼狽しながらもスニが明らかにしたのは、四・三事件で、両親がそれぞれ竹やりと銃で殺害されたということだった。この出来事が話題になったことはこれまでけっしてなかったのだが、ミゾの夢がスニの記憶を裏づけるかたちとなったのであった。

ミゾはそれから、あの世への死者の通り道を清める特別な儀礼ジルチムを催すべきだ、と提案した。その日以降、ミゾはスニの家でシャーマンの儀礼を始めた。衰弱しベッドに横たわったスニの甥は親族の腕で「グッ」という儀礼に連れだされた。ヨンゲウルリム（死者が霊媒〈この場合はミゾ〉を通して嘆くジルチム儀礼の一部）のあいだ、自身の死や、あの世への通路を清める儀礼を受けていないためあの世へ行けない、という悲しみの物語を自分の両親が語ると、その病床の男はむせび泣いた。降霊会のあと、甥は一命を取り留めたが、病弱であることは変わらなかった。

私は今、ミゾが語ったままに話した。死者やその出来事に関するイメージを喚起するために、私は彼女の語りの順序にしたがったのである。私が面食らったのは、もともと患者の治癒のためになされていた治癒降霊会において、彼の死んだ両親が媒介になった、という事実であった。シャーマンが催す降霊会は、技術的に病気を癒し、不運を反転させるためだけではなく、悲劇的な歴史的出来事（四・三事件）の余波を消散させるためのものでもあった。済州島のシャーマンについて私が紡ぐ民族誌的物語においては、この悲劇的な出来事を、済州島の近代史、そして苦しみやその記憶に関する人びとの霊的なイメージにおいてきわめて重要なものとしてとりあげていく。神秘的で魅惑的なもので強調された象徴的価値や伝統的なもので満たされた統一され継目のないものとしてシャーマニズムを考えるよりは、歴史的な言説形式として、もしくは近代韓国という特定の歴史的文脈において実践される、記憶のもつ力を利用する技術として私はシャーマニズムにアプローチする。

私が示したいのは、この悲劇的出来事に関する歴史的なイメージを、韓国の国家創設過程におけるイデオロギー闘争に結びつけることで、ここ五十年間、この蜂起に関する記憶を抑圧してきた現在の政府による暴力にまつわる覇権的な物語の論理にたいし、四・三事件にまつわる悲劇を取り除くシャーマン的実践は民衆的なオルターナティヴを対置している、ということである。政府と民衆による二つの歴史的実践間の緊張が照らしだすのは、文体上の差異、すなわち公的な言説と、過去に関する民俗的記憶を操作し真理の権力を確立する、悲劇的伝統にまつわるリアリズム的な語りとの差異である。

私が済州島で出会ったものと似た語りの過程を呼びおこすために、ヘイドン・ホワイトの（歴史にまつわる物語を創作する人びとについての物語である）メタ・ヒストリー(3)を手本にして、メタ・ストーリーとして私は本論を構成した。というのも、済州島でシンバンを務めるミゾは、民衆の歴史創作または歴史的な言説にとってカギとなる比喩として四・三事件をもちだすからである。ミゾの物語が示すのは、当時の出来事に関する部分的な視点でしかない。蜂起に関して真理を主張する物語にはさまざまなものがある（例えば公的なものや歴史家のそれ）が、済州島では、とくに四・三事件に関連する苦痛や死の経験を一般的に表すものが悲劇なのだ。この「悲劇」は日常生活のレベルにおける出来事や経験であるだけではなく、歴史的伝統として固定されてきたこのような経験の「特異な解釈」でもあるのだ。もしくは、ウィリアムズが『近代の悲劇』（1966: 14）の序文でおこなった区分をもちいるなら、それは済州島の歴史における「伝統」なのである。この歴史的伝統がうまく表現されているのは、「時局」というありふれた言葉においてである。その言葉自体、いかなる特定の日付を含意しているわけではないのだが、日々の会話においてそれが意味するのは四・三事件なのである。ここで私が目指すのは、歴史的個人的観点の双方から、シャーマンの予知夢や死者の儀礼的な嘆きであれ、公定の歴史における暴力的なエピソードであれ、暴力の歴史が現れる「記憶の劇場」によって現在にまつわる嘘を取り除くことで、悲劇的な語りが過去に関する真理を蘇らせるやりかたをたどることなのである。

真理と歴史的実践としての民衆の記憶

本論文はこの悲劇の記憶と現実の関係を扱ってはいるものの、四・三事件に関する「事実」、例えば韓国政府が実施した反ゲリラ作戦や市民の虐殺といった残虐行為について長々と述べるつもりはない。実際、四・三事件に関連づけられる暴力は軍隊や警察だけに帰されるものではない。個人的な回顧録のかたちで書かれた生存者の証言によると、ほとんどの人びとが両陣営の残虐行為を恐れていた。そしてこの両陣営というのは、自分たちのなかから「敵」をあぶりだすよう市民に強要する侵入者たちとして描かれている。それにしたがわなかった人びとは「共謀者」と判断され殺されたのだった。にもかかわらず、軍隊や国家警察が反乱分子に対抗してもちいた力は、破壊力や徴兵力という点でゲリラの軍隊を圧倒するものであった。軍や警察は島の核をなす火山錐であるハラ山の中腹にある村の大半に立ち退きを命じ、そして、村々をすっかり焼き払った。ゲリラとの接触を疑われていた人の大半は若い男性だったのだが、かれらは警官にリンチされ拷問されることを恐れていたため、山中に潜伏していたのだ。そこでかれらは飢え死にするか、見つけだされて、山の暴徒であるとして個人的にまたは集団で殺された。

しかしながら、こうした事実は済州島出身の小説家たちが創作というかたちで著したものを除けば、一九八八年四月まで公にされることはなかった。死者の名前、とくに地元出身のゲリラやそのほかの共産主義容疑者の名前にふれたり、祭祀（儒教の先祖崇拝儀礼）でかれらを追悼することにたいして人びとが恐怖すら感じる、という事態は、この出来事に関する政府の説明（もしくは「真理」）によって生みだされている。その説明とは、すなわち、左翼勢力がほかのどこよりもはるかに強かった済州島は、武装蜂起のせいで完全に混乱に追いこまれた、というものである。この文脈における「真理」という概念に私が関心をもっているのは、いかにしてこうした公的な「真理」は確立され、政治的抑圧をもたらす覇権的なイデオロギーになったのか、という点である。「真理」という言葉に私がもたせているのは、エピステーメー、または「真理への意志」によって構築された言説形式において徹底的に歴史化されたもの、というフーコー主義的な意味合いである。(4) 韓国政府のこの「真理への意志」は、反共的な公定イデオロギーを通して実践されているのだ。

ここでいう反共イデオロギーは第二次大戦後の間もない時期や四・三事件における反乱分子対抗戦術に限られるものではない。これは当初から韓国政府の国家政策として確立されていたのだ。反共イデオロギーは北朝鮮の侵略にたいする国防イデオロギーと結びつき、一九六一年の朴正熙将軍によるクーデター後の韓国の軍事統治における全体主義的支配を正当化するものであった。親共的活動に関する犯罪の告発のもと、急進的な学生や政治的に意見が異なるものにたいして韓国政府が頻繁におこなった誘拐や拷問は、正規の基準にのっとって実践されてきた国家防衛的儀礼の証拠となるものである。軍事統治下のアルゼンチン（一九七六―八四年）の事例でグレゴリーとティマーマンが「死の儀礼」と描いたように、(5) 敵にたいする政府のこうした政治的迫害は、社会転覆に関する情報を集める手段として機能するだけではない。むしろ、人びとが感じる恐怖をセンセーショナルに表現するとともに、政府が社会を全体主義的に統御することを日常化する過程こそがこうした政治的迫害であると理解されなければならない。

そうした恐怖のさなかにおいて、四・三事件における無辜《むこ》の死者たちに関する済州島民の記憶は、実に「危険なもの」である。というのも、この出来事を秘密にしてきた政府の言説にたいしてそれらは政治的に異議申し立てをしているからだ。済州島出身の小説家や文筆家が声を合わせて嘆いているように、人びとは、その出来事を忘却することこそがそのトラウマの治癒なのだということを受け入れなければならなかった。黙秘や想起の停止を強いられる一方で、忘却の強制という情景の裏で人びとの記憶は湧きあがり、「自身の足取りで、いかなる中央集権的権力の把捉をも逃れる足取りで動きだす」[6]。これこそが「民衆の記憶」なのであり、歴史の書き換えを明確な目的としたいくつかのフランス映画が試みた、抵抗運動にまつわるオルターナティヴな解釈としてフーコーが描きだそうとしたものと似ている。フーコーによれば、民衆の記憶が示すのは、人びと（彼がいうところの、書くこと、本を作ること、自分たちの歴史的記述から引き離された人びと）が実現する記憶のかたちなのである。四・三事件やその悲劇的結末にまつわる済州島の人びとの記憶はそうした記憶のかたちと同種のものである。暴力的な出来事を、民衆の記憶はくりかえしもちだしてくる。それは、済州島の犠牲者を政府の敵であるとして犯罪者とみなす政府の歴史とは異なった真理を主張するかもしれないのである。民衆の記憶は「歴史を記録し、その鮮度を保ち、それをもちいる方法」というだけではない。同時に「もし人びとの記憶を統御し、そのダイナミズムを統御するならば、民衆の記憶は、闘争（実に、闘争は歴史の一種の意識的前面化において発展するのだ）においてきわめて重要な要因なのだ」[7]。このように、人びとは先の闘争に関する経験や知識を適切に統御するのである。

皮肉なことに、四・三事件に関する民衆の記憶は、死霊にたいする「前近代的」「迷信的」な信仰というかたちで表現される。上述のミゾの夢のように、生者が聾唖者として振る舞わねばならないときに安全なのは、死者の語りだけなのだ。にもかかわらず、死者に関する夢や物語のかたちで表現される民衆の記憶が、対抗的イデオロギー装置をともなって真理の主張を直接的におこなうことはけっしてない。死霊は、自分たちの望みが満たされなかったことやみずからの死が異常な状態にあることを嘆き悲しみ、あの世での安らかな生活を切望するだけである。嘆きのなかで、無実のかれらを普通の人間らしく扱うように訴えかけるのである。さらに、死者の語りの悲劇をどの程度取りこむかは、シャーマンが催すパフォーマンスごとに検討されるし、その社会的状況に関する共通の解釈をあらゆる物語が共有するというわけではないようだ。シャーマンは、儀礼に出席しているほかのシャーマンたちにメインの儀礼催場のそばで即興の喜劇を演じさせて聴衆たちを笑わせることで、巧みにも嘆きの語りを際立たせるのだ。片目では死者の嘆きに涙する一方で、聴衆たちはもう片目でもって喜劇的な余興をどうしても見聞きしてしまう。悲劇を忘れることで、このとき人はつかの間の癒しを得ることができるが、いみじくもそのように不明瞭かつ断片的に民衆の記憶を埋め合わせることこそが、転覆の芸術的な形式を形づくっているのである。こうした形式による表現が、支配的な力による監視の目を巧みに逸らすのである。

ここで記しておくべきは、シャーマンが死者を嘆くことに表現されているように、記憶を儀礼的に埋め合わせるには、記憶を抑圧するために政府の言説がもちいてきた恐怖からの解放が必要となるのだが、その演劇的表象（表現）のために、苦痛がともなう、ということだ。つまり、タウシッグが「恐怖の文化」と呼ぶ相互に反射しあう効果がここにはある。(8) 真理の権力を引きだすために同じ事実に基づいた経験に依拠することで、民衆の記憶と公的言説の双方が、同じ恐怖と暴力に関する語りの再構築に知らず知らずのうちに関与している。しかし、戦略的な効果から見れば、両者は基本的に対立している。シャーマンの物語が真理にまつわる傷をさらけだし癒やそうとするならば、政治的言説は抑圧的な支配への反逆者たちに犠牲を出したことを正当化しようとするのである。済州島民の死者に関する信仰や記憶は対抗言説を生みだすのだが、それはシャーマンの笑いのなかに恐怖の文化が消散するからこそ、政府の支配的言説を転覆するのである。死霊のかたちでシャーマン信仰に現れる民衆の真理をまず描きだし、それから現代の政治的文脈における恐怖と抵抗に関する政府の言説を描写することで、真理の権力が対立する目的に向けて統御され再生される筋道を私は描きだしていきたい。

霊的世界――先祖、亡霊、死霊

死霊とは誰なのか、そしてなぜかれらはこの世に戻り、悲嘆を誘う物語を語るのか。済州島の民俗宗教において、死者が要求するのは、生者がかれらの生と死を想起することである。その要求の程度は生者の幸福がほとんど台無しになるまでにいたる。追悼にたいする死者の要求は、スニの甥の不可思議な病のように、身体的な徴候となって生者に現れる。こうした理由で、子孫たちは、潜在的な悪意による損害をもたらすものとして死者を恐れているのだ。済州島の民俗宗教の霊的世界において、具体的ではあるが想像上のものでもあるこうした死霊の悪意は、死にかたによって定められる死者の地位と関係がある。済州島の「グッ」儀礼では、暴力や事故、水に溺れた、出産などで死んだ者や戦争、自殺、未婚で死んだ者はすべて「冤魂」、つまり悪霊として分類される。かれらは、通常の葬儀を催されなかった不安定で「儀礼的に不浄な」死者であり、あの世に行けず、永久に地上をさまようことを強いられているのである。霊界での冤魂の地位は低く、物乞い集団として行動する。かれらには邪悪な力があり、人びとの心に恐怖を呼びおこす。冤魂が好むのは暗くてじめじめした所である。また、自分の死と結びついた山や川、村、ときには国といった場所に固執する。死んだのと同じ状態でかれらはそこにとどまっているのだ。かれらはまだ無害な霊に完全になっていないし、あの世に送られてもいない。言い換えれば、かれらのアイデンティティは不明確なままであり、この曖昧さこそがこうした死者にたいする恐怖を喚起するのである。

「不自然な」死を理由に、冤魂には手のこんだ追悼儀式を受ける資格が与えられない。かれらは、普通に家で亡くなったほかの祖霊と区別される。冤魂が区別される重要な理由のひとつが、世帯の外で死んだという事実である。

冤魂は祖先のカテゴリーに属し、亡くなった日には儒教的な祖先崇拝を定期的に受けるにもかかわらず、それでもまだ祖先のなかでは招かれざる厄介者なのである。かれらの霊的な地位は異常であり、儒教的な道徳規準から見れば悲劇的であると考えられているので、かれらは子孫に予期せぬ不幸をもたらしうるのである。

にもかかわらず、もし子孫が定期的な儒教的追悼儀式に加えてあの世への道を清めるジルチム儀礼をおこなえば、こうした不吉な祖霊に与えられた残酷極まる汚辱を濯ぐことができる。こうした特別な儀礼なしには、悪霊は人ごみのなかをさまよい、生者がかれらをなだめ清めないうちは、生者に問題をもたらすのだ。シャーマンが催す儀礼は、悪霊のもつ悪意から生者を守り、かれらの歴史の異常性を癒すのである。死霊にたいしてシャーマンの儀礼がもつこうした力強い論理は、子どもの死霊や異常な死にかたをした者（つまり霊界での分類が周縁的な者）を無視する儒教的祖先崇拝とは対照的である。潜在的な悪意から顧客を保護するために、グッにおけるシャーマンは、冒頭の祈禱の過程のあいだじゅう死者の名前をくりかえし唱えるのに徹底した努力をする。シャーマン儀礼がもたらす効能は、ないがしろにされたことに悪意をもっているかもしれない孤独な霊を一人として残すことなく、あらゆる祖先の死者を生きている子孫が招くことに依拠している。冤魂を楽園に送るには三度のジルチムが必要である、というのが一般的な意見である。

しかし、数世代後の子孫たちは三度のジルチムに関する決まりを守っていない。五世代にわたったジルチム儀礼でも死霊が浄化されていないならば、かれらは自分の名を失い、霊界で最低位を占める劣悪な邪霊「雑鬼」になってしまう。まだ名前が同定できる冤魂が敬語でもって敬意を表されながら話しかけられるのにたいし、雑鬼はつねに見下され、悪魔払い儀礼のあいだ、シンバンのもつ青銅の霊的なナイフで患者から離れていくように脅されるのである。雑鬼とは、自然や物体、人間の感情にさえも結びついた非人格的な霊を含めたあらゆる匿名の霊を広く包含するカテゴリーである。人格的な雑鬼は家来の戦士（軍卒）であり、かれらは山の神、海の神、船の神、神殿の神、親族集団における先祖、シンバンの先祖などに付き添っている。非人格的な雑鬼は天国と現世のはざま、すなわち事実上どこにでも居座る戦士である。かれらは川、山、天国、現世、海、海岸、船、神殿、森、各時間（伝統的な時間体系にしたがった一日十二時間のなかで）どこにでもいる。こうした家来の戦士たちは社会的に特徴づけられ、クランや氏族、老若男女に結びつけられ、打ち捨てられた千年来の墓へと結びつけられる。雑鬼の別のカテゴリーとして「隻鬼」という感情的状態と結びついたものがあるが、それは満たされない愛や切望、憤慨といったものである。隻鬼が文字通り意味するのは、「満たされない欲望の器」、そしてそれらから生じる邪悪な影響である。こうしたことが示すのは、個人的な悲劇の経験がいかに霊界に関する民衆の想像力と固く結びついているのか、ということである。要するに、雑鬼のカテゴリーはありうべきあらゆる悲劇を覆っており、それは自然や人間の生をともに包含するのである。

冤魂と雑鬼に違いがあるとすれば、それは種類の違いではなく、こうした霊の地位が匿名で非人格的かつ純粋に悪いものではなく、記憶され、個人的なものである程度の相違なのである。言い換えれば、生きている子孫から記憶が消えていくにつれて、祖霊は運命に支配された記憶の境界から解放され、大きく口をあけた純粋に邪悪な力の空間へと入りこむ。そこはこの世とあの世の境目にある空虚な空間である。ときがたてば、かれらは忘却と不可視という混沌とした状態にとどまるようになり、絶えず群れでさまようことになる。しかし、食事や飲み物にたいする飽くなき飢えと渇きこそが民衆の想像力のなかにかれらの居場所を作るのであり、かれらが生きていたという記憶が消されてもなお、歴史の領域から消えることを拒否するものなのである。四・三事件のあいだに亡くなった人びとの霊に帰される周縁性は、かれらの死に関する物語が語られ、血まみれの服が清められない限りは永続するだろう。それさえすれば、時間の移り変わりのなかで嘆き悲しむ先祖が劣悪な邪霊に変身するようなことは起こらないだろう。

ヨンゲウルリム――死者の嘆き

　済州島のグッのあいだ、死霊はシャーマンの声を借りて蘇り、集まった家族みんなにかれらの死の物語をひとつずつ語る。「神の子ども（つまりシンバン）の口を借りて、親愛なる死霊は挨拶をしようとするのだ[9]」。このとき、「神が降りた」本土のシャーマン（降神巫）とは異なって、済州島のシンバンは自分が死霊に憑依されたとは考えず、自分は神の助手であり、だからこそ死者の言葉を伝えることができると考える。儀礼におけるこのような区分はヨンゲウルリムと呼ばれる。ヨンゲウルリムは文字通りに「霊界の哀願」を意味するが、その上演は、参加している家族のメンバーや親族それぞれに「（年長者からの）命令と（誰かの健康についての）質問をおこなう」「分付問安」と呼ばれる形式にしたがう。片手に持ったハンカチで涙を抑えながら、シンバンはそれぞれの死霊のためにヨンゲウルリムをかわるがわるおこなう。ヨンゲウルリムには不幸な先祖の悲痛な物語の語りなおしが含まれているので、儀礼全体に喪の趣をもたらすことになる。亡くなった祖先の印象的かつ「本物」の嘆きによって、朗読者であるシンバンと聴衆は、どうしても手に持ったハンカチで涙を抑えることとなる。

　シンバンが朗読するのは、一人ひとりの霊の生死である。ヨンゲウルリムの内容はシンバンがこうした死者についてどの程度知っているか、そして多かれ少なかれ創作的な物語で子孫の聴衆たちをどの程度満足させられるかによって変化する。一般的に言って、ヨンゲウルリムは祖先がいかにして、どんな状況で亡くなったか、またその死がいかに後悔に満ちたものであったか、といった要素を含む慣例的な語りの構造にしたがうものである。出席している家族のメンバーそれぞれに話し終わると、つねに祖霊は子孫たちに儀礼を催してくれたことへの感謝を示し、喜んであの世へ行って、天国から子孫たちを祝福することでその労に報いることを約束するのである。ヨンゲウルリムはシンバンが声を変え、「グッをおこないました」と報告し、聴衆に頭を下げ、その聴衆たちが「よくやってくださいました」と応えることで終わりを告げる。短い休憩のあと、シンバンはあの世へ通じる道の浄化儀礼(ジルチム)をとりおこなう。通常、ジルチムの会期ごとに、複数の霊が一まとめにされる。

しかしながら、家族の誰かがシャーマン儀礼を催すと、子孫との約束など忘れたかのように、すすり泣く祖霊は引きつづきこの世に戻ってくる。想起や語りなおしにたいする祖先たちの飽くなき情熱にたいして、二つの問いが浮かびあがる。(1)かれらの嘆きが子孫を害するとくに悪意をともなった力をもってしまうのはなぜなのか。(2)慰めや純化を求めてこの世にかれらがくりかえし戻ってくるのはなぜなのか。かれらが頑固にも嘆きつづけ、想起をもとめるのは、かれらの暴力的で異常な死がもつ歴史的社会的意味と関連づけられる。だが、こうした匿名の祖先の歴史は、母から義娘(嫁)へ伝えられる家族の長い歴史において断片的にしか伝えられていないので、死霊の嘆きや想起への主張が通常完遂されることはない。そうした物語は直系家族の系譜において公式に記録されていないし、公定の歴史書のなかに文脈づけられてもいない。こうした祖先たちの異常かつ暴力的な死は反社会的であり、典型的な儒教的祖先崇拝の枠組みの外側にある。だから、かれらの物語は家族の記録のなかに入れられなかったのだ。実際、そうした物語が断片的に伝達されるということ自体が、嘆き悲しんでいる祖先の周縁的な性質に端を発している。過去のこうした悲劇を呑気にも忘れてしまった子孫たちにとって、祖霊の帰還は脅威となる。この文脈において、シャーマンが演じるヨンゲウルリムは、対抗文化的な演劇を想起させる。対抗文化的な演劇において、悲劇的な物語は、事実を暴露するという行為において、ときを同じくして拒絶されるべき暴力と恐怖の歴史を回復する。ヨンゲウルリムにおいて過去の出来事を演劇的に再構築することで、シンバンは民衆の暴力的な歴史経験や理解の深層にあるものを暴きだすのだ。

口頭伝承がもつ修辞的なしかけ

これまで私は、意図的にシンバンのかなりすっきりした伝承のリストに依拠して長々と物語ってきた。それは、戦闘やその被害者、三千人の戦士(10)など、済州島のグッで扱われるものにまつわる語りを文脈化するためであった。このような戦死者は実際、歴史のよどみに住まう反逆者や英雄である。三千人の戦士という時間を超越した存在は、生と死の進化論的なうねりのなかで無視されうるし隠ぺいされもする。公定の歴史からかれらの記憶は事実上消し去られているというのに、なぜかれらはくりかえしシャーマンの儀礼に呼びだされるのか。ミゾの夢に出てきたカップルがかれらの無辜の死を想起するよう要求したように、こうした匿名の反逆者もまた追悼を望むのだ。だが、とくに一九四六年から五十年のあいだに起こったイデオロギー的対立にシンバンが焦点を当てるのはなぜなのだろう。四十年前政府に立てついたという理由で公に追悼の催しがなされなかった四・三事件の死者にたいして簡単でさえあるようなしかたで追悼することで、シンバンは何を意味しようとしているのだろう。スニの甥の亡くなった両親がはるか昔のこうした反乱者と関連づけられるのはいかにして、そしてまたなぜなのか。三千人の戦士にまつわる地域的アイデンティティの歴史的変化にこうした反乱者はいかにして結びつけられるのか。言い換えれば、大韓民国の創立に先立つ暴力的反逆者はいかにして今日の政府の敵に仕立てあげられたのか。

こうした問いに答えるためにも、対立しつつも結びついている二つの暴力の歴史の使用法が本質的に重要であるということに、私たちは注目しなければならない。その対立しつつも結びついている使用法とは、すなわち、儀礼による反逆者の記憶の回復と、抵抗に関する政府の言説である。祖霊はけっして苦痛をもたらさない、という民衆の理解にしたがえば、苦痛をもたらすのは邪悪なものの手先である三千人の戦士の霊のような雑鬼である。かれらは祖先などのような、もっと人格的な霊の手下として働く。雑鬼と祖先がこのように結びつくことで、病や不幸の災因論、また悪魔払いや治癒実践の仕組みを説明するのが容易になる。スニの甥の場合、彼の苦しみの原因は両親であったにもかかわらず、病に苦しむその男の亡くなった両親をミゾは直接払い清めることができなかった。グッのもっとも重要な目的は、このように嘆く祖霊をなだめることであり、それは、祖霊が悪事を働くということが子孫たちにとっては道義的に受け入れられないからであった。だが、邪悪な力は払われねばならない。だから、生きている個人には何の個人的責任もないと思える三千人の戦士の雑鬼のような遠い昔の人物像が悪魔払いのためにもちいられるのである。先祖よりも雑鬼が責任を問われることからわかるように、過去はかれらの邪悪な力で満ち満ちているのである。

過去をこのようにくりかえし流用することは、過去が他の時間区分（とくに現在）と有機的な連関をもっていると考え、歴史を直線であるとみなす見かたとは一線を画する。プルーストが過去を想起したように、また、ベンヤミンが「非自発的記憶」と呼ぶものに代表されるように、過去はなにかを引きおこすものとして現在に直接作用する(11)。進行する統一された時間において欠かせない部分としての直線的な過去とは異なり、ヨンゲウルリムや「ボン・プリ」のような伝統的な口頭語りにおいて表現される過去は神話的な過去なのである。それが構成するのは、現在につながる出来事の連なりの外にある独立した時間的次元なのである。時間は循環するものであり、過去はあらゆるときにとって規範的なモデルなのである（U. Kim 1981: 80）。

　三千人の戦士の悪霊は、同様に時間を超越し、過去の反乱やそこにおける悲劇的な犠牲に関する民衆の記憶をシャーマンが埋め合わせるためにもちいる規範的モデルである。祖先のための儀礼は三千人の戦士のための儀礼とは別に催され、関係づけられるのを意識的に避けているようだ。しかし、悲嘆に満ちた祖先のイメージは、こうした祖霊がこの世とあの世の合間をさまよう低級の悪霊と手を組んでいる以上、完全に消え去ることはないだろう。祖先と三千人の戦士が同一化することで、かれらに古の神秘的なオーラを与え、近年の暴力的な死ですらその聖性が高められることになるのだ。それゆえに、いかなる儀礼でさえもかれらを消し去ることなどできないのだ。

　暴力的な死に関する物語がこのようにくりかえし浮かびあがることが示すのは、（それが大昔であれ直近の過去であれ）歴史的暴力のイメージと今日の済州島民やシャーマンたちの個人的な経験のあいだにある「先入観的関係」である。タウシッグが示すように、過去をこのように経験的に流用することは「地下世界の存在にたいし敏感な歴史的で社会的なファンタジーを具体化するのであり、それには禁断のイメージがともなうのである」[12]。この感受性は、禁断のイメージ間での「秘密の合意」に関する象徴的な可能性、すなわち古代から存在する劣位の悪霊雑鬼と名の知られた死者の嘆き悲しむ霊が秘密裡に共謀している可能性において示される[13]。ベンヤミンが書いているように、「過去は救済が参照される時間的指標を記憶している。過去の世代と現在の世代には秘密の同意があるのである」[14]。

　神話的イメージに登場する地下世界の存在にたいする感受性が意味するのは、かならずしも、すぐに政治的行動に結びつきうる自意識ではない。そうした感受性は、人びとの心のなかに意図的言説的に構築されるようなものではない。むしろ、それは人びとが死霊に関してもっている信念がもたらす非言説的効果なのである。過去の出来事を意図しないにせよ表現豊かに流用することの力強さは、三千人の戦士の霊に関する伝承をシャーマンが簡潔に演説することに例示されている。歴史的出来事に関して私が長々と述べたのは、まるでそれぞれの出来事が独立して空間を占めているかのように（神話的過去についての風景画法においてごたまぜになった風景のように）詳細もなく（とくに順序にしたがわず名前とそれぞれの出来事の日時を述べるだけで）シンバンが蜂起の一覧を読みあげるその語りのニュアンスを歴史的文脈に位置づけるためであったのだ。それぞれの出来事の意味を考える時間は与えられないし、さらに、シンバンはすべての出来事をつねに列挙するわけではない。ときには彼（彼女）はある出来事に触れるのを忘れうるし、それがとくに問題となることもない。記憶や分析的な知識の正確さよりもむしろ出来事を緩くつなぎ合わせることで民衆的な歴史のかたちは形成される。それは歴史的時間の確実性をはぐらかすような詩的な組み合わせなのである。

歴史的時間の年代記的な連なりとシャーマンの語りにおける出来事の秩序のあいだに一貫性がないことは、民衆的な伝承のあり方を示すものである。例えば、蜂起が歴史的秩序のなかに列挙されるなら、十三世紀後半に起こった金通精の反乱はリストの最初に載せられなければならないだろう。私が思うに、李在守の反乱が最初の出来事として語られた理由は、四・三事件に先立つもっとも最近の暴力的で島全体にかかわる出来事としてそれがいまだに記憶されているからである。「私たちの済州島」という変換装置（shifter）でもって四・三事件にふれる前にシャーマンの朗読がいくぶん長く立ち止まるように、それぞれの出来事に済州島の人びとが付与する歴史的意味が歴史の秩序づけにおいて重要なのである。

たとえ追憶やノスタルジーによってだとしても、「昔々」という変換装置が「歴史の筋道を年代順的思考から解放し、復元する」(15)ため、歴史的な過去さえもが神話的なものになる。こういったことは、パンソリのようなほかの朝鮮の口頭伝承においても見いだせる。そうした修辞的仕掛けは、語りに神話的な雰囲気を与えるものである。出来事の意味は意識的なレベルにけっして現れるものではないため、それらの感覚的な影響力が浸みこむのは理性にというよりも感情になのである。

変換装置がもたらすもう一つの戦略的な衝撃は、テクストのなかに（太古の創世期と金通精の時代である十三世紀以降の歴史的時期のあいだにはまるで何事も起こらなかったかのように）中世を作りださないというものである。ジョセフ・ミラーが書いているように[16]、済州島のシンバンによる口頭伝承は、人びとが変化に関して考えていることに依拠している。読み書きできない状況にいる人びとは、読み書きできる歴史家のそれとは異なった歴史的な変化の概念をつくりあげる。出来事が歴史的に起こった要因を説明しようとせず、民衆がつくりだすものには一貫性がない。それは「それぞれがより明確に「意味」をなすようにし、ばらばらの状態にあるあらゆるものを「起源」にまつわるひとつの歴史（すなわち土着の反逆の起源）に押しこめるために、出来事の時代時代の移り変わり[17]」を描く語りの装置をもちいることで可能になる。こうして読み書きできない人びとは、まとまりのない二項対立的な変形というかたちにおいて変化を表現するのである。

済州島の場合、歴史的変化における急展開点は、まず金通精の武装蜂起の時代に現れる。この出来事は、独立した王朝時代から現在にいたる内的な植民地時代への移行を記しづける点で、済州島の歴史において重要である。それ以降に続く歴史的な出来事は、植民地支配、土着の反乱といった「ひとつの時代」として扱われ、読み書きできる歴史家が強調する時代である中世の時代にふれることなく進んでいく。こうした歴史にまつわる語りの構造におけるいわゆる「砂時計」的なかたちにおいて明らかになるのは、済州島の人びとは歴史の変化を急激で全体的なものであると捉えているということである。このように、朗読者はあらゆる出来事をすべてに及ぶ変化というひとつの時代に区分し、時間の基準線を個人的な追憶にまつわる直近の過去へと結びつけるのである。過去の出来事に関するシンバンの伝承に見られる現在中心的な方法論はまた、過去に起こった反逆を証明し、それらに覚えやすさや具体性を付与するのに一役買うのである。

一貫性がなかったり、時間性が語法上欠けたりしているこうした語りの仕掛けは、読み書きできる歴史家からすれば、口頭伝承における「魔術的な」修辞法である[18]、と見えることもしばしばである。そして、そうした仕掛けがはっきり姿を現すのは、朗読に決まり文句がない、という点においてである。シンバンがもっている済州島の地方史についての知識に依拠するので、こうした語りが網羅する重大な出来事は多かったり少なかったりしうるものなのである。語りや、その内容に関連して論争を巻きおこすような言説にははっきりした決まりがあるわけではない。実際、聴衆はこうした出来事すべてに関して知っているわけではないし、知る必要があるとも感じていない。しかし朗読者シンバンは、想起を通して飢えた亡霊を慰めることに義務を感じているようだ。出来事を簡単に列挙するなかでの想起、というこの単純な行為がもつのは、歴史のよどみにおいて忘れられてきた死んだ戦士たちの物語を蘇らせるという転覆的効果なのかもしれない。また、忘れられた反逆や、かれらの反逆者という位置づけのために公の追悼からは除外されている李在守や姜遇伯、金通精といった忘れられた英雄の物語は、家来の戦士たちの寄せ集めの名前の背後で生きているのだ。

悪霊と反逆者の救済的役割

反逆者や家来の戦士たちに関するこうした転覆的記憶は、民衆による抵抗の系譜を濃縮されたかたちで描きだす。

害悪や社会的無秩序にまつわる言葉にできないイメージのなかに悲劇的暴力的な死が分類され神話化されているという社会的な状態を絶えず解釈するのが、死霊のために催されるシャーマン儀礼なのである。ある意味で、儀礼が再演されるのは、歴史のなかに不可思議なものを再配列するためなのである。時間や社会空間を長大に「間延び」させることで儀礼が並列するのは、民衆の記憶のなかでは断片的なものにとどまっているさまざまな霊的カテゴリーである。不幸や苦痛を現在にもたらしうる潜在的に危険な力を行使するのは、神話的過去に起源をもつ三千人の戦士の霊がもつ匿名性と周縁性である。こうした戦士たちが邪悪な力を発するのは国史の辺境からなのである。シンバンに呼びだされて墓から出てくることで、「砂埃」をたてるために生者の世界へと突っ走り、現前する現実感覚に、国史が有する霧がかった不確実性という覆いをかぶせるのである。空虚なはざまの空間を永遠にさまよいながら、真理や秩序にたいして執念深く影響をおよぼす個人や集団の生活が歴史的に結節する点において、かれらはこの世界へと戻りつづける。循環する歴史の過程にたいするこうした民衆の信仰は、無実で亡くなった犠牲者の復讐が成し遂げられるユートピア的な歴史表現を説明する一助となる。直近の過去によって想起される悲嘆する死霊と神話的過去に由来する戦士の死霊のあいだにある秘密裡の合意は、生者に病や不幸をもたらすものとして霊の品位を貶めることになる。

霊界のなかで執拗にも生き続けることで、三千人の戦士に関する神話的過去は救済の役割を果たす。それは、魅惑的な力で、子孫たちが呑気に忘却していることを知らしめる匿名の反逆者、という太古のイメージにおいてすでに示されていた未来の真理を（ミゾの夢に出てきた亡くなった両親のように）直近の過去が予言するからである。済州島のシャーマニズムの文脈では、「救済」が意味するものはこの世からあの世（よりよき世界）への空間的精神的な移動以上のものでなければならない[19]。南米において、異教徒（前植民地の異教徒）の骨によって広まると考えられている病や死をもたらす「邪悪な風」の事例[20]に見られるように、三千人の戦士の霊は「征服や暴力の歴史の経験的な流用を反映し濃縮した神話的イメージなのである。それはちょうど征服や暴力の歴史が、現在の希望や苦難との構造的一致や類似を形成すると考えられるようなものである」[21]。神話的イメージのもつ力は、障害物を歴史のオルターナティヴとなるような言説から取り除くという点において建設的である。それはちょうどタウシッグが「政治的抑圧や心理的抑圧による経験の封殺は、後続過程として、神話や神話的イメージをもちいることで経験から障害を取り除き活性化し意識化する過程をともないうる」[22]と述べているようなものである。三千人の戦士に関する神話的イメージとそこでの秘密の合意において、シャーマンの夢同様、死霊にまつわる悲しみの語りは、「活性化され意識化された」過去の経験を表象している。こうした語りは、歴史をはっきりと言説にすることを抑圧されてきたサバルタンの人びとにとって、心のなかに「歴史を書き記す」のに唯一利用可能な手段なのである[23]。

死霊にまつわる記憶と国家イデオロギーの実践

シャーマンの朗読がもつ魔術的力を通して、死者に関する語りは、民衆がもつ反逆者の記憶のなかで救いだされる。この同じ語りが、とくに共産主義ゲリラのような「アカ」の人びとに関する語りが、政府のナショナリズムに関する公定言説による救済、という類似する目的のために流用される。こうした言説は政治的な目的のために念入りにつくりこまれた神話なのである。政府がこうした物語をもちいるのは全く反対の目的、つまり人びとを抑圧するために、である。その誕生から、韓国政府は反共プロパガンダと国防に関するイデオロギーを強調することでその合法性を維持してきた。言い換えれば、政府が促進する韓国ナショナリズムは、「忘却された」過去におけるアカの反乱者の死に立脚しているのだ(24)。政府の敵にたいして断続的に迫害がおこなわれているにもかかわらず、現在も亡霊は急進的な学生や政治的反体制の人間の姿をとってくりかえし現れる。李在守や金通精のような犠牲者の抹殺を勝ち誇ることで公定の言説が勝者の真理をはっきりと肯定するのならば、歴史に関する民衆的なイデオロギーが構築されるのは、人びとの真理にたいする暗黙知の片隅においてなのである。真理とは恐れられると同時に疑いの目を向けられるものでもあるのだ。「真理」がもたらした幾多の死が無実のもので、その潔白が証明されるということを暗黙知がひとたび確信したならば、それは民衆による反乱や革命を引きおこし、支配的な真理を転覆するものとなるのである。ちょうどシャーマン儀礼において雑鬼が邪悪なものとして恐れられ悪魔払いされるように、こうした近代的な反乱もまた反国民的であるとして恐れられ迫害され、政府の道徳的修辞において「不満分子」の烙印を押されるものである。

「不満分子」による転覆の筋書きにたいして迫害を正当化する公定の語りは、軍事国家のもつ覇権的権力を行使する。その権力は、政府が暴力をふるうのは正当である、ということを人びとに納得させることができるものである。転覆に関するこうした公定の語りは、驚くほど詳細で真に迫っているので、反体制の人間を、きわめて勇敢な反逆者として描きだす。転覆にまつわる政府の物語風説明を取りまくこうした「ハイパーリアルな」雰囲気は実際の出来事、いわゆる民主主義学生連合事変においてうまく表象されている。一九七四年四月三日午後十時、朴大統領は左翼と急進主義的な学生が「人民の共産主義的蜂起」のために連合したという転覆的な筋書きを公表した。一〇二四人が取り調べを受け、そのうちの二五三人が起訴された。その「未遂の反逆」が本当であったのか嘘であったのかは現在にいたるまで明らかにされていない。（刑に処された二五人を除いて）迫害されたものの大半が一年以内に解放されたという事実から見ても、その出来事は政治的反体制者や急進的な学生を一斉検挙するための政府によるでっちあげであると人びとは疑っている。皮肉にも、政府による一九七四年の迫害は地下で活動するゲリラ組織を支えるような、運動の急進的な方向転換を引きおこした。私がこの事件について読んだとき、一九七四年のそれと済州島における一九四八年の四・三事件の起こった日付が一致していることに興味をそそられた。そこでは、「生」を捉える過去というものがあまりにも奇妙に一致していた。

ある点で、公定の語りにおいて表明された虚構の現実は、シャーマンの予知夢と同じような幻覚作用に満ちた雰囲気を伝えるものである。それは「存在しているがそれを表現するすべをもたない民衆の記憶を書き換える方法のひとつである。だから人びとはかつてどうであったかを想起せねばならない、と示されるのである」[25]。政府に反抗する「反逆者」に関する公定のイメージは、反政府「不満分子」に関する奇想天外なイメージのなかで再現され、社会を脅えさせて政府の暴力を合法化するのにつかわれるのである。憎まれ恐れられ、しかし畏敬の念をもって接される亡霊のように、一九四八年に亡くなった「アカ」や八〇年代に生きていた「不満分子」のようなのけものたちは、実際は「犠牲者であった。真理を生みだし、他者をめぐる言説のなかで処罰者の幻想を具体化するために処罰者たちが必要とする犠牲者なのである」[26]。急進的な学生や左翼を、「あまりにも世間知らずかつ非論理的なので国防の危機を理解できない、すなわちあまりにも衝動的なので正しく行動できない」無垢で無秩序かつ獰猛《どうもう》な人物として、公定のイメージは「不満分子」を定義する。政府がここで拵《こしら》えたのは、反英雄的神話である。「他者」をこのように幻想化する言説において、獰猛な不満分子は拷問や投獄といった政府の啓蒙戦略によって飼いならされねばならないのである。その方法論は、南米における植民地化の過程とよく似ている[27]。

実際、度重なる摘発やこうした不満分子の飼いならしは、支配者である政府が恐怖を文化的につくりあげていることを証明するものである。そしてアカにたいするこうした恐怖は国民的な「恐怖の文化」を植えつけ、自己を浄化するために執拗に悪魔払いをしようとする。[28] 国民的な「恐怖の文化」はオルターナティヴな言説を沈黙させることで育まれ、反英雄的神話に関して悪評を生みだし陰謀にたいして熱狂的に圧力をかけることで永続化されるのである。「不満分子」によってばらまかれたと思われたこうした悪評は、もちろん、政府が政治的な抑圧を正当化するために必要とする、左翼の蜂起に関する想像上の図式なのである。

グレゴリーとティマーマンにしたがえば、[29] 社会的な悪に関する架空の物語化は、七〇年代の軍事政権化のアルゼンチンのような全体主義的国家において一般的な主題として現れる。近代的な政府が催す儀礼を説明するのにジラールがもちいた「創始的暴力」[30] は、近代韓国における恐怖の文化を理解するのに有用なツールである。アルゼンチン政府が催す死の儀礼の筋書きでは、犠牲者や「行方不明者」は、社会秩序を取り戻すために、そして国民文化を刷新するために犠牲にされるのである。その点においてかれらはほとんど国民的な英雄なのだが、反英雄にされるのである。

恐怖をこのように儀礼化することは、抵抗について創られた伝統のまさしく裏面にあるものである。恐怖の儀礼化はまた、変わることなく幾度もくりかえすという国家の連続性に依拠して国家自身が行使する合法的な暴力でもある。[31] 他方で、暴力の同じ儀礼化の過程が、政府への抵抗のためにこうした反英雄によって逆にもちいられた。学生運動はより急進的になり、権力に対抗するための戦術的な闘争により関心をもつようになってきた。こうした活動は悲劇的なことに、国家によって報いを受けてもいる。だが、学生たちの活動は、国民文化の形成にとって重要な役割を果たすナショナリズムを、いびつなかたちでミメーシスしたものであるのだ。ナショナリズムは、とくに将軍補佐朴正煕が率いた一九六一年のクーデター以降の韓国における三十年来の軍事政権において重要な役割を果たしてきたのだ。

泣き笑いのユートピア的空間

私が示そうとしてきたのは、歴史的な暴力の心象風景が、死者を想起するシャーマン的実践と国家的な恐怖の文化双方においていかに構成されているのか、ということであった。そして、理論的解釈とおりまぜながらおこなってきた物語において、暴力的な出来事（とくに四・三事件）のさなか、名もなく死んでいった無実の死者にたいする政府の説明と民衆の記憶を対比することで、意識的におたがいに反目しあう権力関係を引きだしてきた。民衆の言説対公定の言説、人民対政府、シャーマン儀礼対儒教的祖先崇拝儀礼、地方対国家などといった対立項がここではもちいられているが、それらは、活気づいて意識的になった歴史の物語へと注意を引くのに役立つ装置としてのみもちいられている。実際、まさに対抗的なこの図式が修正主義的な歴史学者や活動家によって、軍事政権の全体主義的権力や「アメリカ帝国主義の遺産」に抵抗する各々の目的で積極的につかわれているのだ。こうして私は以下のように言うことができるだろう。すなわち、認識を促すこうした装置ですら、リアリティ（つまり歴史的論争に関するリアリティ）に埋めこまれた歴史的な信用証明を有するものなのだ、と。

しかしながら、済州島のシャーマンによる癒やしにおける抵抗や転覆、というイデオロギー的ではなく、潜在意識下にあって非言説的でもある芸術的形式に光を当てるということこそが、私が真に目指したものであった。私が興味をもっているのは、霊が憑依することで死霊にまつわるリアリティが現れてふたたび生を得ることとなるシャーマン儀礼の修辞的演劇的側面である。(32) その超自然的な本質において、霊にたいする浮世離れした信仰は、権力と抵抗の因果関係図式のなかに容易に収まるようなものではない。意識の縁にある霊界にまつわる現象学的なリアリティは、客観的な観察や直接の監視に従属するものではない。これまで論じてきたように、リアリティに関する所与の真理を転覆するような型にはまらない対抗言説を生みだすためにシャーマンの実践はこうした捉えがたさを利用するのである。結論において私が光を当てたいのは、魔術的治癒に関する済州島のシャーマンの演劇的技法である。

ズニ族のシャーマン治癒儀礼がもつ魔術的本質を扱った雄弁な分析でクロード・レヴィ＝ストロースが示しているように、治療者であるシャーマンは特定の出来事を再現したり真似たりするのではなく、「迫真性、独創性、そして暴力においてそれらを蘇らせる。この場合、シャーマンは抑圧されたものを解き放つ専門家なのだ[33]」。これは韓国のシャーマニズムにおいても見いだせる。そこでは悪魔払いの儀式はブリと呼ばれ、がんじがらめになった怨恨を解きほぐし、特定のシャーマンが起源神話を語ることで、悪霊から人を解き放つのである。それは一言でいえば、抑圧の解放である。済州島の文脈に移れば、それではミゾのようなシンバンは暴力の歴史以外の何を解放するのか？　四・三事件の悲劇的な暴力に怯える人や死者の記憶に絶えずさいなまれる人びとは、治癒を求めてシンバンのもとを訪れる。しかしシャーマンの治癒魔術は構造的に矛盾する諸力から構成されるものなのだ。その力は、済州島の人びとにたいし、ある悲劇的な運命という観点から過去について考えることを迫るものなのである。悲劇的運命にまつわるこうした集合的な感覚は、悲嘆に暮れ落ち着くことのない祖霊、というイメージに映しだされ、生きている子孫たちにたいし根深い怨恨や憤慨を投げかけるものなのである。現世における憤懣や悲劇のこうした残余は朝鮮語の「恨《ハン》」において一般的に表現されるものであり、それはシャーマン儀礼を通して生き長らえ、解決され、巧みにあらためられるものなのである。言い換えれば、民衆がもつ暴力の記憶は、祖霊の取り次ぎを通して解放されるのである。

だが、こうした民衆の意識は、長期にわたって綿密に計画された政治的抵抗運動に人びとを動員するマルクス主義や共産主義のようなはっきりとしたイデオロギーに進展することはないようだ。むしろ、ミシェル・ド・セルトーが示しているように[34]、歴史的な危機が提供するのは、ある歴史的出来事や時期（戦後期の韓国）を代表する知覚であるこうした集合的な悲劇の感覚を民衆が取り戻し、再び領有するための「空間」なのである。ド・セルトーの言葉でいえば、こうした空間は「ユートピア的空間」である。すなわち、忘れっぽい子孫たちにたいして報復的な処罰をおこなうことにたいする祖先たちの弁明を通して、現在の政治的抑圧に関する悲劇的なリアリティを絶えず救いだすような空間なのである。この空間において、この世やあの世といった観念的な場は退けられる[35]。ミゾの夢に現れた血まみれの喪服に身を包んだ言葉をもたない先祖という像は、こうしたユートピア的空間の不動の中心に位置するのである。そこにおいて、自身を自明のものとして提示する国家の反共イデオロギーからなる公定の真理は、絶えず変化にさらされる。夢が伝えるのは四・三事件に関する神話的なテクストだけではない。血まみれの心臓という感覚的表現がヨンゲウルリムの口頭表現へとひとたび変化すれば、夢はそうした悲劇的な出来事に関する集合的な記憶へと変化するのである[36]。こうしたユートピア的空間において、夢がもつ象徴的な力は、悲劇を歴史的に捉えかえすための空間を切り開くのである。それによって人は運命という錘《くびき》から袂を分かつことができるのである。とはいえ、外的な暴力を個人的な病気や不幸に屈折したかたちで表現することで、悲劇的な運命を救済するこうした空間が切り開かれるのは皮肉といえる。真理に直面することには苦痛がともない、それは子孫と先祖をともにズタボロにするものなのだ。

こうした皮肉を考慮すれば、シャーマンの治癒儀礼がもつ力は、済州島の暴力的な歴史のもつ悲劇的な運命を脱構築するその弁証法的な能力にこそある、というべきだろう。民衆の潜在意識下にある暴力の歴史、すなわち革命の土着的伝説を目覚めさせるような新たな意味をもった冤魂や雑鬼という観念を通して犠牲者を招来することで、シンバンは、治癒儀礼のもつ力を再呪術化（reenchant）する。絶えず敵を生みだすことで政府の覇権的な言説が恐怖の文化をセンセーショナルに表現するとしたら、死霊のために催されるシャーマン儀礼はそのセンセーショナルさを無に帰するものなのだ。シンバンが演じるヨンゲウルリムは犠牲者自身の一人称的語りなのである。それが形成するのは、死自体に由来する強力な対抗言説なのであり、その言説は殺害の経験を劇化することで生まれるものなのだ。記憶の劇場というかたちで、ヨンゲウルリムは生きている子孫にあの世への閾をまたがさせ、暴力の文化がもつ幻覚作用に向き合わせるのだ。こうした恐怖の文化は、スニが甥の両親の死を「忘れていた」ように、祖先の悲劇的な死を恐怖のただなかで忘れさせるものなのである。太古の昔と現在のはざまを群れをなしてさまよう三千人の戦士という滅びを知らぬ亡霊は、現代韓国の軍事政権がもたらす抑圧的なリアリティに異議申し立てをおこなう。飢え、無視され、現在も邪魔もの扱いされる復讐に燃える雑鬼のような亡霊は、虐げられた世代を救いだし、真理を救済するという任務を完遂する最後の復讐者なのかもしれない。

シンバンは政治的行動や革命的意識をもたらそうなどとはけっして考えていない。なのに、ブレヒト的な演劇においで中心とはいえない話題を通して社会的な矛盾が舞台上で演出されるように、記憶を扱うシャーマンの演劇は、不当に処罰され押さえつけられてきた済州島の人びとの歴史的な苦闘が生んだものなのである。憑依状態にあるシャーマンは、社会の矛盾を伝達し、患者にははっきりしない潜在意識下にあるものを意識下にさらけ出しうる視点となるのだ。同様に、内実を実演することによって、外部に派生する最近の問題にたいし患者は対処するのである。

転覆がとるこうした芸術的な形式は、済州島のシンバンの「戦略的な」泣き笑いにおいて救済される。それは、今度は、病に苦しむものの生活を救済するのである。シンバンが聴衆に要求するのは死者にたいする悲壮感をともなった感情移入だけではない。ブレヒトの状況劇場と同様に[37]、歴史的な暴力のもつ常軌を逸したリアリティを個人的な治療という通常の事柄に転換することで、聴衆がそうしたリアリティから距離をとることをも要求するのだ。グッで見られた、聴衆のあいだに起こる嘆きと笑いの反転、ヨンゲウルリムにおける生者の世界と死者の世界という二つの世界の共存は、死霊に与えられた具体的なイメージに「青い蝶のような」光を当てることで、苦痛の直接的な経験を異化し、リアリティにまつわる人びとの「濃厚な」意識を希薄化する。

とくに、シンバンの喜劇的な側面や、ヨンゲウルリムの悲劇的な雰囲気の真っ只中での見境ないかれらの笑いは、演者であるシャーマンが悲劇的感情を意識的に無視しているのを示している。これがこの癒やしの儀礼におけるもっとも重要な到達地点なのかもしれない。こうした危機の瞬間にたいするうわべは不真面目に見える済州島のシンバンの態度は、悲劇や恐怖といった集合的な感覚をありふれた出来事に変える力を生みだすのである。「演劇的な現実」[38]の文脈のなかに悲しみと笑いを繊細に並べることで、済州島の悲劇的な伝統における屈辱的な領域に裂け目を穿ち、伝統にたいし、歴史的な暴力がもつ破壊的な力を、生命力をもたらす力（病に苦しむ人の癒しと記憶の癒しの双方）へと転換するような新たな意味を付与するのである。ベンヤミンの言葉をもちいれば[39]、不可解にも忘れ去られた（四・三事件のような）出来事がもつ謎に包まれた局面へとかけられた歴史的な圧力は、「日常的なものを不可解なものとして、不可解なものを日常的なものとして捉えるまなざし」[40]によって拒絶される。タウシッグが「呪術とシャーマニズムの詩学」と呼ぶ「超自然的な」こうしたまなざしは、民衆がもつ暴力の記憶の深淵を無効にするものにたいし、感覚的に作用するのである。

ここに見いだせるのはシンバンがおこなう死者の嘆きを聞く儀礼であるヨンゲウルリム、そしてそこに集まってきた声がもつ真の道徳性である。その声は先立つ数世紀間にわたって鳴り響き、木目《きめ》から外れた歴史を磨きだすことで今を生きる人びとを救済しているのだ。

（山本達也訳）

註

（1）本章は、"Lamentations of the Dead" の抄訳版である。読者に益するために、仔細にわたる民族誌的な記述を省略し、必要な場合には訳注をつけた点をお断りしておく。

（2）Walter Benjamin, "Berlin Chronicle," in *Reflections: Essays, Aphorism,Autobiographical Writings*, trans. E. Jephcott, ed. and introd. P. Demetz (New York: Harcourt Brace Jovanobich, 1978). ヴァルター・ベンヤミン「ベルリン年代記」（小寺昭次郎編集解説『ヴァルター・ベンヤミン著作集12　ベルリンの幼年時代』晶文社、一九七一年、一五六頁）。

（3）Hayden White, *Metahistory: The Historical Imagination in Nineteenth Century Europe* (Baltimore: John Hopkins University Press, 1973). ここでいう「メタ・ストーリー」とはクリフォードが「アレゴリカルな語りの民族誌」と呼ぶものに近い（James Clifford, "On Ethnographic Allegory," in Writing Culture, ed. by J. Clifford and G. Marcus (Berkeley: University of California Press, 1986). ジェームズ・クリフォード、春日直樹訳「民族誌的アレゴリーについて」（春日ほか訳『文化を書く』紀伊国屋書店、一九九六年）。このアプローチが語るのは「これが表象し象徴する」ということではなく、「これはあれについての物語である」というものである。こうして、私のメタ・ストーリーとは他者がもつ多彩なまでのリアリティに関する物語を包含するものであり、それはヘイドン・ホワイトのメタ・ヒストリーという企てが言説自体についての言説を包含するのと同じことである。

（4）Michael Foucault, *The Archeology of Knowledge*. trans. A.M. Sheridan. Smith (London: Oxford, 1972). 中村雄二郎訳『知の考古学』（河出書房新社、二〇〇六年）。

（5）Steven Gregory and Daniel Timerman, "Rituals of the Modern State: The case of Torture in Argentina," *Dialectical*

Anthropology 1986, 11（1）, p. 70.

（6） Michael Foucault, "Film & Popular Memory," *Radical Philosophy* 1975, 11, p. 27.

（7） ibid., p. 25.

（8） Michael Taussig, "Culture of Terror-Space of Death: Roger Casement's Putomayo Report and the Explanation of Torture," *Comparative Studies in Society and History* 1984, 26（3）, pp. 467–497.

（9） Hyŏn Yong-jun, *Chejudo musok charyo sajŏn*（Seoul: Sin'gu munhwasa, 1980）, p. 452.

（10） 雑鬼の一種。あらゆる匿名の犠牲者たちを代表する霊。グッにおいて、儀礼の施主が自分たちを無視したことにたいして憤慨し、儀礼に乱入する。

（11） Walter Benjamin, "Theses on the Philosophy of HIstory," in *Illumination*, trans. H. John（New York: Schocken, 1969）, p. 211. 野村修「歴史哲学テーゼ」（『ベンヤミンの仕事1　暴力批判論他十篇』岩波文庫、一九九四年）ほか、翻訳多数。

（12） Michael Taussig, "History as Sorcery," *Representations*, 1984, 7, pp. 87–88.

（13） ベンヤミンの弁証法に関するイメージやアレゴリー的なイメージ原理に関しては、スーザン・バック・モース（Susan Buck-Morss, "Benjamin. s Passagework: Redeeming Mass Culture for the Revolution," *New German Critique*, 1983, 29, pp. 211–240）の素晴らしい解釈を参照。ベンヤミンは弁証法的なイメージを、集合的な反意識状態にある夢や希望のイメージとして局限した。その「イメージ作成」にまつわる幻想は、「原・過去」を再び問い直すべきものである。しかしながら、その遡及的力は、それらが認識されつつも二度と目にされることのないときにのみ効果をもつものなのだ。三千人の戦士にまつわるシャーマンのもっとも地味でほとんど流通していない語りにおいて、われわれは過去や禁断のイメージのもつ力を目にするのである。

（14） Walter Benjamin, "Theses on the Philosophy of History," in *Illumination*, trans. H. John（New York: Schocken, 1969）, p. 254. 野村修「歴史哲学テーゼ」（註〈11〉前掲書所収）ほか、翻訳多数。

（15） Roland Barthes, "Historical Discourse," in *Introduction to Structuralism*, ed.by M. Lane（New York: Basic, 1970）, p.

148.

（16）Joseph Miller, "Introduction: Listeninf for the African Past," in *The African Past Speaks: Essays on Oral Tradition and History*, ed. by J. Miller（Hamden, CT: Dawson & Archon, 1980）, p. 35.

（17）ibid., p. 39.

（18）ibid.

（19）もちろん、済州島における救済概念は、罪の浄化や再生と新生活を含意するキリスト教的な概念である西洋における救済概念と区別されなければならない。韓国人は、現世と死後の世界は分離しておらず、連続した広がりをもっていると考えている。

（20）Michael Taussig, "History as Sorcery," *Representations*, 1984, 7, p. 91.

（21）ibid., p. 88.

（22）ibid., p. 88.

（23）体系づけられた歴史的な知と対照的に、済州島シンバンがもつ蜂起にまつわる系譜学的記憶は、フーコーが「ヒエラルキーの下方、必要とされる認識レベルより以下に位置づけられ、「周りのものと意見が一致することがない」ナイーブな知であり、その知がもつ力の源がそれを取りまくあらゆるものが反発するような荒々しさにあるような知」である「従属的な知」と呼ぶものに近い。「従属的な知」とは抑制されてはいるが、その生来の断片性にもかかわらず、社会的にははっきり表れているものである、というところにここでの差異が見いだせる。人びとをまとめあげ、世界を変えるために底流にあるこうした従属的な知はよみがえってくる。韓国では、十九世紀後半、当時支配的であった儒教的宇宙観の外部で広く普及していた宇宙再生に関する民間信仰は、東学党事件やそれを模した運動を生みだしてきた。

（24）ベネディクト・アンダーソン〈*Imagined Communities*〈London: NLB, 1983〉白石隆、白石さや訳『想像の共同体』書籍公房早山、二〇〇七年）は、似たような事例として、近代的なナショナリズム文化の典型として無名戦士の慰霊碑や墓を提示している。こうした墓は国民による霊的な想像で満たされた不滅の魂のためのものなのだ、と主張することで彼はそういった記念碑のもつ文化的な重要性を描きだそうとした。さらに進んで、こういった事柄は、十八世紀にヨーロッパの植民地主義とともに始まった近代の力がもたらしたのだ、と彼は説明する。対照的に、無名戦士の例に関する済州島の事例は、近代の力と何の関係もない。物語の口頭での伝承が絶え間なく切れ切れになっていく抑圧された人びとの集合的な記憶のなかにこそ、それらの歴史的重要性が存するのである。とはいえ、本論では戦後の左翼や政治的反体制の人びとに焦点を当てたので、韓国の国家のたちあげに関する私の議論において、近代の力を主張するアンダーソンの議論も部分的にではあるが認めなければならない。

(25) Michael Foucault, "Film & Popular Memory," *Radical Philosophy* 1975, 11, p. 24.

(26) Michael Taussig, "Culture of Terror-Space of Death: Roger Casement's Putomayo Report and the Explanation of Torture," *Comparative Studies in Society and History* 1984, 26 (3), pp. 467–497.

(27) ibid., p. 485.

(28) ibid.

(29) Steven Gregory and Daniel Timerman, "Rituals of the Modern State: The case of Torture in Argentina," *Dialectical Anthropology* 1986, 11 (1), p. 70.

(30) Rene Girard, *Violence and the Sacred* (Baltimore: Johns Hopkins University Press, 1977). 吉田幸男訳『暴力と聖なるもの』(法政大学出版局、一九八二年)。

(31) Eric Hobsbawm and Terence Ranger, eds, (London: Cambridge University Press, 1983), p. 4. 前川啓治ほか訳『創られた伝統』(紀伊国屋書店、一九九二年)。

(32) エドワード・シェフリンは、儀礼の意味を中心的に論じる分析がもつ限界を論じ、儀礼における非言説的な劇作的修辞的な側面を強調するアプローチを新たに提示している。(Edward Schieffelin, "Performance and the Cultural Construction of Reality," *American Ethnologist*, 1985, 12 (4), pp. 707–724). リアリティが社会的に新たに生まれてくることに関する彼の考え、すなわち行為遂行的なリアリティ(a performative reality)という彼の意見が、済州島のシャーマニズムに関する私の研究に適用できるかもしれない。現実性のアウラを喚起するために、リアルなものとして死霊は構築されるが、それは参加者が使者と語り合うことができるようにするためなのだ。しかし、行為遂行的現実に関するシェフリンの考えは、出来事が直接演じられている状況に限定される。つまり、リアリティのもつ社会的歴史的重要性をその概念が示唆することはないだろうし、私が本論で強調したいのはまさにこの「歴史的な」重要性なのだ。

（33）Claude Levi-Strauss, "The Sorcerer and His Magic," in *Structural Anthropology* （New York: Harper, 1967）, p. 175.「呪術師と魔術」（荒川育夫ほか訳『構造人類学』〈みすず書房、一九七二年〉）。

（34）Michael de Certeau, *The Pratice of Everday Life* （Berkeley and Los Angeles: University of California Press, 1983）, p. 19. 山口登世子訳『日常的実践のポイエティーク』（国文社、一九八七年）。

（35）ibid., p. 117.

（36）アンデス山脈に住む人びとの夢分析において、ブルース・マンハイムは夢が示す逐語的指示語的真理と比喩的隠喩的類像的真理とを区別する（Bruce Mannheim, "A Semiotic of Andean Dreams," in *Dreaming: Anthropological and Psychological Interpretations*, ed. by B. Tedlock〈Cambridge: Cambridge University Press, 1988〉）。この説明原理をミゾの夢にあてはめるなら、暴力的な死をもたらした出来事に関するミゾの夢がもつ指示語的真理は、夢に出てくる記号の語彙（例えば、血まみれの喪服）をどう解釈するかにかかってくる。しかし、語りのレベルにおいて、彼女の夢がもつ隠喩的真理は、四・三事件と過去において不遇をかこったあらゆる先祖に関する集合的な記憶を同時によみがえらせるのだ。こうした変換の過程で、のちに治癒のために使われることになる意味や力が類像的に作りだされることになる。

（37）Walter Benjamin, *Understanding Brechet* （London: NLB, 1973）. 石黒英男編集解説『ヴァルター・ベンヤミン著作集9　ブレヒト』（晶文社、一九七一年）。

（38）Edward Schieffelin, "Performance and the Cultural Construction of Reality," *American Ethnologist*, 1985, 12（4）, pp. 707–724.

（39）Walter Benjamin, "Surrealism," in *Reflections: Essays, Aphorism,Autobiographical Writings*, trans. E. Jephcott, ed. and introd. P. Demetz (New York: Harcourt Brace Jovanobich, 1978), p. 190. 野村修「シュールレアリズム」(註〈11〉前掲書所収、二二六頁)。

(40) Michael Taussig, "Culture of Terror-Space of Death: Roger Casement's Putomayo Report and the Explanation of Torture," *Comparative Studies in Society and History* 1984, 26 (3), p. 497.

第四部　「ポスト世俗主義」を生きるために

ナショナリズムと宗教

マーク・ユルゲンスマイヤー

筆者紹介

一九四〇年アメリカ生まれ。カリフォルニア大学バークレー校 Ph.D. カリフォルニア大学サンタバーバラ校教授（社会学）。ベネディクト・アンダーソンらのようなナショナリズムの世俗主義的な理解には収まらない、ナショナリズムと宗教の結びつき、さらには原理主義の現代的勃興を資本主義や世俗主義のグローバル化がもたらした問題として理解しようと試みる。邦訳された著書に、『ナショナリズムの世俗性と宗教性』（原著一九九三年、玉川大学出版部）、『グローバル時代の宗教とテロリズム』（原著二〇〇〇年、明石書店）。

二〇〇一年九月十一日の異常な出来事は、政治化された宗教が現代によみがえったことを劇的に示した。政治は、歴史を通じてあらゆる宗教のひとつの側面ではあるのだが、二十一世紀の幕開けが間近になったころから、気になる動きが目を引きはじめた。世界貿易センタービルの崩壊以前から、オサマ・ビン・ラディンのアルカイダは、大半がアメリカ合衆国のグローバルな軍事力・経済力を標的とした一連のテロ事件に関与しているのではないかと言われていた。他の宗教的活動家の運動においては、イラン革命におけるアヤトッラー・ホメイニであれ、北インドのシク教のカリスタン運動においてであれ、標的とされたのは自国の政治的指導者たちであった。だが、ビン・ラディンは国境を越えた標的をも狙った。他のたいていの宗教的政治運動においては、イランでも北インドのシク教でも、目指されたものは新しい形態の宗教的ナショナリズムであった。どちらの運動でも、十八世紀以来のヨーロッパ啓蒙主義の中心的特徴であった世俗的ナショナリズムは拒絶された。

たいていの場合、新宗教運動というものは世界規模に拡大した世俗的モダニティへの反動であった。それらは、しばしばグローバルな政治的世界基準として喧伝されているものが不十分であることへの応答であった。現在世界基準として喧伝されているのは世俗的、西洋的に構築されたナショナリズムであり、西洋だけではなくかつての第三世界にも植民地主義の痕跡として見られるものである。こうした世俗的ナショナリズムは、グローバル化の攻勢によって弱体化しており、防戦一方という情勢である。世俗的ナショナリズムにほころびが生じたところに新しい民族的、宗教的政治運動がなだれ込み、特有の仕方でナショナルな同一性を支えている。しかし、そうした同一性自体が、しばしば国家や民族を超える側面を有している。こうして、民族的、宗教的政治運動にはグローバルな形態をとるものもあり、またグローバルなあり方を敵視するものもあり、またさらに、喧《やかま》しくナショナリズムを主張するものもある。しかしいずれにせよ、これらすべての運動は、現在の後期モダニティにおいて世俗的ナショナリズムが弱体化してきたところに勢力を伸ばしてきたものである。

世俗的ナショナリズムへの攻撃

ヨーロッパ啓蒙主義の継子として産み落とされた近代国民国家という観念は、深遠なものであると同時に単純なものでもある。すなわち、国家とはある所与の領域内の人びとによって創られるものであるとされる。世俗的ナショナリズムは——もともとは国民国家に正統性を付与したイデオロギーであるが——、ネイションの権威は、民族的紐帯や神聖な権限にではなく、対等な社会契約という世俗的観念に基礎を持つと主張する。それは強制力を持つ——すなわち普遍的に適用される諸要求をともなうものである。それが世界中でもっとも幅広く受け入れられたのは二十世紀前半のことであった。

だが二十世紀後半には異なる展開が待っていた。世俗的な国民国家は脆《もろ》い人工物であることが明らかとなった。それはとりわけ、植民地の宗主国が撤退していった次のような諸地域においてである。英国、ポルトガル、ベルギー、フランスによって創られたアフリカ諸国。スペインとポルトガルによって創られたラテン・アメリカ諸国。英国、フランス、オランダ、アメリカによって創られた南アジアと東南アジアの諸国。そしてソヴィエトによって創られたユーラシア諸国である。いくつかのケースでは国境をめぐる争いが隣接諸国（ネイション）間の紛争に発展し、また別のケースではネイションという観念自体が疑念を生んだ。

このような想像力によって創られたネイションの多くは——そのなかにはパキスタン、インドネシア、ユーゴスラヴィアのように人工的な国名を持つものもあったが——、領域内のすべての人びとによって受け入れられたわけではなく、統治が困難になった地域もあった。新たに作りだされた諸国では、統一が保たれたのはごく短い植民地支配の期間のみであって、まとまりを欠く諸地域の統一を独立後にも保つには、経済、行政、文化のいずれにおいてもインフラがあまりに乏しかった。

一九九〇年までには、こうした結び目がほどけはじめた。グローバルな経済市場が国民経済を脅かし、米国とNATOの圧倒的な軍事技術を前にして、国民軍は国境警備隊程度のものにまで縮小された。そしてより重要なことに、国民国家の正統性が疑われはじめたのである。ソ連の崩壊と、ポスト・コロニアル、ポスト・ベトナム戦争の観点からの西洋民主主義批評によって、国民国家の世俗的基礎は、あからさまに批判にさらされるようになった。ユーゴスラヴィアでは世俗的ナショナリズムの拘束力が薄れはじめると、国家は崩壊した。

私が別の場所で「世俗的ナショナリズム信仰の喪失」と呼んできたものは壊滅的な効果をもたらした(1)。ナショナリズムはあらゆるところで問い直されているように見え、研究者集団はこぞって冷戦後の国境を越える時代におけるその概念の理解に取り組んだ(2)。ナショナリズムの地位がなぜ揺らいでいるかというと、一つには、それが、ユルゲン・ハバーマスが「モダニティのプロジェクト」――すでに時代遅れとみなされていた理性への信頼――と呼んだ文化的因習にくるまれて世界各地へと輸送されたからである。モダニティへの多様な観点が競合している多文化世界においては、世俗的ナショナリズムという普遍的モデルの概念それ自体が、相当に論争の余地の大きいものとなっている。

グローバル化は、ナショナリズムという近代の観念を、さまざまな仕方で問い直してきた。多様な問い直しがなされてきたのは、グローバル化が多面的だからである。「グローバル化」という用語自体が、一連のプロセスを指したものに他ならない。そのプロセスには、国境を越えるビジネスの世界的拡大のみならず、それにともなう労働力供給、通貨、金融商品も含まれている。より広い意味においては、グローバル化とは、メディアと情報技術、大衆文化、環境への関心が全地球規模に広がっていることをも指している。究極的には、地球市民であるという感覚や世界秩序へのコミットメントをも含んでいる。

グローバル化は社会にもさまざまな仕方で影響してきた。グローバル化された生産の商品連鎖への労働力供給というかたちで経済的なグローバル化にふれることになった国々のなかには、文化と市民権のグローバル化は経験しなかったというところもある。実際、経済的グローバル化の到来が地域的な同一性を脅かしてきたので、地域的な文化と社会的同一性を保護しなければならないという機運が生まれており、ときには敵意に満ちた防衛的なかたちをとることもある。ベンジャミン・バーバーもこうした事態を見て取り、西洋化された現代文化である「マック・ワールド」が、世界のさまざまな地域の大衆の意識に押し寄せてきたと述べている。それは極端な場合には、戦闘的部族主義による「ジハード」を引きおこしてきた(3)。民族的、宗教的ナショナリズムのもっとも激しい運動が起こったのは、グローバルな経済によって搾取されていると感じていたイランやエジプトのような国において、あるいは経済的グローバル化の恩恵を受けそこねてきたと信じてきた国々においてであった(4)。ソ連の崩壊、二十世紀の最後の十年間に起こった日本とアジア諸国経済の急成長と転落に続く経済的政治的影響力のグローバルな変化にもまた、重要な反響があった。こうした変化のあとで不安定感を感じたのは、とりわけ、旧ソ連支配下の国々（ネイション）のように、変化の結果として経済的に食い物にされた地域の人びとであった。

こうした変化は発展途上国では国家目標の危機ももたらした。インドのジャワハルラール・ネルー、エジプトのガマール・アブドゥル・ナセル、イランのレザー・シャー・パフラヴィーのような指導者たちは、それぞれに自分の思い描いたアメリカか、またはアメリカとソ連のあいのこを創ろうとした。しかし新しいポストコロニアル世代はもはやネルー、ナセル、シャーの西洋化されたヴィジョンなど信じてはいない。むしろかれらが求めていたのは、自国の伝統的価値の正統性を公共圏において主張し、土着文化に基づいたナショナルな同一性をうち建てることによって、脱植民地化のプロセスを完了させることである。グローバルなメディアによる西洋の音楽やビデオや映画が攻勢を強め、古めかしい地域的で伝統的な文化表現が脅かされるにつれて、かれらの熱意はますます激しさを増していく。

他のケースでは、別種のグローバル化——グローバルな移民による多文化社会の登場と、「新世界秩序」におけるグローバルな軍事的政治的統制の示唆——が不安を引きおこした。驚くべきことかもしれないが、ほとんどの先進国においてこうした反応がきわめて激しく現れた。これはグローバル化のパラダイムといってもよいようなものであった。例えば合衆国では、クリスチャン・アイデンティティ運動と民兵組織は、リベラルな政治家と国連によるグローバルな陰謀説への不安によって勢いを得た。日本でもオウム真理教のリーダーたちが同じような陰謀説に動かされ、東京の地下鉄への神経ガス攻撃をおこなって、来るべき第三次世界大戦の予行演習をしようとした。

グローバルな支配をうたった「新世界秩序」の観念には無理があるにしても、文化のグローバル化が世界をより密接に結びつけたという考えはある程度正しい。このグローバルな潮流が悪の陰謀家たちのカルテルによって仕組まれたということはないだろうが、それでも地域社会とナショナルな同一性にたいして深い影響を与えてきた。グローバル化はノン・ナショナルであり、かつ国境を越える形態の経済・社会・文化の相互作用をもたらすことによって国民国家という近代の観念を侵食してきた。現代のグローバルな都市に暮らす人びとの経済的・社会的な連帯は、ある特定地域の諸民族（peoples）は社会契約によって必然的に結びつくという啓蒙主義的観念に取って代わるものである。グローバルな世界においては、ある地域と別の地域との境目がわかりにくくなっている。実際、ある特定の国の「国民（people）」の定義でさえ、難しくなっている。

公的共同体を再定義するために浮上してきたのが宗教と民族である。国民国家と古い形態の世俗的ナショナリズムが退潮したために、新しいナショナリズムが登場する機会が生まれ、またそれが必要とされるようになった。そのような機会が訪れたのは古い秩序が弱まったからである。ナショナルな同一性が依然として求められているのは、二十世紀において世俗的国民国家が担っていたような社会的結合や帰属に取って代わる、公的生活を支配する単一の形式がいまだ現れていないからである。伝統的なかたちの社会的同一性は、ナショナルな社会という観念の生き残りを興味深い仕方で助けてきた。ナショナルな忠誠と献身を画定するものが他にないという状態が続くなかで、これらの古い要素——宗教、民族、伝統文化——が、ナショナルな同一性の源となっているのである。

新しいナショナリズムを支持する宗教

今日では、世俗的ナショナリズムよりもむしろ宗教的ナショナリズムが、非西洋的で多文化的な世界における西洋型世俗政治の問題への解決を与えるようになっている。ソ連崩壊後、ポストコロニアルの時代において、世俗的結びつきがゆるみはじめるとともに、各地の指導者たちは社会的同一性と政治的忠誠心をたしかにつなぎ止めるための新しい支柱を模索してきた。多くの者が向かった先が民族と宗教であった。こうした民族的、宗教的運動がイデオロギーとして意義深いところは、その創造性にある。新しいナショナリズムの仕掛人たちの多くが、かれらの思想内容に信憑性を与えるような古代のイメージや概念を歴史上に探し求めてきたが、それはたんに古い観念を新たに蘇らせようとする試みではなかった。これらは、現代のイデオロギーであり、今日の社会的政治的要求に応えるものなのである。

近代の文脈においては、土着文化が新しい政治制度——国民国家の復活形態も含めて——の基礎を提供するという観念は革命的なものである。それゆえに民族的、宗教的ナショナリズムを支持する運動は、しばしば対決的、暴力的なものとなってきた。それらは外部からの介入を拒否し、あえて不寛容になることをいとわず土着文化におもねり、伝統社会の境界を固守してきた。ゆえに、それらがおたがい同士、また世俗国家の支持者と衝突してきたのは驚くべきことではない。それでも、こうした世俗的モダニティとの衝突でさえも、運動のある目的には役立ってきた。すなわち、かれらが誰であり、誰でないのか——例えば自分たちは世俗主義者ではない——定義することに役立ってきた。

世俗主義はしばしば敵だと目されてきたが、その敵の象徴の筆頭がアメリカの事物である。合衆国は近年の宗教的、民族的テロリストの攻撃の矛先を向けられてきた。それはひとつには、アメリカが国境を越える世俗主義の象徴となりがちであり、宗教的、民族的ナショナリストたちに嫌悪されたからである。また実際に、アメリカが国境を越えるような世俗的価値観を広めているからでもある。例えば、合衆国は世界の支配体制を維持するための経済的政治的な既得権益を有している。この権益のために、しばしばアメリカは世俗的政府を擁護する側に回る。さらに、アメリカはグローバル化された経済と現代文化を支持している。世界の片隅の村に暮らす人びとまでもが容易にMTVやハリウッド映画を楽しみ、インターネットを利用できるようになってきた時代に、地球全体に投影されてきたイメージや価値はアメリカのものなのである。

合衆国が軽蔑されるのもそれゆえうなずけるのであるが、自分の国がかくもひどく憎まれ、戯画的に扱われることに戸惑ってしまうアメリカ人は多い。しかし、多くの民族的、宗教的集団がアメリカを悪魔扱いしていることは、実際、世俗的権威の正統性を失わせるプロセスにぴたりとはまるのである。公的権威を失墜させるために宗教的集団がしなければならなかったことはみずからの権威を示す柱石を高く打ち建てることであった。このシナリオにおいて、競合しあう宗教集団同士は敵対者やスケープゴートであるとみなされ、世俗国家は宗教の敵であるとされた。このような「悪魔扱い」の目的は、権威を奪うことで相手の力を弱らせることである。辱《はずかし》め、人間以下のものとして扱うことによって、宗教的集団は自分たちの道徳性の優越を主張するのである。

一九九一年のペルシャの湾岸戦争初期に、ハマスは公式声明を出して、合衆国は「イスラームとムスリムにたいして敵対的なあらゆる軍事力を行使し」ていると述べ、なかでも当時のジョージ・ブッシュ大統領を「悪の軍勢の首領」、さらには「邪神たちの頭領」とまで呼んだ。一九九七年になってもなお、けっして誇張ではないが、イランの政治家たちはアメリカを「大悪魔」と呼んでいた。このレトリックが最初にイランに現れたのはイラン革命の初期のころで、当時はシャーとジミー・カーター大統領がともに「ヤジド Yazid」（悪魔の手先）と呼ばれていたのだった。「イランが抱えているあらゆる問題はアメリカの仕業である」とアヤトッラー・ホメイニは述べ立てた[5]。彼の念頭には政治経済の問題だけではなく、文化や知の問題も置かれていたが、それらの問題を悪化させたのは、「かれらが宗教教育制度のなかに植え込んでいった説教師たち、大学や国家教育機関や出版社に雇われたエージェントたち、帝国主義国家に奉仕しているオリエンタリストたちである[6]」。このような陰謀のネットワークの広がりと、それが持っている力は、超自然的力によってしか説明できないようなものである。

宗教的ナショナリズムのグローバルな行動計画

多くの急進的な宗教集団が、グローバル化を概して怖れているが、かれらがとくに不信を抱いているのは、グローバル化の世俗的側面である。かれらは、グローバルな経済的影響力や文化的価値観が自分たちの同一性と力の根拠となっているものの正統性を損なうのではないかと危惧している。それとは対照的に、グローバル化の他の側面――技術的、経済的側面――に関しては、しばしば無害な、それどころか、ときとして有益なものとしてさえ受け取られることさえある。

いくつかのグループはみずから策定したグローバルな行動計画、すなわち政治的ナショナリズムに取って代わる国境を越える代替物を持っている。テロリストの戦争はますます国際的、国境を越えるスケールでおこなわれるようになってきている。二〇〇一年九月十一日の劇的な空襲によって世界貿易センタービルが破壊されたとき、合衆国のみが標的とされたのではなく、あのビルが象徴していたグローバルな経済システムの持つ力が狙われたのであった。オサマ・ビン・ラディンのアルカイダ・ネットワーク自体がグローバルな組織である。アルカイダとつながりがあるエジプトのガマーア・イスラミーヤは、海外の世俗権力と文字通りの戦争を起こした。その指導者オマル・アブドゥル＝ラフマーンは、エジプトからスーダン、アフガニスタンを経てニュージャージーに渡り、ジャージーシティに発した、彼の信奉者たちによる一九九三年の世界貿易センタービル爆破事件は六人の死者と千人の負傷者を出した。オサマ・ビン・ラディンの一味であるラムジ・ユセフは、一九九三年の世界貿易センタービル爆破事件の共犯者として有罪となった人物だが、一九九三年代中ごろにアメリカの航空会社の旅客機十一機を太平洋上で爆破しようとした「ボジンカ計画」の首謀者であった。ユセフはパキスタンやフィリピンなど、世界中を転々としていた。アルジェリアのムスリム活動家たちは同国の世俗的指導者たちにたいする戦争をパリに持ち込み、一九九五年の連続地下鉄爆破事件を起こしたとされている。スーダンのハッサン・トゥラビはさまざまな国々におけるムスリムの反乱を指導したとして告発されている。彼は、世俗的西洋の大いなる悪魔の力との戦いという共通の大義のもとに、ムスリム活動家たちを結束させている。オサマ・ビン・ラディンは、世界中でおこなわれているこうしたテロ活動をアフガニスタンのキャンプから指揮してきたと言われている。

このような世界規模での攻撃は、新しい冷戦のなかでの小競り合い、あるいはより黙示的に、サミュエル・ハンチントンが言うところの「文明の衝突」として見てもよいかもしれない(7)。イスラームや他の諸宗教が近代西洋と匹敵するほどの文明であると考えるならば、あるいは、世俗的ナショナリズムがイラン革命の指導者の一人の言葉にあるように「一種の宗教」であるとするならば、このような衝突を想定することは可能である。世俗的ナショナリズムを宗教的であるとみなす宗教的敵対者は、それが西洋に特有の宗教であるとしばしば述べる。これはエジプトのムスリム同胞団の指導者たちも口々に主張する点である。

このような文化や文明の衝突というイメージの背後に、ある同心円状に重なりあっている社会的現実に関するヴィジョンがある。同心円の中心は家族や親族であり、その周囲に民族集団やネイションがある。もっとも大きく重要なのは宗教である。ここでいう宗教とは、教義の総体や信者の共同体のみではなく、広大な時空にまたがって共有された世界観のことである。それらはグローバルな文明であり、イスラームや仏教、そしてこの見地から「キリスト教世界」「西洋文明」「西洋主義」と呼ばれるものもそのなかに数えられる。ドイツ、フランス、合衆国といったような地域のいわゆる世俗文化は、キリスト教世界、西洋の文明の一部であるとみなされている。同じように、エジプト、イラン、パキスタンそのほかのネイションはイスラーム文明の一部である。このような観点に立ってみると、エジプトやイランを西洋的な視座にはめ込むことは神学的にも政治的にも誤りであることになる。このように世界を観るならば、それらは本来的に、西洋ではなくイスラーム文明の一部であり、そうではないと考えるのは帝国主義的な行為である。イスラーム・ナショナリズムの主張者たちは、しばしば、西洋、イスラーム、そしてさらに別の諸文化の間で起こっているより大きくグローバルな出会いのなかに、自分たちを位置づけている。このような「文明の衝突」という見方は、サミュエル・ハンチントンや少数のイスラーム過激派の空想として片づけられることではなく、二十一世紀の幕開けにさいして、多くの政治的不安をかき立ててきた。

このグローバルな文化の衝突のさらに極端なヴァージョンは黙示的なものであり、そこでは、現代政治が尋常でない宗教的ヴィジョンを成就すると見られてきた。例えば、メシア信仰を持つユダヤ人のなかには、メシア到来とともに現れる王国の実現が間近であると考える人びともいる。それが実現するのは、聖書の舞台となったヨルダン川西岸がユダヤ人の完全な支配下に戻り、現在はイスラームの聖地である岩のドームが建つ場所に、聖書に描かれたエルサレムの神殿が再建されるときである。ユダヤ人活動家のなかには、王国の到来を早めるためにドームを爆破する計画に関与したとされる者もいる。そのような計画に加わって服役している活動家の一人は、神殿の再建はナショナルな義務であるばかりでなく、世界救済のための義務でもあると語っている。

千年王国信仰を持つキリスト教徒やシーア派ムスリムのような宗教活動家たちは、歴史のなかで予言を成就させるという強い使命感を持っているが、やはり新しい時代の到来を告げる宗教的黙示に期待を寄せている。パット・ロバートソンや故ジェリー・ファルウェルのようなアメリカの宗教的政治活動家は、正義のアメリカを主張する政治的行動計画がグローバルな救済の時代の到来を先導するという考えかたにいらだちを見せている。オウム真理教のリーダーは、十六世紀フランスの占星術家ノストラダムスに由来するキリスト教的観念を借りて、一九九九年のハルマゲドン到来を予言した。第三次世界大戦を生き延びた者たち――そのほとんどが彼の運動のメンバーたちである――が、二〇一四年に新しい社会を創る。それはオウムの訓練を受けた「聖者」たちが率いる社会である。

他の宗教伝統に属する活動家たちは、それほど劇的ではないやり方でだが、正しい社会が確立されるのを見てきた。スンナ派ムスリム、ヒンドゥー教徒、仏教徒たちは、それぞれのやり方で宗教的社会の政治的実現への希望を表明してきた。かれらの信じるところでは、あるスリランカ仏教の僧侶の言葉を借りると、宗教国家を創設すれば「仏法に基づく社会が地上に実現しうる」。このような宗教政治の形態は、ナショナリズムにとどまることなく、宇宙的な衝突のただなかにあるものとして世界を思い描いている。もっとも、最後には宗教的諸ネイションによって建設される平和な世界秩序が実現するとされている。このプロセスの結果として実現するグローバルな秩序は、世俗的に進むグローバル化とは根本的に異なるものである。しかしいずれにせよ、グローバルな規模でのイデオロギー的対立となるだろう。

宗教的ナショナリズムの将来

グローバル化の影響を受けない国民国家の復活を目指す宗教活動家たちもいる。新たに現れた宗教国家は孤立主義をとる傾向にある。例えばイランでは、一九七九年の革命以降にアヤトッラー・ホメイニと彼の政治理論上のブレーンだったアリー・シャリアーティから発せられたイスラーム・ナショナリズムのイデオロギーは、きわめて偏狭なものであった。新しい穏健なイスラーム政治運動が起こり、指導者たちのあいだにみずから課した国際的孤立状態を脱しようという動きが出てきたのは、ようやく革命後二十年近くを経てのことであった。アフガニスタンの宗教政治は、とりわけタリバン軍が一九九五年に支配権を握って以降、よりいっそう孤立主義を強めた。タリバンの宗教革命家たちは、イスラーム神学校の出身者からなるパサン（パシュトゥーン）族のメンバーの指導を受け、伝統的なイスラームの行動規定を固守する自己充足的な専制国家を創設した。アルカイダによるテロ攻撃を経て、二〇〇一年のタリバン政権崩壊をまって初めて、アフガニスタンはより広い世界にたいして開かれた。

他の宗教的ナショナリズムの運動はこれまでのところそれほど孤立主義的ではない。インドでは、一九九八年にバラティヤ・ジャナタ党（ＢＪＰ、別名「インド人民党」）が政権についたとき――この勝利は翌年の総選挙で揺ぎないものとなった――、インドは国際世論から孤立していくのではないかという不安の声があがった。政権樹立直後におこなった核実験もこうした懸念を消し去ることはなかった。しかし、開放的な経済関係や国際交渉など、他のさまざまな方法で、ＢＪＰは国際社会におけるインドの積極的役割を維持していった。この開放政策の功績は、ある程度、ＢＪＰのアタル・ビハーリ・バジパイ前首相の穏健なリーダーシップに帰せられるであろう。彼はインドのもっとも経験豊富で温和な政治家の一人である。

宗教的、民族的ナショナリズムが、仮に世界の他の地域で権力を手にしたら、タリバンのようになるのか、ＢＪＰになるのか。それは答えられない問題である。パキスタンやエジプト、アルジェリアの運動は、どちらにでも転びうるだろう。ムスリムの聖職者であるアブドゥルラフマン・ワヒドが、初代大統領スカルノの娘（メガワティ）を僅差でかわして首相になったときには、宗教的ナショナリズムの時代が幕を開けたのではないかと思われた。しかしその不安は根拠のないものであった。彼の政府のとった行動からは、ワヒド流のイスラームが穏健で寛容なものであることが示され、インドネシアを国際社会とグローバルな経済市場へと送り出すことに貢献した。

世界の他の諸地域では、新たに宗教国家が創設されることよりも、後に続く政治的選択肢が不明瞭なまま旧来の世俗国家が崩壊することのほうが問題となってきた。いくつかのケースでは宗教的活動家がこうした無政府状態の誕生に寄与してきた。例えば旧ユーゴのボスニアとコソボでは、新たに民族と宗教による地域創設の努力と同様に、市民秩序の崩壊が惨事を引きおこした。このような状況は世界秩序にたいする脅威になるという理由でＮＡＴＯ軍や国連軍のような国際勢力の介入を招いてきた。

しかしながら、世界秩序それ自体が、これらの宗教的ナショナリズムの多くが敵対してきたものであった。かれらの指摘するところでは、ますます多文化的になってきている世界中のほとんどの都市社会が伝統文化とその指導者を弱体化させている。かれらは、合衆国と国連が国際的陰謀によって動いており、国際社会の均質化と警察国家の創設のために狂奔していると空想してきた。アンドリュー・マクドナルド［ウィリアム・ピアス］の『ターナーの日記』が生き生きと描きだしたのはまさにこの亡霊であり、この小説の熱烈なファンであったティモシー・マクヴェイはそれを誰よりも早くやってのけてみせようとアメリカ中心部の連邦政治の象徴を攻撃しようとしたのである。彼によるオクラホマシティ連邦政府ビル爆破事件や、オサマ・ビン・ラディンが起こしたとされるアフリカの米国大使館爆破事件（一九九八年）、イエメンの米国駆逐艦爆破事件（二〇〇〇年）そのほかのテロ攻撃は、「ゲリラ・アンチグローバリズム」とでもみなしていいような行為であった。

しかし究極的には、グローバル化を無視したり拒絶したりしようとするこのような努力にもかかわらず、国境を越える文化は拡大し、宗教と民族はその一つの要素となっていくと思われる。宗教的トランスナショナリティの一つの形態は、同族的宗教国家の国際的結びつきのなかから現れるかもしれない。一九八〇年代、一九九〇年代のエジプトに出回っていたグローバルなイスラーム政治に関するある理論によれば、各地域のムスリムの政治運動は、より大きなイスラーム政体創設、すなわち隣接するイスラーム諸国の共同体（コンソーシアム）建設の第一歩にすぎない。このシナリオによれば、宗教的ナショナリズムは宗教的トランスナショナリズムの先駆形態となるものである。国境を越えるイスラームは、ＮＡＦＴＡやＥＣのような世俗的共同体のイスラーム版である。しかし、イスラームのモデルでは、国家間の区分は結局は消え去っていき、より大きなイスラーム共同体が生まれることになる。

第二の種類の宗教的、民族的活動家たちの国境を越える連携が世界各地への諸文化の離散（ディアスポラ）のなかで発達してきた。インターネットの急速な発達によって、民族的、宗教的共同体のメンバーたちは地理的に分散しているにもかかわらず、緊密な連係を保つことができている。こうした「Ｅメール・エスニシティ」は政治的国境や国家機関の制約を受けない。インドのシク教徒やシンハラ人、タミル人といった分離主義者共同体の国外在住メンバーたちは、同国居住という大義のための資金提供をおこなっている。クルド人のケースでは、かれらの「ネイション」はヨーロッパと世界各地に散らばっているが、さまざまな近代的コミュニケーションによって結合している。これらのコミュニティには、みずからの国民国家の建設を願っているものもあるし、漠然とした未来に備えて、国家によらないナショナルな同一性を保とうとしているものもある。

未来がどうなるにせよ、宗教政治のナショナルな側面とグローバル化していく側面は逆説的な関係をはらんでいる。この関係性が示唆するのは、ある形のグローバル化と宗教的ナショナリズムの間には共生的関係があることである。皮肉なことに見えるが、文化がグローバルなものとなり、政治、経済制度が国境を越えるものとなるにつれ、地域的な同一性の必要性が高まり、より地域的な形式の権威と社会的説明責任への希求が生まれる。グローバル化の時代にあって決定的な問題は、同一性と統制である。帰属意識の喪失が無力感へとつながるという点で、二つの問題は結びついている。同時に、世俗的ナショナリズムへの信仰の喪失だとみなされてきたものは、同一性、そして行為者性の喪失として経験されている。こうしたすべての理由から、伝統的形式で宗教的同一性を求めることは、個人的文化的な力を取り戻そうという試みに結びついている。この意味で、世紀の変わり目に起こった宗教的テロリズムの悪しき爆発は、社会的統制を取り戻そうとする悲劇的試みであると見えるのである。

（高橋原訳）

註

（1） Mark Juergensmeyer, *The New Cold War? Religious Nationalism Confronts the Secular State* (Berkeley: University of California Press, 1993). ユルゲンスマイヤー『ナショナリズムの世俗性と宗教性』阿部美哉訳（玉川大学出版部、一九九五年）。

（2） Joel Kotkin, *Tribes: How Race, Religion, and Identity Determine Success in the New Global Economy* (New York: Random House, 1994). Anthony D. Smith, *Nations and Nationalism in a Global Era* (London: Polity Press, 1995).

（3） Benjamin R. Barber, *Jihad Vs. McWorld* (New York: Times Books, 1995). ベンジャミン・バーバー『ジハード対マックワールド——市民社会の夢は終わったのか』鈴木主税訳（三田出版会、一九九七年）。

（4） Juergensmeyer, op. cit. Mark Juergensmeyer, *Terror in the Mind of God: The Global Rise of Religious Violence* (Berkeley: University of California Press, 2000). マーク・ユルゲンスマイヤー『グローバル時代の宗教とテロリズム——いま、なぜ神の名で人の命が奪われるのか』古賀林幸・櫻井元雄訳、立山良司監修（明石書店、二〇〇三年）。

（5） Imam [Ayatollah] Khomeyni, *Collection of Speeches, Position Statements* [translations from "Najaf Min watha ïq al-Imam al-Khomeyni did al-Quwa al Imbiriyaliyah wa al-Sahyuniyah wa al-Raj'iyah" ("From the Papers of Imam Khomeyni Against Imperialist, Zionist, and Reactionist Powers")]. Translations on Near East and North Africa, Number 1902. (Arlington, VA: Joint Publications Research Service, 1977), p. 3.

（6） Khomeyni, op. cit., p. 28.

（7）　Samuel P. Huntington, *The Clash of Civilizations and the Remaking of World Order* (New York: Simon and Schuster, 1996). サミュエル・ハンチントン『文明の衝突』鈴木主税訳（集英社、一九九八年）。

公共宗教を論じなおす

ホセ・カサノヴァ

筆者紹介

神学修士（インスブルック大学）、社会学修士・博士（ニュー・スクール・フォア・ソーシャル・リサーチ）、ジョージタウン大学教授（社会学）。宗教を私的領域に限定するプロテスタンティズム的な理解の限界を指摘し、ヨーロッパのカトリックの伝統を視野に収めた公共宗教論を展開する。一九六〇年代のトーマス・ルックマンらの世俗化論から、一九九〇年代以降のタラル・アサドらのポスト世俗主義への議論の橋渡しをおこなった研究としても知られる。邦訳された著作として、『近代世界の公共宗教』（原著一九九四年、玉川大学出版部）。近年の著作に、"Rethinking Secularization: A Global Comparative Perspective," *The Hedgehog Review* (2006) がある。

今では『近代世界の公共宗教』が出版されてから十年以上が経ち、そこで私が最初に提示した理論は十分に確かめられてきた、とある程度の自信をもって断言することができる。その理論とは、比較的グローバルな傾向として、私たちは宗教の「脱・世俗化」のプロセスを目撃しているのだ、というものである(1)。しかしながら、思うに、あの本のもっとも重要な貢献は、そのような新しいグローバルな傾向を経験的に観察したという先見性にあるのではなかった。そうではなく、分析的にも理論的にも、そして規範的にも「私事化（privatization）」というリベラルな理論にたいして挑戦していった、ということにあると思われる。つまり、近代世界において宗教の私事化の理論は、もはや経験的にも規範的にも擁護できない、と主張したのだった。ある意味、宗教の脱私事化が妥当だということのもっともよい証拠は、世俗化の中心地である西ヨーロッパ社会において見いだすことができる。

たしかに、新移民の宗教がかなり流入してきているという事態をのぞけば、ヨーロッパの人びとのあいだで宗教が復興しているという証拠はほとんどない。[2]しかし宗教は、議論を巻き起こす問題として、ヨーロッパ社会の公的な領域に確実によみがえってきている。ポスト世俗のヨーロッパ（post-secular Europe）ということを言うのにはまだ早いかもしれないが、ヨーロッパの時代思潮のなかに、重要な転換が起こっていることは確かに感じることができる。ヨーロッパにおいて、新しいグローバルな傾向としての「宗教の脱私事化」という理論が大きな反響を引きおこすことはなかった。宗教の私事化は、通常の経験的な事実として、そして近代のヨーロッパ社会のための規範として、あまりに当然のことだと考えられてきたのである。近代における公共宗教という概念はずいぶん座りの悪いものである。また、ほかの地域で宗教復興が起こっても、いまだに近代化がなされていない社会で原理主義が盛り上がっているのだ、というように単純に説明、というよりむしろ、言い逃れされてきたのであった。しかし、少なくとも、ここ三、四年のあいだ、ヨーロッパのいたるところで宗教にたいする姿勢や注意に顕著な変化が起こってきた。ヨーロッパ各地で、宗教に関する新しい主要な会議が企画された、あるいは「宗教と政治」「移民と宗教」「宗教と暴力」「宗教間対話」といったテーマについての新しい研究センターや研究プロジェクトが設立された、という話を二週間ごとに聞くのである。もっとも印象的なことは、今日のヨーロッパでは、旧来の私事化の理論が改訂されないまま、簡素なかたちで単純にくりかえされることはほとんどない、ということである。自信たっぷりのはずのフランスのライシテでさえ、守勢にまわって、いくぶん譲歩する準備をしている。

たしかに、ヨーロッパの人びとが宗教問題に注意を向けるにあたっては、九・一一のテロ攻撃と「文明の衝突」の言説の反響が重要な役割を果たしてきた。しかし、この新しい注目をたんに、もしくは主として、いわゆるイスラーム原理主義の興隆であるとか、それが西洋、とりわけヨーロッパにたいして示した脅威や挑戦に起因するものだと考えるならば、大きな間違いをおかすことになるだろう。ヨーロッパの内側における変容もまた、宗教についての新しい公的な関心を喚起する要因となっているのである。グローバリゼーションの一般的なプロセスや、国境を越える移民が世界的に増加したこと、そして当のヨーロッパが統合されるプロセス、とくにトルコがEUに参加する可能性、といったことが宗教についての新しい関心を喚起しているのである。それらは、ヨーロッパモデルの国民的福祉国家にたいしてのみならず、第二次世界大戦後にさまざまなヨーロッパの国々が達成した宗教と世俗との、あるいは教会と国家との、異なる種類の調停にたいしても、決定的な挑戦をしかけているのである(3)。

ここで公共宗教を改めて論じるのは、たんに自画自賛をするためではない。むしろこの論文は、かつて私が展開した議論がもつ、短所や限界と考えられるものを指摘しようとする批判的な試みなのである。私の議論の主な短所は、三つのカテゴリーに分類することができるだろう。第一に、西洋中心主義。第二に、近代の公共宗教を、少なくとも規範的には、市民社会の公的な領域に限定しようとしたこと。第三に、教会、国家、国民、市民社会の関係性を、グローバルな次元を見ずに、ナショナルな枠組みでの比較展望という経験的なフレームによって研究したこと、である。

多くの点で、それらの短所は、方法論的、実質的、そして戦略的な理由のために、自己限定として自覚的に課されていた。すでに私は序論において、その本が「調査のために選ばれた事例からしても、調査の方針となった規範的なパースペクティブからしても、西洋中心的な研究である」ということを認めていた[4]。研究の対象をみずから西洋のキリスト教国に限定したことについても、次のような点において、しっかり弁明しておいた。第一に、世俗化を（人間と社会の発展の、一般的で普遍的なプロセスとして見るよりは）ラテン系のキリスト教国における、特定の歴史的プロセスとして系統的に再構築したこと。第二に、概してカトリシズムとプロテスタンティズムを宗教の特定の形態とみなして研究を限定したこと。第三に、西洋（ヨーロッパと独立後の植民地）社会に限定したこと、についてである。また同時に、「時間、知識、資質が限られていること、そしてポストモダンの状況下では、いきすぎた均質化にたいする危険性について過敏にならざるをえなかった」ということを弁解しておいた。あるいは「オリエンタリズム」の危険性についても、そこに加えることができるだろう。

戦略的に考えて私は、西洋のキリスト教国を越え、グローバルな比較の展望を採用するという、より手ごわい、しかし必須の仕事に着手するよりも前に、まずやらなければならないことがあると確信した。まず着手しなければならないと考えたものとは、ありのままの西洋社会とその言説のなかから、内在的、経験的、規範的に、世俗化理論に挑戦する、ということである。そのとき示しておいたように「そのような膨大な仕事をしようとすれば、私が公共宗教についておこなった類型化や、宗教的政治的分化についての理論、またこの研究で採用された一般的な分析の枠組みは、修正され、拡大されなければならなかったであろう[5]」。その本を出版したあとの私の研究では、ある程度まで、それら三つの短所について述べたり、それらを越えようとしたりしてきた。私をそうした方向に促したのは、私の本にたいするタラル・アサドの鋭い批評や、あるいは国境を越える移民やトランスナショナルな宗教についての私自身の研究、そしてとりわけグローバリゼーションのプロセスと、それがすべての宗教に与えた影響に避けがたく直面したことなどであった。

では、ごく簡単に、それらの短所を三つの次元で述べる方途をまとめておきたい。

①西洋を越えて世俗化を再考すること――グローバルな比較のための展望に向けて(6)
②国教廃止と市民社会を超える公共宗教――二重の条項と「一対の寛容」
③トランスナショナルな宗教、国境を越える想像の共同体、グローバリゼーション

西洋を越えて世俗化を再考すること――グローバルな比較のための展望に向けて

世俗化理論には、「宗教の衰退」と「宗教の私事化」という二つの下位命題があるが、それらは、ここ十五年のあいだ、膨大な批判と見直しにさらされてきた。しかしながら社会科学、とりわけヨーロッパの社会学においては、世俗化論の核の部分があまり争われないままだった。世俗化論の核の部分とは、世俗化を、さまざまな制度領域や近代社会のサブシステムが機能分化していく単一のプロセスとして理解することである。しかし、近代西洋社会の歴史をつうじて見られる教会と国家、国家と経済、経済と科学といった、さまざまな制度領域の分化や融合の多種多様な歴史的パターンを、はたして近代の機能分化の、一つの目的論的なプロセスに包括してしまって良いのだろうか。そのように問わなければならない(7)。

タラル・アサドは、世俗化の歴史的なプロセスが、注目すべきイデオロギー的逆転をもたらす、という事実には

じめて私たちの注意を向けさせてくれた。かつて「世俗」は神学上の言説（*saeculum*）の一部であったが、一方「宗教」は、のちに世俗的な政治と科学の言説のなかで構成された。その結果「宗教」じたいは、歴史的なカテゴリー、そして普遍的にグローバルな概念とみなされ、西洋の世俗的な近代性が構築したものとして出現したのである。(8)

しかし、私がアサドの鋭い批判にたいして応答したさいにも指摘しておいたように、世俗主義に関する現代の系譜学が認識しそこねていることがある。世俗の形成は、ヨーロッパのキリスト教の内なる変容と分かちがたく結びついているのだが、その広がりを認識できていないのである。キリスト教の内なる変容とは、いわゆる「教皇革命（Papal Revolution）」から宗教改革へ、そして十七、十八世紀における禁欲的で敬虔なセクトから十九世紀のアメリカにおける福音主義的プロテスタント諸派の出現へ、といったようなことである。(9) これらの変容を、西洋におけるキリスト教の内なる世俗化のプロセスだと定義すべきなのか、それとも、世俗的理性の狡猾さだと定義すべきなのか、あるいはその両方なのか。世俗化を適切に再考するためには、宗教と世俗、そしてそれら相互の構成に関する分化と融合の多様なパターンを、世界中のすべての宗教を横断するかたちで、そしてとくに、いわゆる「世界宗教」を横断するかたちで検証しなければならないだろう。たとえ、増澤知子のおかげで、いかに「世界宗教」という概念もまた西洋の世俗的な近代性によって構築されたか、ということを知っていたとしても、である。(10)

「宗教」「世俗」「神学‐政治」といった概念を文脈化しようとするならば、ヨーロッパと西洋の社会における世俗化や分化の多種多様な歴史的パターンについてだけでなく、まず西欧の発展の特殊キリスト教的な歴史性を認識することから始めなければならない。そのように認識すれば、他の文明や世界宗教のなかの分化と世俗化のパターンを比較分析するさいにも、ヨーロッパ中心主義をうすめることができるだろう。いっそう重要なのは、ヨーロッパの植民地の拡大によって始まったグローバリゼーションの世界史的プロセスとともに、これらすべてのプロセスがどこにあってもダイナミックな相互関係にあり、たがいに構築しあっていた、というさらに進んだ認識である。

西洋には多種多様な世俗化があり、多種多様な西洋近代がある。そしてそれらは、ほとんどの場合カトリック、プロテスタント、ギリシア正教のあいだ、あるいはルター派とカルヴァン派のあいだにある根本的な歴史的差異と結びついている。デイヴィッド・マーティンが示したように、ラテン・カトリックの地域で、そしてある程度はヨーロッパ大陸のいたるところで、宗教と、分化した世俗領域とのあいだには、すなわちカトリックと、近代科学、近代資本主義、近代国家とのあいだには対立があった[11]。この長い対立の結果、啓蒙主義による宗教批判は、広い範囲にわたって反響をよんだ。近代の世俗主義者の系譜は、宗教的な規制から理性、自由、そしてそれらの世界的な追求が果たした、勝ち誇るべき解放として構成された。宗教改革の時代から現在まで、事実上すべての「進歩的な」ヨーロッパの社会運動は、世俗主義によって啓発されてきた。分化と世俗化に関する機能主義者の理論を啓発してきた世俗主義の語るところによれば、そのプロセスは、新しく分化したものであっても、宗教的な領域を減少させ制限することによって、世俗領域が解放され拡大されてきた過程として描きだされることになる。境界線はしっかりと維持されるが、それらの位置は動き、宗教を余白に、そして私的領域に押し込めていった。

それに比べて、イギリスのプロテスタントやカルヴァン派の文化をもつ地域、とくにアメリカ合衆国では、宗教と、世俗に分化した領域のあいだには「馴れ合い」があった。アメリカのプロテスタンティズムと資本主義のあいだに緊張関係があったという歴史的な証拠は少ないし、十九世紀の終わりにダーウィニズムによって危機がもたらされる前までは、科学と宗教のあいだに明白な緊張関係が生じたことなど全くなかった、と言っていいだろう。アメリカの啓蒙主義に、反宗教的な要素はほとんどない。憲法修正第一条の二重の条項に成文化された「教会と国家の分離」でさえ、宗教の諸教派によって促進されたものである。また、それは、宗教的な混乱から世俗の連邦国家を保護する目的を持っていただけでなく、国家の干渉や国教から、宗教の「自由な活動」を保護する目的をも持っていた。アメリカでは、少なくともごく最近まで、「世俗主義者」の価値をアピールする「進歩的な」社会運動はほとんど見られない。それよりも、福音の価値とキリスト教の価値をアピールすることのほうが、大統領の演説においてと同様に、アメリカの社会運動の歴史をつうじて圧倒的に共有されているのである。

こうした比較をするのは、アメリカ社会がヨーロッパ社会よりも「宗教的」で、それゆえ「世俗的」でない、というよく知られた事実について念を押そうとするためではない。前者は本当かもしれないが、後者については支持できない。それどころか、合衆国はいつも、近代的で世俗的な、分化した社会の典型であった。しかし「世俗」が勝利したのは、みずからの拡張というよりは宗教によって助けられてきたからであるし、少なくともヨーロッパの教会の基準からすれば、境界線そのものがあまりに拡散したので、どこからが宗教で、どこまでが世俗なのか、ということが明確ではなくなっているのである。とはいえ、合衆国が、フランスやスウェーデンに比べて機能的に分化していないとか、それゆえ近代的でも世俗的でもないなどと言うことは馬鹿げている。それどころか、非宗教的な国家統制をとっているフランスのほうが、アメリカよりも国家や経済、科学などの機能分化がなされていない、ということもできるだろう。しかし、そのことは、フランスがアメリカよりも近代的でないとか世俗的でないなどといったことを意味しないのである。

もし、ヨーロッパの世俗化の概念が、「キリスト教的な」アメリカにも特に当てはまらないということになれば、宗教と世俗の異なった構造様式をもつ他の軸上にある文明にそれを直接当てはめることなど、なおさらできないだろう。歴史的なプロセスを分析的に概念化しようとするときと同じように、世俗化は、とりわけ中世から現代にかけて、内的、外的に変容してきた西欧のキリスト教の文脈のなかにあっては意味をもつ。しかし、そのカテゴリーは、社会の発展の普遍的なプロセスとして一般化されたり、他の文明をもつ地域に移し換えられたりすると、とたんに疑わしくなる。他の文明をもつ地域にあっては、宗教と世界のあいだにある、もしくは宇宙論的な超越性と世界的な内在性のあいだにある関係と緊張が構造化されるさいに、かなり異なったダイナミックスをもっているのである。

世俗化の概念は、例えば儒教や道教といったような「諸宗教」には、それらが「現世 the world」との高度な緊張関係によって性格づけられていなかったり、それらの超越性のモデルがほとんど「宗教的」とは呼ぶことのできないものだったり、あるいは教会組織をもっていなければ、全くといっていいほど適用できないだろう。ある意味、いつも俗界のものであり俗人のものであった宗教であれば、世俗化のプロセスを経験する必要はない。そうした文明にあっては、世俗化すること、すなわち「俗界のものになる」もしくは「聖職者のもちいるものから市民のもちいるものに変わること」は、大した意味をもっていない。この点において、中国と儒教文明圏は、「世俗化」という言葉が存在する前から世俗的だったのである。近代化と世俗化のあいだには本質的な相関関係があるという、これまで自明とされてきた原理はきわめて疑わしい。アメリカのように、非常に宗教的でありながら同時に世俗的である近代社会が存在しうるし、中国のように、ヨーロッパの宗教的見地からすれば、非常に世俗的で非宗教的であるような前近代社会もありうるのである。

S・N・アイゼンシュタットが初めて展開した多様な複数の近代性（multiple modernities）という概念は、世俗的なコスモポリタニズムや文明の衝突などよりも、近代のグローバルな傾向を概念化し、プラグマティックに見るためにはより適切なものである。ある意味、多様な複数の近代性という概念は、コスモポリタニズムと文明の衝突という二つの要素を共有している。そして、その概念はコスモポリタニズムと同じように、すべての「近代」社会に共有される要素や特徴があって、そうしたものが、諸々の社会の「伝統的な」もしくは前近代的な形態から近代社会を区別するのに役立っている、と主張する。しかし、近代的な特徴や原則は、多様で異なった制度化を果たした。それ以上に、これら多くの制度化は、伝統的で歴史的な文明と連続的あるいは調和したものでもある。したがって、近代にあっては、近代性から成る文明化とともに、前近代的で歴史的な文明の継続的な変化があるのであり、それが多様な近代の形成を促進するのである。

多様な複数の近代性という見方は、近代が根本的に伝統を破壊したという見解もとらないし、本質的な近代が伝統とともに続いていくという見解もとらない。すべての伝統と文明は、近代化のプロセスにおいて根本的に変容したが、それらはまた特別な仕方で、「宗教的」かつ「世俗的」な特徴をもった近代の制度を形成する可能性をも持っているのである。伝統は、近代の状況に対応と適応を迫られる。しかし伝統もまた、近代の文脈にあわせてみずからを改変するプロセスのなかで、「宗教的」かつ「世俗的」な近代を形成する一助となっているのである。

国教廃止と市民社会を超える公共宗教——二重の条項と「一対の寛容」

宗教の脱世俗化についての私の分析は、少なくとも規範的には、市民社会の領域とともにありながら、政治社会や民主的な国家にあふれ出ていくことのない公共宗教を含めようとしていた。現在では、私が近代西洋の世俗的な偏見であるとか特定のカトリックの解釈をもっていた、ということを認めざるをえない。また、西洋のカトリックとプロテスタント社会における教会、国家、国民、市民社会の関係について比較分析するさいに、宗教に関する教会的な展望を採用していたということも認めざるをえない。グローバルな比較の展望を採用するやいなや、市民社会の公的な領域や国民国家の領域的な境界線のなかにとどまるならば、そして国教の廃止と法律上の政教分離を引き続き前提とするのであれば、そこに宗教の脱私事化が入り込む余地はなさそうだ、ということを認めざるをえなくなる。世界中の民主政治における現実的な問題に取り組むためには、世俗主義者がもつ区別の言説や、市民社会の公的な領域といったものを越えていく必要がある。私のみるところ、アルフレッド・ステファンが提案した「一対の寛容（twin tolerations）」のモデルが、より実りの多い接近方法であろう。[12]

さきほど「特定のカトリックの解釈」と言ったのは、近代の公共宗教という私の理論が、一九六〇年に公認されたカトリックの現代化（*aggiornamento*）の経験によってたいへん啓発されている、という事実を指してのことである。すべての世界宗教のうち、ローマ・カトリックほど、主権領土国家という近代世界システムが登場したことによって脅威にさらされた世界宗教はなかったように思われる。プロテスタントの宗教改革と、それに続く西洋キリスト教国の消滅は、神聖ローマ帝国によって代表されていた普遍的なキリスト教支配の精神的な指導的地位、という教皇の役割を掘り崩した。教皇は、プロテスタントの地域と人びとにたいする精神的な支配権を失っただけでなく、皇帝教皇主義者であるカトリックの君主のためにその国独自のカトリック教会が出現することも制御できなくなってしまった。[13]一六四八年のウェストファリア会議では、カトリックとプロテスタントの諸侯がヨーロッパにおける国際間の案件や国内の案件から首尾よく教皇を締め出した。中世のカトリシズムがもっていたトランスナショナルな特徴のほとんどが、十六世紀から十九世紀にかけて一つひとつ減退、もしくはすっかり消滅していった。したがってカトリック教会が、何世紀ものあいだ断固として反近代の姿勢を崩さず、歴史についての消極的な思想を育んできたということも驚くにはあたらない。カトリックの見方によれば、近代のプロセスは、多くの異教徒が中世のキリスト教国の理念から逸脱してきた歴史ということになる。しかし、カトリック圏の生活世界は、中世のキリスト教国という過去のなかで凍結されたわけではなかったし、反宗教改革や反啓蒙主義、反革命といった、近代の発展にたいするカトリック的な反発、あるいは変わらない伝統へのたんなる保守的な後退でもなかった。むしろ、それらは、カトリック版の近代をみずから形成しようとする、反動的で、多くの場合ぎこちない試みであった。単一の、進歩的で、単線的な西洋近代に関する、たんに目的論的で、規範的な説明は、そのような歴史的な反応を、原理主義者の反動として描く傾向にある。

カトリックの現代化は、第二ヴァチカン公会議において最高潮に達した。それは、その会議の二つのもっとも大切な文書、すなわち宗教的自由の宣言（*Dignitatis Humanae*）と、現代世界における教会についての司牧憲章（*Gaudium et Spes*）に表されている。そこでは、人間の聖なる尊厳に基づき、すべての個人が宗教的な自由への権利を不可侵のものとしてもっている、ということが公式に認められた。そうした公式的な認識は、教会が伝統的な必須の性格を捨て、国教の廃止そして教会と国家の分離という近代的な原則を受け容れた、ということを意味していた。同様に、『現代世界憲章（*Gaudium et Spes*）』では、反宗教改革の時代からの公式的なカトリックの立場とみなされていた、歴史についての消極的な思想を終わらせ、近代の世俗的な時代と世界がもつ宗教的な正統性を受け容れることを表明したのである。

カトリックの現代化は、カトリック教会を、国家志向から市民社会志向の制度へと位置づけ直した。さらには、現代の人権の言説を公式に採用することによってカトリック教会は、権威主義的な体制に反対したり、カトリック世界のいたるところで進む民主化のプロセスにおいて、重要な役割を担ったりすることができるようになった。しかし、カトリック教会が自発的に国教の廃止を受け容れたことは、カトリシズムが私事化したということを意味しているのではない。それはむしろ、みずからの場所を、国家から市民社会の公的領域に位置づけ直したということを意味している。この変化は、私が展開した近代の公共宗教の分析的フレームワークと脱私事化の理論についての解釈の文脈に重なっている。しかし、この他にも、多くの近代の公共宗教や脱私事化の型があることは間違いない。

カトリシズムの変容は、とりわけ教訓的であった。なぜなら、世俗主義の近代的な言説は、多くの場合カトリックとのかかわりで構築されているからである。いつも、カトリック教会の公式的な立場が土台にあったうえで、近代の世俗的な反カトリックの言説を正当化しようとする動きがあった。結局のところ教会（the Church）は、プロテスタントの宗教改革、近代の世俗国家、近代の科学革命、啓蒙主義、フランス革命、一八四八年の民主革命といった近代の歴史的な発展のほとんどを、拒否したり否定的に判断したりしてきた。そして、それらを「近代の過ち」であるとか、人権、リベラリズム、アメリカニズム、近代主義といった異端の言説だとみなして、公式的に断罪してきたのである。しかしカトリシズムは、ある程度まで反カトリックの言説によって影響され、その結果できあがったものでもある。反カトリックの言説は、さかのぼってみれば、その形跡を、啓蒙主義の宗教批判を通して、あるいは旧体制および「玉座と祭壇」の同盟を批判するリベラリズムや世俗主義を通して、プロテスタントのカトリシズム批判まで辿り返すことができる。いつもカトリシズムは、みずからを、ある時代の反カトリックの言説と弁証法的な関係のなかで、論証的に構築してきたのであった。しかし、カトリック圏の生活世界におけるさまざまな実践やメンタリティはいつも、そのような同種の論争によって構築されたものを超えていた。

昔の反カトリックの偏見をどのように判断すればよいのか、ということとは関係なく、カトリック教会の宗教的な教えが第二ヴァチカン公会議において公式に変容した結果として、カトリック諸国における政治文化が迅速かつ根本的に変容したことは、カトリシズムのように独断的に構築された世界宗教の本質は不変なのだ、という考えに疑問をもたらした。中核の要素は変わらないという前提は、それほど独善的には構築されていない教義の核をもっていたり、より多元的で、宗教的な伝統に関する権威ある解釈について論争するシステムをもっていたりする、イスラームのような他の「世界宗教」であれば、なおさら妥当しない。実際、今日ではイスラームが、カトリシズムに取って代わって、西洋の世俗的な近代性に対する他者となっている。

現代のグローバルな言説は、イスラームを原理主義者であるとか反近代、非民主的な宗教といったようにみなしているが、これはアングロ・プロテスタントの社会、とりわけ十九世紀の中盤から二十世紀の中盤にかけてアメリカで影響力をもっていたカトリシズムについての古い言説にきわめて似ている[14]。双方の言説が、ともに三つの似たような前提あるいは原則に基づいて組み立てられている。第一は、「文明的な」宗教と「野蛮な」宗教という神学－政治的な区別である。これは、すなわち、啓蒙主義の原則やリベラル・デモクラシーの政治と共存できる宗教と、啓蒙主義の哲学がもつ歴史やリベラリズム、世俗主義についての進歩的な主張に反対する伝統に基づく宗教との区別ということである。第二は、土着主義である。これは、次のような反移民の態度のことである。すなわち、外国からの移民は、おそらく伝統的な宗教に基づいており、非リベラルで文明化されていない慣習と習慣をもっているから、同化できないだろう、と主張する態度のことである。第三は、共和主義的な市民の原則や近代的なナショナリズムがもつ排他的な主張とは共存できないような外国の宗教的権威（例えば教皇）やトランスナショナルな宗教的共同体（例えばイスラーム共同体）にたいして、トランスナショナルな愛着と忠誠をもっている、ということである。これら三つの原則のいずれもが、どのような特定の時代や場所でも、多かれ少なかれ、目だってきたといえよう。しかし、反カトリックと反ムスリムの言説に説得力のある効果を与えてきたのは、それらを重ね合わせたことにあった。

カトリシズムの場合と同じように、イスラームと、民主主義や現代的な個人の自由が両立可能かどうか、ということに関する内的かつ外的な論争は、三つの区別された、しかし相互に関係のある次元で生じてきた。第一にそれは、イスラーム主義についての論争において生じてきた。そこでは、イスラーム世界がもつトランスナショナルな構造や、イスラームと西洋のあいだに地政学的な次元で生じると仮定された文明の衝突などについて論じられるが、それは明らかに、「共和主義」と「ローマ主義」のあいだの衝突に関する旧来の論争と並べられながら論じられるのである。また第二にそれは、政治的なイスラームについての、そしてトルコやその他の地域におけるムスリム政党がもつ民主的正統性についての論争において生じてきた。それらは、最初は政治的なカトリックやカトリック政党が疑われたように、キリスト教的なデモクラシーに似たムスリムのデモクラシーという新しい形を打ち建てるかもしれない、とされた。第三にそれは、「イスラームの家」の外部において、すなわち移民が離散した状況において、ムスリムの共同体（ummah）はどのように関連づけられるのが適切なのか、という論争において生じてきた。

反カトリックにせよ反イスラームにせよ、双方の言説は、近代の世俗主義と同じロジックに基づいている。近代ヨーロッパの国家がもつ「世俗」的な性質と、ヨーロッパのデモクラシーがもつ「世俗」的な性格は、現代ヨーロッパのアイデンティティに関する原理主義的な神話の一つとして役立っている。よく聞く世俗的なヨーロッパのナラティヴは、たいてい、系譜学的な説明とヨーロッパのデモクラシーの世俗的な性格を、規範的に正当化するものとして提出される。そしてそれは、次のような図式的な構造をもっている。かつて、中世のヨーロッパにあっては、前近代社会の典型として、宗教と政治が融合していた。しかし、プロテスタントの宗教改革によって宗教が多様化し、極端なセクト主義や争いが生じるという新しい状況に突入すると、この融合は、近代の初期において、たちが悪く残忍で、長く続いた宗教戦争を引きおこし、それによってヨーロッパを荒廃させてしまった。国家の世俗化は、この破局的な経験にたいする巧妙な対応だったのであり、その経験は明らかに、消すことのできないヨーロッパ社会の集団的な記憶として刻まれたのである。その後のことは啓蒙がおしすすめた。近代ヨーロッパは、宗教、政治、科学を分離するようになる。もっとも重要なことは、かれらが、宗教を保護された私的な領域へ追放し、一方で、表現の自由と公的な理性が支配する、開かれていてリベラルで世俗的な公的領域を設立することによって、宗教的な情熱を飼い慣らし、反啓蒙主義者の狂信を追い払うようになったことである。これらは、デモクラシーが育ち、繁栄するのに都合の良い世俗的な基盤であった。現代では、世界中で暴力的な宗教紛争の悲劇がみられるようになったが、もし、そうした壊れやすい基盤を掘り崩さないようにしようとするならば、不吉な宗教の脱私事化とその公的な領域への回帰は、慎重に取り扱わなくてはならない。

もっと言えば、世俗化の物語はつい最近まで、さらに広い、社会の近代化と進歩的な人間の発展という全体的な目的論的プロセスの物語に埋め込まれていた。西洋は単純に、世界の解放に向かう未来を示していた。今日にあっては、われわれはグローバルな「ポスト世俗」の時代に入っているのかもしれない、という認識を強くしている。マーク・リラがニューヨーク・タイムズ・マガジンの特集記事で指摘したように、政治と宗教の「偉大な分離」はむしろユニークなものであって、例外的な歴史の達成なのであり、その分いっそう大事にされ保護されるべきものなのかもしれない(15)。

啓蒙主義的な宗教批判の自己理解に基づいている歴史のナラティヴは、実際には歴史的な神話にすぎない、ということははっきりしている。近代ヨーロッパの初期に起こった宗教戦争、とりわけ三十年戦争（一六一八―四八年）は、世俗国家においてもすぐに続いて起こることはなかったし、むしろ宗教国家（confessional one）においてのほうが続いて起こらなかったのである。「領主の宗教が領民の宗教（cuius regio eius religio）」という原則は、最初は一五五五年のアウグスブルグの和議にさいして確立され、一六四八年のウェストファリア条約において重ねて強調された。その原則は、近代の世俗的な民主国家においてではなく、むしろ宗教的な領土をもつ近代の絶対王政国家において形成されたのである。宗教紛争は、ヨーロッパのいずれの地域でも、国家と政治の世俗化をもたらすことはなく、むしろ国家の宗派体制化と、宗教と国民の領土化をもたらしたのである。そのうえ、この宗派体制化と領土化という、近代初期の二元的なパターンは、すでに宗教戦争が起こる前から、いや宗教改革が起こる前にすら、しっかり確立していたのである。カトリック信者である王のもとにあったスペインのカトリック国家は、国家の宗教体制化と宗教の領土化の最初の模範的なモデルとなっている。カトリックに改宗しないユダヤ人とムスリムを追放したことは、そのような国家の変容の動向がもつ論理的な帰結である。この点において、民族・宗教的な浄化は、近代初期のヨーロッパ国家をほんとうの起源としているのである。宗派の異なる領土において捕えられた宗教的マイノリティは、世俗的な寛容を与えられることはなく、ましてや宗教の自由を与えられることはなく、他国へ移住する「自由」を与えられたのであった。ポーランド・リトアニア共和国では、カトリック、プロテスタント、そして貴族を支配していたギリシア正教など、多様な宗派が存在しており、初期近代のヨーロッパにおける主要な例外的国家であるといえよう。その国家は、領土的な宗派体制化というヨーロッパの一般的な動向を拒否し、北アメリカと他の海外の植民地がより安全な避難所を提供するようになる前から、宗教的なマイノリティとラディカルなセクトを全てのヨーロッパから保護すると申し出ていた。つづく三百年のあいだ、ヨーロッパ社会は、カトリックとプロテスタントとの、そしてルター派とカルヴァン派との、宗派的領土の境界を基本的に凍結したまま、宗教的マイノリティを海外へ送り出し続けた。それは、第二次世界大戦後の急激な世俗化によって、一見すると宗派の境界の意義が消え去ったかと思えるような時代まで続いたのである。

実際のところ、国家、国民、領土の宗教体制化に関する長い歴史的なパターンを説明することなしには、国教を維持しているか、憲法でそれを否定しているか、といったことにかかわりなく、ヨーロッパ大陸のすべての国家が抱えている困難や、もっとも宗教的な国と同様にもっとも世俗的な国であっても、宗教的な多様性に適応することや、とりわけ宗教移民を受け容れることについてかかえている困難について、理解することはできない[16]。この二百年のあいだ、ヨーロッパのすべての国家は、いくつかの世俗化のプロセスを経験し、今日では、形式的にも実質的にも、あるいは、形式的にか実質的にかのどちらかで、世俗的になっている。しかし現在まで、初期近代における宗教体制的な絶対王政国家によって――同様にカトリック、プロテスタント、ルター派、カルヴァン派、ギリシア正教によって――設立された、皇帝教皇主義者による宗教の規制と制御のパターンは、基本的に挑戦を受けることなく維持されている。

ヨーロッパにおける教会と国家の分離および関係についての特殊な歴史的取り決めは、三つのパターンのあいだで揺れ動く傾向にあった。第一は、社会における宗教の比較的「自由な実践」をともなった国教のパターンである。イギリス、スコットランド、北欧のルター派の国々、ギリシアなどが、このパターンの例である。第二は、国教を廃止して憲法のうえでも世俗国家と宗教を分離し、国家が厳格な宗教規制と制御をおこなうパターンである。フランスとそうしたモデルにならった昔の共産主義国家などが、このパターンにあたる。第三に、さまざまな協調主義的な共存型の取り決めに沿いながら、非公式に一つあるいは多様な教会をなかば国教化するパターンである。二つの教派があるドイツや、オランダ、スイス、いまだにカトリック国である国々、そしてこのモデルのいくつかのヴァージョンにならったすべての元共産主義国家などが、このパターンにあたる。さらには、それらの国のすべてが、イギリスという例外はあるものの、限られた宗教的多元主義のパターンを共有している。宗教的マジョリティあるいは宗教的マイノリティとの関わりからすれば、ヨーロッパ中のモデルは、やはり現在でも、国民と同じ拡がりをもつと主張する単一の国民教会のモデルであり、また（たいていはカトリックとプロテスタントの）二つが競合しているとはいえ、領土的には国民教会に基づいたモデルであり続けている、ということになるだろう。いずれにしろ、不確定ではあるが限定された数の宗教的なマイノリティを含んでおり、国民教会と対面するセクト、という構造的な立場を想定したものとなっているのである。

たしかに、すべての規範的な言説や、しばしばくりかえされる近代の世俗的な民主国家および宗教の私事化に関する比喩があるにもかかわらず、ヨーロッパ諸国は実のところどのように「世俗的」なのか、と問うことは理に適ったことである。ヨーロッパ中にわたる、国民国家と国民教会のあいだの、そして宗教と政治のあいだの分離の壁は、どれくらい高く、どれほど硬いのだろうか。よくそうされているように、第二次大戦後のヨーロッパのデモクラシーが議論の余地のなく成功したことを、どの程度まで社会の世俗化と宗教の私事化のおかげであると考えてよいのだろうか。公式的な世俗主義者の言説ではなく、「実際に存在している」ヨーロッパのデモクラシーの現実を見るならば、ほとんどのヨーロッパの国家は、けっして厳格な意味で世俗的ではないし、世俗的中立性の神話に従って行動しているわけでもないようである(17)。

フランスは公式的に、誇りをもって「世俗的」であると、すなわち自国と自国のデモクラシーはライシテの原則によって規制されている、と明示している唯一の西欧国家である。カトリックの非国教化と敵対的政教分離は、国家のコントロールから宗教を解放する機能ではなく、教会のコントロールから世俗国家を解放する機能をもっていた。世俗主義者がもっている共和主義的国家統制論のイデオロギーからすれば、ライシテは、教会宗教と競合する市民宗教として機能する。それは、厳格な宗教の私事化を要求し、いかなる私的な宗教であれ、民族的（共同体主義的）アイデンティティであれ、それらとすべての市民がもつ共通の公的なアイデンティティとを根本的に区別することを要求する。国家は、市民の宗教的な自由を、それが私的なものにとどまる限り、カトリック、プロテスタント、ユダヤ教、ムスリムから一様に保護する。しかし、フランス国家は、宗教組織にたいして中立的ではないし離れてもいない。フランス国家は、頻繁に宗教的な諸事を規制し、政教条約（concordats）を通じてカトリック教会と制度的な関係を築き、他の宗教的なコミュニティ、プロテスタント、ユダヤ教、ムスリムなどを、対話者あるいは制度的パートナーとして国家が使うことのできる、教会のような聖職者制度に編成しようとしてきた。国民教会と国家のあいだにある混乱がどのようなものか、ということを表す実例としては、次のようなものを挙げることができるだろう。フランスの学生のおよそ二〇パーセントはカトリックの学校に通っているのだが、カトリックの学校は、おおよそ八〇パーセントの財源を国家の資金でまかなっている。これと同じ程度の援助をムスリムの学校が国家から受けることは到底ありえない。実際に、多くのムスリムの女生徒は、公立学校におけるベール着用禁止を避けるためにカトリックの学校に通っている。

それに対して、デモクラシーが長く続いている他のヨーロッパの国でも、いまだに国教会が維持されている国がいくつかある。イギリスにおけるイングランドとスコットランド、それにデンマーク、ノルウェイ、アイスランド、フィンランド、そして二〇〇〇年までのスウェーデンなどスカンジナヴィアにおけるルター派のすべての国々である。新しい民主主義国のなかでは、ギリシアも、ギリシア正教会を国教として維持している。これは、次のことを意味していると考えられるだろう。たしかに、近年（一九七四年より後）に民主制に移行したすべての国、すなわち南ヨーロッパのポルトガルやスペイン、東ヨーロッパのポーランド、ハンガリー、チェコ共和国、スロヴァキア、スロヴェニア、クロアチアなどにあっては、いずれにおいてもカトリック教会は国教化を控えた。しかし、それらを例外として、英国国教会、長老派教会、ルター派、ギリシア正教などの、他のあらゆるキリスト教の主要な宗派は、どうやらデモクラシーを危うくすることなく、ヨーロッパのいずこかで公式的に国教化された、ということである。ソヴィエト型の共産主義体制がもっともはっきりしているが、世俗的であっても非民主的であったヨーロッパの国家は歴史上に多く存在しているのであり、したがって、厳格な教会と国家の分離は、デモクラシーにとって十分条件でもないし必要条件でもない、というように結論しても差し支えないだろう。

さらにいえば、国教をもっているヨーロッパ諸国のなかには、西欧でもっとも宗教的に多様な国の一つであるイングランドから、もっとも多様性の乏しい国であるデンマークまで、宗教的多元主義の次元できわめて多様性があるのである。宗教的に多元的な国であればあるほど、さらなる宗教的な多様性を受け容れやすいと想定してかまわないだろう。しかしながら、次のようなことのほうが、マイノリティの絶対数よりも重要なことかもしれない。それは、英国国教会におけるメソディズムや他の福音主義の活動、あるいはノルウェイのルター派における福音主義的な分派活動のような、自分の領域で異議を唱えるセクトの活動にたいして、進んで寛容になる、ということである。どのくらいまで世俗化が進んでいるかということは、ここでは重大な要素ではないと思われる。

デンマークが、ヨーロッパのなかでもっとも世俗的な国の一つであることは疑いない。少なくとも、定期的な教会出席率がもっとも低い国である（デンマークの教会出席率は、五パーセント以下であり、これは東ドイツのそれに匹敵する）。しかしデンマークは同時に、宗教への帰属率がもっとも高い国の一つでもある（九〇パーセント近い国民が、デンマークのルター派教会に所属していると答えており、これはアイルランドやポルトガルのような、かなり宗教的なカトリックの国に匹敵する）。そしてデンマークは、宗教的な多様性がもっとも低い国の一つでもある（他の宗教に所属しているると答える人は、デンマーク人のうち二パーセントしかいない）。

もちろん、そうしたことにたいしては次のように反論することもできるだろう。ヨーロッパの社会は、事実上とても世俗化されており、その結果、残っている宗教はとても穏健なものになっているのであって、憲法における国教化も、教会と国家のさまざまな制度的絡み合いも、まるで問題がないとまではいえないにしろ、無害なものである、と。このことは、国民教会への所属を暗示的に、すなわち委任するかたちで（vicarious）維持しているのだろうと、明示的に維持しているのだろうと、大多数の国民にとっては、そうかもしれない。しかし、多くの宗教的マイノリティにとっては、少なくとも新しく移り住むようになってきた宗教的マイノリティにとっては、そんなことはないだろう。明らかなことは、自分の領土のなかで、すべての宗教に平等に接近し、平等な距離を保ち、平等に敬意を示し、平等な援助をおこなうというような、世俗的な中立国家の基準を満たしているヨーロッパの国家はない、ということである。ある意味では、主権が君主から人民に、あるいは国民に移譲された後でさえ、そして劇的に世俗化が起こった後でさえも、「領主の宗教が領民の宗教」という原則が、ほとんどのヨーロッパの国で揺るぎなく残っているのである。民主化も世俗化も、一般的にヨーロッパ大陸にみられる、ごく限られた宗教的な多元主義のパターンを根本的には変えてこなかった。それゆえ、ヨーロッパ社会が、新しい移民によってもたらされた宗教的な多様性を受け容れがたくなっている、という難問に直面しているのも驚くにはあたらない。

アルフレッド・ステファンは、ロバート・ダールからホアン・リンスまでがおこなったデモクラシー理論の経験的分析がいかに重要か、ということを指摘してきた。それらは、世俗主義を含まず、あるいはデモクラシーのために制度上要求される厳格な分離というものを含まなかった。ジョン・ロールズやブルース・アッカーマンの理論のような、卓越した規範的なリベラル理論は、それを含む傾向にあった。ステファンは、世俗主義者の原則や規範の代替案として「一対の寛容」のモデルを提案した。ステファンは、それを「宗教的権威に向かい合う政治制度のために、そして政治制度に向かい合う宗教的な個人やグループのために、なんとか精巧につくられなければならない活動の自由にかんする最小限の境界」と説明している。宗教的権威は、公共政策を負託したり拒否したりする特権を憲法のうえで与えよと主張することなく、民主的に選ばれた政府の自律性にたいして「寛容」でなければならない。逆に、民主的な政治制度は、民主的なルールを破壊したり、法律に背いたりしない限り、宗教的な個人やグループが私的に礼拝するための完全な自由においてだけでなく、かれらが自分たちの価値観を市民社会のなかで提唱し、政治社会のなかで組織と運動を後援するための完全な自由においても、かれらの自律性にたいして「寛容」でなければならない。こうした相互の自律についての枠組みを設定したうえでステファンは「最低限のデモクラシーの定義にかなった政治システムにおいては、宗教と国家の関係の具体的なパターンは、非常に広い幅をもちうる」(18)と結論づけている。

トランスナショナルな宗教、国境を越える想像の共同体、グローバリゼーション

公共宗教についての経験的な事例研究は、社会科学における数多の比較研究によって枠づけられた方法論的ナショナリズムのような前提をもっており、ナショナルな事例研究として枠づけられている。それは、比較歴史社会学であれ、比較政治学であれ、あるいは経済成長を比較する場合であれ、そうである。個人的には、カトリシズムのトランスナショナルな特徴についてずいぶん知ることになった。しかし私にとって、私がおこなった比較カトリシズムのようなものから得られた本当に啓発的な教訓は、カトリシズムのトランスナショナルな特徴がどこまでおよぶのか、というその範囲についてであった。トランスナショナルな教皇制度や宗教的秩序、全キリスト教統一主

義の会議（ecumenical councils）、トランスナショナルな大学とカトリックの学び、国境を越える巡礼など、それら中世のキリスト教国の特徴は、領土的な国民国家によるウェストファリア体制が出現した十六世紀から二十世紀の初めにかけて、もし完全に消え去ったのでないとすれば、すべてがおおむね縮小してきた。〔しかし〕私たちは、十九世紀の終わりから、カトリシズムのトランスナショナルな特徴のすべてが、新しいグローバルな基盤のもとで再登場し、再構築されているのを見ることができる。カトリシズムは新しく、トランスナショナルな、そして脱領土化したグローバルな宗教体制として再構成されてきているのである(19)。

イエズス会の設立から現在までの歴程と運命は、ナショナルなそしてトランスナショナルなカトリックのダイナミズムの退潮と流れを、申し分なく説明してくれる。イエズス会は、十六世紀の半ばに、スペインの学生たちによってパリの大学で設立された。それは、ヨーロッパのすべての主要な大学において、まだ学部と学生全体のどちらもがトランスナショナルな存在であったときのことである。まもなくかれらは、トランスナショナルな体制の模範になった。その当時、教皇は、プロテスタントの宗教改革に反対したり、国家理性を言う絶対王政論者が出てきたことに反対したりしていたが、かれらは、そうした教皇の普遍的な、ということはすなわちトランスナショナルな主張を闘争的に守るために組織されたのである。かれらは、初期近代の段階で、カトリックが東アジアからブラジルにかけて植民地的なグローバリゼーションを進めるさいの先頭に立った。しかし、国民国家という近代システムが出現したことによって教皇は、カトリックの国民教会にたいする制御を失うことになった。また、それだけでなく、カトリックの君主は、ローマ教皇の任命のプロセスにたいして拒否権をもつようになった。十八世紀の半ばに、カトリックの君主は、自分の領地からイエズス会の人びとを次々と追い出していく。そして、自分たちが指名した枢機卿（crown cardinals）と共謀して、ロレンツォ・ガンガネッリを選出した。かれはクレメンス十四世となり、一七七三年に、イエズス会を抑圧する布告を発する。しかし驚くべきことに、イエズス会の人びとは、正教の国であるロシアや、プロテスタントの国である独立後のアメリカなど、カトリックではない領土に避難場所をみつけ、生き延びたのであった。

十九世紀において、あらゆる自由革命のあとで、主権が国民化され民主化されたことによって、再びカトリックの領土からイエズス会を排除する動きが活発になった。教育法の世俗化が、フランスからの排除を引きおこし、文化闘争のあいだにはドイツから排除された。しかし、第一次大戦中、ベネディクト十五世が、多くのヨーロッパの若者を死なせる愚かさについて批難し、ヨーロッパにおける数少ない良識ある声となったときには、イエズス会の人びとは、ナショナリストが兵力を求めていることを聞き入れ、フランスでもドイツでもかれらは自分たちの国に尽くすために帰国して、祖国のために死んだのである。今日では、イエズス会や他のカトリックの国境を越えた集団が、ナショナリストの戦争に参加することは考えられないことである。

トランスナショナルなカトリックの特質は、主権領土国家によるウェストファリア体制が出現することで消えかかったが、一八七〇年から現在までのあいだに、それが再構成されているのを見ることができる。疑いなき教皇の優越性、全キリスト教統一主義の会議、国境を越える宗教体制、幹部会、教皇庁、カトリックの学びの総合施設、巡礼、カトリック運動などである。

現代のカトリシズムの変容は、次のような宗教体制を提示するチャンスを例証しているのかもしれない。すなわち、グローバリゼーションのプロセスによって、高度に中央集権化された構造と、人間、制度、物質的資源の国境を越えるネットワークをもった宗教体制を、したがって、比較的開かれたグローバルなシステムを実現させる能力があるという自信を感じさせるような宗教体制を、である。もし、そうだとするならば、現代のペンテコステ派も、同じように有望なチャンスを例証するのに役立つかもしれない。それは、グローバリゼーションによって、伝統への歴史的なつながりをもたず、また領土的なルーツやアイデンティティも持たない、したがって精霊が働くところであれば世界中のどこでも故郷とすることができるような、高度に分権化された宗教についてである。[20]典型的な例としてはブラジルを挙げることができるかもしれない。ブラジルのペンテコステ派がもつトランスナショナルな特徴は、まさにその始まりの時から刻まれていた。ペンテコステ派が、ヨーロッパ移民を通じて、アメリカからブラジルにもたらされたのは、一九一〇年のことであった。それはロサンゼルスのアズサ通りにおけるリヴァイヴァル［ペンテコステ派の発端］から数年後のことである。ペンテコステ派をもたらしたヨーロッパの移民とは、シカゴでペンテコステ派に出会った一人のイタリア人と二人のスウェーデン宣教師であった。しかし、ペンテコステ派といえば、即座にブラジル固有のものを想定するかもしれない。これはある意味、ブラジルのペンテコステ派が、二つの次元の脱領土化を表しているということである。北アメリカのキリスト教は、カトリック圏であるブラジルに固有のルーツをもつことによって脱領土化された。したがって、それは同時にブラジルのカトリシズムを脱領土化したということにもなるだろう。これは、ラテンアメリカ中でペンテコステ派が爆発的に成長したことのもっとも重要な結果である。たとえ、しばらくの間カトリシズムがすべてのラテンアメリカ諸国において主要な宗教であり続けたとしても、ラテンアメリカはカトリック圏であることをやめつつあるのである。現在では、すべてのラテンアメリカ諸国におけるプロテスタントの三分の二が、ペンテコステ系のカリスマ派であると見られている。ラテンアメリカ、とくにブラジルは、ごく短いあいだにペンテコステ派のキリスト教の世界的な中心になったのであり、それは現在ではブラジルから、アメリカへの逆輸入も含めて、世界中に広がっているのである。

ガーナ、ナイジェリア、ジンバブエ、南アフリカといったサハラ砂漠以南のアフリカにおいては、ペンテコステ派のキリスト教が、まさに爆発的に成長している。そのうえ、アフリカのペンテコステ派は、ラテンアメリカにおけるそれと同様にローカルで、固有のものであり、自生的なものである。韓国や中国のペンテコステ派にも同じことが言えるだろう。例えば、ペンテコステ派の韓国の宣教師は、アジア中の福音派宣教団のなかに遍在するようになってきている。事実、ペンテコステ派の拡大は、世界中で多様な源泉をもって普及し、並行して発展していると見なければならない。ペンテコステ派は、特定の領土的中心をもった宗教ではなく、その点では、世界中で急激に普及しているモルモン教会のような宗教とは違っている。また、カトリシズムのように世界的な勢力範囲をもった、国境を越える宗教体制とも違っている。ポール・フレストンが指摘したように、「新しい教会は、グローバルな文化のローカルな表現であり、並行的な発明と複雑な普及、そして多面的な流れをともなう国際間のネットワークによって性格づけられているのである」[21]。ペンテコステ派は、本当にグローバルな最初の宗教だと言っていいかもしれない。またさらには、ペンテコステ派は、グローバルであると同時にローカルでもある。この点で、歴史的にみてユニークであり、前例がない。ペンテコステ派は、脱中心的で脱領土化したグローバルな文化として、歴史上初にして模範的なケースなのである。

キリスト教の他の宗派や、他の世界宗教にも、同じような実例を見ることができる。英国国教会のダイナミックな核は、いまやキリスト教国ではなくなったイングランドにはない。今日、世俗的なイングランドにおいて、英国国教会を復興させているのは、あらゆるイギリス旧植民地からやってきた移民たちである。同性愛者や女性を主教に任命することに関する、グローバルな英国国教会の国境を越える政治運動が、イングランド、アフリカ、北アメリカ、カリブ海において廃れていっていることを考えてみればいい。コンスタンティノープルの総主教は、モスクワの総主教や、他の領土にある独立した正教会と競合しながら、脱領土化されたグローバルな東方正教会の中心地として、少なくとも象徴的に再び出現してきている。

グローバリゼーションは、「世界宗教」が初めて本当の世界宗教に、すなわちグローバルになるチャンスを提供している。しかし、グローバリゼーションはまた、世界宗教に脱領土化という脅威を与えている。チャンスを活かせる可能性がもっとも大きいのは、つねにトランスナショナルな構造をもっていたイスラームや仏教のような宗教であろうが、脱領土化の脅威をもっとも大きく受けるのも、イスラームやヒンドゥー教のような、文明圏に埋め込まれた宗教なのである。しかし世界中の移民を通じて、それらの世界宗教もまた、グローバルになり脱領土化している。事実、それらの宗教を信仰する人びとの離散は、グローバルな変容のダイナミックな中心となりつつあるのであり、その変容がそれらの宗教の文明的な本拠地に影響を及ぼすようになっている。

社会を超える移住と世界宗教は、時代によっては別々に、しかし多くの場合たがいに結合して、いつもグローバリゼーションのプロセスの重要な担い手となってきた。ある意味で、およそ五千年前にホモサピエンスが、アフリカから連続して移り住み、世界中に定住したことは、グローバリゼーションの出発点を構築したのだ、ということもできるだろう。しかし、これらの移住は、反省的意識という主観的次元をもっておらず、現在までにDNAその他の科学技術が発達したおかげで、客観的に全体像を描き直すことができるようになったのである。それに対してすべての普遍的な世界宗教は、主観的な次元で、同じグローバルな空間と時間を共有している単一の人間性、というものについてイメージすることを初めて期待させた。しかし、これら想像上の期待は、世界宗教が文明的に拡大するための前提条件としては役に立つが、構造的な、すなわち客観的で物質的な、グローバルな基盤をもっていなかった。

つい最近まで、すべての世界宗教が存在している文明化された「人の住む全地（*oikoumene*）」というものは、明らかに領土的な限界をもっていた。その限界は、それらの宗教が文明的に、ということは領土的に埋め込まれた体制をもっていることによって課されるものである。または、地理的に境界が設定されざるをえない現行のコミュニケーションの制限によって課されるものである。ローマの司教は、いつも「*urbi et orbi*」すなわち「(ローマ)市と世界へ」ということを主張してきたかもしれない。しかし、実際にこれが実現したのは、二十世紀になってからのことであった。現在のグローバルな状況のなかで本当に新しい局面を構成しているものは、すべての世界宗教が、初めて本当に脱領土化されたグローバルな想像の共同体として再編されるようになり、伝統的に埋め込まれていた文明的な環境から離れた、ということである。アルジュン・アパデュライの「さまよえる近代(modernity at large)」というイメージを言い換えると、世界宗教は、電子化された大衆メディアと大量移民との結合によって、脱領土化されたグローバルな「さまよえる(at large)」宗教あるいはグローバルな共同体(*ummahs*)として再編されつつあるのである。[22]

まさにそうした理由で、文明の衝突が差し迫ったものになっているというサミュエル・ハンチントンの理論は、現在のグローバルな状況に光を当てる面と、深いところで誤解を与えるおそれがある面と、その両面がある。[23]かれの理論は、次の点に注意を喚起する初めての重要な声の一つであったという限りでは啓発的であった。つまり、グローバルな秩序と衝突が現れてくるさいに、文明と文明のアイデンティティとの関わりが増してくるという点である。しかし、かれの理論は、文明をいまだに超大国と同じようなものとして、すなわち世界宗教を文化の核としてもった領土的な地理的単位と考えている限り、深いところで誤解を招きやすい。

このように領土、宗教、そして文明的な文化が分裂していくプロセスは、世界宗教や諸文明にわたって、単一化や同質化の動きが進むプロセスということではけっしてない。事実、そうしたプロセスは、いまだに暴力装置を独占するだけでなく、自分の領土内の宗教集団や文化的なアイデンティティを統制したいと熱望している国家によって、多くの抵抗を受けている。それはまた、ウェーバーが使った広い意味での、すなわち文明的もしくはナショナルな領土を宗教的に独占しようとする宗教団体としての「教会」、あるいは宗教的な想像の共同体としての「教会」によっても抵抗を受けている。

近代世界においては、よく知られた二つの原則のあいだで、根本的な緊張が生じている。一方には、個人が良心の自由をもち、それゆえ改宗の自由を含めた信教の自由をもつ、という不可侵な権利の原則がある。この原則は、あらゆる近代民主社会において疑問の余地のない形態のもの、すなわち普遍的な人権を想定してきた。だれもが、抑圧的あるいは強制的に、特定の教義を信じさせられたり信じさせられなかったり、ということをされるべきではない。ゆえに、すべての人が、改宗する権利を含め、いかなる特定の教義を信じたり信じなかったりする権利をもっている、ということである。他方では、植民地主義者、帝国主義者、略奪的な行為から、自分たちの伝統や文化を守り、保存するための集団的な権利というものについての認識もまた高まってきた。そうした認識は、土着の人びとの権利を考慮して、アメリカの文書に初めて明文化された。しかし、それはおそらく、世界中の人びとが、たがいの伝統や文化を尊重するための、相互の権利と義務という一般的な原則になりうるだろう。そしてそれは、グローバルな分派主義（denominationalism）の出現、とでも呼ぶことができるようなものの基盤を構築しつつある。

実際、次のようなところでも、ほとんどすべての場面で同じような緊張が見られる。すなわち、ナショナルな、もしくは文明的な領土を宗教的に独占しようと主張する保護主義者の衝動と、グローバルな人間性が普遍的に要求されていることにたいする反応として、みずからの特定の宗教を提案しようとする全キリスト教統一主義者の衝動とのあいだに、である。移民が国境を越え、すべての世界宗教が文明的な領土を越えて離散していくことによって、そうした緊張がいたるところで見えるようになった。もちろん、国境を越える移民も、その結果生じた離散も、それ自体は新しい現象ではない。それは、新しいグローバルな状況のもとで生じた現象の、広範囲にわたる、ほとんど普遍的な特徴なのであり、その新しいグローバルな状況は、すべての世界宗教にとって特別に意義のあるものなのである。

イスラーム、もしくはムスリムの国境を越える想像の共同体の話になれば、西洋にいる私たちは当然ながら、イスラーム国家主義であるとかカリフ制論者のジハード主義であるとかいったことを、現代のグローバル化したイスラームに支配的な形としてイメージしてしまう。しかし私はここで、今日のトランスナショナルなイスラームがもっている多数代表制の潮流について考えてみたい。それは、将来的なイスラームの変容に、もっともインパクトを持ちそうであるし、国境を越えるネットワークをもち、ムスリムを更新する運動でもある。とはいえそれは同様に、イスラーム国家主義とトランスナショナルなジハード主義に不満を抱かせてもいる。多数代表制の潮流は、ゆるやかに組織された多元的で国境を越えるイスラーム共同体、もしくはグローバルなムスリムの市民社会のネットワークを構成している。たとえば、「福音主義的な」タブリーギー・ジャマーアトという運動・組織がある。これは、ムスリムの世界そしてムスリムが離散している状況にあって、かなり活発な信仰運動となっている。その組織が年に一度インドで開催している会議は、マッカ巡礼（hajj）の次に大きなムスリムの世界的集会となっている。他の国境を越える布教ネットワークとしては、ネオ・スーフィー主義者であるフェトゥフッラー・ギュレンの教育ネットワークがある。これは、トルコやトルコにおけるディアスポラのあいだで、そして中央アジアのトルキスタン諸国で活動しているものである。また他には、西アフリカのマリウドのようなスーフィー教団が、ヨーロッパや北アメリカにいるムスリムの離散者のあいだに、国境を越えるネットワークを拡大した。

同じような分析は、文明的な本拠地である「母国インド」と結びついたグローバルなヒンドゥー共同体（*Hindu ummah*）の変容についてもおこなうことができるだろう。それは古くは、大英帝国が植民地にした南東アジアから南アフリカ、カリブ海地域までに離散したヒンドゥー共同体（Hindu commuities）であり、新しくは、ブリテン島から北アメリカやオーストラリアまでの西方の隅々に移住した人びとのヒンドゥー共同体である。南アフリカからガイアナ共和国までの亜大陸に離散し、ともに、アパルトヘイトのもとで有色人種として、もしくはアフリカ系カリブ人と対照的なインド系カリブ人として暮らしてきた人びとのアイデンティティを、ムスリムとヒンドゥーとのそれに純粋に分離させたことは、このグローバルな現象をもっとも雄弁に表しているものの一つである。

このように、脱領土化された、国境を越えるグローバルな想像の共同体の増殖こそ、私がグローバルな分派主義の出現と呼ぶものなのである。その共同体は、バハーイ教、統一教会、ハレー・クリシュナ教団、アフリカ系アメリカ人の宗教、法輪功といったハイブリッドな新しい多くの形態の宗教と同じように、いわゆる旧い世界宗教をも包摂するものである。もちろん、それらは、他の多くの世俗的な想像の共同体やイスラーム共同体と競合する。しかし、それら国境を越える想像の宗教的共同体は、ウェストファリア体制を前提として機能してきた国際関係理論にも、あるいはグローバリゼーションについての世俗的なコスモポリタンの理論にも、根本な挑戦をしかけている。

私がここでコスモポリタニズムと言っているのは、次のような広い意味での世界観のことである。すなわち、将来のグローバルな秩序は、単一で比較的同質的なものとなり、グローバルな経済、政治、文化のシステムが統一されたものになるだろう、あるいは一様な人間の「普遍的文明」になるだろう、というように予想する世界観のことである。経済と技術のグローバリゼーションが、グローバルなシステムと文化の形態を決定するだろうと考える限り、グローバリゼーションに関するほとんどの理論は、同じようなコスモポリタンの想定を共有している。

コスモポリタニズムは、近代化の発展理論を確立した。それは社会変革を、西洋近代のグローバルな拡大だとみなし、特定の社会構造の覇権的な拡大ではなく、人間が発達していく普遍的なプロセスだと理解する。多くのコスモポリタンの説明では、宗教は、存在しないか「見えない」ものである。見えないというのは、トーマス・ルックマンが言ったような意味であり、すなわち個人化され私事化された救いの形になっているということ、あるいは近代社会の主要な制度がどのように機能するかということとは関係ない、意味の探求になっているということである。集団的な次元では、宗教は、たんに文化的なグループのアイデンティティをあらわす別の形として格下げされている。もし宗教が公的な領域に出てきて真剣に受け止められるとすれば、そして実際にそうなったときには、宗教はたいてい世俗化のプロセスに抵抗する反近代的な原理主義か、グローバリゼーションの脅威に反発する伝統主義者の集団的なアイデンティティの形として烙印を押されることになる。言い換えれば、コスモポリタンのエリートの目からすれば、宗教は、時代遅れであるとともに反動的であるということなのである。事実、宗教のことになると、あらゆるコスモポリタニズムは基本的な信条として、少なくとも暗に、啓蒙主義の宗教批判から受け継いだ社会科学と近代のリベラルな政治イデオロギーである世俗化理論を共有している。コスモポリタニズムは依然として、ヨーロッパの啓蒙主義を信仰する子どもの状態にあるのである。

いまや、私たちが持っている、グローバルでコスモポリタンな世俗的近代性についての目的論的な概念を見直す時がやってきた。そうした概念は、宗教的「他者」を「原理主義者」とみなす傾向にある。もっと複雑で、微妙な違いのわかる、反省的なカテゴリーを考え出す時がきた。そうしたカテゴリーがあれば、多様な近代のグローバルな体制がすでに出現しつつある、ということをよりよく理解できるはずである。単一のコスモポリタンな近代性を、世俗的な分化の一般的なプロセスとして、そして実際、規範的なグローバルなプロジェクトとして考えている限り、自分たちとしては受け容れることのできない宗教のすべての形態を、恐ろしい「原理主義」とみなさざるをえなくなるだろう。それゆえ私たちは無意識に、あるだろうと仮定されている世界的な世俗と宗教の衝突を支持することになり、いわゆる「文明の衝突」が起こるという予言をみずから成就させる機会をつくっているのかもしれないのである。結局のところ争われているのは、普遍主義が取り返しのつかないところまで多元化してしまったということと、近代性が多様であるということ、つまりすべての普遍主義と近代性は特殊なものであるということを認めるかどうか、ということなのである。私たちは、特殊主義者が普遍性を主張して競合する、という状況から、グローバルで分派的な文脈が主張される、という新しい状況に移りつつあるのだ、ということができるだろう。

さらにまた、グローバリゼーションの状況のもとでは、すべての世界宗教は、みずからの伝統だけでなく、ますますおたがいを必要とするだろう。文明間の出会い、文化的な模倣と借用、ディアスポラ的な拡散、異種混淆性、クレオール化などは、西洋の覇権、コスモポリタン的な同質化、宗教的原理主義、文明の衝突などと同じくらいの割合で、グローバルな現在を構成する要素となっているのである。

（藤本龍児訳）

註

（1）José Casanova, *Public Religions in the Modern World* (Chicago: University of Chicago Press, 1994). 津城寛文訳『近代世界の公共宗教』（玉川大学出版、一九九七年）。

（2）José Casanova, "Die religiöse Lage in Europa," in Hans Joas und Klaus Wiegandt, ed., *Säkularisierung und die Weltreligionen* (Frankfurt, Fischer, 2007).

（3）José Casanova, "Religion, European secular identities, and European Integration," in Timothy A. Byrnes and Peter J.

Katzenstein, ed., *Religion in an Expanding Europe*（Cambridge: Cambridge University Press, 2006）pp. 65–92.

（4）Casanova, *Public Religions*, p. 10.（註〈1〉前掲『近代世界の公共宗教』一八頁）。

（5）*Ibid.*, p. 10.（註〈1〉前掲書、一九頁）。

（6）次に述べる節のより詳しい説明については、José Casanova, "Rethinkig Secularization: A global comparative perspective," *The Hedgehog Review*, Spring/Summer 2006を参照。

（7）分化の理論にたいする鋭い批判については、Charles Tilly, "Four more pernicious postulates," in *Big Structures, Large Processes, Huge Comparisons*（New York: Russell Sage, ）pp. 43-60を参照。

（8）Talal Asad, *Formations of the Secular: Christianity, Islam, Modernity*（Stanford, CA: Stanford University Press, 2003）p. 192. 中村圭志訳『世俗の形成 キリスト教、イスラーム、近代』（みすず書房、二〇〇六年、二五一—二五二頁）。

（9）José Casanova, "Secularization Revisited: A Reply to Talal Asad," in David Scott and Charles Hirschkind eds., *Powers of the Secular Modern: Talal Asad and his Interlocutors*（Stanford, CA: Stanford University Press, 2006）pp. 12–30.

（10）Tomoko Masuzawa, *The Invention of World Religions*（Chicago: University of Chicago Press, 2005）.

（11）David Martin, *A General Theory of Secularization*（Oxford: Balckwell, 1978）.

（12）Alfred Stepan, "The World's Religious Systems and Democracy: Crafting the 'Twin Tolerations'," in *Arguing Comparative Politics*（Oxford: Oxford University Press, 2001）, pp. 218–225.

（13）この点に関する、より広く詳しい議論については、José Casanova, "Globalizing Catholicism and the Return to a 'Universal' Church," in Susanne Rudolph and James Piscatori, eds., *Transnational Religion and Fading States*.（Boulder, CO: Westview Press, 1997）を参照。

（14）José Casanova, "Catholic and Muslim Politics in Comparative Perspective," *The Taiwan Journal of Democracy* Vol 1: 2, December, 2005.

（15）Mark Lilla, "The Great Separation: the Politics of God," *The New York Times Magazine*, August 19, 2007, pp. 28–34, 50, 54–55, and *The Stillborn God*（New York: Alfred A.Knopf, 2007）.

（16） José Casanova, "Immigration and the New Religious Pluralism: A EU/US Comparison," in Thomas Banchoff, ed., *The New Religious Pluralism and Democracy*（New York: Oxford University Press, 2007）.

（17） Stepan, "Crafting the 'Twin Tolerations'," pp. 218–225.

（18） Stepan, *ibid.*, p. 217.

（19） Casanova, "Globalizing Catholicism."

（20） José Casanova, "Religion, the New Millennium and Globalization," *Sociology of Religion* 62: 4, 2001, pp 415–441.

（21） Paul Freston, "Charismatic Evangelicals in Latin America: Mission and Politics on the Frontiers of Protestant Growth," in Stephen Hunt, Malcolm Hamilton and Tony Walker, eds., *Charismatic Christianity. Sociological Perspectives*（New York: St. Martin's Press, 1997）p. 185.

（22） Arjun Appadurai, *Modernity at Large*（Minneapolis: University of Minnesota Press, 1996）. 門田健一訳『さまよえる近代――グローバル化の文化研究』（平凡社、二〇〇四年）。

（23） Samuel P. Huntington, *The Clash of Civilizations and the Remaking of World Order*（New York: Simon &Schuster, 1994）. 鈴木主税訳『文明の衝突』（集英社、一九九八）。

世俗主義を超えて

タラル・アサド

筆者紹介

一九三三年サウジアラビア生まれ。オックスフォード大学 Ph.D. ニューヨーク市立大学教授（人類学）。西洋近代という時空間を、啓蒙主義的な世俗主義およびプロテスタンティズム的な宗教概念の共犯関係のもとに批判的に捉え、それとは異なる身体性と意識の重なり合う主体形成の必要性を唱える。邦訳された著書に、『宗教の系譜――キリスト教とイスラムにおける権力の根拠と訓練』（原著一九九三年、岩波書店）、『世俗の形成』（原著二〇〇三年、みすず書房）、『自爆テロ』（原著二〇〇七年、青土社）。

二十世紀末以来、ヨーロッパにおける相当数のムスリム移民の存在によって引きおこされた社会的な摩擦は、ムスリム・テロリストの脅威と相まって、政治化された宗教にたいする新たな懸念を引きおこしている。暴力的で不寛容な「原理主義運動」は、（西洋でもっとも懸念されている）ムスリム世界におけるものだけでなく、イスラエルや合衆国でも台頭してきている。比喩的にいえば、リベラル・デモクラシーの世俗的な価値は今や包囲された状態にある。宗教学者たちは、この事態をみずからの専門の持つ公的な意味を示す好機であると考えて、それに熱心に応答している。では、リベラル・デモクラシーにたいして宗教的な信念がもつ危険性に関して、何がなされるべきなのであろうか。

より一般的には、次のように問うことができるだろう。リベラル・デモクラシーの世俗的な約束と超越的なものにたいする私的な信仰の条件との間の諸関係とは、いかなるものであるのか。もちろん、この問題にたいする単純な解答はない。なぜなら、近代の宗教は、リベラルな諸価値の障害になるものであると同時に、それを促進するものでもあるからであり、また、リベラルな諸価値が、時に認識される以上に矛盾した曖昧なものであるからでもある。しかし、ここでは、その問題とは別の、以下のような一群の問いから始めることにしたい。すなわち「宗教」とは何であるのか。それは、いかにしてそのような形で定義されるようになったのか。その定義の中心に信念（belief）をおいたことの政治的な帰結は何であるのか。ここでは、こうした問題について、チャールズ・テイラーの著書『世俗の時代』を論じながら、取り組んでいくことにする。この著作において、テイラーは、世俗化をたんなる引き算の物語として（すなわち、迷信と不寛容が徐々に放棄されていく物語として）語ることはできず、リベラル・デモクラシー国家において、信仰と不信仰という選択肢が対等な地位を持ち、平等に保護されるようになるという歴史的再形成（re-making）を説明する形をとらなくてはならない、と主張している。これはきわめて重要な主張であるが、ここでは信念という曖昧な概念に関する、テイラーやその他の人類学者たちの扱い方を見ることによって、このテイラーの主張を超えていくことを試みる。信念とは異なる感性や態度を構築していく方法を特定するために、まず、感覚を研究することの重要性を論じる。次に、カイロの政治的な光景における聞くこと（listening）の位置を考察した近年の民族学的研究であるチャールズ・ハーシュキントの『倫理的な音の風景』（*The Ethical*

ことにする。

Soundscape）をとりあげる。そして、最後に、感性と政治との結合についてのいくつかの疑問を持って結論とすることにする。

現在ではよく知られていることだが、体系的な研究の対象としての近代的な宗教の概念が成立したのは、比較的最近のことである。もちろん“religio”という単語は古くからあるが、それは近代初期になって新たな意味を持つことになった。おおよそ十七世紀以降のヨーロッパの思想家の間で、次のような考え方が徐々に姿を現してきた。すなわち、あらゆる社会において、人びとは超自然的な存在を信じており、世界の始まりについての物語と、個々人の死後に何が起こるのかについての物語を持っていること、そしてまた、あらゆる社会において、人びとは崇拝のための儀式を定め、それに関する専門家を尊敬しており、そして、その帰結として、宗教はキリスト教徒だけが持っている何かではない、といった考え方である。

宗教の起源についての懐疑論は、長きにわたって書かれてきた。しかし、その多くにとって問題であったのは、宗教の概念ではなく、宗教の出現であった。少なくとも啓蒙主義以降、宗教を理解する重要なアプローチの一つは、「誤謬の社会学」（the sociology of error）と人類学者たちが呼ぶものであった。このアプローチの主要な問いは、こうした明らかに誤った信念が初めて生じたのはなぜなのか、というものであった。この問いに前提されている信念－命題の検証――とその反証――は、宗教的な信念－言明の反直感的性格と宗教的な確信の非合理的な性格とに基礎を置く、きわめて単純な言語的なイデオロギーに依拠する傾向がある。宗教を理解するために、ヴィクトリア期の人類学者たちによって発明されたこの「誤謬の社会学」は、やがて異なる一群の疑問を提起する別のアプローチに取って代わられることになる。このアプローチでは、宗教は普遍的であるのか、どのような信念や実践が宗教に特有のものであるのか、宗教的な信念や実践は、生にどのような意味を与えているのか、宗教はどのような機能を果たしているのか、といった一群の問いがとりあげられた。そして、人類学者などは、永遠性に言及する——つまり、その社会的機能と文化的意味をみる——ことによって、宗教を説明しようとした。しかし、このアプローチにおいても、宗教の概念自体は問題とされないままであった。

　私の知る限りでは、ウィルフレッド・キャントウェル・スミスの『宗教の意味と目的』（一九六二年）が、西洋における宗教の概念についての歴史的なスケッチをおこない、それが相対的には新しいものであることを指摘した最初の著作である。スミスはまた、本質主義的アプローチにたいする鋭い批判を展開したが、結局のところ、本質主義の残滓から完全に自由になることはできなかった[1]。彼は、物象化を避けるために「宗教」（religion）という言葉に代えて信仰（faith）という言葉をもちいようとしたが、まさにこの移動によって、彼は宗教の言語では表現できない経験としての側面を強調することになった。宗教を議論するにさいして、明確化することが困難な経験の重要性を強調することが問題なのではない。問題なのは、彼が特定の言語ゲームを、「信仰」としての宗教という普遍的な概念の基礎としたことである。彼は、次のように書いている。「私の信仰とは、私が、私自身を、神の前でありのままにさらけ出すことである[2]」。この表現は、聖なる視線に無媒介に開かれた内面性を指示しているようにみえる。そのため、私の信仰とは、（神の前での）上演（enactment）であると同時に、その行為を、信仰の行為として構成する（真正なる主体の）経験でもあることになる。

　宗教の普遍的な概念が存在しえないのは、宗教的な現象が無限に多様であるからではない——もちろん、宗教的信念を持つ人びとの生き方が、世界的に見てきわめて多様であるのは事実であるが——。また、宗教と呼ばれるようなものが実は存在していないから、というわけでもない[3]。その理由は、定義することが歴史的な行為であるからである。定義をおこなうことは、また異なった問いやニーズ、あるいは圧力にたいする応答として、時代や環境の違いに応じた異なる結果を引きおこすものなのである。「宗教」という概念はたんなる単語ではない。それは、人と物、欲望と実践を、特定の伝統に固有の方法で結びつける語彙の一つである。同じことは、宗教と対をなす「世俗性」(secularity)の概念にも当てはまる。それは、異なった歴史的な文脈の下で、また別の諸感性を相互に結びつけて働かせるものなのである。したがって、現代のフランスにおける政教分離(ライシテ)を規定する制度的な実践や心理学的な反応は、今日のアメリカ合衆国における「教会と宗教の分離」を規定するものとは、まったく異なっている。

定義することは、あるものを拒否し、あるものを是認することである。何が宗教であるかを定義することは、たんなる抽象的な知的行為ではないし、人類学その他の学者たちだけがしていることではない。宗教を定義する(あるいは再定義する)という行為は、感情的な論争をともなうものであり、不安や満足と結びついているものであり、知識と関心についての概念の変化に影響されるものであり、制度的な規律(disciplines)に結びついているものなのである。(4)過去の植民地行政においては、宗教の定義が、被支配者たちの行為とアイデンティティを分類し、管理し、規制するためにもちいられた。今日のリベラル・デモクラシーは、法的な地位をもつ宗教の定義を宣言することによって、市民の義務である領域と義務が免除されている領域との境界を明らかにすることを求められている。(5)宗教の定義の産出は、社会生活の組織化と個人的な経験の可能性に深刻な意味を持つある語彙の、特定の用法を是認あるいは否認することなのである。まさにこの理由によって、アカデミックな専門家たちは、宗教的な問題についての法的な決定過程に巻き込まれてきた。こうしたあらゆる法的機能を実現するにさいして、(本国においてであれ、植民地においてであれ)リベラル・デモクラシーは、世俗的であるだけでは十分ではなく、信念が宗教性の本質と考えられることを必要としている。この信念という概念の曖昧さは、解明されなくてはならない。

他の人びとと同じく学者も、私的なものであれ公的なものであれ、信念が荘厳な儀式において表明されるものと通常想定する。例えば、ヴィクトリア朝期の人びとは、昨今の進化人類学者と同様に、儀式を自然環境の困難に対処するための「魔術的な」方法とみなす傾向がある。ロバートソン・スミスのような、「原始宗教」の研究者でもあったプロテスタント神学者たちは、「カトリックの魔術」すなわち迷信から解放されることが「真のキリスト教」には必要であるという見解をとる。問題になっているのは、真の信念なのである。しかし、後の人類学者たちは、これらすべてを方法論的な誤謬とみなした[6]。かれらは、儀式を自然に適応するための原始的な方法とみなしたり、原始的な精神の証拠とみなしたりすべきではないと主張した。儀式はそれ自体社会的機能を持つ行為なのである。エドマンド・リーチのような人類学者は、儀式が道具的な行為ではまったくないと指摘した。儀式は、何かを象徴し、文化的な意味を伝達するものなのである。したがって、ヴィクトリア朝期の進化主義者やかれらの人類学的後継者の多くにとって、原始人とかつて呼ばれていた人びとが「信念」の近代的な観念を持っていると想定することは、儀式の概念の構成に不可欠であった。コスモロジーの形をとる場合であれ、文化的に規定された規範の形をとる場合であれ、実践者による説明から再構成されたものであれ、西洋の意味理論をもちいて社会的な行為や配置の中に読み込まれたものであれ、信念の観念は、儀式や儀礼として分類される反復的な行為の理解の中核をなすものであった。

こうして宗教の構成要素としての「儀式」(ritual) は、「意味ある行為」という明確に理論的なカテゴリーとなった[7]。ジョン・オースティンが指摘したように、言葉を使用することが、行為することの一つの方法であるとすれば、儀式への象徴的アプローチは、行為することを、意味を表現することとして理解する。たとえそれが、前反省的な社会的な虚構や象徴の体系の中に埋め込まれていたとしても、である。象徴的アプローチに魅力を感じる人類学者たちは社会的虚構を（いまだ）表明されていない信念と考えた、ともいえるであろう。

人類学者の一部は、儀式の暗黙の意味にたいして認知的かつ主要な関心が払われた普遍主義対相対主義の論争との関連で、信念の問題を提起した。例えば、マルコム・ルエルは、広く読まれた論考の中で、次のように述べている。「［キリスト教的］信条（creed）の遂行は、他のあらゆる典礼的な行為と同様、複雑で象徴的で濃密な行為であり、その結果、儀礼的象徴化の分析のためにターナーが発展させたカテゴリーによって、同じように分析することができる」(8)。キリスト教の信条は、二つの信念を組み合わせたものであるとルエルは指摘する。一つは、神聖なる人格（生きているキリスト）にたいする信念であり、もう一つは聖なる出来事（受難と復活）が起こったことにたいする信念である。この二つが、一般的な現象の特殊な例として、信条の儀礼的な発話（信条の遂行）のうちで、象徴的に統一されているのである。

人類学者モーリス・ブロックは、言語的な遂行それ自体を象徴的行為の範型とみなし、（洗練された作法の形式性と同様）まさに修辞の「形式性」が、社会的な規制と政治的な支配の重要な手段であると論じている。――宗教的な儀式および政治的な修辞を含む――形式的なコミュニケーションは、選択の否定とみなされ、それゆえ伝統的な権威にたいする屈服とみなされたのである(9)。有名なウェーバーの見解によれば、伝統的な権威は正統的支配の三つの様式の一つであるから、儀礼にたいするこのアプローチによって、自律的な主体は、みずからの意志で、すなわち、自分自身の信念をみずから選択するために、伝統や過去の模倣から断絶しなくてはならない、という観念が強化されることになる。

儀式が抑圧的な社会的機能を持つという主張は、リベラルな宗教が主として私的な信念の形式をとるべきであるという見解と、そして歴史的にいえば、プロテスタントによるカトリックの典礼主義の否認と共鳴している。こうした主張によって、儀式は非合理的なものであるばかりではなく、象徴的なものであり、内面性から切り離されているがゆえに、リベラル・デモクラシーが価値づけている政治の意味においては反政治的なものであるという、よく知られた見解が強化される。しかし、形式性が必然的に強制の外的な形式である、という考え方には疑問の余地がある。なぜなら、形式は、ゴフマン的な戦略の要素となって初めて、他者にたいする統制の手段となるからである。[10] 公的な形式が、社会的世界における自己の形成と再形成に貢献し、それを育んでいる——別の言い方をすれば、外的な形式が発展する主観性の一部である——範囲では、それは異なる効果を持っているといえる。この文脈では、具体的な主体が、何を話したりおこなったりするのか、あるいは、他者との関係において、いかなる行動や言語の形式をもちいるのか、ということは、道徳的な潜在能力の中心に位置しており、たんなる外的な強制ではない。[11] 要するに、形式を強制することによって選択を否定する行為として儀式を捉えるのではなく、行動、感性、態度の適切さを目指すものと捉えるのであれば、形式の反復は、権威への盲目的な服従とは異なる何かと考えることができるであろう。（洗練された行為であれ崇拝であれ）形式的な遂行の適切さは、過去の模範を繰り返すことだけではなく、新しい環境にそれを適用するための独創性をも必要としている。言い換えれば、倫理的な美徳に必要な範囲で、適切な形式性を促進することは、無制限の選択を許すものではないけれども、ある水準における一定の判断を要求していることも確かである。文法規則と同様、形式は、可能性であると同時に制限であり、独創的な思考と行動のために必要なものなのである。

　儀式の研究において、もっとも実り多い洞察を示したのは、マルセル・モースである。「身体技法」（一九三四年）と題された有名な論考において、モースは、宗教と世俗の区別を乗り越えていく。彼は、宗教と呼ばれる普遍的なものの構成要素としての儀式、というカテゴリーを構成するためには、いささかの労力も払っていない。彼の関心は、聖なるものか世俗的なものかを問わず、態度の形成過程を探求することにある。そして、もっとも重要なことは、彼が信念に言及することなくその問いを立てていることである。モースの関心は、経験についての解釈や個人の選択についての問いではなく、生きている人間の肉体が、一つの物体として、存在し、作用し、作用対象となる、その様式にあった。彼の著作は、世俗の感性や経験が（宗教的なものと同様）特定の「社会的・心理学的・生物学的」条件を必要としているという考え方や、政治的な合意としての世俗主義の背後にある特有の態度や欲望が、そうした感覚の特定の布置を前提としている、という考え方に力を与えることになった。社会学的に議論するならば、文化的に設定された感覚の一部は理論に基づく規律の構想に由来しているが、他方で、多様な政治的・経済的な力と、それに起因する規制戦略の偶然的な収斂から生じてくる部分もあることは明らかである。近代的な産業、大衆的な市場、コスモポリタン的な都市、近代的な交通とコミュニケーション、そして、とりわけ近代的な戦争はその例である。宗教的な観念を含め、観念なるものが、近代リベラル社会における倫理と政治について考える場合に重要であることはもちろんである。しかし、それらは、多様かつしばしば予測不可能な形で、感情や感覚と結びつけられているのである。

普遍的な現象としての宗教にたいするリベラルな批判者や擁護者は、近代的な倫理や政治にたいして宗教的な信念が持つ含意について議論してきた。論争のどちらの側にとっても中心的であるのは、「信念」が（自分の信念を選択する主体の権利という）特権であると同時に（信念が暴力と不寛容を招くという）危険でもあるという観念である。両方の立場が共有している基盤を理解するための第一歩は、このいまだ決着のついていない議論の主要なイデオロギー的用語のいくつかを定めることになった、宗教的自由に関する古典的なロック的教説を再考してみることであろう。

近代の議論にしたがえば、信念が強制されるべきでないのは、それが個人の人格の尊厳を傷つけるものであるからである。おそらくより常識的な見解によれば、信念を強制することはそもそも不可能である。もちろん、これはジョン・ロックの寛容理論の中核であり、世俗主義の系譜の一部をなしている。この理論は、十七世紀のヨーロッパにおいて姿を現しはじめた新たな宗教心理学と、新たな国家の概念に依拠している。それによって、ロックは、次のように主張することができた。すなわち、――宗教的な実践と救済との関係に関する信念を含めて――宗教的信念を強制しようとする君主の試みは、不可能なものである以上それは合理的なものではありえない。そうした強制は、不誠実な信仰の告白と外的な従順さを確保することができるにすぎず、それゆえ――こうした議論はいまだに続いているが――市民政府によってもちいられる強制は、生命・身体・財産の保護といった、世俗的で客観的な公共の利益だけを目指すべきである、という主張である。リベラルな哲学者の中には、洗脳という厄介な例に反論するために、それが、本来の誠実な（sincerely）信念ではなく、たんなる偽りの（inauthentic）信念を生みだすだけである、と論じたものもいる[12]。かれらによれば、信念の真正性（authenticity）は、主体がみずからの信念を選択し、それに基づいて行動する能力に存している。こうした形で、信念の観念は、自律的な主体の観念を強化している。しかし、真正な信念と誠実ではあるが真正ではない信念とはまったく異なったものであると主張することは、選択することなくして何かを情熱的に語るという行為を偽りのものと断じるべきである、ということを意味しているのであろうか。論理的にありうる選択肢が他にないからそうしているのではなく、（ルターの「私はここにたつ。それ以外のことは私にはできない」のように）道徳的な選択肢が他にないからある行為をするという場合に、この行為を偽りのものとラベル付けすることによって、倫理的・政治的には何が帰結するのであろうか[13]。

もちろん、外的な力によって、主体にあることをさせたり、禁じたりすることは可能であるし、一群の情報を正しいものとして信用させたり、自由に選択していると考えるように説得したりすることも可能である。それは規律化や他の組織化された感性の育成（すなわち人や物にたいする認知と反応）によっておこなわれていることである。だから、信念を外部から変えることができないという主張は、（その唯一的で、自律的で、他者には手の届かない場としての）「個人的な信念」について、何か経験的なことをいっているように見えるけれども、実際には「プライバシー」に関する政治的な言説の一部であり、宗教的信仰に関する市民の義務の免除の主張であり、それによって世俗国家という観念と特定の宗教の概念とが強固に結びついていたのである[14]。

二〇〇七年に出版された『世俗の時代』（*A Secular Age*, 以下本書の引用は「テイラー、掲載頁」と略す）において、チャールズ・テイラーは、個人の信念にたいするこうした主張がなされ擁護される近代世俗社会の歴史的な形成について記述している。この本では、リベラル・デモクラシー国家について、直接にはほとんどふれられていないけれども、テイラーは、現代の西洋キリスト教が、みずからの宗教を選択する——あるいはすべての宗教を拒否する——権利への関与を含めて、リベラル・デモクラシー国家に依拠していることを理解している。人間は明らかに「自己解釈的な動物」（self-interpreting animals）とみなされるという事実——テイラーが以前の著作において鮮やかに練り上げてきた見解——は、この著作が、まず何よりも概念史の伝統的な意味におけるインテレクチュアル・ヒストリーである理由を説明する一助となる[16]。

この本の最初の章は、次のような言明で始まる。「ここで私が答えたいと思っている問いは、以下のようなものである。われわれの西洋社会において、例えば一五〇〇年の時点では、神を信じないということがほとんど不可能であったのに対して、二〇〇〇年の時点では、われわれの多くが、それをたやすいことであるばかりでなく、不可避のものであると感じているのはなぜなのだろうか」（テイラー、二五頁）。そして、超越的な「社会的虚構」から内在的な「社会的虚構」への移行をもたらし、最終的には、信仰が自由に選択できる（あるいは放棄できる）という宗教的多元主義を生みだした改革を跡づけることによって、テイラーは、この問いに答えている。

しかし、この説明においてテイラーが依拠している信念の観念には、曖昧さがないわけではない。まず、信念を心の状態と同一視してしまうという古くからの問題がある。英語話者の民族誌学者が、研究対象である非ヨーロッパ圏の宗教的信念をどのように同定していたかを初めて批判的に検討したのは、ロドニー・ニーダムである[17]。彼は、信念を持つ人びとの内的状態について記述していると民族誌学者が主張しているときに、正確には何が読者に提示されているのかを問うたのである。彼の答は、内的状態は——言語を介して——必然的に社会的に表出されるのであるから、普遍的な内的状態は存在しない、という懐疑的なものであった。すべての人がこの答を決定的と考えたわけではないが、しかし、ニーダムの研究は経験とその解釈の間の言語学的な関係、すなわち、物質的な世界の唯一性と言語ゲームの多様性との関係についての問題にたいする関心を喚起することになった。

いかにして信念を特定すべきなのか——とりわけいわゆる「より高度な宗教」（テイラーがもちいた十九世紀の観念）において——。例えば、中世のキリスト教徒は、宗教的な信念そのものの拒絶であったのか、他の宗教的な信念の選択であったのかははっきりしないが、しばしば正統派の教説（魂の不滅性、復活、肉体化、処女懐胎、浄罪）を拒絶した。問題は、何が宗教的な信念とみなされるべきなのかということである。中世ラテン教会によって、「誤謬（*superstitio*）」として否定された信念は、それゆえに、世俗的な信念とみなされるべきなのか。それとも、あらゆる宗教は迷信であるという後世の啓蒙主義的な批判によって与えられた基準にしたがって、それらをも宗教的であると判断すべきなのか。特定の行為を実現しようという意図は、その宗教性にとってつねに決定的なのか。もしそうだとしたら、いかにして、そして、誰がそれを判断するのか。

近年、中世研究家たちは近代英語のビリーフ（belief）（もしくはフランス語のクロワィヤンス（croyance））に対応すると考えられているラテン語の翻訳に関する問題を認識するようになった。[18] しばしば、きわめて単純に不信心（unbelief）と註解されるインフィデリタス（*infidelitas*）という語をとりあげてみよう。インフィデリタスは、典型的には協約、法、歴史的語りなどの世俗的な文脈でもちいられ、通常は、契約あるいは誓約を破ること、不誠実なしかたで行動すること、信頼を裏切ることを意味していた。したがって、インフィデレス（infideles）は、たんに正統的な信念を持っていない人びとのことではなかった。それは、まず不誠実なやり方で行動する人のことであり、裏切り行為や不運のために、神とラテン・キリスト教徒とその王とをつなぎ合わせている関係の一部ではなくなった人びとのことを意味していた。クレデーレ（*credere*）は、英語のビリーブ（believe）に翻訳されるラテン語のキリスト教用語であるが、この単語は、通常認知的な意味ではなく倫理的な意味を持ち、「ある命題が真であると確信すること」ではなく「誰かを信頼すること」という意味であった。例えば、この主題について論じたドロテア・ウェルテックは、宗教裁判に召喚されたオード・フォレという若い女性の農民の例を引用している。彼女は、「神を信じる（credere in Deum）」ことはできないと述べている。ウェルテックの指摘によれば、彼女がこの言葉で言おうとしたことは、より詳細な文脈を見ることで明らかになる。彼女は神の存在を当然のこととみなしていた。彼女に神の慈悲が与えられる希望がないのは、彼女が聖体の中にパン以外のものを見ることができず、具現化に関する不穏な考えに苦しむようになっていたからである。神の肉体がパンの形をとって現れるという教義にたいする異議申し立てがなされているのかどうかははっきりしないが、パン以外のものを見ることができないという彼女自身の無能力の結果としての、彼女の神にたいする苦悩に満ちた関係が表明されていることは確かである。要するに、（何かが真であるという）現在のわれわれの持つ信念の概念が前近代社会にはなかったということではなく、そのように翻訳される言葉は、特定の社会的あるいは政治的な関係に埋め込まれたものであり、特定の感性と結びつけられたものであるということである。それらは、まずは生きられるものであり、理論化されることはきわめてまれである。テイラーは、おそらくこのことに同意するであろう。しかし、そうであるとすれば、次のようにいわねばならない。世俗化の物語の中でもっとも重要なものは、日常的な経験や行為の理解にとって解釈が必要とされないもの、ヴィトゲンシュタインが全体的な「生の様式」と呼んだものの変化なのである。不信心は歴史のある特定の地点においては不可能であり、別の地点においては可能になったのではない。「信念」という単語がこの二つの場合にはまったく違うやり方で使われていたのであり、異なる生の方向を指し示しているのである。すると、世俗性の物語は、その内容についての再解釈がくりかえされてきた、「超越的な」虚構から「内的な」虚構への移動としてではなく、感じることと生きることの様式の一連の変化として語った方がよいのではないか、という疑問も生じてくる。もしこのやり方をとれば、「自然神学」のような虚構が「人間主義」をいかにして導いたかといった物語、いかにイデオロギー的な改革が不適切にしか実行されなかったかといった物語を越えていかなくてはならないということになるだろう。「社会全体をより高い基準の下で作り直すという衝動」（テイラー、六三頁）が、つまり、全面的な改革の要求そのものが、生の姿勢としていかに生まれたのかを問わねばならないかもしれない。

もちろん、テイラーの主要な関心は、理論としての信念ではなく、生きられた経験がいかにその妥当性を獲得するかという点にある。彼は、「われわれの道徳的、精神的、宗教的な経験が生じる理解の文脈全体」が、どのような形で徐々に変化していったのか、あるいは、前近代の「外部融合型自己」（porous self）――環境における諸力と切り離されていない（それゆえ、内的な願望と外的な原因とを混同する）自己――が、「精神と世界の間や、精神と肉体の間にさえ明確な境界がある」ことを前提とする近代の「外部隔離型自己」（buffered self）に、いかに取って代わられたのか、を詳述しようとしている。しかし、外部融合型自己と外部隔離型自己というこの対比は、超越論的な俯瞰点を前提してはいないだろうか。この二つの要素は、世界における、あるいは、世界にたいする自己の複雑性を捉えておらず、内部と外部という概念の複雑性や、異なった文化や階級、あるいは時期や時代において感覚が働く様式の複雑性を捉えてはいない。テイラーによれば、外部融合性から解放され、「脱魔術化した」近代的自己は、歴史的な喪失と感じたものを再生し、歪められた改革によって生じた「近代の不安」を乗り越えるために、提供されているたくさんの宗教的な信念の中から一つを選ぶことによって再魔術化しようとするのである。（ところで、テイラーは、超越的－キリスト教的－信念(19)という言葉で語られる宗教の直感的な定義をもちいているから、個人の生活にたいして世俗的な消費文化――あるいは、近代科学と技術――から押しつけられるような魔術化を無視してしまうのである、と考えたくなるかもしれない。魔術化という言葉を、「誤った原因」（迷信）にとらわれていることを指していると理解する場合には、それは近代人たちが、――世俗的であれ宗教的であれ――喪失とみなすものでは必ずしもない。他方、狂喜と歓喜の状態として理解する場合には、魔術化は近代の世俗文化の中にも依然として十分に存在している。「意味喪失」としての脱魔術化は、概念としては曖昧である）。

いずれにしても、その著書の末尾にいたると、テイラーにとってキリスト教の再構成とは、リベラルな近代性の利点を、近代の不安なしに保持することなのであろうということがはっきりとわかる。黄金時代はないのだから、そこに後戻りすることはできない。だから、真のキリスト教が再－想像されなくてはならない。適切な改善の可能性にたいするこの確信によって、近代生活を悲劇的な性格を持つものとみなす人びと――すなわち、自分自身の盲目的な行動や周囲の統制しえない物事、さらには解釈の欺瞞によってもたらされる人間の悲惨な行き詰まりを解決することは不可能である、という残酷な認識に到達した人びと――にたいする彼の否定的見解を説明することができるかもしれない。

私のテイラー理解に見られるように、まさに近代の個人によって解釈された経験が、その自由選択的な性格を生むのである。テイラーの物語における信仰の概念が、つねに命題的な意味を持っているわけではないことは確かであるが、自己隔離的な自己による「解釈」(construal) の概念がこの物語に占める中心的な役割は、――命題的ではなくとも、物語の形式で――明確に表現することが可能なものを前提しているように思える。

しかし、先に進む前に、分析的なカテゴリーとしての（何かがこうであるということを）「信じること」を特徴づけるために、感覚し知覚することと解釈することとの区別をしておきたいと思う。この作業は、感覚し知覚することと思考すること（そして信じること）との、R・G・コリングウッドによる区別を利用しておこなわれる。コリングウッドは、後者の場合にのみ、誤りがあったと語ることに意味がある、と指摘する。なぜなら、感覚は志向性のある行為ではないからである。[20] 感覚や知覚には、誤りを構成しうるものは存在しない。思考――そして思考としての信念――は、相互に矛盾しうるが、感覚や知覚に関しては、それが解釈（すなわち思考）の対象から得られたものである場合以外には、矛盾は起こりえない。この二つは分析的に区別される。もちろん、知覚の〝原因〟について誤ることはある。しかし、原因がわかるということは、「知覚」に対比して「思考」とコリングウッドが呼ぶものの領域にすでに入っているのである。

コリングウッドは、「感覚」という語は、（熱い／冷たい、固い／柔らかい、明るい／暗いなどの）知覚や、（苦痛や快楽、怒り、恐れ、嫉妬などの）感情を含む一連の身体的な状態に言及するのにもちいられるものであり、その主題についての最近の著作においてさまざまな分類がおこなわれていることを指摘する。知覚と感情は二者択一ではない。視覚や聴覚といった知覚がそうであるように、両者は構造的に結びついている。われわれの世界についての経験は、一部が知覚－感情的であり、一部が知的である。しかし、誤りは思考と解釈のレベルでのみ起こり、感覚のレベルでは起こらないから、解釈枠組が、つねにかつ必然的に感覚と知覚にともなっていると想定すべきではないように思われる。われわれは、通常あるものを何かとして見ることは確かであるが、このこと自体は、経験が不可避的に解釈に依存していることを意味しているわけではない。主体が、みずからの統一的なイメージを求める程度に応じて、みずからを（神性において、人間性において、動物性において）「私」（I）として認識しているところで、当然あるべきところに自分自身を見つけることができなかったときには、（驚きのあまり）何が起こるであろうか。これらは、主体の側の解釈を必要としない問題である。

近代資本主義社会で、キリスト教徒と非キリスト教徒が、信念を持つものと持たないものが、多かれ少なかれ同じような生を生きるということは、いかにして可能なのだろうか。あるいは、ある人のことをよく知るようになるまでは、その人が信念を持っているかどうかを、その人の生き方からだけではうまく言い当てることはできず、その人のことをよく知るようになってはじめてそれがわかるということは、宗教的な信念について何を物語っているのであろうか。一つの答えは、近代人の宗教的な信念はきわめて深いところにあるので、観察可能な行動との関係はきわめて希薄になっているというものである。ある地方紙に掲載されていたオンタリオ州首相の以下の発言のように、こうした関係が完全に否定されることすらある。「「首相として、私は自分自身の宗教的信念に反するような決定もおこなってきました」マクギンティ氏は、同性結婚と妊娠中絶にたいする支持を例に出しながら語った。

「カトリシズム、つまり、私の私的な信念が、私の立場を決定することはありません」[21]。この例は、リベラル・デモクラシー国家の中立性によって解釈し信じる権利が保護されているのではなく、信念と行動の近代的な分離によってこの種の中立性が可能になっていることを示している。

テイラーの物語の中に、気候変動、宇宙と疾病の軍事利用、貧困の増大と経済成長への止みがたい欲求、核拡散、戦争とテロリズムといった、現代世界の脅威となっているグローバルな危機にたいする言及がない理由は、よく考えてみる価値がある。このテキスト全体の中で、「危機」という言葉は個人の意味の喪失と救済の信念の必要に言及するときにのみ現れている。しかし、キリスト教徒と非キリスト教徒に自分自身の信念を選ぶ権利を保障しているリベラル・デモクラシーが、——しばしば批判されるように、政府の形態としては、特殊利益に満ちたものであるからとか、企業権力に例外的な受容性を示すものであるからとか、市場的合理性をあらゆる社会的関係に拡大することに賛成であり、少なくともそれを黙認しているからとか、その市民がナショナリスト的な妄想にたやすくとりつかれてしまうからといった理由で——グローバルな危機に対処できないとしたら、どうなるだろうか。もしリベラル・デモクラシーが[22]、グローバルな危機に有効に対処するために必要な善の発展を損なうだけでなく、（ここでの議論にとってはより重要なのだが）テイラーが「充実の感覚」（the sense of fullness）と呼ぶものが依拠している諸条件を常に混乱させるとしたら、どうなるだろうか。そしてまた、逆説的に、まさに混乱と不確実性の継続的な感覚こそが、リベラル・デモクラシーの権力と継続的な改革の約束の両者を生みだしているとしたら、どうなるであろうか。

宗教・信念・政治の三者がいかに相互に関連しているかを探究するためには、制度的布置だけでなく、肉体・知覚・態度に関するいくつもの問いを立てなくてはならない。そのためには、人間の肉体について——苦痛や物理的損傷、衰え、死にたいする態度、身体的な統合性や成長と快楽にたいする態度、人や物を他者から孤立させている条件や、逆に強く結びつけている条件にたいする態度についての——エスノグラフィーが必要である。特定の身体性と感性は、どのような知覚——聴覚・視覚・嗅覚・触覚・味覚——の構造に依存しているであろうか。（計画的なものか、偶然の発展によるものかはともかく）新しい感覚的な認知が形成され、世界に関与する古い方法と古い政治的な形態が有効でなくなるのは、いかにしてなのであろうか。これらの問いに答えるにさいして、研究者には、もちろん感覚とその表現を特定する解釈枠組が必要である。しかし、こうした感覚それ自体は必ずしも意味を必要としているわけではない(23)。研究者は、（内在的なものであれ超越的なものであれ）ある力によって感覚に捉えられる予測不可能な何かに出会うことで、ある人が変貌することがありうるし、そこにはいかなる解釈をも必要とされていないことを理解することができる。われわれは、（世界は自己が見たままのものであるという）相対主義的なやり方とも（自己は外的あるいは内的な原因によって決定されているという）還元主義的なやり方とも違う方法で自己について考察する必要がある。

　人類学的歴史学者であるアラン・コルバンは、人間の様々な感覚——聴覚・視覚・触覚——に捉えられた世界認識の変化の問題を、解釈に一義的な関心を向けるのとは別の方法でとりあげてきた。例えば、『においの歴史』(24)（以下本書の引用は「コルバン、掲載頁」と略す）において、コルバンは、十八世紀および十九世紀のフランス社会における、都市大衆の窮屈な生活条件、伝染病の条件、個人の衛生実践についての密接に絡み合った言説を跡づけている。これらの条件の最終的な帰結の一つとしてコルバンがみて取ったものは、明瞭な視界の重要性の強調である。「公共の空間だけでなく、個人の住居における照明にたいする関心が増加した。これが、視覚にたいして比類なき優先性を与えることになった、態度の大きな変動の始まりであった」（コルバン、一五四頁）。コルバンは、いつも観念そのものがすぐに変化するというわけではなく、「伝統的な現実性についての新たな不寛容」（コルバン、一五五―一五六頁〔邦訳二〇四―二〇五頁〕）を生みだす新しい認識の形式への変化が先に起こることを指摘している。例えば、十八世紀の終わりまで、（ムスクのような）動物由来の香水は、女性がみずからの香りを強めるためにもちいられていたが、十九世紀になると個人の衛生に関する新たな関心の下で、こうした香水はもちいられなくなり、肉体の臭いをごまかす一方で、女らしさを控えめに暗示する香水が支持されるようになった。(25) こうした感覚は、（主体によって誤解されえない知覚や感情であるという点で〈なぜなら、思考することによってのみ誤解は生じうるのだから〉）解釈ではない。にもかかわらず、それらは、経験に与えられたものの一部なのであり、それゆえ、解釈することも可能なのである。

感覚的認識における変化は、他の人びとや物事についての経験に複雑な感情（心配や喜び）を付与する。それは、何を感じたかの関数であるだけではなく、いかに感じたかの関数でもある。新しい生のパターンと結びつけられた感覚の配列は、われわれが暫定的に世俗的なものとして同定する、近代の主観性のある側面に貢献している。「換気の技術は、それが身体の間の空間の必要性を示し、他の人びとの臭いにたいする保護を与えるという限りにおいて、自分自身の身体の臭いとの新たな出会いをもたらし、そのようなものとして、新しいナルシシズムの発展に決定的な役割を果たす」（コルバン、九五頁〔邦訳一二六頁〕）。もしコルバンが正しければ、このナルシシズム、この自己の純粋性と統合性への愛は、各自の私的な経験と信念が、この世界における自己の本来のあり方を究極的には規定することになる、という考え方を強化したであろう。

嗅覚は、視覚と異なり、受動的な感覚である。それは見ることのように、意志によって切り離すことができない。

このことは、嗅覚の機能を発展させることができないということではないし、他の感覚に関してもそれは同じである。私が言いたいのは、コルバンが指摘するような出現しつつある感覚的指向性と、人類学者メアリー・ダグラスが『純潔と危険』（一九六六年）の中でおこなった議論との間には共鳴関係があるということである。彼女はそこで、汚染の概念が、カテゴリー体系の侵犯ないし混乱に依存していることを指摘した。彼女の有名な言葉を使えば、「不潔とは、場から外れているもののことである」。それゆえ、浄めの儀式は、生きている肉体、社会、コスモスという三重の秩序の混乱を修復する試みである。そうした儀式によって、ある感覚的な経験がいかに理解され、取り扱われるかを人々は理解する。ダグラスの議論は、コルバンのナルシシストがパラノイアへの傾向を持つ理由を理解する助けとなる。なぜなら、それはまさに、ある人の個人的な純潔と価値体系にたいする隠れた脅威を含んでいると信じられている世界において、体系的な意味を不安に駆られながら探求していくことだからであり、それがその人をパラノイア的にするのである。このことは、改革への衝動——体系全体の変更への欲動——を、継続的な危険にたいする応答として理解することにもつながるだろう。

　変わりゆく事物による統制不可能な世界の一部としての、新たな感覚的知覚がもたらすものにたいするコルバンの強調は、重要に思える。なぜなら、それは、知的な改革の意図やその意図せざる結果だけに言及して変化を説明しようとする試みを疑問に付すからである。もちろん、態度と感受性は、制度と社会運動によって意図的に育成されている。そして、改革は確かに意図せざる結果を生みだす。しかし、意図的に育成されたものであれ、意図せざるものであれ、感覚は人びとが参加する公的生活の中心であり、政治的な生活の諸力を促進したり、それに抵抗したり、服従したり、あるいは無関心のままでいる、その方法にとって中心的なものである。それは、感覚が意味するものによるのではなく、感覚がなすことによるのである[26]。

近代の世俗国家は、みずからの選択したものを信じるという各人の個人的な権利の守護者であるだけではない。それは、特定の感性と態度の中で、一方ではなく他方に、より大きな価値を与えるものなのである。そして、政治の研究において、感覚の働きにたいしては、信念の機能よりも不十分な関心しかいまだ払われていない。次第に議論されることが多くなってきているのは、規律の問題である。規律は、態度の育成であると同時に、権威による個人の行動の統制でもある。しかし、規律が重要であるとしても、行動と信念の意識的な育成は、人類学者やコルバンのような歴史学者によって記述された、感覚における意図せざる変動とまったく同じというわけではない。

市民性の形成にあたっての規律の役割に関するおなじみの理論によっては、意図的であるものもないものも含めて、さまざまに異なる規律の効果のすべてを追跡することはできない。しかし、議論のために、規律がその物語の中心であると仮定すると、現代の中東におけるいわゆる「原理主義者」を考察するさいの興味深い問題を見いだすことができる。欧米においては、規律化された主体が、近代性とその自由の顕著な例であるといわれるけれども、ムスリムの生活一般、とくにイスラーム運動における規律の存在は、西洋においてまさに逆のものの証拠とみなされる。行動（服装、振る舞い、日々の祈り）の規則の存在と感性（他者にたいする言葉と行為における感情の統制、聖なる声にたいする尊敬）の育成は、制約であり抑圧であるとみなされる。これは、まさに寛容の議論が警告するものの例の一つである。もし政治的あるいは宗教的な権威が、行為と教義の規範を個人に押しつけてきたときには、そして、この強制が認められたときには、「誠実ではあるが偽りの信念」の一事例になるに違いない。ただし、一つの違いは、慈悲深いムスリムの規律は、聖なる存在への強い感覚と指向とに結びつけられている。だから、こうした行動に信念の観点（この場合には、偽りの信念あるいは「虚偽意識」）から接近するのではなく、人間の力では統制できない世界において、肉体的な感覚がいかに育成され、形づくられているかを問うべきであり、どのような政治がこうした形成を可能にしたり、難しくしたりしているかを問うべきであろう、と私は考える。

このことは、カイロの民族誌において、まさにこうしたやり方でその問いを定式化しようとしたある人類学者の研究に私を向かわせる。チャールズ・ハーシュキントの『倫理的な音の風景』がそれである。ハーシュキントのモノグラフは、観念と信念の説明ではなく、特定の生の様式に属する諸交換の分析である。彼は、教会で説教を聞くという現代のカイロにおいてきわめて日常的な実践が、宗教的な感受性をいかにして形づくっているか、そして、その帰結が政治にとっていかなる意味を持っているかを問うている。イスラームの歴史を通して、金曜礼拝への出席は、ムスリムの主体形成の重要な部分であった。ハーシュキントは、説教の受容を積極的な過程として、すなわち、信心深い聴衆が参加能力を育成していく過程として分析している。現代のカイロにおいて、説教を聞く行為は、もはや金曜日のモスクに限定されてはいないし、一回限りの経験でもない。録音された説教は、さまざまな都市の文脈において、監視されることなく、今や何度でも耳にすることができる。ハーシュキントは、こうした事態に「規律されていない規律」（undisciplined discipline）という適切な表現を与えている。

政治的な修辞とメディアの娯楽は、説教のスタイルに影響を与えており、それによって、国民生活の諸制度との間に新たな関係ができあがると同時に、トランスナショナルなイスラーム共同体（umma）との間にも新たな関係が構築された。この運動は、エジプト国家にたいするもっとも深刻な大衆的反対者を構成するムスリム同胞団を弾圧しようという試みに呼応して生じてきた部分がある。この運動に関するハーシュキントの説明は、カセットテープを聴くという行為が、国家の空間的制御への執着や、清潔で秩序が保たれているゲーテッド・コミュニティに引きこもってしまった新富裕層（nouveaux riches）に反対する音響的な感性をいかに促進するかを記述している。この反対運動が意味しているのは、「真のイスラーム」はいかに生きられるべきかという問いにたいする、終わりなき苦闘である。ハーシュキントが、対抗－公共性と呼ぶものは、このような形で支配的な宗教的－世俗的秩序から隔たったイスラーム的な道徳の空間である。例えば、彼によれば、多くのイスラーム主義者は、ネオリベラル的な消費文化の誘惑を、完全に否定するのではないにしても、弱める可能性のある応答性を発展させるものとして、個人的な規律の体制を捉えている。この運動は、確かにリベラルではないし、主体がみずから選択をなすことをつねに奨励されるような自律的個人性の促進でも擁護でもない。その目的は、国家政治において活動可能な道徳的な主体を形成することである。そして、その将来の発展は予測しがたい。

ハーシュキントがこの研究のためのフィールドワークをおこなった後、キファバ（kifaya!）として知られる新しい反体制運動が現れてきている。キファバは、ハーシュキントの描いた対抗－公共性と重なり合い、さまざまな社会的要素――ムスリムとキリスト教徒、イスラーム主義者と世俗のリベラル、男性と女性、専門家と労働組合――を、権威主義的でネオリベラルな国家に対抗する連合としてまとめ上げている。これらの諸要素の間に幸福なる連帯があるわけではなく、還元不可能な複数性は、政治的感受性の基礎として存続している。世俗のリベラルとイスラーム主義者を――ある程度の相互不信にもかかわらず――一つにまとめているものは、かれらの信念ではなく、かれらの反体制的態度、エジプトがより不寛容になりつつあるというかれらの共有する感覚、より具体的には、国家の残忍さと腐敗にたいする怒りの感覚である。かれらは、自分たちの反対運動をみずから選択したものとしてではなく、そうせざるをえなかったこととして語る。しかし、この状況は、否定的な意味を持つ一方で、日常的な相互作用と交渉の空間を提供するものでもある。抑制的であろうとなかろうと、アメリカの帝国的な力による強制は、ムバラク政権による政治経済体制の締めつけと相まって、目的を持った行動をほとんど不可能にしている。この支配体制の将来は、依然として不明確である。しかし、私が出会った範囲では、この運動に取り組んでいるムスリムの宗教性は、内面的にはしばしば不安定であるものの、外面的には礼儀正しい。この宗教性は、共同体内での相互的な配慮に同調した感覚を育成しようとしており、その意味において、民主的なエートスと呼ぶことができる。かなりの数の人びとの間にこれがうまく育成されうるかどうかは、もちろん別の問題である。しかし、私が言いたいのは、私的な確信としての信念は、民主的エートスとはほとんど関係がないということである。

最後に、考えておく必要のある問いを提出することで、私の議論を終わりにしようと思う。それは古い問いであるが、私の見るところ、いまだ満足のいく回答が与えられていないものである。すなわち、一つのエートスとしての民主的な感受性（「宗教的」であれ「世俗的」であれ）は、どのようにして国家システムとしてのデモクラシーと一致するのであろうか、という問いである。結局、前者には、相互的な配慮の欲求、苦痛や軽蔑の苦しみを目にしての苦悩、不変の主観的権利を超えた真理にたいする関心、語るだけでなく耳を傾ける能力、他者の行動の一方的ではない評価への意欲、が含まれる。それは、より大きな包括性へと向かう傾向を持っている[27]。後者は、その主権を保持し、（「宗教的自由」の権利を含む）その市民の主観的な権利を定義し保護し、ナショナリストの熱狂を吹き込み、かれらを公正に支配するための官僚的な合理性を行使する。それは、根本的に排他的である。私は、感性と政治体制の不公平な比較をおこないたいのでもなければ、この二つが結局のところは不適合であるということを主張したいのでもない。たんに、後者が前者を掘り崩しはしないか、そしてもしそうだとすれば、それはどの程度なのか、ということを問いたいのである。

結局のところ、（個人の権利として保護され、制度的に規制されている）宗教的信念という近代の観念は、リベラル・デモクラシーの国民国家の決定的な作用によるものではあるが、民主的な感性の作用によるものではない、ということなのかもしれない。

（苅田真司訳）

註

（1）私の論文 "On re-reading a modern classic: W.C.Smith's *The Meaning and End of Religion*", in Hent de Vries and Samuel Weber（eds.）, *Religion and Media*, Stanford: Stanford University Press, 2001を参照。

（2）Wilfred Cantwell Smith, *The Meaning and End of Religion*, Minneapolis: Fortress Press, 1991［1962］, p. 191（傍点はアサドによる）。

（3）例えば、「ほとんどの人類学者は、今や次のように主張するであろう。すなわち、宗教あるいは他の名前で呼ばれるものは存在しないが、異なった地域で同じような現象として見いだされる何か、観察者に、その言葉によって理解するように教え込まれてきた何かを思い出させてくれる――それゆえ、理論的には重要でない――何かがあるに過ぎないのである」（Maurice Bloch, "Are religious beliefs counter-intuitive?" in Nancy K. Frankenberry（ed.）, *Radical Interpretation in Religion*, Cambridge: University Press, 2002, p. 13）。こうした唯名論が現れるのは、あるところにおいて「宗教」として認識されるものは、（態度や実践を含む）さまざまなものをまとめたものであるが、そのまとめ方が伝統によって大きく異なっているからである。この「まとめること」こそが、宗教を現実的なものにしている一方で、宗教的な語彙を他の言語に翻訳することは、どの程度、そして、いかにして可能なのか、という理論的に難しい問いを提起するものなのである。

（4）植民地のプロテスタンティズムにたいする対抗を通してのシンハラ仏教の再構成に関しては、デヴィッド・スコットのすばらしい論文 "Religion in Colonial Civil Society" in id, *Refashioning Futures*, Princeton: Princeton University Press, 1999で説明されている。

（5）この問題の例は、私の論文 "Trying to Understand French Secularism," in Hent de Vries and Lawrence E. Sullivan (eds.), *Political Theologies*, New York: Fordham University Press, 2006 で、詳細に扱われている。

（6）E. E. Evans-Prichard, Godfrey Lienhardt, David Pocock, ヴィクター・ターナーといった、第二次世界大戦直後にもっとも影響力のあったイギリスの社会人類学者たちは、カトリックからの転向者であった。

（7）J. L. Austin, *Doing Things With Words*, Oxford: Oxford University Press, 1962.（坂本百大訳『言語と行為』、大修館書店、一九七八年）

（8）Malcolm Ruel "Christians as Believers," in John Davis（ed.）, *Religious Organization and Religious Experience*, London: Academic Press, 1982, pp. 16–17.

（9）Maurice Bloch, "Symbols, Song, Dance and Features of Articulation," in *The European Journal of Sociology*, 1974. 形式性と支配についての議論は、彼の *Political Language and Oratory in Traditional Societies*, London: Academic Press, 1975 に詳述されている。

（10）アーヴィング・ゴッフマンのドラマツルギー社会学によって、このテーマはよく知られることになった。Erving Goffman, *The Presentation of Self in Everyday Life*, New York: Doubleday Anchor Books, 1959（石黒毅訳『行為と演技——日常生活における自己呈示』誠信書房、一九七四年）を参照。

（11）この過程については、*Politics of Piety: The Islamic Revival and the Feminist Subject*, Princeton: Princeton University Press, 2005 におけるサバ・マームードの重要な解説を参照。

（12）例えば、Susan Mendus, *Toleration and the Limits of Liberalism*, Atlantic Highlands, NJ: Humanities Press, 1989. メンドゥスは、この区別をバーナード・ウィリアムズから借用している。

（13）ある友人は、次のような場合には、選択に言及せずに真正性を定義することができるのではないか、と指摘した。すなわち、私のアイデンティティによるものであり、洗脳によって強制されたものではないような、私自身の問いかけの副産物と信念がみなされる場合である。このような、選択に訴えない真正性の観念という非主意主義な選択肢には魅力があるが、私はそれに完全に納得しているわけではない。「私のアイデンティティ」と「私自身の問いかけ」との関係は、正確にはどういうものなのか。私の問いかけが依拠している仮定や感情は、それが他者（両親、教師、広告主、ニュースキャスター）から与えられたものであった場合でも、私のものといえるのか。そして、私がそれらを問いかけ、それを適切におこなったといいうるのはどのような場合なのか。最後に、私の信念が真に私のものだといいうるのは、それが知的な努力から得られた場合だけなのか。

（14）この主張は、市場にたいしてよりも、国家にたいしてもちいられる傾向がある。市場においては、押しつけがましい広告が、典型的には内的な衝動（消費の欲望）へと変換され、主観的な権利と個人的な責任の問題として表現されることになる。

（15）Charles Taylor, *A Seular Age*, Cambridge, Mass.: The Belknap Press of Harvard University Press, 2007 には、近代国家――と共通の制度と実践――についての簡単な言及はあるが、神にたいする信仰とは結びつけられていない。この点は、テイラーが世俗主義を扱った別のテキストで明らかにされている。例えば、"The Politics of Recognition," in *Multiculturalism and "The Politics of Recognition"*, edited by Amy Gutmann, Princeton: Princeton University Press, 1992（「承認をめぐる政治」佐々木毅・辻康夫・向山恭一訳『マルチカルチャリズム』所収、三七―一一〇頁、岩波書店、一九九六年）; "Modes of Secularism," in *Secularism and Its Critics*, edited by Rajeev Bhargava, Delhi: Oxford University Press, 1998; Charles Taylor, *Modern Social Imaginaries*, Durham, North Carolina: Duke University Press, 2004（上野成利訳『近代――想像された社会の系譜』、岩波書店、二〇一一年）; Gerard Bouchard and Charles Taylor, *Building the Future: A Time for Reconciliation*, Abridged Report, Government of Quebec, 2008.

（16）彼の論文 "Embodied Agency," in H. Pietersma (ed.) Merleau-Ponty: Critical Essays, Washington, D.C.: University Press of America, 1989 には、このことがよく表現されている。例えば、「さらに、物体的な主体として、私は作用することができるだけでなく、事物が私に作用しても来る。私の領域は、アクセス可能性の領域とアクセス不可能性の領域の内部に連接しているだけでなく、脅威と安全の領域にも連接している。そして、これらの異なった区別は、もちろん密接に共振している。私の足下の断崖は、アクセス不可能性の領域だけでなく、危険の領域をも確定しているのである。相対的に負荷をおわされた環境のなかで、私は簡単に動くことができず、囚人の疑似体験をすることになる」（*Ibid.*, p. 5. 傍点はアサド）。ここでの強調は、肉体を持つ主体によって与えられた事物の意味にある。絶壁の目的は「私に作用する」ことであり、私という肉体を持つ主体は、その行為を私にとって意味のあるものとして認識している。絶壁は、私に無関係なものとして知覚されるのではない。

（17） Rodney Needham, *Belief, Language and Experience*, Chicago: Chicago University Press, 1972.

（18） 現在われわれが「信念」と翻訳している中世ラテン語の用法についての私のコメントは、ドロテア・ウェルテックの優れた論考 "Beyond Religion: On the lack of belief during the Central and Late Middle Ages" in Heike Bock, Jörg Feuchter, Michi Knecht (eds.), *Religion and Its Other*, Frankfurt: Campus, 2008 に、大きく依拠している。しかし、Rudolf Bultmann and Artur Weiser, *Faith*, (Bible Key Words), London: Adam & Charles Black, 1961, とくに新約聖書における用法を扱った第四部も参照している。また、Wilfred Cantwell Smith's *Faith and Belief*, Princeton: Princeton University Press, 1979 の第六章は、ウェルテックの中世ラテン語についての議論と両立するような、英語の belief という単語の歴史についての有益な説明を提供している。

（19） 「だから、われわれの目的にとって、「宗教」は「超越」という言葉で定義可能であるが、後者の言葉は、より多次元のものとして理解されなくてはならない。実際、内在的な秩序を超越する主体や力を信じているかどうかは、「宗教」の決定的な特徴である」（テイラー、二〇頁）。信念は、宗教のすべてではもちろんないが、テイラーの著作の中心的な関心である。

（20） R.G. Collingwood, *The Principles of Art*, Oxford: Clarendon Press, 1938（近藤重明訳『芸術の原理』、勁草書房、一九七三年）、とくに第八章を参照。コリングウッドのこの問題に関する議論の全体は、テイラーの「自己解釈的動物としての自己」という用法よりも、説得的であるように私には思える。なぜなら、前者は後者が認めないように思えるやり方で、解釈なき理解を許すからである。

（21） S.Agrell, "It's wrong to fund private religious schools." http: //www.theglobeandmail.com/servlet/story/RTGAM.20070917.wlibs0917/BNStory/ontarioelection2007/（二〇〇八年十二月八日アクセス）。

（22） 私がここで、「いわゆるリベラル・デモクラシー」という言い方を渋々しているのは、次の二つの理由からである。第一に、私の主要な関心は、現存するリベラル・デモクラシー社会を構成する諸構造――無制約の成長に依存する資本主義経済と消費主義――にあり、リベラル・デモクラシーの理想ではないからである。第二に、いわゆるリベラル・デモクラシーについて語ることは、(誤って、だと私は思うのだが)政治的秩序の擁護者や批判者によってもちいられるリベラル・デモクラシーの公的な言語が、明瞭で曖昧でないものと仮定することであり、健全な議論が、支配者のイデオロギー的な正当化を、致命的に弱体化させるものであり、その結果、現存する制度構造に埋め込まれた(意識的または無意識的な)衝動を解体してしまうと仮定することであるからである。

(23) ウォルター・オングの著作、とくに *Ramus, Method, and the Decay of Dialogue* (1958) および *The Presence of the Word* (1967) は、これらの問題を考えるあたって重要である。なぜなら、彼が、聞くことから見ることへの主要な強調の移動を跡づけた最初の何人かの一人であるからである。オングは、(口承文化から、アルファベットと印刷を経て、電子メディアへといった) 人間のコミュニケーションの発達に関する過度に単純化された歴史的段階の列挙を、正当にも批判してきた。実際、過去においても現在においても、口述と筆記は、複雑な形で絡み合っている。イスラームの聖典に関する伝統から一つ例を挙げてみよう。そこでは、聴覚と視覚、読むことと朗読することは密接に絡み合っている。だから、クルアーン(その意味は「朗読」である)は、複雑な連続体に深く根ざしており、それに意味を付与している主要な解釈学派とはまったく異なっている。七世紀に原始的なアラビア文字で書かれた初期のテキストは、一種の楽譜、あるいは、反復による記憶に依存する口述公演のための合図として取り扱われていたように思える。記号と音声はともに進むが、それは何か直接的で固定されたやり方で、ではない。口述の伝統が継続していたからこそ、書かれたテキストや、それをもちいた何世紀にもわたる学問的な受容に内在的な枠組みを与えることができたのである。知的に解釈された対象としてのクルアーンのテキストを、記憶量の増大をともなう感情的な音声と注意深い身体性から抽出するためには、ある努力がつねに必要とされてきたのである。

(24) Alain Corbin, *The Foul and the Fragrant: Odor and the French Social Imagination*, Cambridge, Mass.: Harvard University Press, 1986(山田登世子・鹿島茂訳『においの歴史――嗅覚と社会的想像力』、藤原書店、一九九〇年。ただし、参照されているのは英語版であるため、訳文は大幅に異なっている).

（25）*Ibid.*, p. 73（邦訳九八頁）.

（26）*Hearing Things: Religion, Illusion, and the American Enlightenment*, Cambridge, Mass: Harvard, 2000において、レイ・エリック・シュミットは、体化されたさまざまな規律を通して、キリスト教徒や理神論者が同じように促進してきた聴覚の再訓練について検討している。シュミットの主たる関心は、信心深さという態度の変化にあるが、聴覚の再訓練についての彼の物語は、世俗の態度の形成にとってもまた決定的である。聴覚の再訓練と結びつけられるのは、信頼できる知識の源泉としてあらゆる感覚が評価され訓練されているという感覚の無反省な受容である。（このことの一側面は、ピーター・ディアーの *Discipline and Experience: The Mathematical Way in the Scientific Revolution*, Chicago: Chicago University Press, 1995で扱われている）。精神的な同意としての信念という近代の意味が前面に現れ、キリスト教徒の真理にたいする主張が守勢に立たされるのは、この対比を通してなのである。

（27）スタンリー・ホーアーワスとロマンド・コールズによる驚くべき著作、*Christianity, Democracy, and the Radical Ordinary*, Eugene, Oregon: Cascade Books, 2008を参照。ここでは、こうした態度のいくつかが、かれらがラディカル・デモクラシーと呼ぶものをリベラル・デモクラシーから区別することによって記述されている。

結論　異議申し立てとしての宗教研究

ゴウリ・ヴィシュワナータン
聞き手・磯前順一

話者紹介

一九五〇年インド生まれ。コロンビア大学 Ph.D. コロンビア大学教授（英文学・比較文学）。コロンビア大学のエドワード・サイードの後継者。サイードの世俗的批評を批判的に宗教的批評として読み替えながら、英国とインドをめぐるトランス・ナショナルな歴史叙述を試みる。邦訳された著作に、「文学という制度と植民地主義」（原著一九八九年、『岩波講座　近代日本の文化史1』岩波書店、二〇〇二年）、「否認の原理」（原著一九九六年、『みすず』五七六―五七八）。編著として、『権力、政治、文化―エドワード・W・サイード発言集成』（原著二〇〇一年、太田出版）。

学問領域を越境する

磯前　あなたのサリー姿にとても感銘を受けました。コロンビアの授業では普段サリーを着ていらっしゃるのですか?

ヴィシュワナータン　ええ。天気が良くなければスカートをはいています。でもたいていはサリーを着ていますね。

磯前　まず差し支えなければ、個人的なことからお教えいただけますでしょうか？　インドの、どちらのご出身ですか？

ヴィシュワナータン　カルカッタです。両親はマドラスに住んでいます。しかし母かたの家族はビルマ（訳者註：ミャンマー）に住んでいました。一九四二年にインドに移住してきたのです。(1)

磯前　あなたの文化的・宗教的背景についてお聞かせください。

ヴィシュワナータン　私はヒンドゥーです。いつアメリカに来たかお聞きになりましたが、ちょっと込みいった話なのですよ。というのも、私の父は国連にいましたからね。留学する前、ニューヨークで数年過ごしました。父はインド政府によって国連に派遣されていたのです。インドで彼は数学の教授をしていました。

磯前　日本では、あなたはエドワード・サイードの後継者、あるいは元教え子として知られています。あなたとサイードの関係を個人的、そして学問的側面からご紹介いただけますか。

ヴィシュワナータン　私の思考を形づくっているのはサイードの教えです。博士論文を書き終えたあと、私はデリー大学に戻って教鞭をとるつもりだったのですが、サイード教授が私にアメリカに残って出版のために博士論文を改稿するように勧めてくれたのです。それが『征服の仮面』（一九八九年）だったのです。

　だから、最初に私が教鞭をとったのはマサチューセッツ大学でした。しかし、そこには一年間しかいませんでした。もっと長くいるつもりだったのですが、コロンビア大学のポストが空いたのです。私はそこで職を得て、ずっとコロンビアにいるというわけです。今年（二〇〇九）で二十年目ですね。ご存知のように、サイードはポストコロニアル研究においてきわめて重要な人物でした。そして、コロンビアの私の部局である英文学・比較文学部は、ポストコロニアル研究を学ぶ学生の育成において世界でも先進的な部局のひとつとなっていました。サイードがそこにいましたし、もうひとり別の同僚も一九九一年にやってきました。それがガヤトリ・スピヴァクです。そこで、われわれ三人はポストコロニアル研究において大きなプログラムを作りあげました。当時、サイードは比較文学プログラムの主任でした。私の部局はポストコロニアル研究で知られていたわけではなかったのですが、植民地主義の研究や、おもにヨーロッパ社会に植民地化された社会に植民地主義が及ぼす影響について興味をもつ学生がますます多く大学にやってくるようになったので、比較文学は徐々にポストコロニアリズムに関心を示すようになったというわけです。実際、私たちはポストコロニアル研究において重要な博士課程の院生を何人も九〇年代に指導しました。その一方で、サイードは、ポストコロニアル研究の学者としてのみ知られるのを望みませんでした。彼はパレスチナ人の批評家でもあり、音楽批評家でもありました。彼の関心は、ポストコロニアル研究の範囲を大きく超え出ていたのです。だから、彼はただポストコロニアル批評家と呼ばれるのをけっして好みませんでしたし、それが人文学であれ、音楽批評であれ、文学批評であれ、彼が手がける仕事にともなう政治的な次元に強く関心を示していました。

サイードとの学問的な関係についてお聞きでしたね。私とサイードとの学問的な関係は、学生たちに政治的な状況について考えさせるところ、世界とのつながりをもたせるところ、そして大学を切り離された場所として考えないようにさせるところにとても強く表れています。サイードと私にとってこれはきわめて重要なことでした。学生たちがあまりにも専門的な言葉遣いをするのを私たちは好みませんでしたからね。彼はいつも学生に聞いていましたよ、「自分が言っていることを人にわかってほしいとは思わないのかい？」「なぜ学者にしかわからないような言葉で書いているんだい？」とね。私自身、このことに強く感銘を受けました。思うに、学生たちはより多くの人びとに向けて話ができるようになるべきなのです。私はこのことをサイードから学びました。

磯前　それは、個々の学問領域の制約を超えるためにですか？

ヴィシュワナータン　そのとおりです。民衆（public）に閉ざされた専門誌に書くためではなく、個々の学問領域を超えるために、です。民衆にたいし、より広いかたちで文学的な思考を翻訳できるべきなのです。脱構築のような専門化された言葉を本当に理解できる人びとなんて、われわれの囲いの外にはほとんどいないのですからね。でも、もしとても狭い共同体のためだけに文学を読んでいるとしたら、なんのために読んでいるのでしょうか？翻訳とは学問領域の限界、学問的言語の限界を超え出るものなのです。

磯前　あなたのお話が示すのは、さまざまな学問領域の異種混淆性ですね。実際、私の周囲にも、人類学や文学、宗教学あるいは歴史学などさまざまの分野に出自をもつ研究者や院生たちがいますが、皆あなたの関心のあり方に非常に似た考えをもっています。あなたやかれらと話をしていると、脱領域的な外部の世界が境界を超越するような強い力をもっていることがよくわかります。

ヴィシュワナータン　でも、文学畑の人びとは「外部」については語らないのですよ。文学を研究する人びとの共同体はとても狭いもので、その言語や考えかたはきわめて専門化されており、その外にいる人びとは、そこで扱われている問題にどうかかわっていくか、とりつく島もないのです。形式や言語については語りますが、サイードのいう「世俗世界性（worldliness）」、いわゆる言葉にたいするテクストの関係については語らないのです。この世俗世界性は私にとってとても興味深いものです。自分と同じように考える人にだけではなく、世界に向けて語りかけるべきなのです。自分と同じように考える人だけに語るのなら、教授になる必要がどこにあるでしょう？　異なった考えをもつ人びとに語りかけるべきなのですよ。異議申し立て（dissent）という私の考えはそこから来ています。

対話や討論への従事を通じて、異議申し立てに皆がかかわっているのです。しかし自分と同じように考える人びとにのみ語りかけるのであれば、それはきわめて自閉的な共同体を作りだしてしまい、そのように話すことが専門的なアイデンティティの維持につながってしまいます。学問に従事するという自己同一性の観点から話をしてはなりません。とくにコロンビアでは、このことをわかっている学生が少ないですね。

とはいえ、私はサイードに同意してはいなかったのですよ。思うに、彼は宗教の力を見くびっていました。彼は宗教について語りませんでしたしね。これが私と彼を分かつひとつのポイントだと思います。しかし、私はサイードにつねに敬意を抱いていました。彼は異議申し立てすることをいつも奨励していましたからね。だからこそ、彼に同意しないのは私の権利だったというわけです。

磯前　あなたはサイードに同意していなかったのですか？

ヴィシュワナータン　ええ、宗教に関しては。彼は宗教にいかなる積極的な役割も認めませんでしたからね。

磯前　彼もあなたに同意していなかったのですか？

ヴィシュワナータン　ええ、彼は宗教とはイデオロギーで、いかなる重要性もない、と考えていましたから。彼にとって、宗教は信仰するもの、世界を変える積極的な力を有するものではありませんでした。レバノンの状況や独立戦争を見ていたから、彼にとって宗教とはいつも戦争に関するものであると映ったのかもしれませんね。他方、私は宗教を次のように理解しています。すなわち、国家が形成されるしかたにたいして人びとが異議申し立てをする場として、自己を国家的アイデンティティから切り離す方法として宗教は機能していた、と。

磯前　それは大きなポイントですね。では、なぜそういったかたちであなたとサイードとの違いは現れたのでしょうか？

ヴィシュワナータン　違いとは言いたくありませんが、私は宗教にたいする彼の考えかたにつねにずれをもちこもうとしていました。そして、確かにずれがあるということを彼は理解していたと思います。『オリエンタリズム』で、彼はルイ・マシニョンのような著者に言及しています。彼はフランスの東洋学者で、イスラームのとりこになった人でした。その記述はイスラームへの神秘的な畏敬に満ちており、賞賛をもって描かれています。思うに、サイードもマシニョンがどれほど宗教のことを理解していたかわかっていたのでしょう。サイードは宗教を理解していたのです、それも彼が望んでいなかったようなしかたで。

異議申し立てとしての宗教

磯前　とすると、根本的なところでは、宗教の力と異議申し立てに関してあなたとサイードは同じ考えを共有していたのですね。

ヴィシュワナータン　ええ、間違いなく。サイードの理論が批評や異議申し立てをする意識をどう考えていたかご存じでしょう？　それが宗教や異議申し立てに関して私が考えるための理論的な基盤だったのです。私がここで申し上げたいことは、私は実のところ、サイードの考えかたにのっとって書いてきたということなのです。『文化と帝国主義』において、彼は著名なマルクス主義歴史家であるE・P・トムソンの父親であるエドワード・トムソンについて語っています。エドワード・トムソンは英領インドで生活していました。トムソンが言ったことのひとつに、「イギリスはインドで本当に悪いことをやってきた。そのことを認めなければならない」というものがありました。エドワード・トムソンが語ったのは、紛争と植民地主義に関する歴史でした。踏みだすべき第一歩は、過ちを認めることです。トムソンが語ったのは、贖罪、キリスト教的な意味での贖罪の言葉でした。人は、みずからが犯した過ちを認め、贖罪をせねばなりません。エドワード・トムソンは宗教的な人物でした。彼は大臣であり、教会に所属していました。サイードはトムソンに言及し、イスラエル人とパレスチナ人について語っています。そして、「イスラエル人はパレスチナで大きな過ちを犯した」、「われわれが欲するのは所有物の返還などではない。それはまた別の話だ。イスラエル人が認めなければならないのは、自分たちが犯した過ちなのだ」と言っています。これはきわめて宗教的な言葉です。イスラエル人は、みずからが犯した過ちを贖わなければならない。このことを語るために、サイードはエドワード・トムソンの言葉で語るのです。贖罪という言葉が含意するのは、みずからが罪深い存在であること、過ちを犯したことを認めるということです。贖罪の気持ちがあれば、「よろしい、一万ドルさしあげよう。それとも五万ドルがお望みか？」と言ってそれでおしまい、ということはできなくなります。贖罪とは、認めること、そして自身の意識を変えることなのです。過ちを犯した相手と関係をもつことができるように、自分の意識を変えることなのです。

磯前　それは苦痛をともなうものと考えてよいのでしょうか？

ヴィシュワナータン　それは相手との関係のかたちによって変化するでしょうね。植民地主義における関係のひとつに、支配が挙げられます。私が優位で、あなたが劣位、というものです。そして、相手を自分の下に置きつづけるわけです。贖罪とは、自分は優れていない、相手は劣っていない、と認識するためのひとつのやりかたです。自分と他者との関係を再評価する方法のひとつが、贖罪なのです。

磯前　韓国への日本の侵略についてですが、「韓国でわれわれは間違いを犯した」と認める日本人もいれば、そう考えることを拒む人もいます。異議申し立てに関して言えば、われわれが韓国でやったことを理解できない知識人がたくさんいるのです。日本では、宗教的な教育ではなく、例えば歴史のような、おもに世俗的な教育を通して、私たちが韓国や中国でしたことを理解しています。日本の場合、贖罪の意識をもたらすのに世俗的な教育は非常に大きな影響力をもっています。もっとも、多くの日本人は、自分たちが引きおこしてきた苦しみを認めたがらないのですが。

ヴィシュワナータン　そうですね。贖罪は宗教的であり世俗的でもありえますね。私は、サイードが贖罪という言葉をもちいたことにとても興味があります。というのも、彼は私が知っているなかでおそらくもっとも世俗的な人だからです。彼が贖罪という言葉を使ったのは、自分が被らざるをえないある種の規律的実践について話すためだったのではないか、と思います。「過ちを犯した」とただ認めるだけではなく、自分と他者との関係を考える方法を変えること、それが贖罪です。それは、きわめて宗教的な実践なのです。というのも、贖罪は、より大きな共同性のなかで自分を捉えることを要請するからです。人はただ国家や家族、共同体にたいする義務という関係のなかでのみ存在しているわけではありません。道徳的な意識をもたなければならないのです。道徳がもたらすもっとも深遠な衝動によって、人は行動しなければなりません。この点において、宗教はとても重要な役割を果たす、と私は考えています。もちろん、それは宗教だけに期されるものではありませんが、宗教とは、ほかの人びと、動物、そして共同体一般にたいする関係性や義務における道徳的な諸問題を考えることを可能にするものなのです。

世俗社会における改宗

磯前　日本はいわゆる世俗社会なので、宗教が異議申し立ての力をもつということに違和感をもつ人もいるかもしれません。宗教が異議申し立ての力をもつ、というご説明はアメリカやイギリス、インドや日本に遍く適用可能なものなのでしょうか？　それとも、例えばインドのようなより限られた地域のみに適用可能なものなのでしょうか？

ヴィシュワナータン　インドにのみ限られるとは思いません。実際、これこそが私が改宗に関心をもった理由なのです。人びとが改宗している理由を理解したかったのです。日本、インド、イギリス、そしてアメリカは世俗社会です。しかし、世俗の時代であるわれわれの時代において、人びとはいつのときも、当然今も、改宗しています。アメリカでは、イスラームやとくに仏教が、もっとも顕著に勢力を伸ばしています。今日、人びとはイスラームに、そしてそれ以上に仏教に改宗しているのです。インドでも、すさまじい数の人びとが仏教に改宗しています。インドでは、キリスト教に改宗するのはとても政治的な事柄なのです。インド人はキリスト教を好みませんからね。というわけで、世俗の時代において、人はなぜ少数派の宗教と呼ばれるものに改宗しているのかということに私は興味があるのです。もし、「世俗の時代に自分は生きている」と考えているのであれば、人は別の宗教に改宗する必要などないでしょう。私の考えでは、人びとが改宗するのは、世俗社会では、みずからの信仰体系にしたがってアイデンティティを打ちたてることが、個人に認められていないからです。そして、私は、信仰体系という言葉で宗教的信仰のみを指しているわけではありません。動物をいたわること、動物を殺戮から、工場的方法による畜産から守ることに信念をもち、世俗社会が動物を扱うやりかたに反感をもつ人もいます。また、人間だけでなく、動物も含めたあらゆる生き物に敬意を払うという政治的主張をとる立場から仏教に改宗する人だっているでしょう。それは、主体的に生きることが難しい世俗社会に反抗するための行為なのです。

磯前　世俗社会において、宗教はとくに世俗的な空間内で重要性をもつのですね？　一見自由にみえて、人びとから自由を奪っている世俗的な空間において、改宗は政治的抵抗を引きおこすのだ、と。
ヴィシュワナータン　ええ。でも同時に、私が法や法の力に興味がある理由でもあるのですが、私たちの世俗社会は法体系を有しており、それが人びとにたいし、アイデンティティをふりわけるのです。私が言っているのは、法律が作りだすアイデンティティのことです。このアイデンティティは、「自分が世界についてどう考えるか」という問いに開かれていません。ここでは、人が有するアイデンティティは、法的アイデンティティが名指ししたものだけとなってしまうのです。
磯前　著作のなかで、あなたはインドにおけるイギリスの国勢調査について議論しています。そこであなたは宗教信仰を個人化したという点でウィリアム・ジェームスを批判していますね。世俗国家は私たちが同質化されたアイデンティティ（homogenized identity）をもつように強いるのです。
ヴィシュワナータン　まさしく。同質化されたアイデンティティのもとでは、われわれは、世界を、または自分自身をどう見るか、自分の主体に生じる感覚がどういったものか考える余地を与えられないのです。生まれてからというもの、あなたのためにアイデンティティはすでに作りあげられてしまっている、というわけです。だから、成長とは、社会が要請するものへと自分が成っていくことを意味してしまうのです。人にアイデンティティを付与するのは社会なのです。
磯前　ミシェル・フーコーの言うように、社会が人を規律＝訓練するのですね。
ヴィシュワナータン　そのとおり、規律＝訓練です。社会が人のアイデンティティを前もって決定しているのです。私が気づいたのは、改宗が成し遂げるものとは、まさに改宗者が社会に前もって決定されたアイデンティティを拒絶するということなのです。改宗者は、自分が知っているやりかたで自分のアイデンティティを模索することを望んでいるのです。

磯前　改宗とは、宗教に限らず、世間的に刷りこまれたものから自分を解放する、というふうに広い意味で使えることなのでしょうか。

ヴィシュワナータン　ええ、そのとおりです。だから私は認識論的概念として改宗のことをお話ししたのです。改宗とは、知の形成に関するもの、ものの見かたを作りだす活動なのです。たんに宗教に関するものではないのです。

磯前　一九三〇年代、「近代の超克」座談会の前、かなり多くの日本人マルクス主義者がマルクス主義を放棄し、天皇制を賛美する立場へと転向（改宗）しました。われわれは政治的な次元でこの改宗を解釈していますが、この改宗は、西洋近代化を土着主義の立場から拒絶するものです。それはきわめて粗っぽい土着性、創られた土着性であり、代表的でステレオタイプ的なイメージに嵌《はま》りこんでしまったのです。ともかく、われわれはこの改宗を政治的な次元で解釈しています。あなたはこういったカテゴリーをも改宗のなかに含みいれますか？

ヴィシュワナータン　ええ、私は改宗とは知を作りだす活動だ、と考えているのですから。改宗とは、既存の思考をともなったありきたりの観点のなかにとどまることを拒絶するものです。そういうわけで、改宗とは静態的なものではなく、動態的です。それはいつも動いているものなのです。

磯前　知を作りだす活動である改宗もまた、知の一形式です。改宗は活動を生みだす知の形式であり、ときにはその活動が知を生みだすのですね。一方、自由主義はみずからがいまだ中立的な立場にいると信じています。戦後、支配を通してアメリカがもたらした、非常に素晴らしい観念というわけです。自由主義についてどうお考えですか？　われわれは自由主義を問いに付さねばならないのでしょうか？

ヴィシュワナータン　ええ、そうすべきでしょう。思うに、自由主義の起源というのは、われわれが理解しているよりもずっと複雑です。私のところで博士論文を書こうとしている院生がいるのですが、彼は一九二〇年代から三〇年代の中国とアメリカに関して研究しています。彼がそこでたどっているのは、一九二〇年代、民主主義という観念が中国とアメリカのあいだを行き来しているさまです。民主主義は、かならずしもアメリカ起源の観念ではないのですよ。彼が示しているのは、民主主義という観念が一九二〇年代、中国からアメリカに渡っている、ということなのです。そしてそれらの観念はアメリカで流通し、十年から二十年後、また中国に戻っていきます。すると、人びとは、民主主義の観念はアメリカからやってきたのだ、と思うわけです。しかし、文化史が面白いのは、自由主義や民主主義といった観念の起源を完璧に定めることはできない、ということを示すことなのですね。別の例を挙げれば、数年前にノーベル経済学賞を受賞したアマルティア・センのことはご存じだと思いますが、その彼が『議論好きなインド人』という本を書いたのです。この本で彼が言わんとしていることのひとつは、インドやインドの知識人サークルに属する人はみな、民主主義や自由主義が西洋からやってきたと思っていますが、インド人知識人の伝統やサンスクリットの伝統までさかのぼれば、インド哲学には、西洋化以前からつねにこうした議論好きな伝統がすでにあったのだ、ということだったのです。また、彼はサンスクリット哲学において、懐疑主義的ニヒリズムを採用するアヤー学派に注目します。彼が言うには、これらはインドの哲学的伝統においてすでに存在した哲学的な問いかけなのです。だから、イギリス植民地主義の到来とともに近代がやってくると考えて民主主義や自由主義が外部からやってきたと考えるのは、彼に言わせれば間違いなのです。

磯前　つまり、自由主義や民主主義が西洋からだけではなく、アジアからも生じたものであるという視点のほうが好ましいとあなたはお考えなのですね？

ヴィシュワナータン　ええ、アジアから、アジアの伝統からです。人は自身が住む地の哲学的伝統にもっと注目すべきですし、これが単純に伝統を回復するという意味で、オリエンタリストになるということなのです。それはまた哲学的な伝統を問いに付すことでもあります。というのも、ヒンドゥー教を例にとれば、現代的なヒンドゥー教は、より古い異端 heterodoxies 的伝統を排除してきたからです。私はこれまで異端について数多く書いてきました。近代の宗教はこうした異端を、ときに排除してしまうのです。現代的な宗教は自身の構成の正しさを信じたがりますから。そして、こうした異端のいくつかに注目して私が面白いと感じたのは、こうした異端のなかに異議申し立ての伝統を見いだすことができるということです。

磯前　ヒンドゥー教においてですか？

ヴィシュワナータン　ヒンドゥー教、古代ヒンドゥー教においてです。懐疑派について今日人びとは語りたがりません。それは、近代的なヒンドゥー教が近代的な構築物だというふうに人びとが考えているからに他なりません。

磯前　ホミ・バーバが書いた「未完遂の民主主義」という論文を思いだします。彼が言うには、民主主義は、つねに未完遂でなければならないのです。思うに、あなたは宗教や民主主義という言葉に含みをもたせようとしていらっしゃいます。その言葉が西洋社会だけに独占されるのではなく、その含みをあらゆる文脈に合わせることによって生じる変化にあらゆる伝統がかかわっています。

ヴィシュワナータン　ええ、それはいい考えですね。起源という観念は忘却されなければならないのです。というのもそれは混乱を生むものであり、誤った方向にわれわれを導くからです。私たちの頭をいつも悩ませているのは、どこからその考えがやってきたのか、というものです。たとえ今日私たちがポストコロニアルな世界秩序のなかに生きているにせよ、知識人の集まりにおいてすらも、自由主義や民主主義といった観念の起源を同定させることにますます多くの人が関心を抱いています。その点で、デリダや脱構築主義的な動きがきわめて有用だと思います。デリダが言うには、言葉の起源とは、学び忘れられ（unlearn）なくてはならないものだからです。彼は、民主主義とはひとつの場所と結びつくことによって汚染された言葉なのだ、と言います。われわれはこういった概念を文脈から切り離さなければならないのです、それらを意味のあるものにしたいのであれば。民主主義や自由主義のような概念の起源を主張するのは無理があるのですよ。

磯前　異端の話題に戻りましょう。支配の単一性という考えに抗するものとしての異端に。

ヴィシュワナータン　正統性とは同質性を指すものですからね。

磯前　ええ、異端と同質性は本質的に違いますね。だとすれば、異端は異種混淆性（hybridity）と同じものと言ってよいですか？

ヴィシュワナータン　私は異端を異種混淆性とは言わないでしょうね。狭い意味ではそれは異種混淆性ですが、私が言わんとしていることは、異端という観念が発展してきた道筋であり、場所のあいだを行き来する動きがつねにあるのだということです。異種混淆性はもっと特化された概念だと思いますし、私がその言葉を使うかどうかはわかりませんね。もし私が異種混淆性という言葉をもちいるとするならば、改宗者のアイデンティティを語るさいでしょう。

磯前　しかし、異種混淆性は異端のひとつのかたちですよね。

ヴィシュワナータン　ええ、ひとつのかたちですね。でも全体ではありません。あくまでその一面です。

磯前　宗教や民主主義の散種や脱文脈化に関するお話をうかがっていると、かたちを変えながらインドから中国や韓国経由で日本に伝わってきた仏教のことをふと思い浮かべました。仏教自体が変容していたのです。西洋の仏教、ヨーロッパの仏教、アメリカの仏教、これらはみんな異なったものなのです。

ヴィシュワナータン　ええ、違いますね。似ても似つかないものです。こういったあらゆる宗教が同質化されている、ということには完全に同意します。だから、インドの仏教にせよ日本の仏教にせよそれについて話すとき、それらはまったく同じものになってしまって、西洋の消費に供するように方向づけられてしまいます。だからアメリカで宗教が驚異的な成長を見せているのです。まさに、人為的に構築されたものだからです。人びとが言うには、仏教は資本主義と親和性があるがゆえに、信仰したいと思う宗教なのです。資本主義者であると同時に、仏教者でもあることができます。両者には親和性があるのですから。アジアにおいて、仏教がもっている異なった含みを理解しようともせずに、仏教を西洋の目論見に供するために信仰するというのは、きわめて不可解です。

磯前　かれらが起源に回帰してしまうのは問題です。問題とされるべきは、かれらが単一の名のもとに名づけをおこなっていることです。これこそが真正性という陥穽《かんせい》なのです。ところで、あなたはポストコロニアル研究における最先端をいく研究者であると思いますが、ポストコロニアル的な思考とあなたの関係をお聞かせくださいますか。

ヴィシュワナータン　一般にポストコロニアル的な思考は宗教を扱わないのです。これが［ポストコロニアル研究の］間違いであると私は考えています。

磯前　スピヴァクは『他なるアジアたち』において、「うつりゆくデヴィ」という論文を書いていますが、そこでレイモンド・ウィリアムズの「感情の構造」概念をもちいています。スピヴァクもまた宗教を世俗化しているようでした。一方、ポストコロニアル研究のユニークな特徴として、宗教を異質性（heterogeneity）のもとに解釈している点が挙げられると思いますが、いかがでしょう？

ヴィシュワナータン　そうですね。今日（二〇〇九年五月二十一日）、私が京都大学［での講演「オカルトの伝達」］でお話しすることでもあるのですが、異端のひとつであるオカルティズムが主流の宗教からずれているさまを見ていくことに興味をもっています。

磯前　キリスト教と世俗主義から？

ヴィシュワナータン　ええ。われわれは、民衆のあいだで宗教がどのように作用しているか理解せねばなりません。私たちは、人びとがどうやって宗教的観念や精霊、死後の世界を信じているのかよくわかっていないのですから。私たち学者というのは、一般的に言って、たとえ自分たちをマルクス主義者やポストコロニアル批評家と思おうと、今言ったようなことをよくわかっていないのです。われわれは信仰する人びとのことを全く理解していませんし、われわれが迷信や魔術、呪術と呼ぶようなものについてもよくわかっていません。人びとは、「立ち遅れている」と思われるようなことをやっていますし、もはや近代的ではないと思われるようなものを信じているのです。調査対象にたいして、多大な迷惑をかけていることを私たちはだんだんと理解しはじめているのではないでしょうか、おそらくとくに人類学者は。というのも、かれらは宗教や魔術といった、ほとんどの分野で私たちが手をつけていないものを研究していますから。実際、私がとても関心をもっていることのひとつに、SF文学や、マトリックスのような映画には、スピリチュアリティが生き残る余地があるということです。というのも、民衆文化にはこうした精神的なものを反映するような場がありませんので、皮肉なことですが、SFやマトリックスのような映画がこうしたことについて語っているのですよ。しかし、学者の世界では、いまだに高文化——低文化の図式が生き残っていて、低文化を重要なものとして受け取らないのです。マンガやグラフィックノベルといった類の本が精神的な切望に関して多くを語っており、若者がそれに接することが、私には非常に興味深いのです。というのも、年を重ねるにつれて、そういったものから人びとは離れていきますからね。

磯前　オカルティズムに関するあなたの研究は、世俗的な空間におけるそういった方向性を示していると思います。

内面世界に現出したオカルティズムとでも申しましょうか。

ヴィシュワナータン　そうですね、とてもうまく述べていただいたと思います。というのも、世俗的な文化では、もっとも深いところにある切望の気持ちや恐怖、不安や信仰を通して人びとが結びつくことができないのです。オカルティズムとは、こうした結びつきを可能にし、人びとが所与のアイデンティティから排除されるのを少なくするような方法である、という点で、あなたのおっしゃることは絶対的に正しいのです。今日、京都大学でアイルランドの詩人イェイツについてお話しするのは、そういうわけなのです。ご存じのように、彼は能から、そして野口ヨネから大きな影響を受けています。彼は詩のなかでオカルト的な考えを追求していきました。というのも、歴史においてなされてきたもっともひどい不正や過ちを彼は理解できないと感じたからです。彼がそれをなしえたのは、オカルト的な方法を通して、死者に語りかけることによって、だったのです。それは、今日においても言えることなのではないでしょうか。イェイツが扱いえなかった歴史と関係を結ぶことができたのが、そういったオカルト文学だったのです。

磯前　それをどうやって分析するのですか？

ヴィシュワナータン　世俗的社会において、オカルティズムは迷信、非理性、劣ったものとして扱われています。しかし、私が示そうとしていることは、オカルティズムとは、人が歴史や生きかたを理解しようとする方法であり、異端の一例なのだ、ということです。オカルトとは、閉じられた歴史へ接続する試みのひとつであると言えるでしょう。

磯前　隠された歴史ということでしょうか？　しかし、それは一種の比喩ですよね？

ヴィシュワナータン　ただの比喩ではありません。それは私たちが陥りがちな、連続的なものの見かたに立脚したビューしました。最近ではないですね、二〇〇四年か二〇〇五年あたりです。そのインタビューは出版されて、『真夜中のディアスポラ』(2)という本に収められていますよ。私はラシュディにある質問をしました。「皆さんはあなたがガルシア・マルケス由来のマジック・リアリズムを描いているのだとお考えです」とね。私はラシュディのそれがマジック・リアリズムとは思えませんでしたから。「オカルト的な別の方法論がそこにはあるように思うのですが」と私が言うと、彼はなんと言ったと思います？「とても興味深い質問ですね。というのも『真夜中の子供たち』を書いていたとき私が読んでいたのはハックスレーの『知覚の扉』だったのです」と言ったのですよ！彼はオカルトからアイディアを得ていたわけです。ラテン・アメリカ文学ではなく、神智学者であったクリシュナムルティを読んでいた、というわけです。彼はインタビューでこう言っていますから、あとでコピーをお送りしましょう。ただ、悲しいことに、ラシュディは人びとの指摘を正さなかったのです。そうすべきだったのに。ラシュディはマルケスのように書いているのだ、と人は言います。しかし、私がインタビューしたとき、「マルケスのように書いているようには思えません、これはマジック・リアリズムではないでしょう」と言うと、彼はもっと別な、このモデルについて話してくれたわけです。しかし、彼は小説のなかでそれをやっていますが、人が「これはマルケスだ」と言っても彼は拒絶しませんでした。「違う」と言うべきだったのに……。

磯前　オカルティズムに興味がある人は、オウム真理教のことをすぐに思いだすでしょう。彼らはサリンをばらまきましたが、同時にヨガやある種の宗教的な実践をしていました。宗教的なオカルトに関して多くの人が否定的ですが、なかには宗教を非常に好意的に捉える人もいます。オカルティズムを含めたこうした宗教というのは、ときにその信奉者や実践者を同質化することもあります。

ヴィシュワナータン　それは重要です。わかっています。とくに込みいった状況なのです。実際、私は日本のオウム真理教のことを考えていました。今も人びとはこの集団のことを研究しています。もちろん、かれらが暴力的な手段をもちいたのは事実ですが、このことを研究している人びとというのはオウムの信者たちが求めていたものを理解しようとしているのだと思います。というのも、かれらは自分たちが抵抗しているのだと考えていたのですから。

磯前　国家もしくは世俗社会にたいする抵抗ですね。出来事からある種の批判的な契機を取りだそうとするのがあなたの批評におけるポイントなのですね。一方で、ある種の異議申し立ての行為は、最終的に同意にいたる行為となるとあなたはおっしゃっています。異議申し立ては、同意を内包してもいるわけです。ですが、そこであなたが提示するのは、社会批評的な要素のほうでした。たとえ行動が同意に終わろうとも、そこに社会や世俗社会へのある種の批判的要素を見いだそうとしておられます。オカルティズムやオウム真理教、改宗からある種の批評的観点を得ておられます。改宗という出来事を読むためにあなたは流用行為（appropriation）をおこない、異議申し立てをおこなうために現実を異なった視点で見るひとつの可能性を与えているのですね。

ヴィシュワナータン　そのとおりです。改宗に関する私の仕事は、批判的観点を切り開くことなのです。改宗とは、つねに自明の思考から自身を引き離すこと、あらゆるものを異なったふうに見ること、新たに見ることなのです、まるでそれを見るのが初めてであるかのように。

磯前　あなたにとって、それこそが批評なのですね。

ヴィシュワナータン　まさに。私にとって、批評とは自明のものから自身を引き離すことなのです。

ポスト世俗主義に向けて

磯前　あなたがサイードに同意するのはその点なのですね。

ヴィシュワナータン　そうです。

磯前　あなたの主張は、既存の社会規範の徹底的な問い直しや相対化にあると思います。そういった主張があなたやスピヴァクから出てくるのはどういった意味があるのでしょうか。

ヴィシュワナータン　おそらく、こういった理由でしょう。西洋が力を得てきたのは、国家という観念がさまざまな国々に適用されることを通してでした。自由主義も民主主義も西洋からやってきたのだ、国家という形式が西洋のもたらしたものなのだと考えてきました。そういった考えかたを解体するために、国家権力というものを問いに付す必要があるのです。国家の考えるように国民が物事を捉え行動するために、どうやって国家は国民にたいして権力を行使しているのか、とね。

磯前　まもなく国際日本文化研究センターでおこなわれる「近代の超克」をめぐるわれわれのワークショップは、西洋のヘゲモニーに抵抗しようとするある種の試みですが、そういった抵抗はときに、日本ではあまりにも土着的な真実、そして真正性を帯びたものになってしまいます。そこに落とし穴があります。

ヴィシュワナータン　まさしく。用心すべきことです。土着主義への回帰は、近代への抵抗におけるオプションのひとつです。しかし、私は場所の隙間に落ちこんだ人、一ヵ所にとどまらない人につねに興味をもっています。

磯前　ホミ・バーバの言うような、はざまにあること（in-between）ですね。

ヴィシュワナータン　はざまにあること、私がカズンズに関心があるのはまさに彼がそうだからです。彼はアイルランド人でしたし、ずっとそうでした。アイルランドに生まれ、インドに移住し、日本にも一年滞在しましたね。しかし、彼はいつも場所の隙間にいたのです。完全にアイルランド人やインド人であったことはなかったのです。アジアでもなく、西洋でもなく、はざまにいたのです。

磯前　オカルトに惹かれる人が多いという現状は、ポスト世俗社会への移行期における必然だと考えていいのでしょうか。

ヴィシュワナータン　そこは大事なところです。おそらくそうなのでしょうし、日本の状況をしっかり理解しているわけではないのですが、世俗主義からポスト世俗[3]へのこうした移行について話すのは興味深いですね。しかし、今起こっているのは、オカルティズムが、世俗世界では十分に捉えきれないような世界の見かたを人びとが表現する方法になっている、ということなのです。例えば、呪術への信仰。ウェーバーは世界の脱呪術化について論じていましたが、同時に、世界が脱呪術化するなかで人びとの何が失われていくのかにも関心を示していたのです。オカルティズムへの興味関心の高まりは、世界をきわめて実証的に、科学的な観点から見るかわりに、世界の再呪術化、神秘性を世界に連れ戻すことに人びとが惹かれているからなのです。きわめて機械的な方法で世界のすべてを説明することは可能ですが、われわれの理解を超えたものも、おそらくあるのです。合理的なやりかたでは説明できない何か、それは驚きにかかわる何か、神秘的なものにかかわる何かなのです。私たちが失ってきた驚きの感覚。人びとが捉え返そうとしているのは、おそらくそのことなのでしょう。

磯前　ポスト世俗社会のあるべき姿を、あなたはどうお考えですか？

ヴィシュワナータン　私は宗教学概論や博士課程の院生たちのゼミで教えてきました。そこでは、学生たちはすぐ不満を抱くのです。かれらは不確実なものが嫌いなのです。かれらは確実なもの、保証がほしいのですね。有限なものこそかれらが欲するものなのです。デリダにさかのぼって、脱構築主義者の多くがポスト世俗ということに関して関心を示しています。デリダは宗教なき宗教について語っています。彼がポスト世俗を定義するのはこういったかたちでなのです。宗教なき宗教。かれらがそういった言葉で意味づけていたものは、まさにかれらが表現したかったものだったと思います。というのも、脱構築論者は常々実証主義や科学的合理主義に揺さぶりをかけようとしていますからね。とはいうものの、科学的実証主義を脱構築したあと、何が待ち受けているか明示することでさらに突き進むようなことを脱構築が実践したことはありませんでした。待ち受けているものはオルターナティヴとなるような驚きなのでしょうか？　それとも神秘的な何か、または不可知なもの、理解を超えるようなものに関する何かなのでしょうか？　私が話したいのはそういったことなのです。しかし、脱構築者たちがやってきたことといえば、宗教の回帰を語ることです。ここでの宗教の回帰とはまずもって、神中心的な見かたにとってかわったキリスト教中心的なものを通して現れています。それは人間と神聖なるものが同列に立つようになった歴史に関するものであり、歴史の始まりでもあります。かれらは超越的存在である神聖なるものについて語りたがらないのです。実際、かれらが欲するのは自分たちの議論から超越的なものにかかわるものをすべて排除することであり、かれらが語りたがるのは、チャールズ・テイラーの厚手の本『世俗の時代』のようなものなのです。

磯前　「宗教なき宗教」という考えには賛同しますか？

ヴィシュワナータン　スローガンみたいなものでしょう。正直に言って、「宗教なき宗教」ということで何が言いたいのかあまりよくわからないのです。言葉自体はとても便利な響きをもっていますよね。私は菜食主義者ですが、外見が肉に似たものだって食べるでしょう。もし私が今肉を食べているとして、明日、菜食主義者になろうと決めたとします。でも、まだ肉を好きであるわけですから、鶏肉の代わりとして豆腐を食べるのです。これはまるでそういった話です。豆腐は鶏肉と似ていますが鶏肉ではありません。おわかりいただけましたでしょうか？　あまりにも便利すぎるのです。

磯前　では、あなたは宗教なき宗教よりも、むしろ宗教という言葉のほうを好まれるわけですね。

ヴィシュワナータン　思うに、デリダは宗教という言葉のもっとも深い意味においては、宗教に従事していません。自分に都合のいいように宗教を扱いたいというのは、ちょっと虫のよすぎるやりかたでしょう。デリダの何が面白いかといえば、彼の本当の関心が民主主義にあるからです。彼が語るのは、このポスト世俗社会において民主主義のかたちをいかに描くのか、というものです。そして、いまだ到来せぬ約束として民主主義を常々語っています。とても興味深い観点ですね。彼が言うには、われわれは民主主義をいまだ完成させていないのですから。われわれが手にしているのは民主主義のようなものではあるが、それは真の民主主義ではないというわけです。

磯前　「宗教も同様に」と申しあげてもかまわないでしょうか。しかし、もし民主主義にそれを見いだそうとするならば、宗教のもつ超越性は失われてしまうでしょう。

ヴィシュワナータン　そのとおりですね。私が本日京都大学でお話ししようとしていることの大半は、ポスト宗教的なところからやってくるものなのです。そして、ポスト世俗的なものについて話すとき、このポストモダンの理論的文学に浮かびあがる考えのひとつは、継承しない（uninheriting）ということです。これが意味するのは、従来、われわれは皆、自由や平等といった考えを継承してきたということでもあります。脱構築が私たちに促しているのは、こうした思考を継承しないようにすることなのです。こういった考えを奇妙で、ある意味よそよそしいものと捉える必要がある、という意味において、継承しないのです。そして、代わりに新たな意味を与えるのです。

こうしたことで、平和な社会をもたらしうるでしょう。また、われわれがより込みいった概念をやりくりする手助けともなるでしょう。というのも、もしわれわれが西洋化や近代化を拒絶しようとすれば、伝統へ回帰しなければならなくなるからです。村での生活や手作業に戻ることですね。それではまたニヒリズムに逆戻りです。観光というのは、いつも伝統という考えを散種しています。こうした理由で、私は、継承しないというこの概念をとても有用だと思っています。伝統とはまた、われわれが継承しないものでもあるのですから。

磯前　ときほぐし（undoing）という概念のもつ含意にきわめてよく似ていますね。

ヴィシュワナータン　ときほぐしは類似した考えかたではありますが、継承しないことはもっと明確なものですね。それが指すものは、われわれを定義づけているとわれわれが考えているものこそがわれわれにアイデンティティを与えるもの、つまり伝統のようなものだからです。それが家族のであれ、宗教のであれ、われわれが生活する共同体のであれ。しかし、こういったものを継承しないならば、それはまた、われわれがそういった伝統に定義づけされるのを拒否するということになるのです。伝統がわれわれのアイデンティティを作り上げているのではありません。われわれがそれを作りなおすのです。

磯前　今日、多くの人が求めているのは、みんな一緒、という感覚です。しかし、われわれははざまに生きなければならないのです。はざまにおいて、われわれは不確実性や不安、不安定さに直面します。こうした不安定性にたいする感覚こそが新たな共同体をわれわれにもたらすのではないでしょうか?

ヴィシュワナータン　おっしゃる通りです。人が人と新たな結びつきを作りだすことができるのは、不安定性においてですからね。それはまた、継承しないということにも似ています。こういった事柄がもたらすのは、確実性ではなく、不確実性です。はっきりわかる、という感覚ではなく、つねに、きわめて不確実なものを認めることなのです。とはいえ、それこそがつながりを生みだす方法なのです。

磯前　それこそがポスト世俗社会の運命なのですね。人間は、ひとつの権威によりかかって生きていくことのほうが確かに楽であり、不確かさを引き受けて生きていくことは困難をともないます。私たち一人ひとりがそういう人間になるのには、教養や懐疑精神など、何かが必要だと思いますか。

ヴィシュワナータン　だからこそ人間は興味深いのですし、だからこそ文学があるのですよ。というのも、文学が語っているのは、個人の切なる願いと共同体が課す義務や要求とのあいだにある緊張関係だからです。だからこそ私は文学を読んだり教えたりするのが好きなのだと思います。文学というものは、物事はけっして単純ではないし、トーマス・ハーディのような十九世紀の英文学者について話そうが、タゴールのようなインド人作家について話そうが、かれらに共通しているのは、移り変わりゆく社会における緊張関係にまなざしを向けるということです。変化が起これば、個人の立ち位置もまた不安定になります。もはや一ヵ所にとどまることなどできないのです。昨日、私はある人に日本ではお見合い結婚が一般的であったかどうかうかがいました。インドではまだまだ一般的ですからね。その人によれば、日本でもお見合いによる結婚が依然として結構な割合を占めるそうですね。しかし、面白いのは、日本やインドは近代世界を生きている社会であるということです。とくに日本は非常に進んだ社会で、西洋よりも技術の点ではずっと進んでいます。インドもまたソフトウェアや工学技術において進んでいます。しかしこうした社会の核は変わっていないのです。面白いのは、お見合い結婚を許容せず、自分で決めることを選んだ二割の人びとです。私がここで問いたいのは、たとえ規範を受けいれるのを拒絶する人が社会の一パーセントしかいなくても、なにがその一パーセントを駆り立てているのか、ということなのです。たった一パーセントでもわれわれはそれに注目すべきなのです。こうした一パーセントというのは、なにも知識人だけに限ったものではなくて、ムスリムと結婚したヒンドゥー、ヒンドゥーと恋に落ちたムスリムのような人びとでもあるのです。社会ではこういったことが起こっているのです。社会規範を受けいれるのを拒絶する人びとの存在です。ここで私たちが話しているのは学問の世界のことではなくて、共同体や、共同体のなかで起こっている変化なのです。

磯前　文学を通して緊張関係は存在するのですね。

ヴィシュワナータン　ええ、文学とは緊張関係の記録なのですよ。率直に言って、学者たちというのは世間と同じように考えたがる人びとですよね。異議申し立てをするような学者をこれまであまりみたことがありません。チョムスキーなどのほんの数人でしょう。思うに、学者よりももっと個人的に行動しているような人びとがいるのは、学問の世界の外側なのでしょう。学者というのは、とても日和見主義的な人びとですからね。ひとつには、学者は鼻で笑われることを恐れているのでしょう。笑われたり、「変なやつ」と思われたりしたくないのですね。きわめて体制順応的です。

磯前　興味深いご意見を拝聴できてうれしいです。おそらく、その意味では日本の学者の大半もまた体制順応派ということになるでしょう。かれらの異議申し立てや異端に関する物言いは、実のところ口先だけといったところがあります。どんなに批判的に見えても、そういった口ぶりをしながら、規範を肯定する傾向があるのです。

そろそろ、時間がきたようです。このあたりでインタビューを終わらせていただきます。どうもありがとうございました。

ヴィシュワナータン　こちらこそありがとうございます。そうそう、「ありがとう」の正しい発音を教えてくださいね！

（磯前順一・山本達也訳）

本インタビューは二〇〇九年五月二十二日、読売新聞大阪本社にて行われた。

註

（1）ここでヴィシュワナータンは発言を控えているが、別の日の会話によれば、彼女の母かた家族のミャンマーからインドへの移住は、日本軍の侵攻が原因であったということである。
（2）*Midnight's Diaspora: Critical Encounters With Salman Rushdie*. University of Michigan Press, 2008.
（3）ポスト世俗とは、宗教を排除した公的領域の中立性を唱える世俗主義にたいして、宗教は私的領域のみならず、公的領域にも存在するとみる立場。世俗主義が啓蒙主義やプロテスタンティズムの理念に支えられたものであるのにたいして、ポスト世俗の議論はカトリックやイスラームにおける宗教のあり方を念頭に入れたものとなっている。参考文献として、ヘント・デ・ヴリース編集の *Political Theologies*（Fordham Univ. Press. 2006）。

編者あとがき

本書が成立した過程、およびそこに収録された諸論文がもともと執筆された背景を、本書の共編者の一人である磯前と英語圏の研究者たちとの交流を通して明らかにしておきたい。それは本書の編集意図を明らかにするだけでなく、ここに収録された諸論文が、北米を中心とする英語圏の宗教研究のどのような流れのなかから書き記されていったものであるのか、その諸事情の一端を解き明かすものとなろう。

本書に収録した論文の執筆者たちと磯前との交流が生まれたのは、二〇〇〇年のころからであろうか。二〇〇〇年に南アフリカのダーバンで開催された国際宗教史学会（International Association for the History of Religions）は、一九九七年に『宗教を作る』を刊行し、一躍時の人になったラッセル・マッカチオン、そのマッカチオンと共編で『宗教研究のガイド』を刊行したばかりのウィリー・ブラウン、同様に『宗教学のイデオロギー』のティモシー・フィッジェラルドら、当時はポストモダニズムやカルチュラル・スタディーズを代表すると目された英語圏の宗教学者が一堂に顔を揃えた会議であった。他にも、本人の出席はキャンセルされたが、前年に刊行されたリチャード・キングの『オリエンタリズムと宗教』をめぐる書評パネルをマッカチオンらが催したり、開催地の南アフリカを代表する宗教学者として『サベージ・システム』のデイヴィッド・チデスターが基調報告を華々しくおこなったりした。

とくにその年にマッカチオンの論文「「宗教」カテゴリーをめぐる近年の議論」を翻訳した磯前には、彼との交流は北米宗教学会（ＮＡＡＳＲ）の活動に加わる格好の機会となった。彼やブラウンと交流することによって、宗教概念をめぐる自分の論文が北米宗教学関連の雑誌や会報に掲載されるようになり、自分の研究がそれまでのように日本研究者に限定されることのない、欧米の宗教学の読者を獲得することができるようになったのは励まされる出来事であった。

そして、マッカチオンたちは私が日本人だからといって、研究材料を提供するネイティヴ・インフォーマントとして接するのではなく、どのようにしたら共通する討議の場を構築することができるのかといった視点から語りかけてきた。その姿勢は、従来の英語圏の研究者との交流ではあまり経験することのできない新鮮なものであった。今から思えば、当時は北米宗教学会とアメリカ宗教学会の違いも十分理解できていなかったのだが、そのようにして日本人も英語圏の研究者と対等な立場で理論的な問題を議論しあえる関係にあるのだということを感じさせてくれたことは、その後、かれらの理論的限界が次第に明らかになっていったにしろ、何物にも代えがたい経験であった。

その一方で、学閥単位で国際宗教史学会に参加した日本人の研究者たちは、ポストモダニズムや植民地主義を研究するこれらの研究者との交流にはあまり積極的ではなかった。宗教概念や宗教学者の政治性を批判するその姿勢が一部の敏感な研究者には愉快ではなかったのであろうし、それ以上に、英語圏でそのような地殻変動が起きていることに総じて無自覚であったのだろう。なかでも印象深かったことは、日本人だけで組んだパネルを聞きに来た研究者のほとんどが同じ日本人であり、欧米の研究者からかれらの研究がまったく顧みられなかったという事態であった。それは、日本の宗教学の問題関心が、マッカチオンやフィッジェラルドが提起した宗教学の政治性の問題から、どれほどかけ離れたものになっているのか、その知的な鎖国性を明示するもののように思われた。

その後、英国に滞在した二〇〇三年、フィッツジェラルドがスコットランドのスターリンク大学で主催したワークショップ「宗教と世俗の二分法」に私は招かれ、同様にそこに招聘されたチデスターとのあいだで、ポストコロニアル批評を宗教学の地域研究がどのように受け止めるべきかといった会話をもつことができた。また、英国を中心とする宗教研究者たちと数日にわたって密な討論ができたことは有意義なことであった。それは、日本という地域から宗教を研究する自分が、どのようにして異なる地域を研究する研究者たちとのあいだに共通の言葉を見いだすことができるのか、その翻訳可能性の技術を真剣に考えさせてくれる機会となったのである。

その一方で、二〇〇三年の後半には米国に在外研究の拠点を移したことで、酒井直樹やホミ・バーバといった、ポストモダニズムやポストコロニアル批評の第一線の研究者と磯前が本格的な交流をもちはじめるようになると、北米宗教学会をはじめとする英語圏の宗教学者の理論的枠組みは、ポストモダニズムやポストコロニアル批評の理解としてはかなり不十分なものなのではないかという問題も感じはじめるようになっていった。ほぼ同じ時期には、アメリカ宗教学会に属する旧知のゲイリー・エバソールの紹介で、ミルチャ・エリアーデ編『エンサイクロペディア・オブ・レリジョン』の改訂原稿を執筆する機会を与えられ、北米宗教学会とは異なる英語圏の宗教学の雰囲気も少しずつ理解できるようになっていった。

そして、二〇〇五年に東京で開かれた国際宗教史学会で、磯前はマッカチオンやフィッツジェラルド、増澤知子、チデスターらと一緒のパネルを組む機会をもった。しかし、それ以上に強い印象を与えられることになったのが、人類学者であるタラル・アサドとの出会いであった。すでに彼の著作には目を通して、自分の著作で引用などもしていたが、実際に彼と会って話をしてみると、自分自身やマッカチオンらの宗教概念論の社会的意味の狭さを実感するようになった。日本語訳はいまだ刊行されていなかったが、すでに『世俗の形成』が二〇〇三年には英語版で出版されており、彼との対話から、宗教概念論というものはポスト世俗主義の議論へと、すなわちリベラル・デモクラシー批判とエージェンシー論へと、西洋近代のよりひろい文脈へと接合していかなければ、宗教学内の狭い覇権争いに矮小化されていってしまうことを教えさとされた。

そのアサドを筆頭にして、チデスター、増澤、さらにはポストコロニアルの理論家である酒井直樹、近代史家の安丸良夫らと、国際宗教史学会とは別のワークショップを、当時の日本宗教学会長である島薗進の助力もあって、磯前の勤務校で開くことになる。そして、二〇〇五年の国際宗教史学会が契機となって、増澤とは、宗教概念論に基づいた日本宗教学史のアンソロジーを英語で刊行するプロジェクトを開始するようになる。さらに、増澤は私に、アメリカ宗教学会や北米宗教学会といった宗教学界の枠を超えて、広く人文科学一般の雑誌や単行本へと磯前の研究を英語圏に紹介することを強く勧めてくれた。ちょうどそのころに、マッカチオンが英国の出版社を紹介してくれ、聖典論を基にした磯前の記紀論が単行本として英語に翻訳されることになり、自分とかれらの学問との距離が広がりつつあることを感じつつも、英語圏での活動が一層の広がりをもつようになったのである。

この段階で、北米宗教学会系のポストモダンやポストコロニアルの理論家たちの議論では、宗教学界のもつ政治性の批判はできても、それを超えて宗教をめぐる議論から近代の兆候を読み取り、今日的な社会状況のもとに宗教を語りなおしていくことが困難だということがはっきりと自覚されるようになっていった。そして、商業主義と物見遊山を兼ねた国際宗教史学会では、おそらくそのような問題を真剣に討論する場を作り出すことができないことも、その段階ではっきりしてきた。

そして、むしろ私はアサドとの共編著や日本語の翻訳プロジェクト、酒井との帝国主義と宗教をめぐる共同企画、あるいはホミ・バーバの翻訳の企画へと、いわゆる英語圏における宗教学の外部で、より広い人文学一般に位置づけ可能になるような仕事を始めることになる。そのために合衆国と日本を幾度も往来し、かれらと会話を積み重ねていくなかで、当時の日本の宗教学の状況、すなわち宗教概念論を前提にしながら国家神道論や近代仏教論あるいは日本キリスト教論を展開していく動向は、その議論の理論的前提をなすポストモダニズム・ポストコロニアル批評・ポスト世俗主義の理解があまりにも杜撰《ずさん》であることを痛感するようになる。

ほぼ同時に、宗教概念の普遍性を再肯定する増澤の作品『世界宗教の発明』が英語圏で現れるのと並行するようにして、日本でも宗教学さらには宗教概念が今でも普遍的であることを積極的に肯定する傾向が顕著になっていき、増澤の仕事はともあれ、そのなかに本来エージェンシー論を展開する人類学者たるアサドのポスト世俗主義の仕事までを含みこんで、宗教学の立場を正当化しようとする姿勢に強い危惧を覚えるにいたる。

この段階で、日本の宗教学さらには英語圏の宗教学がともに、ポストモダニズムからポストコロニアル批評、そしてポスト世俗主義へと展開していった人文学一般の動きから完全に取り残されてしまったことは一目瞭然であった。そのような批判を英語圏でおこなったのが、二〇〇六年の北米宗教学会での私の報告であった。「近年の宗教学批判を批判する」と題したその報告で、パネルの主宰者であったフィッジェラルドの批判の限界を問題化したのである。しかし、同時に開催されたともいえるアメリカ宗教学会では、宗教学の言説批判から、「世界宗教」概念の普遍性を唱えることに転じた増澤が大きな賞賛を得、アメリカ宗教学の内部で宗教概念批判から宗教概念肯定へと、保守化の傾向が強まりつつあることを目の当たりにする。この段階で、マッカチオンやフィッジェラルドという、かつて一世を風靡した宗教学批判のための宗教学がほぼ時代的役割を終えつつあることは確認できた。しかし、その代わりに増澤に代表されるような「宗教の回帰」現象は、これまで普遍性を信奉してきた西洋宗教学の最後のあがきのように思われ、それをジャック・デリダやジャン＝リュック・ナンシーの議論と安直に同一視してしまう北米の宗教学の杜撰な理論的整理には正直言って首を傾げざるをえないようになっていた。

すでにマッカチオン登場の段階からそのような保守化傾向を明確に示していた日本の宗教学はともあれ、英語圏の宗教学もまた大きな曲がり角に来ていることを決定的に感じることになったのが、二〇〇七年にニューヨークのホフストラ大学で開かれた、合衆国の若手研究者を中心とするワークショップ「構築されつつある宗教」であった。そこに基調報告者として招かれたのが、タラル・アサド、増澤知子、ヘント・デ・ヴリース、ホセ・カサノヴァの四人であった。やはりそこでも、増澤やデ・ヴリースは、諸宗教の比較を可能にした宗教概念を生みだした西洋社会のもつ普遍性というものを、キリスト教中心主義を拭い去ったうえでという但し書き付きではあるが、やはり再度肯定する議論を展開していた。問題はそのような西洋中心主義の欲望をもつ議論を、イスラーム社会から西洋の宗教概念と世俗主義の共犯関係を撃つアサドの議論と同じ方向性を打ち出したものとして、ともに宗教の復権を肯定する言説なのだと誤読してしまった多くのアメリカ人の参加者たちであった。

かれらはアサドの議論を聞きつつ、自分たちはブッシュのイスラーム攻撃に批判的な良心的なアメリカの知識人であると自己認識すると同時に、そのような認識をすることのできる自分たちは増澤が言うようにやはり普遍性の担い手たりうる存在なのだと自己肯定していた。事実、このワークショップで増澤とアサドの議論の齟齬が問題にされることは一切なかったし、普遍性とは一体どのようなかたちで構想されるべきなのかといった認識論的批判もないままに、アサドやカサノヴァが会議を早退していくなかで、素朴な普遍主義の議論が肯定されていったのである。

リチャード・キングとともにこの会議に参加していた私は、自分自身が国際宗教史学会はもとより、アメリカ宗教学会や北米宗教学会とは異なる理論的な理解を確立しなければならない時期に来ていることを痛感することになった。間違いなく、すでにアジア研究の分野で酒井直樹がおこなっていたように、あるいはアサドが人類学の分野で展開していたように、合衆国という社会そのものを相対化できない限り、宗教学の隘路は打破することはできない。むしろ、そのような西洋の普遍性を謳う言説の分析を通して、合衆国を中心とする戦後の地政的状況を問題化していかなければならないと考えるにいたった。

その後、日本の大学で韓国人の留学生たちを教え、尹海東や林志弦や金哲ら韓国の植民地近代性論の立場にたつ研究者たちと交流していくことで、磯前はアジアにおける日本の位置を確かめる作業を通して、西洋の影響下におかれた日本を対象化する機会を得ることになった。その経験を生かして、酒井直樹、ゴウリ・ヴィシュワナータン、ヘント・デ・ヴリース、金哲らと、「近代の超克」と京都学派――モダニティ・帝国・普遍主義」のワークショップをおこない、帝国主義と普遍主義の関係を明らかにしたうえで、旧弊的な普遍主義と袂を分かち、どのように他者に開かれた交渉の場を切り開いていくかを考察しようと試みた。それは英語圏の宗教学の限界を超えていく試みであり、英語と日本語の二つの言語にまたがってその論集は刊行されることになった。さらに、酒井の尽力により、そこから韓国や台湾などアジアの研究者との京都哲学の散種をめぐる共同研究もはじまっていった。アジアからの眼差しを学ぶことは、宗教学のみならず、磯前が影響を被ってきた日本および合衆国の人文学を広く対象化する格好の契機となったのである。

また、二〇一〇年にドイツのルール大学ボッフムのコンソーシアム「宗教史のダイナミックス」の客員研究員として一年間招かれることで、ヨーロッパの視点から合衆国と日本の関係をよりはっきりと相対化する機会を得ることにもなる。そこでは、北米宗教学を至上のものとして崇めることのないヨーロッパ各地から集まった研究者たちとの共同討議を通して、今日どのようにして宗教概念のもつヨーロッパ中心主義を批判的に克服し、宗教を積極的に語りなおしていくべきかという試みが模索されていた。そのなかで、今度はドイツの宗教学・歴史学者の推薦を得て、近代日本における宗教概念論の仕事が二冊目の英語の著作として刊行が準備されることになった。

ちなみに、この年、トロントで五年ぶりに開かれた国際宗教史学会は北米宗教学会が中心となって運営がおこなわれたが、それにもかかわらず、増澤、チデスター、フィッジェラルド、キングなど、それまで英語圏の宗教学におけるポストモダニズムやポストコロニアル批評を支えてきた中心的な論客を欠く会議となってしまった。また、北米宗教学会が中心となった運営に反発してから、アメリカ宗教学会の主要な研究者のなかにも欠席が目立つ、寂しいものであった。そのなかで、反北米宗教学会の立場をとる幾人かの日本の宗教学者たちが、この会議に進んで参加していったのは、日本の宗教学がいかに宗教学の国際情勢を読み取ることに疎くなっているのかを示す事柄であった。

すでに明らかなように、これまでの約十年に及ぶ海外の研究者との交流のなかで、私は英語圏の宗教学者をはじめとして、多くの研究者の知己を得てきた。むろん、その関係については、学問的に関する限り、すべてがいつまでも良好なものとはいえない。学問というものが社会状況のなかで絶え間なく変化していくものである以上、その社会状況にたいしてどのように身を置くかによって、個々の研究者のあいだに意見の違いができるのは、むしろ当然のことであろう。むしろ、何十年にもわたって、同じ学閥や学会の先輩と後輩のあいだに固定した力関係が継続されてしまう方が、研究者の成長を考えたときには不自然というべきであろう。本書の企画は、このように編者の一人である私が味わってきた人間関係の交流とその変化の経験を生かすかたちで、今最良のかたちで、宗教をめぐる研究の入門書的なアンソロジーを編むとすればどのようなものになるのかを熟考した結果生まれたものなのである。

本書の編集作業が具体的に発足したのは、二〇一〇年の磯前のドイツ滞在時期である。ルール大学ボッフムで宗教学のゼミナールを担当する機会を得たことで、マッカチオンや増澤、チデスター、フィッジェラルド、キングらが寄稿した英語圏の四冊の入門書を、ドイツ人の大学院生たちと熟読する機会に恵まれた。しかし、予想以上に、その内容はポストモダニズム・ポストコロニアル批評・ポスト世俗主義を十分に咀嚼したものとは言えなかった。むしろ、読み進めていくなかで、かれらの理解の仕方には偏向した問題があるように感じられた。序論で私が試みたのはその問題点の整理である。それは私にとって、北米を中心とする英語圏の宗教学にどのように距離をおいていくか、そのための何よりの思考の手掛かりとなった。ただし、一冊の本を編むのには、思った以上に一定水準に達した論文の数が少なく、必然的に宗教学以外の宗教研究の諸論文に依拠せざるをえない状況になったのである。

そして、そこに収録すべき諸論文を決定する過程で、磯前が山本達也に声をかけ、共同編集者になってもらった。山本はインド在住のチベット難民を研究する現代思想に造詣の深い人類学者であり、歴史学と宗教学に足場をおく磯前とは異なる視点から、収録論文の確定作業にさいして的確な判断を下していった。こうして、磯前と山本の共同作業として、二人で意見を交換しつつ、本書の最終的な目次が決定されるにいたった。翻訳は、磯前・山本に加え、高橋原、苅田真司、藤本龍児らの諸氏、英語などの外国語のみならず、平易な日本語の表現に長けた研究者の方に依頼することができた。ともすれば労多くして、評価されることの少ない地道な翻訳作業に従事してくださった諸氏に心から感謝したい。また、序論は磯前がドイツでのセミナーの議論をもとに草稿を書きおろし、その内容をさらに山本が書き改めながら編集作業を進めた。ドイツでのセミナーに参加し、意欲的な討論を展開してくれたAlbert Selmke, Yasumin Koppen, Nina Kupka, 磯前礼子の諸氏に感謝する次第である。また、このセミナーを運営するために煩雑な実務を担当してくださった、Jens Schlamelcher, Anja Batram の両氏にも感謝の言葉をおくりたい。

そして、本書の刊行については宗教関係の出版社であり、これから宗教研究を本格的に学ぼうとする若い人たちにアピールできて、積極的に購入してもらえる体裁の本を作ろうとする編者の意向を快く理解してくださった法藏館に依頼することにした。本書の編集および翻訳作業をすすめた二〇一〇年度は磯前がドイツに滞在していた時期であったため、具体的な編集作業は山本と、法藏館の戸城三千代氏と富積厚文氏が担当した。編者の意図を書物として具現化してくださろうという、法藏館のお二人の存在がなければ、本書は現在のものとはおおよそかけ離れた形のものとして刊行されてしまったことであろう。本書の作成にあたって良き理解者であり、頼りになる相談役であったお二人に心から感謝の気持ちを捧げたい。

収録した論文については、十四本のうち、四本が再録に近いかたちのものである。マッカチオン論文については、今では初出雑誌が入手困難なため、最低限の表記統一を施したものの、初出の翻訳に依っている。バーバ論文については、今回は宗教論に関係する部分を中心に、旧訳を抄録とした。磯前論文については、初出雑誌に収録された短縮版をもとにした。ヴィシュワナータンのインタビューについては、本書の最後を飾るものということもあって、抄録となった初出時とは異なってインタビュー当時の長さに近いものを収録した。すなわち、再録に近い四本のうち三本は、今日流布しているものとは異なる版のものを収録してあることになる。

デリダ論文については、すでにフランス語版からの日本語訳が雑誌に発表されているが、日本語としての理解が困難をきわめる内容となっているために、本書に収めるにさいして新たに訳し直した。ただし、フランス語版からの日本語訳についてはいずれ全訳が単行本としての刊行が予定されているため、ここでは英語版を底本として、フランス語版を副本にもちいることにした。また、本書が入門書的な性格をもつため、長大になってしまう全訳ではなく、本論部分のみを訳した。アサド論文については、本書の初版刊行時にあたる二〇一一年段階では、英文でも未発表のものである。アサド本人および出版社と編者のご厚意によって英語版に先駆けて日本語版に収録させていただくことになった。

そして、アサドを含め、本書を刊行するにあたって、著者および出版社の了解を新たに得た。とくに著者の方々は、故人であるデリダを除き、本書編纂の主旨を了解してくださり、英語版では実現することが困難な贅沢な寄稿者の顔触れによるガイドブックの企画を心から喜んでくださった。ここにお礼を申し上げたい。本書が英語圏に先駆けて実現された、本格的な宗教研究の未来を指し示すガイドブックとなっていれば何よりである。また、序論を執筆するにさいして、コメントを寄せてくださったリチャード・キングおよびゲイリー・エバソールの両氏の変わらぬ友情にも感謝する次第である。

最後に本書が、これから宗教研究を学ぼうとする若い読者たち、そして自分の宗教研究をどのように構想していったらよいか思い悩んでいる若い研究者たちに、すこしでも広く読まれていくことを願っている。序論でもふれたように、日本の宗教学が宗教研究の体系的な構想を提示できなくなってから半世紀が過ぎようとしている。多くの者は、最初は思い悩みながらも、結局のところは、自分の研究対象に埋没していき、宗教学界という小さな世界の一員として認知されることで満足しているように思われる。しかし、例えば、ドゥルーズは一冊の本をはるかに複雑な外部の機械装置に組みこまれた小さな歯車にたとえ、〈外〉との不可避の結びつきを提示し、日常と学問の連続性を私たちに喚起させる。そのことを積極的に引き受けたうえで、私たちの学問というものが、日本という社会との対話に開かれ、さらに日本を取り巻く世界のグローバル化状況へのひとつの応答であろうとするならば、小さな学会に閉じこもるようなことでは、自分の属する社会にたいする批評性を担った知識人としての責務を果たすことは無理であろう。

学閥や既存の学会に飽き足らない、日常生活に向き合える強靭な学問をこれから構築していこうとする若い読者にとって、本書がその眼差しを世界に啓くことのできる契機となりうるのであれば、編者としてはそれに勝ることはない。むろん、それには北米や英語圏の学会に認知されることを最終的な目的とするのではなく、かれらの動向を批判的に読み取りながら、それを超えて行く学問を一人ひとりが構想しようと心がけていくことが大切なのだ。そのためには、少なくともポストモダニズム・ポストコロニアル批評・ポスト世俗主義、この三つの知的潮流を、さらに言えばこれらの諸潮流に深い影響を与えてきた西欧マルクス主義を自家薬籠のものとしていくことが避けがたく求められていると言えよう。新たな学問が始まろうとしている。新しい船を今動かすのは古い水夫ではないだろう。

二〇一一年春　京都にて

磯前順一
山本達也

訳者紹介

磯前順一（いそまえ　じゅんいち）→編著者紹介へ

リチャード・カリチマン（Richard Calichman）
1965年アメリカ生まれ。カレッジ・オブ・ニューヨーク教授。著書に、*Contemporary Japanese Thought*（Columbia University Press, 2005）など。

高橋原（たかはし　はら）
1969年東京都生まれ。東京大学文学部宗教学科助教。著書に、『ユングの宗教論』（専修大学出版局、2005年）など。

苅田真司（かりた　しんじ）
1966年島根県生まれ。國學院大学法学部教授（政治思想）。訳書に、タラル・アサド『自爆テロ』（青土社、2008年）など。

山本達也（やまもと　たつや）→編著者紹介へ

ダニエル・ガリモア（Daniel Gallimore）
1966年イギリス生まれ。日本女子大学英文学科准教授。著書に、「語られたこと、あるいは語られなかったこと」（出渕敬子編『読書する女性たち』彩流社、2006年）など。

藤本龍児（ふじもと　りゅうじ）
1976年山口県生まれ。同志社大学一神教学際研究センター特別研究員（PD）。著書に、『アメリカの公共宗教——多元社会における精神性』（NTT出版、2009年）など。

Beyond the concept of Religion

Jun'ichi Isomae and Tatsuya Yamamoto ed.

Contents

"Aura and Agora" by Homi K. Bhabha

The reproduced text appears in full in Negotiating Rapture: The Power of Art to Transform Lives (Chicago: Museum of Contemporary Art, 1996, pp. 8–17).

"Colonialism" by David Chidester

Guide to the Study of Religion edited by Willi Braun and Russell T. McCutcheon published by Continuum International Publishing Group Ltd. in 2000

By kind permission of Continuum International Publishing Group, London

"Critique, Coercion, and the Sacred Life in Benjamin's "Critique of Violence" by Judith Butler

First appeared in Political Theologies: Public Religions in a Post-Secular World

Edited by Hent de Vries and Lawrence Sullivan

Seong Nae Kim, Lamentations of the Dead: The Historical Imagery of Violence in Cheju Island, South Korea, published in Journal of Ritual Studies, 3 (2) (1989): 251–285.

Reprinted with permission from the Journal's Co-Editors, Dr. Pamela J. Stewart and Prof. Andrew J. Strathern

"Nationalism and Religion" by Mark Juergensmeyer

in: "The Blackwell Companion to the Study of Religion" edited by Robert A. Segal. Reproduced with permission of Blackwell Publishing Ltd., a company of John Wiley & Sons, Inc., UK

Copyright

Beyond the concept of Religion

Jun'ichi Isomae and Tatsuya Yamamoto ed.

【編者略歴】

磯前順一（いそまえ　じゅんいち）

1961年茨城県生まれ。国際日本文化研究センター准教授（宗教・歴史研究）。文学博士（東京大学）。著書として、『近代日本の宗教言説とその系譜－宗教・国家・神道』（岩波書店、2003年、韓国語版近刊）、『喪失とノスタルジア―近代日本の余白へ』（みすず書房、2007年）、*Japanese Mythology: Hermeneutics on Scripture*（Equinox Publishing, 2010）など。編著書として、『「近代の超克」と京都学派―近代性・帝国・普遍性（以文社、2010年、英語版近刊）など。

山本達也（やまもと　たつや）

1979年山口県生まれ。日本学術振興会特別研究員（PD）。人間・環境学博士（京都大学）。文化人類学。インド在住チベット難民たちによる音楽実践を通した若年層のアイデンティティ模索の研究に従事し、公的言説が要請する以外の生き方の可能性を見いだそうとする。著作に「ダラムサラで構築される「チベット文化」」『文化人類学』第73号1（2008年）、「音楽をつくる」『コンタクト・ゾーン』田中雅一、船山徹編（晃洋書房、2011年）など。

宗教概念の彼方へ

二〇一一年九月二〇日　初版第一刷発行

編　者　磯前順一・山本達也
発行者　西村明高
発行所　株式会社法藏館
京都市下京区正面通烏丸東入
郵便番号　六〇〇-八一五三
電話　〇七五-三四三-〇〇三〇（編集）
〇七五-三四三-五六五六（営業）

装　幀　小林　元
印刷・製本　亜細亜印刷株式会社

ISBN 978-4-8318-8174-8 C3014

挑戦する仏教——アジア各国の歴史といま　木村文輝編　二三〇〇円

近代日本の日蓮主義運動　大谷栄一著　六五〇〇円

宗教の比較研究　J・ヴァッハ著　渡辺学ほか訳　三八〇〇円

異文化から見た日本宗教の世界　P・スワンソン　林淳編　三六〇〇円

評伝　J・G・フレイザー——その生涯と業績　R・アッカーマン著　小松和彦監修　玉井暲訳　六〇〇〇円

スリランカの仏教　R・ゴンブリッチ　G・オベーセーカラ著　島岩訳　一八〇〇〇円

東洋の合理思想〈増補新版〉　末木剛博著　三二〇〇円

マッソン・ウルセル　比較哲学　小林忠英訳　末木剛博監修　三八〇〇円

法藏館　価格税別